U0926147

· 贺州学院中国语言学硕士点建设项目资助

明清科举文献学研究

MINGQING KEJU WENXIANXUE YANJIU

张晓春 范心恒 著

经济日报出版社

图书在版编目（CIP）数据

明清科举文献学研究 / 张晓春，范心恒著. -- 北京：经济日报出版社，2021.9
ISBN 978-7-5196-0936-8

Ⅰ. ①明… Ⅱ. ①张… ②范… Ⅲ. ①科举制度—文献学—研究—中国—明清时代 Ⅳ. ①D691.3

中国版本图书馆 CIP 数据核字（2021）第 187288 号

明清科举文献学研究

作　　者	张晓春　范心恒
责任编辑	张　莹
助理编辑	王浩宇
责任校对	姜　楠
出版发行	经济日报出版社
地　　址	北京市西城区白纸坊东街2号A座综合楼710（邮政编码：100054）
电　　话	010-63567684（总编室）
	010-63584556（财经编辑部）
	010-63567687（企业与企业家史编辑部）
	010-63567683（经济与管理学术编辑部）
	010-63538621 63567692（发行部）
网　　址	www.edpbook.com.cn
E - mail	edpbook@126.com
经　　销	全国新华书店
印　　刷	四川科德彩色数码科技有限公司
开　　本	787×1092毫米　1/16
印　　张	19
字　　数	400千字
版　　次	2021年9月第1版
印　　次	2021年9月第1次印刷
书　　号	ISBN　978-7-5196-0936-8
定　　价	100.00元

序

张晓春是吉首大学罗康隆教授的学生，2016 年在中国社会科学院民族学和人类学研究所举行的国际工商人类学研讨大会上，经罗康隆教授的介绍，我认识了张晓春和他的同学同事范心恒老师，并在后来成为他们在马来西亚精英大学攻读博士学位期间的中方博导。

2018 年 3 月，张晓春来中国社会科学院做访问学者，我是他的导师。我们成为真正的双重的师生关系，并有了零距离的接触。这样，我们师生之间有了更多交流的机会，我对他亦有了深入了解。张晓春曾经当过兵，做过医生。2007 年师从吉首大学罗康隆教授学习民族学和人类学。毕业后，在贺州学院从事民族学和人类学研究。从他的言谈中，我得知，他是一个非常勤奋和爱思考的学生，在读研期间就出版一本专著《过程人类学理论方法研究》，还发表了好几篇论文。到贺州学院任教以后，又出版了三部专著，发表论文 20 多篇。地方院校教学任务繁重，他还能写出这么多高质量的专著和论文，算是高产了。

张晓春在中国社科院访学期间，我对他撰写博士论文涉及的中国老字号企业、企业经济管理和新城镇化建设以及我研究的中国“伞式”和“蜂窝式”二元社会结构等方面的问题，都进行了专门的指导。我在指导张晓春的博士论文过程中，发现张晓春知识比较渊博，他对医学、文学、历史、哲学和人类学等学科知识有着比较系统的学习和积累，而且国学根底比较扎实。张晓春在中国社会科学院做高访和读博士期间，和范心恒一起完成了《明清科举文献学研究》一书，即将由经济日报出版社正式出版。我是他们的中方导师，理应为学生张晓春和范心恒的合作专著简言为序，以资鼓励，希望他们未来在学界会有更大的影响。

在张晓春将他的全部书稿发给我以后，由于时间关系，我没有详细阅读他的全部书稿。但是，全书的主体框架结构和主要内容，我通读了几遍。我将全书内容概括为四个字：“阅读”与“写作”。其实，张晓春和范心恒都是围绕这两个关键词展开的。无论是过去的八股取士制时期，还是现代，读书人都非常强调“阅读”与“写作”。阅读是写作最关键的一个环节，一个不会阅读的人肯定不会写作。因此，阅读是写作的基础。全书的主体框架结构与内容构成一个有机的整体，这说明晓春在写作技巧上比较成熟。

在阅读书稿的过程中，我发现张晓春和范心恒同学收集的“明清科举文献”资料非常有价值，大部分文献资料都是首次公开发表的。如学生开学典礼祭孔的《祭文》，这些资料在民间已经不多见了，大多数在历次政治运动中被销毁，现在几乎荡然无存。特别有价值的是晓春收集的八股文资料，如清代比较罕见的湖南大书法家何绍基的科举论文、云贵第 66 任总督——湖南长沙劳宗光的科举论文、浙江进士许乃普的科举论文等，这些科举文献资料都是首次公开发行的，有着非常重要的科举文献价值。

除了以上这些封疆大吏的科举文献资料之外，他还收集了许多寒窗苦读的莘莘学子的课艺教案资料，这也是非常重要的科举教育文献资料。从晓春提供的图片资料来看，这些八股文课艺资料都是非常珍贵的手抄本。最值得我高兴的是，晓春收集了许多清河堂张姓学子的科举文献资料，如他收集的《诗文札记》《清河堂诗钞》和他的曾祖父张华峰遗留下来的科举八股文课艺实物资料。这些科举实物资料，充分证明了张姓学子在科举道路上走得多么的艰辛。原以为这些读八股文的科举学子都是两耳不闻窗外事的书呆子，但事实并非如此，他们同我们现代读书人一样，没有太大的差别。当我读到《清河堂诗钞》中的《龙舟竞渡》这首七律诗：

报道龙舟不暂停，芳魂共吊白沙汀。渡时鄂渚千层碧，竞罢君山四面青。鼓动画桡惊水伯，帆（原诗句是“樯”，晓春改“帆”）开巨浪走湘灵。可怜五月（原诗句是“当日”，晓春改“五月”）沉江日，一醉中流楚国倾（原诗句是“总不醒”，晓春改为“楚国倾”）。

吾读后颇与古人同慷慨。这些张姓学子勤耕苦读，忧国忧民。从这些诗句中，我们领略到张姓学子的家国情怀。这首诗表现了作者对屈原的沉痛悼念之情与对楚国人民的无限热爱。晓春将作者原诗中的几个字改动后，诗意的确大不一样。如：“樯”改“帆”显得更具有视觉的聚焦感和动态感，“帆”显得更大气，给人以“直挂云帆济沧海”的感觉；“当日”指代不明，用“五月”指代更明确一些；“总不醒”，与前面“一醉”二字没有实质性的意义推进，相反有害主题内涵，同时表现出读书人太多的消极情绪，缺乏一种积极的爱国情怀，缺乏深刻的政治教育意义和艺术感染力。晓春最后用“楚国倾”三字，将全诗凝炼升华到最高艺术境界，并将《龙舟竞渡》的主旨变成对楚国人民的无限热爱，对屈原的深切怀念。这样，《龙舟竞渡》展现出一幅史诗般的历史画卷，显得苍凉宏阔。足见晓春对诗歌艺术的造诣。这是我对这本书资料阅读的深刻感受。

前面已说到，我把这本书概括为四个字，即“阅读”与“写作”。从张晓春和范心恒提供的科举文献资料来看，晓春和心恒二位同学的阅读能力是比较强的。我从书稿第三章“创造性阅读与神圣的创作”中发现，晓春和心恒在阅读韩愈《师说》时的确表现出与众不同的创造性。韩愈《师说》这篇短文可能有成千上万的研究者读过，张晓春和范心恒同学通过创造性阅读，能够读出韩愈《师说》中的“师之所存，道之所存”的儒家师道思想，进而探索出八股文模式的历史源头。他们这种深阅读、深剖析、透视深结构的阅读方法，我将之界定在创造性阅读上应该是不为过的。我之所以这样说，并不是因为他们的观点一定完全正确，而是这给我们阅读唐宋古文提供了一种深阅读范式，他们用八股文起、承、转、合的逻辑思维范式重新审视韩愈《师说》，重新解读韩愈《师说》，使韩愈《师说》令人耳目一新。张晓春和范心恒用八股文思维模式解读完以后，接着又用三段论再次解读韩愈《师说》。实际上，他们是用西方三段再次检验韩愈《师说》中的“师之所存”和“道之所存”的正确性及韩愈《师说》的伟大意义。他们发现八股文思维模式和西方三段论思维模式是基本相同的。通过中西方两种思维模式的比较，他们发现人类思维模式具有某种通识性、共识性和普适性。也就是说，人类在认识同一个问题时，其论证手段和思维模式不会有太大的差异，或者说是基本相同的，比如，同是写论文，无论是西方人的三段论，还是中国传统的八股文写作模式，都强调主题。西方强调抓主题，中国强调破主题；西方强调论证和论据，中国强调起、承、转、合，在理论上都是相通的、相同的。在这里，张晓春和范心恒没有别的意思，他们只想证明为什么同是一种论证思维模式，或者说是一个基本相同的论证思维模式，八股文论证思维模式被中国人说成是迂腐的、落后的、不科学的甚至是反动的，因而被视为扼杀中国思想进步的精神枷锁；西方三段论则被视为科学的、积极的、进步的创造人类文明的思维工具。通过张晓春、范心恒二重检验结果表明：我们对八股文的批判是完全错误的。八股文和三段论一样，同样是一种思维工具，同样是一种论证手段，同样对人类思维训练具有归纳和演绎的作用。

如果说张晓春和范心恒的“创造性阅读”超出了一般人的能力和水平的话，那么他们的“神圣的创作”也表现出他们多方面的能力和学识水平。《明清科举文献学研究》没有局限于一种单一的写作范式，书中有争议性的论证、历史文献的评述、科举文献问题研究和科举文献考证；再到诗词歌赋、音韵修辞资料整理与校对，这都说明了张晓春和范心恒创造性写作的功底和对各种写作范式游刃有余的把握。虽然现代人并不知道赋体诗文为何物，但是张晓春和范心恒大胆地实践创作，在本书中创作的三赋，即《清河堂赋》《至圣孔子赋》和《儒家赋》给我留下了深刻的印象。这不是读几本书就能做到的，或者说读几篇赋体诗文就能写出来的。张晓春和范心恒的勤奋以及对知识体系的悟性、对相关知识的积累，使他们鹤立鸡群，卓然成家。

晓春和心恒二人合作的这本专著也存在一些问题，作为文献学研究，研究的东西还是少了一点，许多还是第一手资料，未能得到很好的诠释。这样会显得资料多而研究的问题少。也许是由于时间关系，晓春和心恒同学未能做深入的研究，希望他们以后能继续在这方面做深入的探索，能展示出更多的研究成果。还有一个问题，在第二章科举学方法论中，其方法对书中有些内容指导性不够具体。更确切地说，有些方法与本书内容没有直接的联系。当然，晓春和心恒同学可能是将科举学方法论作为未来八股文研究的指导性纲领文献。最后，我希望晓春和心恒同学在未来的科举学研究领域中能避免类似问题的发生。为师孤陋寡闻，是为序，寄予学生，当以勉之。

张继焦

中国社会科学院民族学和人类学研究所

于北京清河堂

2018 年 11 月 21 日

自　序

这本书从资料收集到正式付梓，前后经历了二十个春秋，屈指算来我一生有几个二十春秋呢？

曾记否？当我找到曾祖父的第一个手抄本《诗文札记》时，我心里是多么的高兴。这的确印证了父亲曾经说的，我曾祖父的小楷写得非常漂亮。札记全是有关八股文写作与阅读四书五经的内容。这个手抄本是用精美的小楷抄写而成，非常珍贵，是研究八股文课艺非常重要的佐证材料。还有清代手抄稿本《指引迷津》，也是非常珍贵的课艺文本。全书用精湛的小楷撰写而成。此为孤本，十分珍贵。

《指引迷津》文稿是徐老夫子的教案。从这本教案来看，徐先生是非常认真的。教案显示徐先生书法造诣精深，经学功底深厚。这是一本非常难得的经学教案。我们从中领略到四书五经阅读的神圣，八股文创作的艰辛。这既是徐老先生的教案，又是他考八股文的课艺。

我们从另一本《四书五经》课艺的封面上得知杨氏家族的家学渊源，课本上签有杨辅廷、杨宗光和杨端甫三人的印章，说明他们三人都读过此课艺。同时，我们也知道这位杨辅廷老先生虽然没有徐老先生的书法造诣，但他一丝不苟的正楷，却足以显示出他的书法功底和认真阅读的精神。他的经学造诣也能与徐老先生相媲美。这些科举八股文课艺实证资料为我写作此书提供了比较翔实的历史文献资料。

由于学习和工作的关系，我们几经周折，又几经流离颠沛，资料时断时续，读读写写，写写停停，才最终写成《明清科举文献学研究》的本子。说是文献学研究，令人遗憾的是，虽实证性文献比较多，但研究的问题比较少，研究深度也不够。这主要是我们的工作转移和学习漂移不定而时间有限、精力有限所导致的结果。书中文献资料错漏难免，敬请读者批评，我会虚心接受大家的意见。

这本书其实没有特别的地方，全书主要内容概括为两个关键词，即“阅读”和“写作”。全书文献收集和结构安排也是围绕这两个关键词展开的。除了第一章和第二章是从科举学学科角度来讨论读书问题和写作问题之外，其他都是直接通过实证文献论述如何读书、如何写作、读书和写作应该具备什么素质。即便是第八章，虽然是以张姓《清河堂诗钞》文献为主，实际上，从这些珍贵的诗钞文献中真实地记录了我们张姓科举士子读书生活的喜怒哀乐、悲欢离合，甚至抒发了张姓知识分子忧国忧民的家国情怀。这些真实的历史文献和课艺资料记录了他们读书和写作的全部过程。

如今，虽然明清科举文献研究不少，但是真正围绕如何读书、如何写作的具体问题来讨论的并不多见。换句话说，大多是批判四书五经读书方法和创作八股文的方法存在的问题。为此，我查阅了明清大量的文献资料，发现并没有人提出比四书五经读书方法更好的阅读方法或比八股文创作方法更好的写作方法。

本书探究阅读和写作的历史争议，提出科举学方法论，并着重探讨韩愈《师说》一文。其实，韩愈《师说》有成千上万的学者和学生读过，但并没有人发现韩愈就是八股文鼻祖。韩愈一直反对六朝以来的骈文体，即骈四俪六文体。韩愈在反对前人文体的基础上，身体力行地创造出一种新的政论文体，当时人们称之为“杂文体”。实际上，它就是后来八股文的前身，如：“古之学者必有师。师者，所以传道、受业、解惑也。”韩愈只用传道、受业、解惑 6 个字破题，然后用 69 个字承题，用 40 个字起讲。虽然《师说》不像明清八股文那样规范，但是其文体形式已经初具规模。

到宋代，范仲淹、欧阳修和王安石明确提出文遵韩柳，欧阳修明确提出“应用文”写作方法，即议论文写作方法。他自己也成为当时议论文写作的楷模。从唐代韩柳到宋代范仲淹、欧阳修和王安石，他们才是真正具有创造性阅读和神圣创作的英才。这其中，阅读方法和创作方法是非常重要的。也就是说，从唐代韩柳，到宋代范仲淹、欧阳修和王安石，他们改变了以往读书人的阅读方法和文章的创作方法。因此，以上诸大家，被誉为唐宋八大家是当之无愧的。

本书最后将视角落在明清科举文献上。有的学者可能会有一种刻板印象——明清科举和八股文没有什么研究价值；科举制度和八股文断送了明代江山；八股文导致国家民族的灭亡。这种无凭无据的大帽子，实际上是一种不良的社会舆论。我们可以说科举制度有缺陷，八股考试制度不健全，但它绝对没有那么大的威力，能导致江山社稷的覆灭，甚至导致亡国灭种。何况这大学之道，本身讲的就是修身齐家治国平天下，怎么会导致亡国灭种呢？稍微有点头脑的人会明白，是那些本应该负起历史责任的人将其罪过强加于科举制度上，强加到八股文的头上。启功先生举的例子实在是太经典了。他说菜刀本是拿来切菜的，结果有人拿菜刀去杀了人，然后狡辩说：“这是刀的罪过和打刀的人的罪过。”天下哪有如此强盗逻辑。但是，在中国就有人相信这种强盗逻辑，也有人倡导这种强盗逻辑。我认为，科举制度相对来说是一种比较公平的制度原则，八股文考试是一种比较公正的衡量人才的方法。如果说明清科举和八股文有没有历史贡献，我觉得明清两朝科举制度和八股文考试制度对中国社会发展具有不可磨灭的历史贡献，主要表现在阅读和创作两个方面：

1. 明代文学批评相当重视结构技巧分析，对于文章之抑扬、开阖、奇正和起伏等甚为重视。从下表可见八股文阅读和创作之方法。

古典结构主义方法分层解读四书和五经	《花样集锦》中的八股文创作方法
女得人焉尔乎——第八层竖说	后股一意化雨法
女得人焉尔乎——第九高一层	后比双提吊（钓）法
女得人焉尔乎——第十低一层说	后比两路夹衬法
女得人焉尔乎——第十一前一层	后比每比中两路夹写，兼锦上添花格
女得人焉尔乎——第十二后一层	后股雌雄角胜门法

续表

古典结构主义方法分层解读四书和五经	《花样集锦》中的八股文创作方法
女得人焉尔乎——第十三退一层	后比衬跌醒目法
女得人焉尔乎——第十四进一层	后股跌进逼拶法
爱之能勿劳乎——第三层先反后正	后比警喻新类法
爱之能劳乎：会爱之者，而肯出此乎	后比三爆拔营法
爱之能勿劳乎——第二层先正后反	后股四马行阵法
爱之能勿劳乎——第一层全反	后比三炮拔营，兼四马行阵法
爱之能勿劳乎——第四层对面	后比驷马欲阵，兼三炮拔营法
爱之能勿劳乎——第五层旁面说	后比（三）爆子田格
爱之能勿劳乎——第六层翻说	后比九炮连环格
爱之能勿劳乎——第七层横说	后比锦上添花格
爱之能勿劳乎——第八层竖说	后比马上插花格
爱之能勿劳乎——第九高一层说	结笔和声鸣盛法
爱之能勿劳乎——第十低一层说	后股三炮拔营兼用封新赖法
爱之能勿劳乎——第十一前一层言	
爱之能勿劳乎——第十二后一层	
爱之能勿劳乎——第十三退一层	
爱之能勿劳乎——第十四进一层言	

2. 在欧美，最近才有学者强调分层阅读分析法。如美国学者莫提默·J·艾德勒和查尔斯·范多伦合著的《如何阅读一本书》，他们将阅读分为四个层次，即基础阅读、检视阅读、分析阅读、主题阅读。

无论是中国的结构分层阅读，还是现代美国人的四个层次阅读，抑或是英国学者的快速阅读和深阅读，还是我曾提出的浅阅读和深阅读，实际上，它们都需要科学的方法来指导。在本书第七章第五节文章开头部分，我引用了结构主义人类学家列维·施特劳斯的结构主义深受中国二元结构主义影响的例子。这是列维·施特劳斯自己亲口承认的。中国人的这种阅读方法影响了欧美文学理论和文化理论的发展，特别是对欧美结构主义人类学、解释哲学和结构主义哲学理论的发展具有深刻的影响。而在中国学界，人们恰恰忽略了这方面的研究，特别是理论方法的研究。

以上这些文献，由于时间关系和文献资料所限，未能做深入的研究，特别是八股文创作方法。未来可能在这方面要花更多的时间，才会有所收获。

这本书能如期付梓出版，我要感谢贺州学院中国语言学硕士点建设的资助，也要感谢院领导郑威、蒲日材院长、杨璧琬博士的大力支持和帮助。

最后，我要感谢姜燕女士，她对本书编辑校对所付出的艰辛劳动。如果没有她的努力，这本书不会有这么高的质量。如果这本书能永远留存于世，请人们记住姜女士为我们付出的心血。在此，我要表示衷心的感谢！

目 录 *CONTENTS*

第一章　八股文兴衰的历史争议

第一节　科举制考试争议的开始

科举是隋朝开始的一种选官制度，通过考试笔问选拔官员，为寒门学子提供了入仕的机会。然而，在春秋时期，孔子已真正成为一位平民阶层的伟大教育家。

唐代宗宝应二年（公元 763 年），李豫即位，奠基未久、百废待兴。李豫批阅奏疏，礼部侍郎杨绾的折子引起他的注意，内容矛头直指科举考试。杨绾奏疏曰：

“进士科起于隋大业中，是时犹试策。高宗朝，刘思立加进士杂文、明经填帖，故为进士者，皆诵当代之文而不通经史，明经者，但记帖括。又投牒自举，非古先哲王仄席待贤之道。”①

杨绾这番慷慨陈词，其主要意思是说，从隋代到现在，当下实行科举考试杂文写作和用填空的方法考查经文，让学子们只知道死记硬背，而且还须自己报名自荐。古代先贤之王，怎么会用这种方法取士呢？然后，他强烈要求“明经、进士及科举并停”，不再进行明经、进士考试，而是要恢复古代察举孝廉的方法。

唐代继承前朝旧制，从武德元年（公元 618 年）高祖登基开始科举考试，并且诞生了中国历史上“第一状元——孙伏伽”。李豫这位新皇帝，虽然很年轻，但他对历史并不是一无所知。不同时代，应该采取不同的官员选拔制度和方法：夏、商、周时代是按照王族血缘关系的亲疏远近来分封诸侯、卿和大夫的。父死子承，兄终弟及。

到了春秋战国时期，天下大乱，诸侯争霸。凡得“军功”者，就得到了高位。另外，“养士”的风气，让王侯招揽了不少社会上有才华的人，为己所用。但这些方法显然都不适合新的、大一统帝国的用人要求。科举考试制度自唐代实行以来，即便是安史之乱期间，都没有停止过。杨绾提到，“察举”制度是汉代选拔人才的一种方法。即由地方上的诸侯王、公卿、郡守荐举优秀人才，再由朝廷稍加考核，然后任命为官。这本来也是一个比较好的方法。但历史的教训是：每当朝中有贵戚、宦官擅权，察举就会变成一场名不副实的人情盛会，关系和门路成了选“才”的唯一标准。

杨绾明确要求废止科举考试。代宗皇帝立即召集大臣进行了一场大讨论，热火朝天的答辩过程中，很快形成主张科举和要求废止科举两大派：

一派是以杨绾为首的贵族势力派。位高权重的给事中李栖筠、尚书左丞贾至、京兆尹兼御史大夫严武等人都站出来表示支持，严厉抨击科举是“小人之道”。

---

① （宋）欧阳修．新唐书·选举志［M］．北京：中华书局，1999：766.

一派是以翰林学派为首的平民学子派。这些人是科举制度的受益者，他们对李豫说："举进士久矣，废之恐失其业。"他们的态度和说话的语气婉转，他们认为科举坚决不能废除，观点非常之鲜明。

以上两派营垒分明，观点对立。最高统治者面临两难选择。这是科举制度诞生以来受到第一次严峻的挑战。李豫心里明白：主张废除科举制度的这些人几乎是清一色地有着显赫的家庭背景。杨绾"祖温玉，在武后时为显官，世以儒闻"[①]；给事中李栖筠，其祖李怀远曾做过武则天的宰相；尚书左丞贾至出自河南名门望族，其父历任中书舍人、掌制诰、礼部侍郎等显官；京兆尹兼御史大夫严武的父亲严挺之曾官至尚书左丞相……再看看拥护科举的翰林学士们，他们大多出身于寒门，不少人都是在新制度下凭自己的才能和努力有了出头之日，跻身于上层社会，与门阀世家分庭抗礼。

李豫明白，当今天下初定，根本谈不上举国上下清正廉明。所以，他怎么能相信那些所谓的"伯乐官"呢？李唐王朝因为安史之乱而亟待重振中兴大业。李豫知道臣子们不惜在金殿上唇齿交锋的真正原因，所以，他必须在对选拔人才的大事考虑得非常清楚的基础上做出最后定夺。

杨绾以科举考试的考查科目和方法不合理为借口，要求取消科举考试，实行层层推荐，这符合一大批豪门世族扩大家族势力的要求。此时，李唐王朝没有初兴时的励精图治的锐气，经安史之乱以后，这种锐气已经消磨殆尽，让朝廷元气大伤。当然，皇朝对国家重臣十分仰仗。不过，王朝中兴更需要那些代表中下层人民的士子们的支持和参与。在唐朝，这种寒士庶族与高官贵戚的交锋还出现过两次，但都未能将科举废除。

清代王应奎《柳南续笔·敬十八房书说》：科场取士，黑白不分，至明季而极。吾邑顾仲恭伤之，为作《敬十八房书说》，其文《炳烛斋集》不载，而黄太冲尝称焉，因节录于此。"今世之为天吏者有三：①庸医也。何以言之？使医能辨六脉，则天之所以生死人者，人得而夺之矣；②低风水也。使风水而能辨龙穴，则天之所以祸福人者，人得而夺之矣；③盲考官也。使考官而能辨文章，则天之所以贵贱人者，人得而夺之矣。故吾谓此三人者，皆天吏也。敢弗敬欤？凡物之确然自信者，人为政；而冥然罔觉者，天为政。古者圣人举事，必着龟，夫枯草朽甲，亦何灵之有？惟其无灵，而天下之至灵者出焉。考官者亦文章之蓍龟也，十八房其爻象也。从之则吉，逆之则凶，敢弗敬欤？"[②]

按曰：仲恭之文，太冲谓其纵横爽健，取法于卓吾之辨才，而汰其游戏之调。惜世无知之者。然如集中放言之四五两篇，破坏圣贤藩篱，得罪名教，良非浅细。此文虽近轻薄，犹不至悖理伤道云。

许多人认为明清两朝灭亡与科举制度有关。明清两朝灭亡之前出现三大社会征兆，与科举制度和科举考试有没有关系？实际上，学界可以根据曾国藩所说的三种社会征兆和科举制度结合起来分析明清两朝灭亡的社会原因。

---

① （宋）欧阳修. 新唐书·列传，六十七卷［M］. 北京：中华书局，1999.

② （清）王应奎. 柳南随笔（卷三）［M］. 北京：中华书局，1983.

第二节 八股文起源说争议

唐宋两朝进士科举及第非常之难，当时流行“三十老明经，五十少进士”的说法。从隋朝科举制经义考试至明清八股文正式形成，他们一直坚持“自由报名，统一考试，公平竞争，择优录取，公开张榜”的原则，彻底打破了家族、宗族的世袭血缘关系和门第等级观念的垄断。科举制度和科举考试的建立，的确打破了宗族世袭制度和门第等级观念。科举考试能为国家选拔最优秀的治国栋梁之材，更重要的是它能体现出一种前所未有的社会公平、公正和择优录取的社会运行机制。魏晋南北朝的九品中正制是对以前的察举制和世袭制改革的直接否定。这给中小地主阶级和平民百姓通过科举入仕提供了一个公平竞争的机会和条件，使大批地位低下和出身寒微的优秀人才脱颖而出。这就是后来人们所说的“朝为田舍郎，暮登天子堂”。“十年寒窗无人问，一举成名天下知”。[①] 他们登上历史的政治舞台，成为统治阶级的栋梁之材。但迄今尚未查到这两段文字出自何古典，笔者依据前人文献摘录在此，以飨读者。

陶望龄在《徐文长传》[②] 中说：“其视己也常过高，而身心性情之际，每怀不平；其视人也常过卑，而亲疏远近之间，鲜能当意。义利之辨未尝不明，但其所见自以为意，而谓天下则皆利也；是非之故，亦未尝不悉，但其所执者，自以为是，而谓天下则皆非也。此非直浑厚惇大之体无所望也。好胜不已，而其势必至于争矣。”[③] 这段话看似与科举没有多大关系，但它确实反映了科举时代亲疏远近和义利功名的关系。

人们对八股文起源争议颇多。清代学者吴兰修《学海堂初集·卷八》中就有五篇同题《四书文源流考》的文章，作者分别是梁杰、周以清、郑灏若、侯康、杨懋建，他们将“帖经墨义”和宋代经义之说的起源争议归纳为以下几种学说：

1. 唐代帖经墨义之说。周以清《四书文源流考》曰：“其源盖出于唐之帖经墨义。”[④] 又曰：“制艺亦称帖括，即唐帖经，亦称经义，即唐墨义。”[⑤] 唐代明经科考分为“帖经”与“墨义”之试。“墨义”是指科举考试时令士子笔答经义。墨义之试是一种非常简单的记忆题目，完全没有考生自我发挥的余地。由此可见，唐代帖经墨义与明代八股文的固定模式差别相当大。所举“墨义之式”，故八股文源于帖经墨义之说是不成立的。毛奇龄《唐人试帖·序》云：“世亦知试文八比之何所昉乎！……唐制士，改汉魏散诗而限以比语，有破题，有承题，有颔比、颈比、腹比、后比，而后结之以收之。六韵之首尾即起结

① 龚忠明，心灵的洗礼：感悟《增广贤文》[M]. 长沙：湖南人民出版社，2009：124.

② 徐渭，字文长，明朝山阴人。幼孤，性绝警敏，九岁能属文。年十余，仿扬雄《解嘲》作《释毁》。二十为邑诸生，试屡隽。胡少保宗宪总督浙江，或荐渭善古文词者，招致幕府，管书记。及宗宪被逮，渭虑祸及，遂发狂……年七十三卒。

③ （明）陶望龄. 徐文长传[DB/OL].http://www.guoxuedashi.com/shijian/295954,gtzn/www.guoxuedashi.com/shijian/295954gt.

④ 黄强. 八股文与明清文学论稿 [M]. 上海：上海古籍出版社，2006：47—48.

⑤ 黄强. 八股文与明清文学论稿 [M]. 上海：上海古籍出版社，2006：47—48.

也；其中四韵即八比也。然则试文之八比视此矣。”[①] 清代袁枚在《答戴敬咸进士论时文》中说：“时文八股，其流派实始于唐人应制之八韵应制诗。”[②] 而袁枚说得相对笼统，概念也比较模糊。

2. 宋代经义说。郑灏若《四书文源流考》曰：“四书之文原于经义，创自荆公。”[③] 杨懋建《四书文源流考》曰：“自宋熙宁四年始用王安石之议，罢词赋，专用经义取士，而四书文以昉。”[④] 刘熙载《艺概·经义概》云：“经义试士，自宋神宗始行之……今之四书文，学者或并称经义。”[⑤] 侯康《四书文源流考》曰：“神宗熙宁四年用王安石议，更定科举法，罢诗赋、帖经、墨义……经义之兴始此。”[⑥] 八股文在文体格式上应该源于宋代经义，这是学术界比较普遍接受的看法。当然，学术界更多地忽略了唐代韩愈和柳宗元的古文文体，韩柳大家均为议论文文体，实际上就是唐宋经义文体。唐宋八大家中有韩愈、柳宗元、欧阳修和曾巩等大家在议论文体制上为八股文之先导，但两者有明显的差别。宋代经义依题作文，但仍可以自发己意，与八股文要代圣贤立言、守经遵注不同；在形式上也比较自由，并不严格要求对仗；虽有一定范文，但并未形成八股文固定的程式。所以，唐宋经义尚未与古文文体分离。

3. 八股文源于儒家注疏说。儒家注疏之说：茅坤说：“举业一脉，即说经也……学者即其言而疏之为文。”[⑦] 刘熙载《艺概·经义概》云：“制艺推明经意，近于传体。传莫先于《易》之《十翼》。至《大学》，所谓以字释经，已隐然欲代圣言，如文之入语气矣。”[⑧] 章太炎《国学讲演录》：“注疏者，八股文之先河；明清之奏议，八股之支派也。”[⑨] 章炳麟云：“盖注疏释经，八股文为衍绎《四子书》及《五经》之义理，故注疏外式异八股，而内涵为八股之所自出。明清奏议，为八股之余事。故明、清奏议，形体异八股，而精神实为八股之支流。”[⑩] 近人陈柱在其所著《中国散文史》第八编中，特别标题为《以八股为文化时代之散文》，这一提法，概括了明、清两代一些著名散文家的特征，是比较符合历史事实的提法。尽管陈氏晚节有亏，但本着不以人废言的观点，其文化史观，还是有见地的。[⑪] 八股与传统注疏体有类似之处，都是为了准确地阐释经典，不同之处是八股文入口处要代圣人立言。实际上，八股文源于注疏体的说法也不十分准确。

4. 八股文曲剧说。焦循在《易馀籥录·卷十七》云：余谓八股文入口气代其人论

---

① （清）梁章钜. 试律丛话（卷一）[M]. 上海：上海书店出版社，2001：512.

② （清）袁枚. 袁枚全集·小仓山房尺牍［M]. 上海：上海古籍出版社，1993：50.

③ 黄强. 八股文与明清文学论稿［M]. 上海：上海古籍出版社，2006：49—50.

④ 黄强. 八股文与明清文学论稿［M]. 上海：上海古籍出版社，2006：49—50.

⑤ （清）刘熙载. 艺概·经义概（卷六）[M]. 上海：上海古籍出版社，1978：172.

⑥ 黄强. 八股文与明清文学论稿［M]. 上海：上海古籍出版社，2006：49—50.

⑦ （清）茅坤. 唐宋八大家文钞［M]. 上海：上海古籍出版社，2007：89.

⑧ （清）刘熙载. 艺概·经义概（卷六）[M]. 上海：古籍出版社，1978：183.

⑨ 章太炎. 国学讲演录［M]. 北京：中华书局，2013.

⑩ 邓云乡. 清代八股文［M]. 石家庄：河北教育出版社，2004.

⑪ 陈柱. 中国散文史［M]. 上海：上海书店，1984：267.

说，实原本于曲剧即八股文出于金元之曲剧。[①] 破题则源于唐律、试赋起处称之为“破题”。上可溯至南朝骈文乃至于先秦诸子。明代早期，八股文对戏曲创作的影响主要表现在邵璨的《香囊记》[②] 上。他通过对《香囊记》与八股文文本的对比分析，均可看出戏剧结构中的四折，即起、承、转、合的思维模式非常之明显。在很大程度上，正如徐渭所言，《香囊记》中的对偶，是从八股文移植而来的。邵璨通过对前腔体制的创造性改造，实现了这种文体的移植。

以上说法只是不同文体之间结构相似性的比较，而不是严格意义上的文体渊源研究。以戏曲为八股之源者，主要是因为两者皆为代言体。但代人立言渊源甚早，绝不是创于元曲，以元曲代古人语气，为八股文代圣人立言口气之源，并不十分准确。也就是说，戏剧文体也不是八股文文体。

5. 八股文源于平话小说。黄侃在《中国文学概论》中谈到，有许多学者认为“八股文源于曲剧或小说”[③]。八股文是代圣人立言，这并不是小说、戏曲的专利。许多学者将小说、戏曲与八股文文体二者混为一谈。前者均为历史事件描述性创作，后者八股文属于议论文体，即逻辑推理性创作，二者在创作方法上有明显的不同。他们说八股文源于平话之说，或源于戏剧，或源于小说，不免有牵强附会之嫌。

刘师培在《论文杂记》中，将佛书区分为三类：一曰“经”，二曰“论”，三曰“律”。中国古籍大抵分此三类：“一曰文言，藻绘成文，复杂以骈语韵文，以便记诵；一曰语，或为记事之文，或为论难之文用单行之语，而不杂以骈俪之词；三曰例，明法布令，语简事赅，以便民庶之遵行。”[④] 卢前《八股文小史》[⑤] 第二章《八股文之结构》亦有类似的记载。

明清小说作者对八股文十分熟悉，甚至形成八股文的惯性思维。当他们从八股文领域转移到小说创作领域时，其八股文结构的惯性思维也随之融入小说创作。就明清小说创作的整体结构而言，其主旨生发、主线安排、行文结构、布局模式均受八股文的影响，这使小说带有鲜明的八股文色彩。

6. 律赋骈文说。清代汪之昌《青学斋集》卷二五[⑥]涉及内容经、史、子、集四部，可见汪氏对《神女赋》《东京赋》《西都赋》和《鲁灵光殿赋》都做过研究；瞿兑《骈文概论》之十六“律赋与八股”源于试帖诗。阮元在《揅经堂·三集》卷二中直接将八股文视

---

① （清）焦循. 易余龠录（卷十七）[M]. 夏德化李氏刊，光绪戊子年《木犀轩丛书》本第三册，第7页.

② 明万历年《宜兴县志》和清嘉庆《宜兴旧县志》所载，邵灿广学博闻，志意恳笃。喜词赋，晓音律，尤精于弈。少习举子业，但未应科举考试，一生布衣以终。著有《乐善集》和传奇《香囊记》。

③ 黄侃. 中国文学概论 [M]. 北京：中华书局，2016：190.

④ 刘师培. 中古文学论集·论文杂记 [M]. 北京：中国社会科学出版社，1997：225，255.

⑤ 卢前. 八股文小史·八股文之结构 [M]. 北京：东方出版社，1996：25.

⑥ 郭秧金，蔡坤泉. 昆山历史艺文志 [M]. 南京：江苏科学技术出版社，2012：329. 赋是我国古代的一种有韵文体，介于诗和散文之间，类似于后世的散文诗。它讲求文采、韵律，兼具诗歌和散文的性质。其特点是“铺采摛文，体物写志”，侧重于写景，借景抒情。最早出现于诸子散文中，叫“短赋”；以屈原为代表的“骚体”是诗向赋的过渡，又称之为“骚赋”；汉代正式确立了赋的体例，称之为“辞赋”；魏晋以后，日益向骈对方向发展，叫作“骈赋”；唐代又由骈体转入律体，叫作“律赋”；宋代以散文形式写赋，又称之为“文赋”。

为骈文一脉。清代阮元《梁昭明太子文选·序》："是《四书》排偶之文，真乃上接唐、宋四六为一脉，为文之正统也。"① 阮元在《两都赋·序》中说："白麟神雀二比、言语公卿二比，即开明人八比之先路。明人号唐宋八家为古文者，为其别于《四书》文也，为其别于骈偶文也。然《四书》文之体皆以比偶成文……不比不行是明人终日在偶中而不自觉也。"② "洪武、永乐时四书文甚短，两比四句即宋四六之流派。是四书排偶之文，真乃上接唐宋四六为一脉，为文之正统也。"③ 刘麟生在《中国骈文史》中说："八股文为骈文散混合之文字，然就其整段作对而言论，固应以之隶属于骈文。""唐代科举以诗赋取士，其赋作即为源自骈文的律赋。唐代公文亦为骈文，即四六体。"④ 八股文假大空，骈文概论均有类似的记载。有的学者提到骈文之说。民国时期徐世昌在《清儒学案·阮元·仪征学案》中说："推阐古圣贤训世之意，务在切于日用，使人人可以身体力行。"⑤

从形式上看，八股文外在形态的句式，是一种"骈偶式"，故八股文源于骈文是有一定道理的。《明史·选举志》对"制义"概括有二：

一是代"古圣贤立言"，这是八股文内容方面的特点；

二是八股文"体用排偶"，这是八股文形式上的特点。

八股文与一般骈体文有明显的不同，它本身也是一种特殊的语体。虽然在八股文中包含有骈文文体成分，但骈文文体终究不是八股文体。八股文源于"律赋"也好，源于骈文也罢，唐代科举确实要考"律赋"。一直到明清时期，律赋文选仍然是考试的主要内容，而且考生必须深谙律赋文体的写作和音韵学方面的知识。八股文与骈文律赋文体，八股文与议论文文体之比较，如下表所见：

序号	唐宋新经义论文基本格式			序号	明清八股文基本格式
1	论头	破题		1	破题
2		承题	冒头	2	承题
3		小讲	冒题冒子	3	起讲（小讲、开讲）
4		收尾		4	领题
5	论项	官题		5	起比（提比、初比）
6		原题		6	出题
7	论腹	大讲（讲题讲段）		7	中比
8		余意（后讲、从讲）		8	后比
9	结尾	原经		9	束比
10		结尾		10	结语（结束）

① （清）阮元. 揅经堂［M］. 上海：上海书店，1989.
② （清）阮元. 揅经堂［M］. 上海：上海书店，1989.
③ （清）阮元. 揅经堂［M］. 上海：上海书店，1989.
④ 刘麟生. 中国骈文史［M］. 上海：东方出版社，1996：97.
⑤ （清）杨向奎. 清儒学案新编·阮元·仪征学案（卷五）［M］. 济南：齐鲁书社，1985.

从以上剖析八股文结构来看，尽管八股文包含了骈文律赋的形式，但是从八股文总体格局上看，八股文不是骈文律赋文体。因此，骈文律赋对八股文结构有一定的影响，但骈文律赋文体终究不是八股文，我们一定要将二者严格地区分开来。

7. 八股文源于唐宋古文说。韩愈在《师说》中首先破题："古之学者必有师。师者，所以传道、受业、解惑也。"① 《进学解》也是以同样的方法首先破题："国子先生晨入太学，招诸生立馆下，诲之曰：'业精于勤，荒于嬉。'"② 再看韩氏《原毁》也采用类似的手法首先破题，即"古之君子，其责己也重以周，其待人也轻以约。重以周，故不怠；轻以约，故人乐为善。"③ 柳宗元《封建论》曰："天地果无初乎？吾不得而知之也。生人果有初乎？吾不得而知之也。然则孰为近？曰：有初为近。孰明之？由封建而明之也。彼封建者，更古圣王尧、舜、禹、汤、文、武而莫能去之。盖非不欲去之也，势不可也。势之来，其生人之初乎？不初，无以有封建。封建，非圣人意也。"④ 台湾学者梅家玲在《论八股文的渊源》中认为，八股文起源于唐宋古文的观点新颖，值得我们注意。⑤ 吴承学、曹虹、蒋寅（合著《明清诗文研究》）、叶国良（《八股文渊源问题》）等诸多学者都认为八股文与唐宋古文有关。笔者在第三章中对韩愈《师说》的解读，就证明了唐宋古文是明清八股文的源头。唐宋古文形式与八股议论文有着许多共同的规律。这也证明了所有议论文都会有三个共同的要素，即：

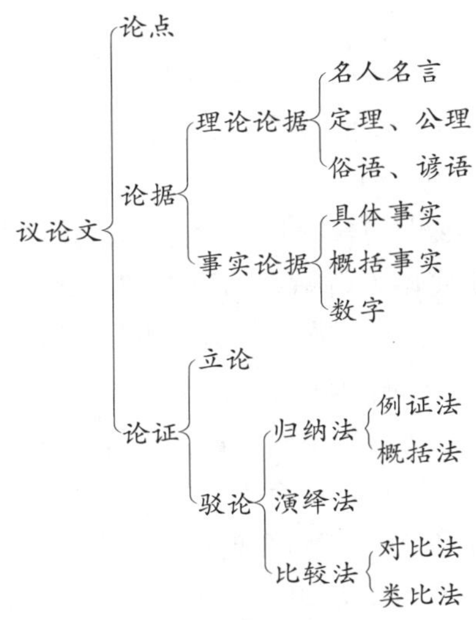

议论文思路结构图

（1）论点必须正确、鲜明。阐述观点是文章的灵魂、统帅。任何一篇文章只有一个中心论点，但可以有几个分论点。

（2）论据是支撑论点的材料，是作者用来证明论点的理由。论据可以分为事实性论据和理论性论据两种。

---

① 余冠英，周振甫，启功．唐宋八大家全集·韩愈·师说［M］．北京：国际文化出版公司，1997：128.

② 余冠英，周振甫，启功．唐宋八大家全集·韩愈·进学解［M］．北京：国际文化出版公司，1997：129.

③ 余冠英，周振甫，启功．唐宋八大家全集·韩愈·原毁［M］．北京：国际文化出版公司，1997：123.

④ 余冠英，周振甫，启功．唐宋八大家全集·柳宗元·封建论［M］．北京：国际文化出版公司，1997.

⑤ 吴承学，曹虹，蒋寅．一个期待关注的学术领域——明清诗文研究三人谈［J］．文学遗产，1994（4）.

（3）论证是用严密的论据来证明论点的过程。论证的目的在于揭示出论点和论据之间的内在逻辑。议论文应该观点明确、论据充分、语言精练、论证合理、逻辑严密。

此外，还有其他说法，如尚镕认为《韩非子》《内储说》和《外储说》也是八股文文体之源；日本学者铃木虎雄在《赋史大要》中提出八股文与宋代文赋的句式有关等。

以上八股文历史渊源争议之说，通常是指儒家经学与文学之争。律赋诗词者主以律赋取士，儒家经学者主以经义取士，这场争论从唐代开始，一直到清朝废除科举考试制度，争论时间长达数百年之久。甚至可以说，这场争论一直延续到现在，还有人并没有明白律赋与经义之争的主要原因是什么。

实际上，人们并没有把律赋与经义文体区别开来认识，时常是将两者混为一谈。其实诗赋与经义表现的是人的两种不同的能力：前者是对事件的描述能力和叙事能力，即语言形象和空间的表达能力；后者是逻辑推理，即归纳和演绎推理的逻辑论证说服能力。有一部分人只有前者的语言形象和空间表达能力，却并不具备归纳和演绎的推理能力。但有的人前者与后者的能力都具备。

第三节　诗赋取士与经义取士之争议

一、唐代科举诗赋取士与经义取士之争议

早在唐代，便已出现诗赋取士与经义取士之争。永隆二年（公元 680 年），刘思立建议进士加试杂文，而杂文逐渐演化为诗赋，即所谓“主司褒贬，实在诗赋”。实际上，唐代出现诗赋和经义取士之争论，为科举考试争议拉开了序幕。

魏晋南北朝时期，文坛兴起一种骈文体，主要是讲求对仗工整和声律辞藻的文体。骈文体是一种比较特殊的文体，全文以上下对称的对偶句为主，每一句都是以四个字或六个字相同。有些人称之为四骈六俪句式，也有人称之为四六文。后来，骈文体越来越讲究声律对仗工整，以致发展到只追求华丽的辞藻和优美的形式，于是用典晦涩、词句难懂、内容空洞、不知所云。许多饱学之士对这种靡丽的文风十分反感，提出改革文风的主张。到隋唐时期，隋文帝诏令天下匡正骈体之文风；初唐，魏征在编写《隋书》时，禁用骈文体，并且在其他论说文中批评六朝时期的文风。魏征主张使用秦汉古文，主要是通过古文的政论文体，恢复秦汉以前那种自由质朴和六经致用的文风。

何为进士？其初见于《礼记·王制》，是指“进受爵禄”的意思。清代徐松《登科记考补正》曰：“举进士而未第者曰进士，曰举进士；得进士者曰进士第，曰前进士。《新旧唐书》于初唐人传多，但言举进士。”[①] 隋炀帝大业三年（公元 607 年），将科举制完善，开设进士科，采用考试的办法来选拔优秀人才，即进士。当时，进士科主要考时事政策，也即当时国家政治生活方面的政论文章，故科举考试称之为“策”。这种分科取士、以策

---

① （清）徐松. 登科考记补正［M］. 北京：燕山出版社，2003：19.

取士的办法在隋朝属于草创时期，并未形成一种科举制度，更没有形成八股文制度。但是有一点我们应该明白，那就是朝廷要求读书人把读书、应试和做官三者有机结合之举揭开了中国科举史上最辉煌的一幕。

唐代科目选是由吏部主管，兼有科举取士形式和全选考试选举性质，将科举考试与全选考试折中糅合在一起，不拘一格选人才。所以，在唐代不愁没有人才。唐代选举主要有以下几种科目：

在唐制中，取士之科，多因隋旧。然其大要有三：由学馆者曰生徒；由州县者曰乡贡，皆升于有司而进退之。其科之目有秀才，有明经，有俊士，有进士，有明习律令科，有明字，有明算，有一史，有三史，有开元礼，有道举，有童子。[①] 而明经之别有五经、有三经、有二经、有学究一经、有三礼、有三传、有史科、博学宏词科，书判拔萃科。[②] 另外，诗和赋也是必考科目。墨试《说文》和《字林》。有时要试《老子》《文子》《列子》诸经。

今人但以贡生为明经，非也。唐制有六科：一曰秀才；二曰明经；三曰进士；四曰明法；五曰书；六曰算。[③] 科不同，设考试的科目内容不同。

在这些科目中，尤以博学宏词科最为重要，一旦登科，社会地位很高。因此，唐代后期许多进士及第者参加过博学宏词科的考试。凡考试优等者，皆可立即入仕。

唐代博学宏词科考试内容为：试文三篇，即诗、赋、议论各一篇。因此，博学宏词科考试又被称为“三篇”。博学宏词就是指学识渊博；宏词是指优美恢宏的文辞。李商隐在《陶进士书》中说：“夫所谓博学宏词者，岂容易哉？天地之灾变尽解矣！人事之兴废尽究矣！皇王之道尽识矣！圣贤之文尽知矣！而又下及虫豸、草木、鬼神、精魅，一物已上，莫不开会。此其可以当博学宏词者邪也？恐犹未也。设他日或朝廷或持权衡大臣宰相问一事，诸一物，小若毛甲，而时脱有尽不能知者，则号博学宏词者，当其罪矣！”[④]

由此可见，除个人因素外，博学宏词、贤良方正、直言极谏，三场考试本身难度非常之大。从《文苑英华》和《全唐诗》中保存下来的唐代博学宏词赋、论试卷，大多辞藻华丽，而且对偶押韵必须要符合骈文写作要求。

一般情况下，应博学宏词科考试的文章中不得有重复字出现。博学宏词科要求很高，根据历史资料记载，整个唐代科举考试，在新旧《唐书》中，统计有本传和附传科举出身的官员，在 102 名明经中，仅有玄宗朝李季卿一人，而且在旧传中说他应制举，登博学宏词科，还不是后来的科目选的博学宏词科。

根据徐松《登科记考》记载，唐玄宗开元五年（公元 717 年），只有李蒙一中博学宏词科。当时，博学宏词科是制科中的一种，后来每年吏部举行科目中的博学宏词科。[⑤]

在唐代晚期，博学宏词科通常被称为吏部科、博学选，有时也被称为“宏词制策科”。

---

① （宋）欧阳修，宋祁. 新唐书·选志上（卷 44）[M]. 北京：中华出局，1999：761.
② （清）徐松. 登科考记补正 [M]. 北京：北京燕山出版社，2003：1375.
③ （清）徐松. 登科考记补正 [M]. 北京：北京燕山出版社，2003：1392.
④ （唐）李商隐. 樊南文集（卷八）[M]. 上海：上海古籍出版社，1988.
⑤ （清）徐松. 登科考记补正 [M]. 北京：北京燕山出版社，2003：219.

柳宗元在《上大理崔大卿应制举不敏启》中说：自己应博学宏词之举，而题中却云“应制举”，并且博学宏词登科第一名也与制科榜首一样被称为“敕头”。因此，博学宏词是吏部科目中颇为特殊的一个科目，它兼有一定的制科性质。

韩愈考中进士以后，也经过四次拼搏去吏部应试博学宏词选。他本人认为，博学宏词科所试文章“亦礼部之类”，与进士科考试的内容没有多少差别。但现实却大大地打击了他，他应考两次而接连失败。失望之下，他便转而说博学宏词科考试“乃类于俳优者之辞”。

由此可见，韩愈非常排斥当时的骈文体，他甚至将博学宏词科的骈文体贬斥为“俳体”。根据徐松《登科记考》中所收录博学宏词科统计资料，现在有姓名可考的博学宏词科者仅仅45人，可见当时录取的人确实不多。因此，博学宏词是在淘汰大量人选的科举录取者中择优考试后再录取，其难度之大可想而知。博学宏词科正因为社会地位高、竞争之激烈、难度之大，在唐代晚期被人们公认为“重科”。登科者受到社会的羡慕和尊敬往往远高于进士及第者。徐松《登科记考》记载：“凡进士之应此选者，三十有二人。”在太和九年（公元835年），何扶及第后，次年博学宏词登科，欣喜若狂之下赋诗一首：

金榜题名墨尚新，今年依旧去年春。
花间每被红妆问，何事重来只一人。①

从何扶的诗中可以看出，其春风得意和欣喜之情溢于言表。在唐代后期，博学宏词科确实选拔了不少人才，有许多重科人才当上了卿相重臣，其中尤为知名的宰相有陆贽、裴度，著名文学家刘禹锡和柳宗元等人。博学宏词科尽管过于严格局限，但对当时选拔人才还是起到了一定的积极作用。

事实也证明，有不少著名学者和文学家在博学宏词科考试中一再受挫，如韩愈和欧阳詹等文学家都是失望而归。其实这一点也不奇怪，韩愈虽然是唐宋八大家首席代表，也是唐宋古文运动的旗手，正如韩愈自己所说的那样，博学宏词所考文体是骈文体或俳体，而韩愈最擅长的是政论文，这也正是韩愈屡试不第的主要原因。即便是韩愈，他写的骈文和俳偶体也会显得有些艰涩难懂，不像其他文学家所写的文章——辞藻华丽、优美动人。实际上，在唐代就出现了诗赋取士和经义取士的争议。

考进士科目的人比较多。考明经的人比较少。明经擅长于经学，拙于文学。即使大家都是进士，这种竞争也是非常激烈的。在唐玄宗时期，礼部尚书沈既济对当时科举应试制度做过比较中肯的评价，他说：“按前代选用，皆州、郡察举，至于齐隋，不胜其弊……是以置州府之权而归于吏部。自隋罢外选，招天下之人，聚于京师春还秋住，乌聚云合。实为天下福祉。”②

实际上，这段话已经点明，科举考试一开始就存在许多弊病，尤其是在州、县乡试中，问题特别严重，故将考生全部招到京师由皇帝亲自监考，这样才有可能将作弊减少到最低程度。

早在公元763年，礼部侍郎杨绾便上疏条陈贡举多弊病。他认为，自进士试诗赋以来，明经填帖之弊病多端。汉代文章也好，唐代诗歌也罢，都不如当今皇帝所看重的八股文。“明经填

① （清）徐松．登科考记补正［M］．北京：北京燕山出版社，2003：853-854.

② 科举制度的创立和发展，2015-04-28. https://www.liuxue86.com/a/2425971.html.

帖从此积弊，浸转成俗。幼能就学，皆诵当代之诗。长而博文，不越诸家之集。递相党与，用致虚声。《六经》则未尝开卷，《三史》则皆同挂壁。况复征以孔门之道，责其君子之儒者哉。”[①] 大家围绕着杨绾奏议，“上命诸司通议”尚书左、右丞相，诸司侍郎，御史大夫，中丞，给事中，中书舍人等官员聚在一起展开了激烈的争论。

给事中李栖筠、左丞贾至等人赞同杨绾废除科举考试的主张。贾至认为：“今试学者以帖字为精通，考文者以声病为是非，风流颓弊，诚当厘改。然自东晋以来，人多侨寓，士居乡土，百无一二；请兼广学校，保桑梓者乡里举焉，在流寓者庠序推焉。”[②] 为废除进士科的诗赋，他们甚至主张恢复汉代的乡举里选。从中唐至宋初，进士考试的主要内容是诗赋，这只能录取到文人墨客，既无补于政事，亦助长了浮华浇薄的文风，是以屡为人所诟病。唐代以诗赋取士，浮华不切实用。通常反对诗赋取士者多以儒家经学为武器，攻击“文士之龌龊”。

二、唐宋诗赋取士与经义取士之争议

德宗（贞元二年）年间，即公元786年，18岁的韩愈游学京城。当时，梁肃[③]反对骈文体。韩愈求教于梁肃。在这位文坛大师的指导下，韩愈的古文水平有了很大的提高，并且能深刻地认识到骈文体的种种弊端。《旧唐书·韩愈传》说，大历、贞元之间，“独孤及、梁肃最称渊奥，儒林推重”[④]。兼之出入儒释，旁及道流，读罢给人学识渊博、议论卓然之感，难怪乎时人推重如此。梁肃创作有意回避了社会热点，少涉时事，以非常正统的文学观念引领社会风气，加之口不论人非，得以俯仰人世，优容自适。因此，崔恭说他“絜当世，激清风”。梁肃的复古运动主要表现在以下几个方面：

1. 梁肃推崇两汉古文，积极肯定和赞美“楚风”文学。他强调文学“厚风俗、美教化”的功能，即所谓“明大道”“宗有德”“备教化”“美艺文”。（崔恭《唐右补阙梁肃文集序》）。诗词创作方面，他更强调诗人之志，阐述有四：“美其德，美其位，美其政，美其邻。”这与同时代古文理论家的主张比起来，无疑是公允的。值得注意的是，梁肃提出了“德充，则体和；道胜，则境静”（《晚春崔中丞林亭会集诗序》）。他认为文之根本就在于以充沛的道德创造“体和境静”的艺术境界。这与崔元翰对梁肃文章风格的评价是一致的。这也是梁肃最早提出文学艺术“境界说”的理论依据。

2. 梁肃入释出道，对“道气”之论有特殊的阐释。梁肃著有《神仙传》和《导引图序》，可见其哲学思想和理论方法的构成相对比较复杂。他本乎儒学，辅以佛老，故而将“道”与“气”的内涵系统化、理论化。由此可见，梁肃所言“道”“气”，已经超越了纯粹的儒道思想和传统的“文气”说。这说明，梁肃哲学思想和理论观点在当时具有一定的

---

① （后晋）刘昫. 旧唐书·杨绾列传［M］. 北京：中华书局，1999：2330.

② （宋）司马光. 资治通鉴［M］. 上海：上海古籍出版社，1987：1521.

③ 梁肃（753—793），唐人，祖籍安定郡乌氏（今甘肃泾川县东北），自高祖梁敬实起迁居河南府陆浑县，父梁逵再迁今河南省新安县居住，此为梁肃出生地。梁肃流传下来的文章以赋、序、赞、记、碑铭、墓志为主，多为散体，有少量骈体赋传世，如《指佞草赋》《述初赋》。

④ （后晋）刘昫. 旧唐书·选举志［M］. 北京：中华书局，1999：2857.

包容性。

3. 梁肃是中唐古文运动桥梁式的人物。他上承萧颖士、独孤及，下启韩愈、柳宗元，继而续“宋初三子”，即胡瑗、孙复和石介三人，和北宋新儒学思想，与中国传统儒家思想一脉相承。其文论在创作方面特别强调“文本于道”，“失道则博之以气，气不足则饰之以辞”。他认为，“道”能兼“气”，“气”能兼“辞”，辞不当，则斯文败坏。他对文、道关系和道、气、辞关系的论述，无疑是韩愈和柳宗元发起古文运动的先声，更是他对萧颖士和独孤及等人的文学理论和经义思想做出的贡献。

4. 梁肃的文学理论和经义思想的贡献是系统的和全方位的。他甚至注意到文章“缘情”的传统，提出了“文胜，则缘情而美”，这是佛学对他的文论思想的影响。诗人之作，感物咏怀，形于事业，发于性情，动于咏歌。它充分“显示了梁肃古文理论由宗经传道向缘情体物的发展”①。但梁肃的创作走的却是一条温柔醇和的路线——“信佛、复古，而不适于经世之用”②——这正是他对古文运动理论做出的贡献。他的古文理论主要是空言明道，很少关注现实政治和社会生活，这与韩愈“不平则鸣”、柳宗元“辅时及物为道”的主张完全不同：后者积极关注社会现实，注重创作的内心情怀，并将其运用于创作实践中。梁肃的文学创作的“病弊”，就在于他理论主张的“先进”与创作实践的“复古”完全相背离，未能很好地将理论与实践相结合，未能从社会现实出发，进而创作出经典传世作品。这是梁肃当世名声斐然而后世默默无闻的重要原因。

韩愈主张用先秦两汉政论文和散文形式创作，这样可以恢复古文创作，摒弃骈文中的文字游戏。韩愈的这种创造性阅读和神圣的创作已经超越了那个时代的步伐。他的复古主义文学思想不被当时多数人所接受，甚至遭受到世人的反对和批评。但是，他对后世古文运动，特别是北宋新儒学思想的复兴起到了薪火相传的作用。他借鉴古人的思想和思维方法，并不是照搬古人语录代圣人立言，而是敢于创新和超越古人。

北宋初期，北宋新儒学是重建道德谱系的开始。宋初科举制度崇尚声律浮华，以诗赋取士。这是宋代科场普遍存在的“苟趋禄利”“重诗赋取士”而轻“经义教化”的风气。孙复、石介与胡瑗是同学，石介又师事孙复。这就出现宋初三子：

1. 胡瑗：主要学术著作有《武学规矩》一卷、《皇佑新乐图记》三卷等。他的学生为他编录的著作有《周易口义》十二卷、《洪范口义》二卷等，多数已佚。百家谨案：先文洁公曰：“宋兴八十年，安定胡先生、泰山孙先生、徂徕石先生始以师道明正学，继而濂、洛兴矣。故本朝理学虽至伊洛而精，实自三先生而始，故晦庵有伊川不敢忘三先生之语。”③

（1）儒为天下师。胡瑗“广设庠序之教”。他认为大兴地方书院和官学可以使人才“继踵而出”，更为重要的是可以“正以民心”，维护封建统治秩序，达到治国平天下的目的。庆历四年（1044 年）四月，宋仁宗采纳范仲淹的建议，开天章阁，与大臣们一起讨论振兴国家的良策，慨然诏令天下，要求在全国各州、县兴办学校，建立书院。为了培养

① 刘正平. 梁肃与中唐古文运动［N］. 光明日报，2018-08-06.

② 罗宗强，中国文学思想通史：隋唐五代文学思想史［M］. 北京：中华书局，2013.

③ （清）黄宗羲，全祖望. 宋元学案［M］. 北京：中华书局，1982.

真正合格的经世致用的人才，胡瑗认为必须要建立“敦尚行实”“致天下之治”“以仁义礼乐为学”的书院制度。这种“立学教人”的主张，在当时具有进步意义。

（2）胡瑗提出“明体达用”的新儒学思想。“体”是指君臣父子；“用”则是指掌握运用这个基本道德标准去治理国家。在宋仁宗明道、宝元年间，为了改革不以“体用”取士而以诗词歌赋取士的教育思想，胡瑗主张以培养通经致用的人才作为教育的根本目的。胡瑗在《松滋县学记》中开宗明义地说：“致天下之治者在人才，成天下之才者在教化，教化之所本者在学校。”[①] 圣贤自期许，明体达用之学，“润泽斯民，归于皇极”[②]，确立了培养“致天下之治”的人才教育理念。他在回答宋神宗提问时说：“臣闻圣人之道，有体、有用、有文。君臣父子，仁义礼乐，历世不可变者，其体也；诗书史传子集，垂法于后世者，其文也。举而措之天下，能润泽斯民，归于皇极者，其用也。”[③] 理学经历了一个发生、发展的过程。胡瑗成功地开创了宋代理学之先河。

（3）胡瑗经学的民本思想。胡瑗在《周易口义》中“论民本”时说：“不以一己为忧乐，所忧者天下，所乐者天下。”[④] 胡瑗在经学上讲求“明体达用”、在政治思想上强调忧国忧民的思想对后世影响很大。胡瑗论民本思想应该是出自孟子注疏：“齐宣王见孟子于雪宫。贤者亦有此乐乎？孟子对曰：‘有人不得则非其上矣。不得而非其上者，非也。为民上而不与民同乐者，亦非也。’”[⑤] 故后世范文正公有志于“先天下之忧而忧，后天下之乐而乐，则退亦忧，进亦忧，何时乐矣”[⑥]。其实，这与范仲淹立身行事、砥砺节志的思想是完全一致的。无论是胡瑗“不以己为忧，所忧者天下”，还是范文正公“先天下之忧而忧，后天下之乐而乐”，它们都是来自《孟子·梁惠王下》：“为民上而不与民同乐者，亦非也。乐民之乐者，民亦乐其乐，忧民之忧者，民亦忧其忧。乐以天下，忧以天下，然而不王者。”[⑦] 这说明胡瑗强调“民为天下国家之根本”，从儒家立场反对佛教、道教、标榜王权，为宋初加强中央集权统治提供了理论依据。他极力主张文章必须要为儒家的道统服务。

（4）胡瑗经济学的知行合一。首先，胡瑗提倡理论与实践相结合。他在讲授“三礼”——《周礼》《仪礼》和《礼记》时，因其记载的礼仪器物久已失传，没有实物形象教学之具可供学生观看，就自制挂图，悬于讲堂之上，让学生直观，以增强学生的记忆力和理解力。其次，胡瑗组织学生走出课堂，到远近地区去游历考察，观名山大川，开阔学生视野。这表明胡氏教学开始注重学生学以致用，将书本理论与社会实践相互结合，或者说通过社会实践知识增强学生对书本理论知识的理解。清初学者黄宗羲直接继承胡瑗“明体达用”的衣钵，开创学贵践履、经世致用的新学风，其实质就是胡瑗倡导的“实学论”。在胡瑗看来，书院育人必须要做到以下三点：

第一，“师儒”要以孔孟之道管理和从事教育。他强调“道之所存，师之为用”。

---

① 朱小蔓. 道德与法治（九年级上册）[M]. 北京：人民教育出版社，2018：23.

② （清）黄宗羲，全祖望. 宋元学案·安定学案 [M]. 北京：中华书局，1982：2—3.

③ （清）黄宗羲，全祖望. 宋元学案·安定学案 [M]. 北京：中华书局，1982：2—3.

④ （宋）胡瑗. 周易口义（卷一）[M]. 台北：台湾商务印书馆，1986.

⑤ 李学勤. 十三经注疏·孟子注疏 [M]. 北京：北京大学出版社，1999：39.

⑥ 张以文. 四书全译 [M]. 长沙：湖南大学出版社，1989：39

⑦ 李学勤. 十三经注疏·孟子注疏 [M]. 北京：北京大学出版社，1999：40.

第二，要将四书五经知识普及于“平民教育”。实际上就是要把四书五经去贵族化，并将儒学世俗化、平民化、制度化。

第三，地方行政长官兴办书院和学校。这是胡瑗重新有意识地强化儒学思想，他把它作为封建专制统治的统一意识形态，并且形成一门封建专制学问。

宋神宗《御题胡安定先生》赞曰：“先生之道，得孔孟之宗。先生之教，行于苏湖之中。师运而尊，犹如泰山特屹于诸峰。法严而信，如四时迭运于无穷，辟居太学，动四方欣慕，不远千里而翕从。召入天章，辅先帝日侍启沃万言而纳忠。经义治事，从适士用。议礼定乐，以迪联躬。敦尚本实，还隆古之淳风。倡明正道，开来学之颛蒙。载瞻载仰，谁不思公诚斯文之模范，为后世之钦崇！”宋朝皇帝对他给予了高度评价和赞扬。[①]

宋代两位宰相对胡瑗的教育成就也是赞誉有嘉。欧阳修有诗赞曰：“吴兴先生富道德，诜诜子弟皆贤才。”王安石称道：“先取先生作梁栋，以次收拾桷与榱。”胡瑗先生教授的学生中，有许多是名臣，如莫君陈、吴孜、孙觉、刘蠡、周之道等。

2. 孙复[②]：撰有《易说》。孙复经学为学界所重视的是《春秋》，今存有《春秋尊王发微》十二卷。胡瑗的教育理论与实践指导，不仅模范于当代宋学，而且为后世效法，为中国教育树立了一座不朽的丰碑。

孙复提出经学致用、疑古不惑的新儒学思想。孙复批评汉宣帝鄙视儒士不足为用，其结果是纲杂目乱、世风日下，最后导致西汉的衰落。[③]

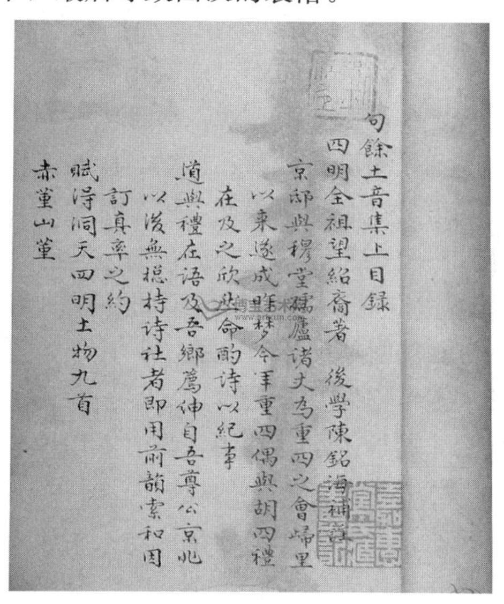
句餘土音集上目錄
四明全祖望紹衣著　後學陳銘海補注
京邸與穆堂臨川諸丈為重四之會歸里
以來遂成睽夢今年重四偶與胡四禮
在及之欣然命酌詩以紀事
道與禮在語及吾鄉鷹岬自吾尊公京兆
以後無搃持詩社者即用前韻索和因
訂真率之約
賦得洞天四明土物九首
赤堇山堇

全祖望句余土音补注手稿文献

孙复《春秋》的特点，就在置《三传》于不顾，凭己意诠释。以“尊天子，黜诸侯”立论，他认为《春秋》“有贬无褒”，突出“孔子成《春秋》而乱臣贼子惧”的思想。值得

---

① （清）黄宗羲，全祖望．宋元学案·安定学案［M］．北京：中华书局，1982．

② 孙复（992—1057），字明复，号富春，晋州平阳（今山西临汾市人），北宋理学家、教育家。孙武第四十九代孙。

③ （元）脱脱．二十四史·宋史［M］．北京：中华书局，2000：10021．

注意的是，其学术思想有三点：

一是提倡儒家道统。孙复认为："吾之所以道者，尧、舜、禹、汤、文、武、周公、孔子之道也；孟子、荀卿、扬雄、王通、韩愈之道也。"[①] 宋太祖、宋太宗时期均重视文化事业，文化教育因此蓬勃地发展起来。[②]

二是排斥佛、道二教。孙复写了《儒辱》《无为指》等文，专门攻击佛、道，把儒、道、佛三教鼎立看作是"儒者之辱"[③]，进而号召儒者起来"鸣鼓而攻之"，试图重振韩愈攘斥佛道的事业，以复兴儒家文化。

三是抨击科举时文。他对当时士人热衷于四六句子时文的现状大为不满，他强调"文以载道"。他认为，"文者，道之用也；道者，乃之本也"[④]，作文应该左右名教，夹辅圣人而已。

四是孙复进一步提出教化当以太学为根本："太学者，教化之本根，礼义之渊薮也。王道之所由兴，人伦之所由正，俊良之所由出。"[⑤] 孙复认为，孔子治天下，经国家中正之道，焕然而备。这一学说将孔孟的精英政治道德理论凌驾于皇权之上，使儒家传布之道，俨然成为包括帝王在内的万众遵行的根本原则，使儒家硕学成为帝王之师。这就大大抬高了儒士的社会地位，对皇权专制构成一定的制约作用。

这是理学在兴起之初最有价值和富有进步意义的积极作用。孙复弘扬儒家大道，必先施之于儒家教化："故今学者明夫圣人体用，以为政教之本。皆臣师之功，非安石比也。"[⑥] 孙复科考失利，盖由于其重义理而轻传注。宋廷沿隋唐学风，专以辞赋取士，偏重文学修养。孙复"知其道不与时合，不敢复进，乃退"。孙复是北宋庆历之际，经学变古的主要代表人物之一。他的学风影响颇大。程颐《回礼部取问状》记载："孙复讲《春秋》时，初讲旬日间，来者莫知其数。堂上不容，然后谢之，立听户外者甚众。当时《春秋》之学为之一盛，至今数十年传为美事。"[⑦] 这说明当时学者对其学风的认同。

第一，孙复提出"不惑传注""舍传求经"的方法。庆历之际，学统四起，理学称之为新儒学。通释、老之书，以经、史、传致精意，为一家之说。皮锡瑞对宋初新儒学的发展，未必做出恰当和中肯的评价。欧阳修评论说："先生治《春秋》，不惑传注，不为曲说以乱经。"[⑧] 治经应当"不惑传注也"。解经、传注、质疑古说、阐发新见，这是宋代新儒学最大的进步，也是新儒学形成的理论基础。

第二，孙复提出"舍传求经"的治经方法论。欧阳文忠曰："其言简易，明于诸侯大夫功罪，以考时之盛衰，而推见王道之治乱，得于经之本义为多。"[⑨] 疑古作为一种治经方

---

① （宋）孙复．孙明复小集·信道堂记［M］．上海：上海古籍出版社，2015：176.
② 常大群．宋代的泰山书院［J］．文史知识，2008（8）.
③ （清）黄宗羲，全祖望．宋元学案·泰山学案［M］．北京：中华书局，1982.
④ （清）黄宗羲，全祖望．宋元学案·泰山学案［M］．北京：中华书局，1982.
⑤ （清）永瑢，纪昀．四库全书总目提要·经部·春秋类［M］．上海：上海古籍出版社，2016.
⑥ 钱穆．中国近三百年学术史［M］．北京：商务印书馆，1997.
⑦ （宋）程颢，程颐．河南程氏遗文集［M］．北京：中华书局，2008.
⑧ （清）黄宗羲，全祖望．宋元学案·泰山学案［M］．北京：中华书局，1982.
⑨ （清）黄宗羲，全祖望．宋元学案·泰山学案［M］．北京：中华书局，1982.

法，进一步完善了这个理论，成为一种治学风尚。一方面，这种方法促成理学家“义理之辨”思维模式的形成；另一方面，这种方法具有玄学思想特征，这是对人类思想的一种解放，具有一种自由思想的伟大革命意义。

第三，孙复在提出经学致用方法时，已经注意到这种方法含有不确定性因素。他又主张文以致用、道以致用，提倡务实之学，为研究经学致用在方法论上开拓了一条新的路径。故理学集大成者朱熹曾有“不敢忘初衷”之说法。

3. 石介[①]：北宋理学先驱，“泰山学派”创始人。“泰山五贤”之一。天圣八年（1030年）进士。曾任国子监直讲，“从之者甚众，太学之盛，自先生始”。官至太子中允。他以重义理，不由注疏《易》和《春秋》之说教授诸生，开宋明理学之先声。世称徂徕先生。“泰山学派”有关“理”“气”“道统”“文道”等论对“二程”、朱熹等人以及后来的宋儒理学产生了重要的影响。他从儒家立场反对佛教、道教，标榜王权，主张文章必须为儒家的道统服务，为宋初加强中央集权统治提供了理论依据。

（1）石介提出理学唯物主义的新儒学思想。他不仅继承了齐鲁之邦的古文传统，而且不乏北国少年的尚武精神。“匈奴恨未灭，幽州恨未复”，这更加充分表现出青年石介对国家、民族命运极度关注和具有高度历史责任感的进步民本政治思想。石介以《周易》和《春秋》为基础以史论经，复古则开宋代理学家历史观的先河。

（2）石介以身作则，形成泰山书院的精神。石介对泰山书院的最大贡献不仅体现在延请名师讲学上，更体现在渗透于日常教学生活中的书院指导思想方面：

第一，石介极力维护儒学伦常道德。孙复曾说，他所坚持的道就是周公、孔、孟之道。石介认为：“君臣之道，父子之义，夫妇之顺，尊卑有法，上下有纪，贵贱不乱，内外不渎，风俗归厚，人伦既正而王道成矣。”[②] 以儒家思想为教学的主要内容，“介日坐堂上……尧、舜、禹、汤、文、武、周公、孔子之道不尝离于口也，三才、九畴、五常之教不尝违诸身也”[③]。可以推知石介正是以儒家所提倡的忠信孝悌教育弟子。学生在平时的学习过程中受到老师的言传身教和儒家伦理的熏陶，对传播儒学思想起到重要的作用。

第二，石介与孙复相比，石介思想的独特之处在于反对宋初那种“缀风月，弄花草，淫巧侈丽，浮华纂组”的文风。他力求恢复古文传统，提倡务实文风。受他影响的学生也是文风朴实，多以古文有名。

第三，石介提倡积极的人生观。尊崇儒家所倡导的经世致用的精神。石介在任南京推官时就因宋仁宗“废郭皇后，宠幸尚美人……好近女色，渐有失德……饮酒无时节，钟鼓连昼夜”，上书枢密使王曾，要求其劝诫皇帝，甚至要求皇帝在劝诫不成时辞去职务，可见其对国家的前途和命运是十分关心的。[④]

---

① 石介（1005—1045），字守道，一字公操。兖州奉符（今山东省泰安市岱岳区徂徕镇桥沟村人）。北宋初学者，思想家。宋理学先驱。曾创建泰山书院、徂徕书院。石介曾著有《易口义》十卷、《易解》五卷、《唐鉴》五卷、《三朝圣政录》二十门、《怪说》等文，有《徂徕集》二十卷行世。其中有《春秋说》片断。他和孙复、胡瑗提倡“以仁义礼乐为学”，并称“宋初三先生”。他们强调“民为天下国家之根本”。

② 吕建强，石介与泰山书院［J］. 煤炭高等教育，2009（6）.

③ 吕建强，石介与泰山书院［J］. 煤炭高等教育，2009（6）.

④ 吕建强，石介与泰山书院［J］. 煤炭高等教育，2009（6）.

（3）“道”。石介言“道”，必称“尧、舜、汤、文、武之道”。他列出了一个比韩愈还要详尽得多的儒家“道统”的名单，其中包括伏羲、神农、黄帝、少昊、颛顼、唐尧、虞舜、夏禹、商汤、文王、武王、周公、孔子；自“圣人”[①] 孔子而下，称大儒者，曰孟轲、扬雄，至于董钟舒和韩愈[②]，这些“贤人”即称之为“三才、九畴、五常之道”。则“为文之道，如日行有道，月行有次，星行有躔，水出有源，亦归于海”[③]。在此，石介初步勾画出“道”和“气”互为运动的轮廓。道是最高层次的，表现出主动的原则；道是完美的，表现一种普遍的精神实体。

（4）“理”。北宋庆历之际，石介是抨击四六骈俪时文的思想家。他的新儒学“正统”思想理论是排斥佛、道二教的。我们可以肯定地说，石介是宋代新儒学即理学唯物主义的开山鼻祖之一。石介因其筑室泰山之麓，创建泰山书院，在中国学术史和教育史上有着极其重要的历史地位。“泰山书院”被称为宋明理学的“活水源头”。宋代新儒学即理学唯物主义的形成，标志着古代经学由注疏向义理研究过渡，完成了经学注疏考证向经学义理哲学思辨体系的历史重构，为后来宋代理学理论与方法论研究提供了思想基础。

（5）石介以史论经，复古则开北宋理学之先河。他说：“圣人乘气，运乘气。天地间有正气，有邪气。圣人生，乘天地正气，则为真运。运气正，天地万物无不正者矣。”“至正之气行于天地间……有毛发之隙，容邪气干之，正不纯一矣。故运气正，必有圣人乘之而王。”[④]“运”“气”和圣人的出现都带有很神秘的意味，不是人为的努力所能左右的。朱子曰：“不敢忘此数公，依旧尊他。”朱熹称赞石介：“发明一个平正底道理自好，前代无此等人。如韩退之已自分五来，只是说文章。若非后来关洛诸公出来，孙石便是第一等人。”[⑤] 随后，邵雍创出一套“元、世、运、会”的先天格式；再后来，朱熹则构造出一套“理、气、天、人”的系统哲学。在石介看来，道（或理）和气形成了后来理学理论体系中最根本的概念，这就是人们常说的“道即理，理即气”。

（6）“性”。胡瑗认为荀子强调“凡性者，天之就也，不可学，不可事”。他认为“性善乎？曰：善也。以善性而习有善恶者，何也？物诱于外而欲攻于内也，好恶之不正而邪情奸于其间也。于是有君师之教、礼仪之化也，所以养其性、长其善而正其习也。习不正则恶矣，恶不已则其性汩，而谓性之不善，是何异于害其苗而谓苗之不长也！”[⑥] 性情问题是宋代道学家谈得最多的，也是宋代新儒学探讨的核心问题之一。其总的倾向是把“情”等同于“欲”，石介要求以道（或理）来统驭情和欲，以此构建善与恶的道德标准。虽然石介的论点还只是一种萌芽，但是他与尔后的理学思想发展体系是一脉相承的。

（7）石介的无神论思想。石介曾在《怪说》等文中抨击宋初浮华的文风。康熙四十九年（1710 年）福州正谊堂版《徂徕集》有明确的记载。石介在《辨惑论》中说：“吾谓天

---

① （宋）石介. 徂徕石先生文集［M］. 北京：中华书局，1984.

② （宋）石介. 徂徕石先生文集［M］. 北京：中华书局，1984.

③ （清）黄宗羲，全祖望. 宋元学案·泰山学案［M］. 北京：中华书局，1982.

④ （宋）石介. 徂徕石先生文集［M］. 北京：中华书局，1984.

⑤ （宋）黎靖德. 朱子语类·自国初至熙宁人物（卷一二九）［M］. 长沙：岳麓书社，1997：2788.

⑥ （清）黄宗羲，全祖望. 宋元学案·安定学案［M］. 北京：中华书局，1982.

地间，必然无有者三：无神仙，无黄金术，无佛。”[①] 石介表现出一种无神论的理学唯物主义思想。石介从维护儒家学说的立场，深刻批判了传统的佛、道思想。他在《去二画本纪》中说：“有老子生焉，然后仁义废而礼乐坏。有佛氏出焉，然后三纲弃而五常乱。呜呼！老与佛，贼圣人之道者也，悖中国之治者也。”[②] 他在致范仲淹信中说：“佛老害政教也。”[③] 在石介看来，老子道家思想和佛教思想不仅危害了传统的儒家思想，还危及封建国家统一的政治意识形态。

从以上提供的文献来看，胡瑗、孙复和介石治学有两个明显的共同特点：

1. 石介以史释经，或以史治经。三位学者一反汉唐转注正疏，通过《易》和《三传》来解释孔孟之道。欧阳文忠曰：先生治《春秋》，不惑传注，不为曲说乱经。[④] 因此，《三传》异同，考之各有得失。北宋初三子以《春秋》解经，以理穷经，这是新儒学理论建构的基础。实际上，经学派注经有两种方法：一是以经注经，这是一种汉唐传统的注经方法。二是以史注经。后者是北宋初三子注经法。两者孰优孰劣，世人可鉴。但是有一点我们能证明，“一名真正的科举进士不懂三通四史”的说法是说不过去的。这是那些没有考上进士之人的酸话。历代以来许多科举进士都是史学家，怎么会不懂三通四史呢？

2. 胡瑗、孙复和石介三人都排斥释、道思想。他们都没有对释道思想作进一步论证。他们并没有看到释道思想的合理性，而是简单地排斥了释、道思想的社会历史作用。

百家谨案：先文洁公曰：“宋兴八十年，安定胡先生、泰山孙先生、徂徕石先生始以师道明正学，继而濂、洛兴矣。故本朝理学虽至伊洛而精，实自三先生而始，故晦庵有伊川不敢忘三先生之语。震既钞读伊洛书，而终之以徂徕、安定笃实之学，以推其发源之始，以示规根复命之意，使为吾子孙者毋蹈或者末流谈虚之失，而反之杜行之实。何先生应举不第，退居泰山，聚徒著书，以治经为教。先生与安定同学，而《宋史》谓瑗治经不如复。安定之经术精矣，先生复过之。惜其书世少其传，其略见徂徕作《泰山书院记》。”[⑤]

三、经义取士的争议与北宋新儒学思想的发展

谢山《庆历五先生书院记》曰：有宋真、仁二宗之际，儒林之草昧也。当时濂、洛之徒方萌芽而未出，而睢阳戚氏在宋，泰山孙氏在齐，安定胡氏在吴，相与讲明正学，自拔于尘俗之中。

梓材案：袁絜齐为《四明教授厅壁绩记》云：“国朝庠序之设，于寓内。自庆历始，其卓然为后学师表者。若南都之戚氏，泰山之孙氏，海陵之胡氏，徂徕之石氏，集一时俊秀，相与讲学，涵养作成之功，亦既深矣。是谢山所本。”亦会值贤者在朝，安杨韩忠献公、高平范文正公、乐安欧阳文忠公，皆卓然有见于道之大概。左提右挈，于是学校于四方，师儒之道以立。而李挺之、邵古叟辈共以经术和之。说者以为濂、洛之前茅也。又

---

① （清）黄宗羲，全祖望. 宋元学案·泰山学案［M］. 北京：中华书局，1982.
② （宋）石介. 徂徕集·去画二纪本［M］. 北京：商务印书馆，2014：102.
③ （宋）石介. 徂徕集·上范仲丞书［M］. 北京：商务印书馆，2014：103.
④ （清）黄宗羲，全祖望. 宋元学案·高平学案［M］. 北京：中华书局，1982.
⑤ （清）黄宗羲，全祖望. 宋元学案·泰山学案［M］. 北京：中华书局，1982.

曰：睢阳学统，至日而汤文正公发其光。则夫薪火之传，幸勿以世远而替矣。[①]

当神宗考虑到苏轼上疏时，他坚定地回答："今人材乏少，且其学术不一，异论纷然，不能一道德故也。一道德则修学校，欲修学校，则贡举法不可不变。若谓此科尝多得人，自缘仕进别无他路，其间不容无贤；若谓科法已善，则未也。今以少壮时，正当讲求天下正理，乃闭门学作诗赋，及其入官，世事皆所不习，此科法败坏人材，致不如古。"[②]

1. 范仲淹主张考经邦济国之术："进士诸科请罢糊名法，参考履行无阙者，以名闻。进士先策论，诗赋诸科取兼能经义者。"[③]

2. 苏轼主张诗赋取士。他认为，无论是策论，还是诗赋，其对政事本质上都是没有用的；那些"通经学古"之辈也不见得比"文章华丽"之徒更高明。历史上用诗赋选出来的名臣不可胜数，足见诗赋取士的合理性。

3. 司马光主张考经义、策论。他反对王安石的变法，并对王安石的这一做法予以强烈的批判。宋哲宗元年初，司马光为反对科场改革而上奏曰：神宗皇帝深鉴其失，于是悉罢赋诗及经学诸科，专以经义策论试进士，此乃革历代之积弊，复先王之令典，百世不易之法也。但王安石不当以一家私学，欲盖掩先儒，令天下学官讲解。及科场程试，同己者取，异己者黜……又黜《春秋》而进《孟子》，废六艺而尊百家，加之但考校文学，不勉励德行，此其失也。司马光此段议论的宗旨有二：

一是指责王安石不当以《三经新义》"一家私学"，强制儒学者们接受，作为"科场程试"中取黜的标准。

二是指责王安石在"科场程试"中，"黜《春秋》而尊《孟子》"。

宋人轻诗赋而重经义、策论，如司马光极力反对以诗赋取士："国家设官分职，以待贤能，大者道德器识以弼谐教化，其次明察惠和以拊循州县，其次方略勇果以扞御外侮，小者刑狱钱谷以供给役使，岂可专取文艺之人，欲以备百官、济万事邪?"诗赋题目在宋代科举考试中的地位逐渐下降，经义与策论的重要性则得到强化。那个几乎处处与王安石作对的司马光，却在科举问题的见解上与王安石有着惊人的相似之处。

4. 当时以刘彝（挚）[④] 为代表，高举诗赋取士大旗，以此对抗经义取士变法，与反对派有着本质的不同。王安石刚开始执掌政权，对刘彝（挚）非常器重，提拔他为检正中书礼房公事。后来，刘彝（挚）又被提升为监察御史里行。王安石拜相后，推行变法，刘彝（挚）认为新法有许多弊端，便上书宋神宗陈述新法弊病。王安石反驳苏轼、刘彝（挚）和司马光的理由是：

第一，在全国实行"一道德"。他认为"一道德"必须要修学校，修学校就必须要改革科举制度，实质就是将改革科举作为"一道德"的重要手段。国家人才匮乏，归咎于思想多元化，要解决思想多元化，就必须要实行一道德。

---

① （清）黄宗羲，全祖望. 宋元学案·泰山学案［M］. 北京：中华书局，1982.

② （元）脱脱. 二十四史·宋史［M］. 北京：中华书局，2000：2418—2419.

③ （元）脱脱. 二十四史·宋史［M］. 北京：中华书局，2000：8281.

④ 刘彝，字執中，闽县人，从安定学，安定称其善治水，凡所立纲纪规式，力居多焉。第进士，为邵武尉，调高邮簿。移朐山令，邑人纪其事，目曰《治范》。

第二，纵观王安石反驳苏轼，他在着重强调“一道德”的作用。这种反对多元思想、坚持单一标准的原则，正是王安石经学思想的重要内容，也是他对科举考试所做的进一步改革。在面对当时要求恢复诗赋取士的呼声时，司马光维护了王安石用经义、策论取士代替诗赋取士的基本方略，重申了新经义的价值。但著名理学家程颢，他在宋神宗称赞王安石之学时，便直接当着皇帝的面反驳“王安石之学不是”。

第三，王安石认为如果现行科举制度真的至善至美，自然应该有大量的贤才，然而这是不符合事实的，也就是说科举法并未达到至善至美的境界。而导致科举法没能达到这一境界的原因就是以诗赋取士。这更增强了王安石以经义取士替代诗赋取士的决心。

第四，王安石执政之所以能敢作敢为，矢志改革，这是因为他受当时进步哲学思想的支配。如：韩愈、柳宗元和欧阳修等前辈导师改革思想的影响。苏轼反对把经义取士当作束缚人民思想的工具，无论是从新儒学发展，还是从新儒学成为统治阶级的意识形态出发，都不能说苏轼的思想观点完全正确。并且，后来许多事实依据也证明了苏轼的观点确有不可取之处。

宋初科举承唐制，并设有常科、制科和武举三种。相形之下，宋代常科比唐代常科减少了很多，但进士科仍然是最受重视的。王安石在科举考试形式和内容上做了重大的改革。因此，进士一等多数可以官至宰相，宋人以进士科为宰相科。宋代吕祖谦说：“进士之科，往往皆为将相，皆极通显。”当时有焚香礼进士之语。进士科总称为“诸科”。王安石变法和以经义取士引起朝廷官员激烈的争议和反对。不过，王安石在用自己的经学思想作为科举考试标准这一问题上，表现出以下三个特点：一是将孔子形象平民化；二是将经学世俗化；三是经义科举制度化。

王安石提倡新儒学、立师授经，其目的是“化民成俗”，试图把新儒学思想和其他经学理论平民化、世俗化和经义科举制度化。故提倡立师兴学，即在全国兴办书院、传道授业，以此达到化民成俗的教化目的。这样才能巩固和加强儒家思想的统治地位。这是王安石主张以经义取士代替诗赋取士的主要原因。因此，他得到了宋神宗的认可。王安石对科举考试的变革，为明清八股文取士开辟了正确的道路。

从宋代开始，在全国许多地方举办书院，将经学推向了平民化和世俗化。实际上，这样形成了平民意识与帝王天子意识之间的矛盾与冲突。因此，明代阳明心学认为人人可以为尧舜，平民亦可以为圣人，这从根本上瓦解了圣人天子统治平民的思想，同时从根本上批判了过去的所谓尧舜之道。另一方面，封建统治者又要把平民孔子经学意识作为国家最高意识形态。于是，孔子经学的平民意识成为帝王天子“假圣人”和“伪道士”的外衣，却最终被推进历史的坟墓。世俗化的经学与统治者意识形态经学之间的碰撞，孔子的平民形象与国朝天子形象之间的对立，说明经学的平民化和世俗化从根本上瓦解了封建统治王朝的思想根基。因此，真孔子形象与后世经学家所描述的孔子形象是完全不同的。经学家们对于经学平民化和世俗化的问题——即孔子与六经关系问题进行过深入的研究，认为这是经学流派发展史上最重要的分歧。

经学流派只是一个纯学术探讨的问题，它不至于影响到科举制度改革，使封建王朝在意识形态上发生重大的变化。新儒学怀疑唐宋封建王朝所承认的孔学经传的历史真实性，朱熹是疑经集大成者；他们对程朱理学的空疏和维护封建伦理道德的恶劣影响进行谴责和批判，如周予同对程朱理学的空疏和维护封建伦理道德的恶劣影响大加讨伐。在治学上，力主学术研究不说空话，不喊口号，更不能去做抄袭拼凑的文章。周予同认为，“宋学是在破汉学的基础上，建立起来的《新经义学》。广义地说，宋代新儒学也是经学，它应该是从欧阳修和王安石变法时期开始的。

周予同在《经学史论著选集》中强调，汉学、宋学研究各有特点，其区别如下：

第一，研究的内容不同；

第二，研究的范围不同；

第三，研究的方法不同；

第四，研究的思想影响不同；

第五，研究的重点不同。①

有些人认为这是经学流派所产生的分歧。经学研究可以归纳为以下四大流派：

一是古文学流派：以孔子为史学家，故偏重于名物训诂和历史事件的考证，自然免不了啰嗦和烦琐；

二是近代文学流派：以孔子为政治家，偏重于微言大义，其特点具有明显的功利性，其流弊则是狂妄自大，沉浸在一种国家理想主义之中；

三是宋儒理学流派：以孔子为哲学家，把六经视为孔子载道之具，故偏重于心性理气；

四是新史学流派：目的在于探讨孔子与六经之间的关系问题，实际上已经超越了经学的范围而进入史学领域。

自从西汉统治者把《诗经》《尚书》《周礼》《易经》《春秋》等儒家经典当作孔子的著述以来，《诗经》《尚书》《周礼》《易经》《春秋》成为治国之法宝，并被立为官方学说。直至清末的2000多年中，由于历代封建统治者的提倡和经学自身的陈陈相因，经书在数量上越来越庞大，其注释亦更为烦琐。宋代新儒学研究有以下几个优点：

一是宋代新儒学能吸收外来文化，即佛教文化（尤其是禅宗），并能融会贯通，形成本民族文化。宋代新儒学是中国封建社会后期的一种新文化运动，或称为“古文运动”的延续。

二是宋代新儒学具有明显的怀疑精神。从历史主义观点来看，宋代新儒学功不可没。宋代新儒学有以下三个缺点：

第一，它同样为封建专制主义制度服务。它的封建性很强，是一种消极落后的思想；

第二，主观主义导致主观臆测。它不重视社会调查研究，缺乏对劳动人民的理解；

第三，它的学术基本功（语言文字学）不够，这表明新儒学思想还不成熟。

周予同不同意有些学者将宋代新儒或理学当作与清代汉学（朴学）完全不同的观点进行研究。他认为，新儒学与朴学有着极为密切的关系。清代朴学是从宋代新儒学演变而来的，它们之间有着密切的历史传承和渊源。从经学整体发展过程来看，宋代新儒理学与清

---

① 周予同. 周予同经学史论著选集［M］. 上海：上海人民出版社，1996：228.

代朴学是相互联系的。人们只不过是从不同的角度，采用不同的方法去研究经学问题，如笔者前面研究证明采用传统以经注经的“注疏法”和“春秋释经法”。我们不能认为宋儒理学与清代汉学毫无关系，将其一刀两断，这是一种极端错误的机械论。不过，因为宋儒理学对汉唐经学的怀疑，产生了疑经学派和考证学派，这也是对经学研究的一种方法论的创新。

西汉和东汉之际谶纬之书所说的假孔子是把孔子从人到神的一个演变过程，乃是后人对现实孔子的虚拟。宋代科举应该自范仲淹、欧阳修和王安石始。

1. 庆历元年（1041 年）5 月，庆历新政，范仲淹科举改革制度产生。[①] 他著有《答手诏条陈十事》。他“泛通六经，长于《周易》，学者多从质问，为执经讲解，亡所倦”[②]。他引《周易》：“穷则变，变则通，通则久”作为理论依据。地方官员孙沔向朝廷推荐欧阳修为谏官。9 月 3 日，仁宗皇帝开天章阁，召见范仲淹、富弼等革新派人物。天子赐座，授以纸笔要他们条陈天下大事，并向他们询问朝政利弊和得失。范仲淹为此提出十大改革措施，即：明黜陟、抑侥幸、精贡举、择长官、均公田、厚农桑、修仓备、推恩信、重命令、减徭役。[③]

范仲淹的这些建议，绝大多数被朝廷采纳，并且分批作为诏令，在全国颁布执行。这就是历史上人们所说的“庆历新政”。与此同时，欧阳修上奏《详定贡举条状》，从此拉开了庆历新政科举改革的序幕。

2. 欧阳修创立应用文体。在宋代文学史上，欧阳修是领导北宋诗文革新运动的主将，也是最早开创一代文风的领袖，继承和发展了韩愈古文运动的思想。苏轼叙其文曰：“论大道似韩愈，论事似陆贽，记事似司马迁，诗赋似李白。”[④] 他的散文创作成就与其古文理论方法相辅相成，从而开创了宋代的新文风。欧阳修在变革文风的同时，也对诗风词风进行了前所未有的革新。在史学方面，他更是成绩斐然。

从本质上来看，欧阳修所倡导的诗文革新是针对五代文风以及宋初“西昆体”[⑤] 和“太学体”提出的批评。宋祥符，天禧中，刘子仪、钱师圣同官于朝，以诗相唱和，其诗悉效温、李，号昆体。[⑥]《宋史·欧阳修传》：知嘉祐二年（1057 年）贡举，时士子尚为险怪奇涩之文，号“太学体”，修痛排抑之，凡如是者辄黜。欧阳修的文学理论和创作实践与宋初柳开[⑦]的复古派文论有着本质的区别。“柳开喜讨论经义，五代文格浅弱，慕韩愈、

---

① 即北宋仁宗庆历（1041—1048）年间进行政治改革。

② （元）脱脱. 二十四史·宋史 [M]. 北京：中华书局，2000：8277.

③ （元）脱脱. 二十四史·宋史 [M]. 北京：中华书局，2000：8281—8282.

④ （元）脱脱. 二十四史·宋史 [M]. 北京：中华书局，2000：8353.

⑤ 西昆二字义取玉山册府之名，见《西昆酬唱集》序，实前此所未有也。而《冷斋夜话》《沧浪诗话》、李屏山《西岩集》序、《元遗山论诗绝句》，率指义山为西昆体。

⑥ （清）王应奎. 柳南续笔（卷一）[M]. 北京：中华书局，1983.

⑦ 柳开（948—1001），原名肩愈，字绍先（一作绍元）；后改名开，字仲涂，号东郊野夫、补亡先生，大名（今河北大名人），北宋文学家。官至如京使，世称柳如京。柳开是开宝六年（公元 973 年）进士，历任州、军长官，殿中侍御史，提倡韩愈、柳宗元的政论文，以复兴古道、述作经典自命。反对宋初的华靡之文为宋代古文运动倡导者。作品文字质朴，然有枯涩之病，有《河东先生集》。诗作现存八首。

柳宗元为文……范杲好古学，尤重开文，世称柳范。"①

欧阳修在主持文坛以前，便已经对以"西昆体"为代表的文风进行了严厉的批评。欧阳修在反对"西昆体"的同时，也反对"太学体"。

在宋代文学史上，欧阳修是最早开创一代新文风的文坛领袖。他亲自领导了北宋诗文的革新运动，并继承和发扬了韩愈古文运动的思想理论。他的议论文创作成就与其古文理论相辅相成，从而开创了宋代新的文风和新儒学派的思想。在经学、文学和史学方面，欧阳修都有很高的成就和历史地位。

目前，有的学者说"应用文"一词，最早见于南宋张侃《跋陈后山再任校官谢启》："骈四俪六，特应用文耳。"张氏所涉及的应用文体是指"四六"句子骈文语言形式。他说"骈四俪六"是应用文体，这完全是张冠李戴。这说明张氏并没有弄懂应用文是一种什么样的文体，更不明白科举考试"应用文"这个概念。欧阳修在《辞副枢密与两府书卷九十六·表奏书启四六集·卷七》中云："学为应用之文。"②（嘉祐五年十一月奉制命授枢密副使）欧阳修指出，公文文体为应用文体。欧阳修所指的应用文体是一种实用性文体，他所说的"应用文体"概念一直沿用到现在。这说明欧氏对应用文体概念的认识是非常明确的。

最值得我们注意的是：欧阳修创立了应用文概念。他是一位应用文体的创作大家。他一生著作颇多，《欧阳修全集》收录他的文章 2651 篇，其中应用文章有 2619 篇。欧阳修还撰有《新五代史》74 卷、《新唐书》75 卷。他不仅对应用文写作建树颇丰，而且对应用文理论构建也有很大的贡献。他在《免进五代史状》一文中，自述为得功名事无用之"时文"，得功名后，"不忍忘其素习，时有妄作，皆应用文字"。③ 这里的"应用文字"即指应用文体或文章。

由此可见，欧阳修从应用文体形式、应用文的实用性质两方面来界定应用文概念。他已经把应用文作为一种独立的科举考试的文体进行推广，并构筑了应用文理论与科举考试的实践框架。这后来成为明清继承科举考试的范式。他对应用文体理论的研究比较系统化和理论化。应用文体内容"必须合于物议，下悦民情"或"化民成俗"。其形式"取便于宣读"。在《内制集序》中，采用"四六骈俪"语体形式，开苏轼改革骈俪文体之先河。他自责其公文有"无以发明""意思零落""非工之作""拘牵常格"的毛病。内容上要完整出新，有条有理；形式既要规范，又要有创新。欧阳修在《举苏轼应制科状》曰："学问通博，资识明敏，文采烂然，议论蜂出。其行业修饬，声名甚远。臣今保举，堪用材识，兼茂明于体用科。"④ 他根据应用文体的行文格式，将应用文体分为三大类型：一是凡公之事，上而下者，则曰符曰檄，问讯列对；二是下而上者，则曰状；三是位等相以往来者，曰移曰牒。

在《与陈员外书》中，他认为"符、檄是下行文，状为上行文，移、牒为平行文"，

---

① （元）脱脱. 二十四史·宋史［M］. 北京：中华书局，2000：10146.

② 余冠英，周振甫. 唐宋八大家全集·欧阳修集［M］. 北京：国际文化出版公司，1997：1310.

③ 余冠英，周振甫. 唐宋八大家全集·欧阳修集［M］. 北京：国际文化出版公司，1997：1397.

④ 余冠英，周振甫. 唐宋八大家全集·欧阳修集［M］. 北京：国际文化出版公司，1997：1396.

并明确了公文不能“施于非公之事”。虽然欧阳修并未明确界定上行文、下行文和平行文的公文概念，但为刘熙载按行文方式分类打下了科学的理论基础。他提出应用文具有以下三个重要特点：

一是应用文有真实性和可读性。欧阳修认为修古代史要“立传纪实”（《进新修唐书表》）。所谓“纪实”，即要像《春秋》那样褒贬善恶；他在《魏梁解》中说：“各传其实而使后世信之。”① 在《春秋论中》又说：“求情而责实，别是非，明善恶，此《春秋》之所以作也。”②在《唐于鲁神道碑》中说：“书事能不没其实。”他在《论慎出诏令札子》中认为诏令“必须合于物议，下悦民情”，即用当今语言来表述，与实际语言相符合。欧阳修强调了修史应用文的真实性和可读性。

二是应用文要简洁质朴。欧阳修在《崇文总目叙释·正史类》中说：“考其典、诰、誓、命之文，纯深简质，丁宁委曲，为体不同。”③ 他赞扬《后汉泰山都尉孔君碑》孔宙碑文曰：“今人于文为不类，盖汉世近古简质，犹如此也。”④ 朝廷诏书应“尤足以敦复古朴之美，不必雕刻之华”⑤。铭应“言简而著”（《内殿崇班薛君基表》）。“师鲁之《志》，用意特深而语简”。论《尹师鲁墓志》，“文书甚简”（《乞洪州第七状》）。简洁质朴是欧阳修文章批评的标准之一。欧阳修应用文具有简洁质朴的标准。

三是应用文明体达用。“体”是相对内容而言的，故谓之“文体”。“公文制诰，尤得其体”（《谢公绛墓志铭》），他赞扬谢希深的制诰，尤得西汉制诰之体。故“体”就是指文体，亦可指语体。他赞扬刘敞追封皇子公主九人的公文典雅，“各得其体”（《集贤院学士刘公墓志铭》）。欧阳修主张应用文应合大体、文体、语体，其理论已经相当精深了。欧阳修认为，策论、立传、纪实、典诰、表奏和公文均为应用文体一类，这些文体在科举考试中都是必考科目。许多学者认为这些东西没有用，说科举制度和科举考试败坏人才。这种说法完全是错误的，也说明这些学者根本不懂什么是“应用文体”、科举考试的宗旨到底是什么。

综上所述，欧阳修认为应用文应具有真实性和可读性。他赞扬苏洵《荐布衣苏洵状》的应用文章，“其所撰《权书》《衡论》和《几策》二十篇，辞辨闳伟，博于古而宜于今，实有用之言”⑥。《与黄校书论文章书》中说：“其救弊之说甚详，而革弊未能至。见其弊而识其所以革之者，才识兼通，然后文博辨而深切，中于时病而不为空言……”⑦ 欧阳修对应用文体写作范式的创立做出了伟大的贡献。

3. 王安石的“三经新义”文体。所谓经义，是指与议论文相似的一种文体，也是属于短篇议论文的一种文体。严格地说，就是欧阳修所强调的一种应用文体，其题目来自经书中的句子，并用经书中的意思来借题发挥。自柳开反对宋初华靡之文风以来，朝廷上下

---

① 余冠英，周振甫. 唐宋八大家全集·欧阳修集［M］. 北京：国际文化出版公司，1997：891.
② 余冠英，周振甫. 唐宋八大家全集·欧阳修集［M］. 北京：国际文化出版公司，1997：894.
③ 余冠英，周振甫. 唐宋八大家全集·欧阳修集［M］. 北京：国际文化出版公司，1997：1466.
④ 余冠英，周振甫. 唐宋八大家全集·欧阳修集［M］. 北京：国际文化出版公司，1997：1529.
⑤ 余冠英，周振甫. 唐宋八大家全集·欧阳修集［M］. 北京：国际文化出版公司，1997：1341.
⑥ 余冠英，周振甫. 唐宋八大家全·集欧阳修集［M］. 北京：国际文化出版公司，1997：1394.
⑦ 余冠英，周振甫. 唐宋八大家全集·欧阳修集［M］. 北京：国际文化出版公司，1997：1146.

引起了激烈的辩论。其中，欧阳修提出科举考试应用文体，并在文坛中引起了文学理论派系的斗争。在当时，主诗赋者以苏轼为主要代表；主经义者以王安石为代表。甚至，苏联革命导师列宁也称王安石为“中国十一世纪最杰出的改革家”。

从总体上来看，他的对立派——苏轼维护诗赋取士的理由，也不在于诗赋一定比策论优秀，而在于已有的成功经验。熙宁二年（1069 年）还朝，王安石执政，素恶其议论异己，已判官告院。四年（1071 年），安石欲变科举、兴学校、诏二制，三馆议，轼上议曰：“得人之道，在于知人；知人之法，在于责实。使君相有知人之明，朝廷有责实之政，则胥吏皂隶未尝无人，而况学校贡举乎？虽因今之法，臣以为有余。使君相不知人，朝廷不责实，则公卿、侍从、常患无人，而况学校贡举乎？虽复古之制，臣以为不足矣！夫时有可否，物有兴废。方其所安，虽暴君不能废；及其既厌，虽圣人不能复，故风俗之变，法制随之，譬如江河徒移，强而复之，则难为力。”①

苏轼接着说：“庆历固尝立学矣，至于今日，惟有空名仅存。今将变今之礼，易今之俗，又发民力以治官室，敛民财以食游士……今所欲变改不过数端。或曰乡举德行而略文词，或曰专取策论而罢诗赋，或欲兼采誉望而罢封弥，或欲经生不帖墨而考大义，此皆知其一，不知其二也。”②

时安石创行新法，轼上书论其不便，曰：“臣之所欲言者，三言而已。愿陛下结人心，厚风俗，存纲纪。人主之所恃者，人心而已。如木之有根、灯之有膏、鱼之有水、农夫之有田、商贾之有财，失之则亡。此理之必然也，自古及今，未有和易同众而不安。刚自用而不危者，陛下亦知人心之悦矣。”③ 他认为“国家之所以存亡者，在道德之浅深，不在乎强与弱；历数之所以长短者，在风俗之薄厚，不在乎富贫”。“臣恐自兹以往，习惯成风，尽为执政私人，以致人主孤立，纲纪一废，何事不生！臣之所愿陛下存纪纲者，此也。”“轼同见安石赞神宗以独断专任，因试进士发同策，以晋武平吴以独断而克，苻坚伐晋以独断而亡，齐桓专任管仲而霸，燕哙专任子之而败，事同而功异为问。”④

面对苏轼的反对，王安石也不甘示弱，并与其针锋相对。王安石据理力争，议论高奇，能以辨博济其说，果于自用，慨然有矫世变俗之志。于是上书万言：“以为今天下之财力日以困穷，风俗日以衰坏，患在不知法度，不法先王之故也。法先王之政者，法其意而已。”王安石拜参知政事，上谓曰：“人皆不能知卿，以为卿但知经术，不晓世务。”王安石对曰：“经术正，所以经世务，但后世所谓儒者，大抵皆庸人，故世俗皆以为经术，不可施于世务尔。”王安石接着说：“变风俗、立法度，最方今之所急也。”⑤ 何为新义？初，安石训释《诗》《书》《周礼》既成，颁之学官，天下号曰“新义”⑥。

苏轼认为统一编纂以儒家经典为内容的教科书，即以《三经新义》作为统一的教科书和考试依据，禁锢了学子们的思想，进一步强化了儒家思想的正统地位。王安石主张经义

---

① （元）脱脱. 二十四史·宋史［M］. 北京：中华书局，2000：8640.
② （元）脱脱. 二十四史·宋史［M］. 北京：中华书局，2000：8640—8641.
③ （元）脱脱. 二十四史·宋史［M］. 北京：中华书局，2000：8641.
④ （元）脱脱. 二十四史·宋史［M］. 北京：中华书局，2000：8643.
⑤ （元）脱脱. 二十四史·宋史［M］. 北京：中华书局，2000：8461，8463.
⑥ （元）脱脱. 二十四史·宋史［M］. 北京：中华书局，2000：8461，8463，8467.

即时务政策取士，对后来明清科举取士产生了深远的影响，也为科举制度的建立做出了不可磨灭的贡献。

第四节　宋代科举考试内容及其争议

八股文的内容主要是解释儒家义理，这与王安石的主张完全一致。自宋到明清，立师兴学、传道授业、授经解惑，并以经义考试为主要内容，一直没有多少变化。各时期有所不同的是，文章的表达式和文章的结构发生了明显的变化。

根据历史文献考证：大约在明代成化年间，人们把辞赋、律诗、骈偶和宋代欧阳修的应用文体即议论文文体形成一种综合性的文体——“八股文文体”，并将这种固定的行文范式构成一种考试文体，这就是后来的“八股文”。正因为如此，人们考察八股文源流，应以王安石推行经义文章为源头。当然也可以上溯至唐代韩愈、柳宗元，宋代欧阳修和曾巩等人的古文文体。特别是欧阳氏提出应用文体与八股文有直接的历史渊源关系。

王安石实行以科举《三经新义》[①] 取士。熙宁五年（1702 年），王安石重新解释《诗》《书》《周礼》，同时确定《三经新义》的三大基本原则：一是训释经义，破除伪说，教育士子，使其符合盛王时代的做法；二是恢复经义的本义，打破疏不破句的成法，反对自汉代以来的章句传注，使源流失正的陋习；三是阐明经文义理，反对对经义的曲解和烦琐学风。熙宁八年（1075 年），《周礼新义》《书经新义》和《诗经新义》完成，合称《三经新义》，并以此作为托古改制的熙宁变法的理论依据，也是后来科举考试的教科书。唐代科举考试科目逐渐增多，但最受重视的还是明经、进士两科。明经科，考经学；进士科，考诗赋。今辑旧史所录胪为六门：一曰科目；二曰学校试；三曰铨法；四曰补荫；五曰补任；六曰考课。[②] 明经科考试从九经中出题，九经主要包括：

三礼——《周礼》《仪礼》《礼记》；

三传——《左传》《公羊传》《穀梁传》；

三经——《诗》《书》《易》。[③]

宋代科考大致是这样，实际上每一年具体考试也有不同，但这是科举考试必须要读的九部儒家经典，考试方法是用“帖括”。“帖括”又称“贴经”。马端临《文献通考·选举二》说：“贴经者，以所习之经，掩其两端，中间惟开一行，裁纸为贴。”[④] 在科举考试方面，宋承唐制，以诗赋为主，崇尚文辞，不切实用。因此，王安石向宋神宗建议复古兴学，令士人读经，并以经义取士替代诗赋取士，以文章优劣录取人才。这在科举考试制度

① 王安石撰《周官新义》，王雱、吕惠卿撰《毛诗新义》《尚书新义》，合称《三经新义》，为熙宁变法的重要理论依据。1075 年颁于学校，成为法定教材，并用以取士，统一经义，以“一道德”。今并佚。

② （元）脱脱. 二十四史·宋史［M］. 北京：中华书局，2000：2409.

③ （元）脱脱. 二十四史·宋史［M］. 北京：中华书局，2000：2410.

④ （宋）马端临. 文献通考［M］. 北京：中华书局点校本，2011.

史上是一次重大的改革。宋初科举继承唐制，在《宋史·选举志》中记载了具体的考试办法：

初，礼部贡举，设进士：《九经》《五经》《开元礼》《三史》《三礼》《三传》；还有学究、明经、明法等科，皆秋取解；冬集礼部，春考试。合格及第者，列名放榜于尚书省。凡进士，试诗、赋、论各一首，策五道，帖《论语》十帖，对《春秋》或《礼记》墨义十条。[①]

凡《九经》，帖书一百二十帖；对墨义，六十条。

凡《五经》，帖书八十帖；对墨义，五十条。

凡《三礼》，对墨义，九十条。

凡《三传》，一百一十条。

凡《开元礼》，凡《三史》，各对三百条。[②]

凡学究，《毛诗》，对墨义，五十条；《论语》十条；《尔雅》《孝经》，共十条；《周易》《尚书》，各二十五条。[③] 主要设有进士、诸科等科目。宋代初期更加重视考文学诗赋，科举考试设置以下科目：

1. 进士科：《易官义》《诗经》《尚书》《周礼》《礼记》《论语》《孟子》、文学类书籍等；主要设有进士、诸科等科目。

2. 九经科：《周易》《尚书》《毛诗》《礼记》《周礼》《仪礼》《春秋左传》《公羊传》《谷梁传》；

3. 五经科：《周易》《尚书》《毛诗》《礼记》《春秋》；

4. 三礼科：《周礼》《礼记》《仪礼》；

5. 三传科：《春秋左氏传》《公羊传》《谷梁传》；

6. 学究科：《周易》《尚书》《毛诗》中之一经，或两经取士的贡举科目；

7. 通礼科：以考《开宝通礼》取士贡举科目；

8. 三史科：《史记》《汉书》《后汉书》；

9. 明法科：以考试律令取士的贡举科目；

10. 新科明法科：改造明法科而设；

11. 经律科：兼试经义与律令的贡举科目。[④]

熙宁八年（1075年），宋神宗下令废除诗赋、贴经、墨义取士，颁发王安石的《三经新义》和论策取士。并把《易官义》《诗经》《书经》《周礼》《礼记》称为大经，《论语》《孟子》称为兼经，定为应考士子的必读书。规定进士考试为四场：一场考大经，二场考兼经，三场考论，最后一场考策。殿试仅考策，限千字以上。

宋朝科举考试的科目也很多，除了以上诸多科目外，还有制科、词科、童子科、武科、绘画试等。此处就不一一列举了。

---

① （元）脱脱. 二十四史·宋史［M］. 北京：中华书局，2000：2410.

② （元）脱脱. 二十四史·宋史［M］. 北京：中华书局，2000：2410.

③ （元）脱脱. 二十四史·宋史［M］. 北京：中华书局，2000：2410.

④ （元）脱脱. 二十四史·宋史［M］. 北京：中华书局，2000：2410.

从以上《宋史·选举志》内容来看，最早的明法旧试要考六场：第一、二场试律；第三场试令；第四、五试小经；第六场试令、试律。凡《三礼》《三传》《通礼》每十道，义分经注，六道；疏义四道，以六通为合格。① 考试结果分为五等：学识优长、词理精绝者为第等一；才思该通，文理周率者为第二；文理俱通为第三；文理中平为第四；文理疏浅为第五。② 范仲淹主要是从科举科目设置和科举考试内容上进行改革。范仲淹的改革主张，主要是针对北宋立国初期科举重诗赋、轻策论，考生死记硬背等弊端。他认为 ："先策论，简诗赋考试，问诸科大义。"欧阳修草拟《颁贡举条制敕》以及朝廷颁布的政令，规定进士考试分为三场：

首场考试："先策"；

第二场考试："论"；

第三场考试：诗赋。③

实行逐场淘汰制，通过层层选拔，为国家选拔最优秀的人才或精通儒家经典的专门人才。欧阳修认为，国家人才建设不仅要通过科举改革来选拔，还要通过复古劝学实现人才培养选拔。庆历四年冬，即 1044 年冬天，欧阳修为故乡吉州撰写《吉州学记》一文。他提出："予世家于吉，而滥官于朝，然予闻教学之法，本于人性，磨揉迁革，使趋于善。其勉于人者勤，其入于人者渐。善教者以不倦之意须迟久之功，至于礼让兴行而风俗纯美，然后为学之成。"④ 他认为，读书人在本乡本土就学，由州县官吏考察其道德品行，推举品学兼优的人来参加科举考试。一方面可以改革科举制度，以尽学者之才；另一方面可以复古兴学，以尊士子之选。两者兼并推行，以促进人才选拔和士风的好转。

王安石对宋代科举考试内容做了重大的改革。宋代科举基本上沿袭唐制，进士科考贴经、墨义和诗赋，弊病很多。进士以声韵为务，多昧古今；明经只强记博诵，而轻其义理，学而无用。王安石任参知政事后，对科举考试的内容着手进行改革，取消诗赋、贴经、墨义，专以经义、策论取士。

王安石对考试内容的改革，着重强调"经义致用"，服务于政治目的，服务于社会实践。

在此，我们要顺便提及元代蒙古人统治中原的科举制度。元朝建立以后，蒙古贵族和军功官吏对科举取士制度最初并不在意。在许多儒臣竭力倡议之下，仁宗采纳了儒师集贤大学士王约的积极建议，于皇庆改元（1312 年）以后，真正开始建立科举制度，并于 1313 年开考。此时已距元世祖灭南宋（1279 年）有 34 年之久。这在中国科举史上是中断时间最长的一次。

元代科举考试沿袭了宋代科举制度。在科举考试中，没有出现什么可争议的地方，但是元代科举考试独以《四书》和《五经》取士，这在之前是史无前例的。它为明清科举考试提供了理论依据和科举考试的借鉴。

元代科举考试分为地方乡试，在京师进行的会试和殿试。只考一科，分成左右两榜。

---

① （元）脱脱．二十四史·宋史志［M］．北京：中华书局，2000：2413.

② （元）脱脱．二十四史·宋史志［M］．北京：中华书局，2000：2414.

③ （元）脱脱．二十四史·宋史［M］．北京：中华书局，2000：2416.

④ 余冠英，周振甫．唐宋八大家全集·欧阳修集［M］．北京：国际文化出版公司，1997：996.

右榜供蒙古人应考，乡试时只考两场，考试要求相对比较简单。左榜供汉人、南人应考，乡试时考三场，要求相对比较严格。

由于元朝幅员辽阔，乡试、会试获名单俱按种族分配。但总的来说，也是用“解经”和“疑经”句子为题述文。元代科举大约经历了四个阶段：戊戌选试、延祐复科、至元废科、至正复科。元朝从仁宗至顺帝时灭亡为止，科举停办两次，共举办过 16 次，取进士 1139 人，国子学录取 284 人，总计 1423 人。元代科举所选人才，通常并没有受到足够的重视，在元政府中产生的影响并不是很大。

科举考试要经过三级考试，即院试、乡试和殿试。

1. 院试：正式科举考试的最低一级考试，院试前还必须经过两次预备性考试——县试和府试。这三次考试总称小考或童试。应考者称“童生”，又称“儒童”或“文童”。

第一场：试一文一诗；

第二场：试一文一诗；

第三场：复试一赋一诗（或试一策一论）；

第四场：复试以小讲三、四艺。

实际上，八股文考试对童生的要求跟我们现代小学和中学差不多。它主要是指语文教学，只要求童生有一定的阅读能力和写作能力。

2. 乡试：第一场，试四书文一题，五言八韵诗一首；第二场，试五经文各一题；第三场，试策问五道题，第三场考试内容：明制和清制也大致同：

第一场：试四书义三道，经义四道；

第二场：试论一题，制五、诏、诰、章、表内科各一；

第三场：试经、史、策五道题。清时，三场所试四书文、五言八韵诗、五经文、策问，亦与乡试同。

在乡试中，明确要求考生必须具备诏、诰、章、表的政务写作能力，同时还要精通经、史、子集、策，更要精通四书五经。当然，我们并不能保证所有进士和状元都精通三通四史和秦皇汉武的历史，但是绝大多数的进士状元是优秀的，甚至是出类拔萃的文学家、史学家、哲学家和经学家。

3. 殿试：清代科举沿用考试办法来选取进士。当时主要考时务策，就是有关当时国家政治生活方面的政治论文，叫试策。殿试策题，以制策四条，由皇帝亲自命题。殿试是皇帝主试的考试，考策问。参加殿试的是贡士，取中后统称之为进士。殿试分三甲录取。第一甲赐进士及第；第二甲赐进士出身；第三甲赐同进士出身。第一甲录取三名，第一名俗称状元；第二名俗称榜眼；第三名俗称探花，合称三鼎甲。第二甲，第一名俗称“传胪”。考生要写文章回答策问，故谓之对策。[①] 殿试只考一场，只考策题一种，名殿试策。策问大多是考问当时政治、经济和治国安邦、巩固政权之策。

4. 明初考试制度：考八股文也是有字数限定的。乡试、会试，用《五经》义一道，500 字；《四书》义一道，300 字。清康熙时要求 550 字，乾隆以后，一律以 700 字为准。

---

① （清）梁章钜. 制艺丛话［M］. 上海：上海书店出版社，2001.

书写亦有格式。在这些硃卷历史文献当中，八股文写作范式一般是由破题、承题、起讲、起股、中股、后股、束股等部分组成。在硃卷中选取一篇答卷，作为八股文范式的例释。清代八股文衡文标准有两个主要特点：一是根据理、法、辞、气的基本要求；二是根据清、真、雅、正的特定要求。根据硃卷记载，结合其他相关历史文献资料，可以进一步厘清三甲、朝考、廷试、贡元、经魁、亚魁等几个大家比较熟悉的概念，但很容易被人们弄错的还是“科举”这个名词。

同治七年科举金榜题名录

第五节　八股文形成过程与八股文争议的焦点

宋代王安石是推行经义文章的源头。八股文作为科举考试的一种文体，其源头始于宋朝王安石推行“经义取士”。洪武元年（1368 年），明代首开科举，当时八股文句式基本上是或对或散，初无定式，相对比较自由。

从洪武至成化年间，在进士王鏊、谢迁、章懋等人的倡导下，构建了一套比较完整的科考程式。那么，科举原来的目的是为国家从民间选拔出优秀人才。相对世袭、举荐九品官等选拔人才制度，科举考试无疑是公平、公开和公正的。明代统治者对科举考试高度重视，科举方法之严密超过了以往任何一个朝代。同时，他们将科举制推向一个鼎盛时期。明代以前，学校只是为科举输送考生的途径。到了明代，进学校成为科举的必由之路。

学界对明代八股文演变发展脉络进行了梳理，形成了比较一致的观点：《明史·选举志》以唐诗分期相比拟，论者以明举业文字比唐人之诗，“国初比初唐；成、弘、正、嘉比盛唐；隆、万比中唐；启、祯比晚唐云”[1]。清代方苞将明代八股文分为四个历史时期。田启霖在《八股文观止》中将明代八股文划分四个不同阶段，可谓脉络清晰。

八股文第一个时期，以洪武、成化和弘治比初唐。“万历十五年（1587 年），礼部言：唐文初尚靡丽而士趋浮薄，宋文初尚钩棘而人习险陋。国初举业用六经语者，其后引《左传》《国语》矣，又引《史记》《汉书》矣。”[2] 从洪武至成化年间，明人制艺，体凡屡变。自洪、永到化，治百余年中，皆恪遵传注，体会语气，谨守绳墨，尺寸不逾。[3] 黄子澄为洪武乙丑科，在头名状元墨卷中，阅其元墨《天下有道，则礼乐征伐自天子出》的题文，

① （清）张廷玉. 明史·选举志［M］. 北京：中华书局，2000：1128.
② （清）张廷玉. 明史·选举志［M］. 北京：中华书局，2000：1128.
③ （清）方苞. 集外文·进四书文选表（卷二）［M］. 上海古籍出版社，1983：579—580.

被清人誉为“前明制义”的“第一文章”。

梁章钜《书香堂笔记》解缙批阅：“庄重典雅，台阁文字。”永乐、宣德（宣宗）、正统（英宗）、景泰（代宗）、顺天（英宗）年间有于谦、邱濬、商辂和李东阳等，均为八股文代表人物。于谦为一代名臣。邱濬、李东阳屡任主考官，其程文之作，已呈八股功令体制端倪。

商辂为明朝连中三元第一人，其会试元墨《德为圣人》题文，可让今人领略其风采。以王鏊、吴宽、钱福、顾清、唐寅、王守仁为代表：王鏊字守溪，人称王守溪，是八股文标准程式的奠基者。“制义之有王守溪，犹史之龙门，诗有杜少陵，书法有王右军，更百世而莫出者。前此风未开，守溪无所不有，后此时流屡变，守溪无所不包，理至守溪而实，气至守溪而舒，神至守溪而完，法至守溪而备。”[①] 俞长城在《可仪堂一百二十名家制义·序》中说钱福与王鏊齐名，世有钱王之称，他们并称为时文正宗。

八股文第二个时期，以正德、嘉靖年比盛唐。正德和嘉靖年间作者，“始能以古文为时文，融液经史，使题之义蕴，隐显曲畅，为明文之极盛”[②]。“弘治、正德、嘉靖初年，中式文字纯正典雅。宜选其尤者，刊布学宫俾知趋向。时方崇尚新奇，厌薄先民矩矱，以士子所好为趋，不遵上指也。”[③] 在这一昌盛时期有汪应轸、王锡爵、许孚远、茅坤、胡友信等人，皆负盛名。特别是胡友信，是继唐顺之、归有光以后崛起的一位八股文大家，其文雄深博大，卓然而立，世有王、唐、归、胡并称八股文大家。更值得大家一提的是著名书法家、画家兼剧作家徐渭，他的《今之矜也忿戾》为八股名文之一。这一时期真可谓是名家辈出。

八股文第三个时期，以隆庆、万历年比中唐。在“隆庆、万历年间，兼讲机法、务为灵变，虽巧密有加，而气体苶然矣”[④]。张居正于隆庆辛未年主会试，欲去繁芜以归雅正，首拔有邓以赞、黄洪宪，刊其行卷程式天下，并作程文两篇力挽狂澜。虽为清人非议，但也堪称八股文之佳作。在隆庆、万历年间，八股文大家以四书文言时事谈国事，以委婉隐晦的方式抨击时弊。如赵南星《鄙夫可与事君与哉》、汤显祖《我未见好仁者》题文等，就是这类文章的代表。赵南星、顾宪成、万国钦等，自辟门径，自成一体，不与时为升降。汤显祖、董其昌、许獬等驰骋才华，而能归于肃穆，无忝于四书文名家。

八股文第四个时期，天启（禧祯）和崇祯年比晚唐。至“启、祯年诸家，文体益变，以出入经史百氏为高，而恣轶者亦多矣。虽数申诡异险僻之禁，势重难返，卒能不从”[⑤]。清代方苞认为：“则穷思毕精，务为奇特，包络载籍，刻雕物情。凡胸中所欲言者，皆借题以发之。就其善者，可兴可观，光气自可泯。”[⑥] 于是就有天启之文，理不及成、弘，法不及隆庆，真可谓文运、国运同事而衰矣。但是，在这一时期也有金声、章世纯、罗万藻、艾南英、陈际泰、黄淳耀、陈子龙等八股文名匠和高手。这些八股才子多为明末的民

① （清）梁章钜. 制义丛话（卷四）[M]. 上海：上海书店出版社，2001：57.

② （清）方苞. 集外文·进四书文选表（卷二）[M]. 上海古籍出版社，1983：579—580.

③ （清）张廷玉. 明史·选举志 [M]. 北京：中华书局，2000：1128.

④ （清）方苞. 集外文·进四书文选表（卷二）[M]. 上海古籍出版社，1983：579—580.

⑤ （清）张廷玉. 明史·选举志 [M]. 北京：中华书局，2000：1128.

⑥ （清）方苞. 集外文·进四书文选表（卷二）[M]. 上海古籍出版社，1983：579—580.

族志士，为国家和民族献出了宝贵的生命。他们的作品意蕴深厚，充满着爱国主义、民族英雄主义的豪气，可以视为民族之挽歌和八股文之绝唱。[①] 如果说八股文是坑害儒生、败坏国家的罪魁祸首的话，还会有袁崇焕这样的民族爱国英雄吗？顾炎武自己也是接受了正宗的科举教育，他自己也发出“国家兴亡，匹夫有责”的呼声。这其中难道没有八股文的影响吗？

从以上八股文发展的四个历史时期来看，我们能清晰地看到八股文的形成过程。即便是从洪武初期，一直到崇祯时期即明朝灭亡，八股文从开始形成、发展直至成熟，这是一种历史的必然，也是文学和议论文发展的必然。

从正德至嘉靖年间，是明朝八股文的繁荣时期。此时的八股文，无论是写作理念还是写作技巧，都达到了明代的最高水平。正德、嘉靖时期的八股文，讲究“开合首尾，经纬错综”。既讲求文法，又不拘泥于文法，气势宏大。此时的八股文尤其讲究认题、尊题、肖题，它不仅能阐发圣贤的思想，还能发圣贤所未发。这一时期的八股文仍然采用经籍中的语句来阐释文章题目，又不同于明初作品，在语气中运用训诂之理，其义理如同己出。由此可见，明代文人对儒家经典研究的透彻和领悟的深刻。天启、崇祯时期为八股文的衰落时期。此时的八股文普遍不尊重经文和传注，远离现实，放言空谈。八股文的形式被全面突破。这一切都表明当时的八股文已经是江河日下，越来越衰败。清代沿袭明代科举制，终成金科玉律。

实际上，清朝科举与明朝科举也有明显的区别。从明朝英宗之后，其官员升迁惯例是“非进士不入翰林，非翰林不入内阁”，科举成为高级官员升迁的必经之路。清代科举制与明代科举制度至少有以下三点不同：

第一，清政府贯彻的是民族歧视政策。满人享有种种特权，做官不必经过科举途径。

第二，清代科举在雍正前分满汉两榜取士。旗人在乡试、会试中享有特殊的优待，只考翻译一篇，称翻译科。后来虽然改为满人、汉人同试，但参加考试的仍以汉人为最多。

第三，科举八股文逐步成为一种僵化的写作模式，特别是到晚清时期，成为严重束缚知识分子的枷锁，暴露出种种弊端。因此，徐大椿写出《洄溪道情》，以极其尖刻的文字讽刺明清科举考试制度。吴敬梓也写出了《儒林外史》这部讽刺科场的不朽名著。

科举制发展到清代，日趋没落，弊端也越来越多。清代乾嘉考据学注重搜集经学材料和考证，而清末的经学家们仍未系统地研究封建经学的发展演变规律及其本质。他们认为，所谓经学是封建时代统治学说的总称，但它也并非一成不变，在其内部同样存在着不同的流派。“真的孔子死了，假的孔子在依附着中国的经济组织、政治状况与学术思想的变迁而挨次出现。”[②]

科举考试争议的历史局限性：“八股文”是一个约定俗成的名称。其实，八股文的结构形式是多种多样的，绝不是“八股”所能概括的。历来八股文的选本与评点对于八股文很少进行明确的分段，并标明段落之名，这正说明八股文的结构并无明确的规定。我们举

① 刘乾先. 中国古代常用文体规范读本［M］. 长春：吉林人民出版社，2004：28—31：.

② 周予同，朱维铮. 周予同经学史论著选集［M］. 上海：上海人民出版社，1996：720-721.

例子能说明这个问题。明嘉靖十一年（1532 年），林大钦赴京会试，[①] 在礼部会试上获第 12 名贡士，取得殿试资格。1532 年 4 月 24 日参加殿试，“天子临轩赐对。一时待问之士，集于大廷者凡三百余人”。考生林大钦的文章，由于不符合八股文写作范式，引起考官们的争议。都御史汪鋐对这份试卷非常欣赏，评道：“安有答案无冒语者?”大学士张孚敬认为“此卷虽不尽符合格式，然而文字明快，可备皇上御览。”林大钦的能力在殿试中得到充分的表现。他作《廷试策》5000 言，是他最著名的作品。该文切中时弊，措施得力而实用；语言流畅奔放，文笔犀利而平实。历代论者都以其比之贾谊、苏轼之策论。这篇策论能得到嘉靖皇帝的青睐，原因是文章中的论点突出。他明确地提出八项治国方略：均田、择吏、去冗、省费、辟土、薄征、通利、禁奢。因此，林大钦被钦点“御擢第一”，成为状元。林大钦在府试期间，充分显示出他忧国忧民的政治情怀和不俗的理论水准。如府试期间的策论《李纲十事》就很有“医国”的独到见解。但明清两朝的科举不只有八股文，时政策论仍是重要的内容。

由此可见，八股文考试并非是有些人所说的那样死板僵化，如果真的是好文章，即使不符合八股文行文规范，考官还是会举荐的，也会有慧眼识珍珠的人。尽管考官之间存在某些争议，但是皇帝明世宗朱厚熜很喜欢这份卷子，当即赐诗一首：“林姓富贵胜中华，三状四眼六探花。五会七解八宰府，九尚十世作行家。”就这样，林大钦 22 岁就当上了状元。这份试卷对皇帝来说可能存在个人兴趣和爱好偏颇的缘由，但作为皇帝，他不会随意钦点，考官也不是半吊子。虽然林大钦的文章在格式上存在一些问题，但他的文章确实写得很不错。我们如果觉得林大钦的状元是侥幸所得，仍然怀疑林大钦的经义水平和诗赋才华，那就再来看看林大钦与家乡人的唱和之作。读后，你就会觉得林大钦绝非等闲之辈。

1. 吟诗借宿：黄昏步行到此间，山路崎岖实艰难。脚酸手软行不得，牛羊归巢客心寒。唔尝结交路朋友，识读诗书也枉然。大鹏飞过庭前树，鸟巢栖凤有何妨!

2. 银湖院后虎耳草（族长出对），金石宫前龙眼花（大钦吟对）。

堪称世间绝对，有几人能对上如此工整的对联？谁说科举进士都是“范进”，都是“孔乙己”?

3. 助鬼解难：

白水际，白屋、白鸡啼白昼；

黄泥垅，黄家、黄犬吠黄昏。

这足以显示林大钦的科举才华。对对得妻，这也绝对不是空手娶媚娘。

4. 巧对得妻：

叉手蟹、鞠躬虾，今日敢来陪进士；扬爪龙，展翼凤，他年要去待至尊。

林大钦的才华，不只是那些书本上的《四书》和《五经》，他更有杰出的文学才华。他的诗赋才华能与苏轼和李白争高下。语出惊人，气势泣鬼神，不落俗套，有趣韵味，灵活多变。

---

① 林大钦生于正德六年（1512 年 1 月 5 日）历十二月六日，卒于嘉靖二十四年（1545 年）农历八月十二日。林大钦少时家境贫寒，曾在邻村教书维持生计，也因此有机会接触了解最底层劳苦大众的生活，并思考当时社会政治腐朽的根源。

5. 与渔夫作对过渡：

南船载西瓜，被东风打入北港；

春箕装冬蛸，令夏莲送往秋溪。

从以上看他的绝句诗对，我们足以了解林大钦的才华和处世待人的勇气。他从日常生活中能写出绝世佳对，且语言平实、通俗易懂，可见他对社会实践的深刻体验。不要说一般进士，就是这些当朝顶尖级的八股文高手和风流才子也未必就能随口即对。科举从隋朝开始，一直到明清，都是以八股文考试为主，即以八股文取士。戊戌维新变法以后，中国封建专制社会走向了灭亡。“废除科举，兴办学堂”，已成为一种历史的必然。

人们为了追求更多的共鸣、关注和反响，往往忽略或不屑于做具体问题的考证与研究。甚至有人认为，这种工作是登不了大雅之堂的“低层次”劳动。其结果必然导致仅仅立足于“宏大理论的创新”研究，而缺乏足够的历史文献支撑，甚至因史实讹误而致使结论错误。对于科举是否能强有力地推动或造成大幅度的社会流动，目前学界仍有争议。

第六节　重构北宋新经义学

自隋唐设立科举和考试制度以来，科举制度与科举考试之间的矛盾比较突出，主要存在以下三个主要矛盾：

一是科举制度与考试制度之间的矛盾；

二是诸科与进士之间的矛盾；

三是诗赋取士与经义、策论取士之间的矛盾。

实际上，人们只是对这些问题展开争议，并没有对实质性问题提出具体的整改措施，大多只是停留在一些表面问题的争议上。说白了，都是在围绕个人利益展开争论，并没有为科举考试提供切实可行的措施。比如说诗赋有优势的，则代表诗赋者的利益，强调科举考试要考诗赋；对经义有优势的，则代表经义儒学的利益，强调科举考试要考经义。有的干脆折中地说，考诗赋没有实用性，考经义也没有实用性，采取全盘否定的态度，仍然采用汉代察举制。这种全盘否定科举考试的态度，明清反映更加激烈。比如，明末清初学者顾炎武说科举如秦始皇焚书坑儒、败坏人才。徐大椿更是把科举说得一钱不值。那么，作为国家权力的代表，他们需要有一种统一的意识形态来维护他们的统治利益。他们一方提出经义和策论取士，废除诸科和诗赋取士制度；另一方又反对采取经义和策论取士，认为应该保留诗赋取士制度。这些矛盾早在唐代科举考试中就明显地表现出来了。早在唐代科举考试中，杨绾、周既济等人就发现科举考试存在许多弊端，给事中李栖筠、左丞贾至等人赞同杨绾批评科举考试制度中存在弊端的言论。但人们并没有对这些矛盾提出有效的改革措施，唐代宗也只是采取了一些折中的办法。

宋太宗以后，凡科举及第者，除第五甲以外，都不需要再参加吏部全选考试，可以直接授予职事官。宋代大多数可以授予从八品或正九品的官衔，而唐代科举及第，只授予从九品小官。科举出身的官员升迁比较快，可以越级升迁，而非科举出身的人需要逐级升迁。其科举及第者，往往不到十年就可以升为宰相或副宰相，如：吕蒙正状元及第，六年后即升为副宰相，十一年后又升为宰相。要职由科举出身者担任。宋代还规定，一些重要的官职如宰相、副宰相、翰林学士等，必须由科举出身的人来担任。由此可见，宋代科举及第者的待遇，比唐代和其他途径入仕者要优越得多。这也说明科举取士者的政治和社会地位在宋代有了很大的提高。宋太祖之后，进士由御前殿试取录，进士从此成为“天子门生”；同时又明文规定，从此以后，举人不得自称为考官的门生。宋代科举考试有以下明显的特点：

第一，宋代科举放宽录取范围。

第二，宋代进士分为三等：一等称进士及第；二等称进士出身；三等赐同进士出身。由于扩大了录取范围，名额也成倍增加。宋代每次录取多达两三百人，甚至五六百人。对于屡考不第的考生，允许他们在遇到皇帝策试时，报名参加附试，叫特奏名。也可奏请皇帝开恩，赏赐出身资格，委派官吏，开后世恩科的先例。

第三，宋代确立每三年一次的三级考试制度。宋初科举仅有两级考试制度。一级是由各州举行的取解试；一级是礼部举行的省试。后来也实行了科举三级考试制度。

第四，宋太祖为了选拔真正踏实的人才担任官职，为他服务，于开宝六年（公元973年）实行殿试。根据陈靖的建议，对殿试实行糊名制。

宋太祖令：考试及第后，不准对考官称师门，或自称为门生。这样，所有及第的人都成为天子门生。殿试后分三甲放榜。从此以后，殿试成为科举制度的最高一级考试，并正式确立了州试、省试和殿试的三级科举考试制度。殿试以后，不需再经吏部考试，而是直接授官。

宋仁宗下诏省试、州试均实行糊名制。自糊名以来，还可以认识字画。根据袁州人李夷宾建议，将考生试卷另行誊录。考官评阅试卷时，不仅无法知道考生的姓名，连考生的字迹也无从辨认。这种制度，对于防止主考官徇情取舍的确产生了很大的效果。

自隋唐开科取士以来，徇私舞弊之风越来越严重。宋代科考遂采取了一系列措施，主要是以糊名和誊录制度为主，并建立防止徇私的新制度。糊名是指把考生考卷上的姓名、籍贯等密封起来，又称为“弥封”或“封弥”。

最初，宋代科举每年举行一次，有时一、二年不定。在英宗治平三年（1066年），才正式定为三年一次。每年秋天，各州进行考试。第二年春天，由礼部进行考试。省试当年进行殿试。南宋以后，还要举行皇帝宣布登科进士名次典礼，并赐宴于琼苑，故称琼林宴，以后各代仿效，遂成定制。

王安石变法对北宋科举制度乃至后世科举制度的改革和变法产生了深远的影响。这就在于处理变法前科举的两大矛盾。他坚定选择用进士科代替诸科，用《三经新义》《策论》代替诗赋取士的立场，并在变法期间乃至在变法后仍能坚持下来，甚至一直影响到明清时期。在这一对矛盾当中，诸科的地位在逐渐下降，经义进士地位在逐渐上升。这两对矛盾正是当时人们对于科举制度这一问题进行论战的主战场，而这两种趋势则是这两对矛盾发展的主要方向。王安石对科举制度的改革主要是针对这两对矛盾，应该说，科举改革和变法都是顺应这两对矛盾的发展趋势来展开的。

王安石不顾时代反对的强音，主要依靠他的行政权力，强行将自己的《三经新义》思想立为科举考试标准。这不但在当时造成了“凡士子自一语上，非新经义者不得用。学者至不诵正经，唯窃安石之书以干进。精熟者转上第，故科举益弊”[①] 的消极后果，也遭到了当时和后世学者广泛的批评。

一是要求重新恢复诗赋取士的科举考试；

二是允许引用先儒注疏和己意的阐述。

从历史的角度来看，刘挚于元祐元年（1086 年）对朝廷建议，在元祐四年（1089 年）改将诗赋取士，与明代经义分立的形式设立。这封上疏后来也获得了朝廷的批准，并且实施。这次分科设立，诗赋科依旧有保留考察经义的内容。后来，因为诗赋科举人数增多，又将两科合并在一起。在绍圣年间，诗赋科再次被废除。一直到南宋时期，才予以恢复。在此期间，科举考试当中，考试经义的制度却始终没有取消。这也充分说明经义在科举考试中的地位和实用性。在这里，我们并不是说不考诗赋就一定对，其实不是这样，尽管不考诗赋，实际在经义内容里面也存在诗赋的内容。

至于诸科考试，王安石禁止考生报考，在宋徽宗崇宁年间结束了诸科过渡期，使其彻底成为历史。从北宋科举考试情况来看，以《三经新义》取士地位比较稳定。一直到明清两代，更是演化成为一种八股文考试制度，并且成为中国后来科举考试的主要内容。

由此可见，诗赋取士派虽然在王安石变法以后仍有一定的势力，但总体上是处在一种不利地位。那么从另一个角度来看，王安石采用《三经新义》《诗经新义》《书经新义》《周官新义》代替诗赋取士，作为汉唐经学发展至极，从而凝练出《五经正义》，以怀疑为特点的北宋新经学，并对名物训诂的汉唐经学进行批判和继承，这是北宋新经学对封建统治者的正统思想地位取得的尝试。虽然王安石的新经学思想未能成为后来科举考试的评价标准，但是他对同期经学研究、新经学发展以及后来的程朱理学的发展起到了积极的推进作用，为后世科举考试标准铺平了道路。正如周予同所说：“宋学是破汉学，建立《新经义学》，即《诗经新义》《书经新义》《周官新义》。广义地说，宋儒理学也就是新经义学。它应从欧阳修、王安石诸辈等开始。”[②] 这是对王安石新经义学思想的正确评价和充分肯定。从这个角度来考察应该是十分恰当的。因此，进士科考要连续考四场：第一场考试经义；第二场试诗赋；第三场试论；第四场试策。

新经义以观其学，诗赋以观其文，论以观其识，策以观其才。王安石强烈地批判了当时科举人才录取制度和人才培养方案。他指出，科举制度的弊端导致的恶劣后果是：“今士之所宜学者，天下国家之用也。今悉使置之不教，而教之以课试之文章，使其耗精疲神，穷日之力以从事于此。及其任之以官也，则又悉使置之而责之以天下国家之事。夫古之人，以朝夕专其业于天下国家之事，而犹才有能有不能。今乃移其精神，夺其日力，以朝夕从事于无补之学，及其任之以事，然后卒然责之以为天下国家之用，宜其才之足以有为者少矣。”[③] 王安石抓住了当时科举考试内容脱离政治这一问题，实行《新经义》取代诗赋取士的措施，解决了当时人才匮乏和科举考试中的许多问题。他为宋代科举考试制定了

---

① （元）脱脱. 二十四史·宋史［M］. 北京：中华书局，2000：8619.

② 周予同，朱维铮. 周予同经学史论著选集［M］. 上海：上海人民出版社，1996.

③ 余冠英，周振甫. 唐宋八大家全集·王安石集［M］. 北京：国际文化出版公司，1997：2295.

以下具体措施：

首先，停止报考诸科，使之慢慢向进士过渡。实质上是废除诸科，解决了诸科与进士科之间的矛盾。

其次，延续了策论。他去除以声病对偶为特点的诗赋，将明经与进士合并，使学者“专意经义”。他同时采用新经义取士，取代诗赋取士，几乎没有理会恢复诸科考试的呼声。而且，当时主张诗赋取士的呼声并不多。在元祐年间，诗赋取士和经义、策论取士仍有明显的矛盾。这些措施和之前否定记诵、诗赋的原则一样，既符合王安石个人的思想，也顺应了变法前的历史潮流。王安石面对当时科举制度的两对矛盾，态度如下：

一是反对以记诵为主的诸科考试；

二是坚定地批判以诗赋取士作为一种诗赋才能，却“不足以为公卿”。

尤其值得注意的是：王安石对于当时能够代表新经义取士的潮流，作为北宋朝廷用于改变科举弊端的手段——“大义”和明经同样不满意。他认为用这些方式选出来的人才，并不一定比过去贤明，那些“通先王之意，而可以施于天下国家之用者”却又未必能够被选上。

王安石强调他的“一道德”思想，坚持一元化的思想路线。在确定新经义考试形式以后，他构建了一套新的考试评判标准。例如：在前文所引的命令当中，不但确定了“大义”这一考试形式的合法性，而且还颁布了作为标准的“大义式”，即作为新标准的科考部分。王安石自然不会满意，这就有熙宁八年（1075 年）王安石上疏《三经新义》。后来还有《字说》之举，从而真正使他自己的新经学思想成为天下士人学习的对象和新经义考试的科举标准。不过，要改变科举考试形式，王安石将自己的经学思想作为唯一标准，这一行为在当时既没有任何社会基础，也没有顺应任何发展趋势。

“今国家大议科场之法，欲尽善尽美，以臣所见，莫若依先朝成法，合明经、进士为一科，立《周易》《尚书》《诗》《周礼》《仪礼》《礼记》《春秋》《孝经》《论语》为九经，令天下学官依注疏讲说，学者博观诸家，自择短长，各从所好。《春秋》止用《左氏传》，其《公羊》《穀梁》，并为诸家之说，《孟子》止为诸子，更不试大义，应举者听自占习。三经以上多少随意，皆须习《孝经》《论语》等。”①

自唐代将《五经正义》立为科举考试标准，其选定注文已经经历了从两汉到魏晋南北朝几百年的筛选，树立了相当的权威。孔颖达等人所做的正义，又采取“疏不破注”的方针。此外，唐代学界对经学的讨论也不是很激烈。即使如此，《五经正义》在唐代仍然受到质疑。当王安石把自己的新儒学思想定于一尊之时，既没有经过时代的选择，也没有任何权威可信，加上北宋又是一个新经学十分昌明的时代，因此，王安石的新经学思想的内容与其被定于一尊的行为，在当时都引发了时人的强烈批评。事实上，人们对王安石的这种批评也不是完全没有道理的。

① （南宋）李焘. 续资治通鉴长编（卷 371）[M]. 北京：中华书局，2004.

第二章　科举学方法论研究

第一节　科举学文献方法

现代科举学是指研究科举的一门学问，是对科举制度，特别是科举教育制度和科举考试制度的基本认识和看法。科举学不仅是一个知识体系，而且是一个理论体系。因此，本书与一般的科举研究著作不同，主要不是面面俱到地介绍科举知识或研究科举制度，而是探讨科举学中的一些基本问题，或者说带有普遍性和根本性的问题。现代科举学是在科举研究历史悠久、研究对象重要、研究人员众多、研究成果丰硕的情况下，逐渐形成的一门学科方法。其实至而名归，是在显学之后蔚然成学的。[①]

第一，什么是方法论？所谓方法论，是指一种研究的目的方向、工具、路径、策略分析和操作程序。

第二，科举学既是理论，又是方法。科举学尝试用一种新的格局、新的构架来论述科举制度和科举教育方法，力求有所创新。

第三，科举文献研究本身就是一种传统的方法。它必须对科举文献相关资料进行搜集、整理，准确地记录资料来源和出处并进行解读、注释。

第四，对文献理论方法，甚至是对统计数据要有明确的认识。现代人所用的科举文献资料都是前人已经整理好的资料。如果我们不明确这些资料的收集方法、解释含义、总体范围或者作某些特定的说明，往往不能很好地使用这些古代文献资料；如果不能确切地说明资料来源、出处，学者们会对文章中提供的证据产生疑问，这样就会导致文章中的文献缺乏可靠性和准确性。

首先，研究设计要建立研究目标。研究目标是指使用可操作的定义方式，将课题或假设的内容设计成具体的、可操作的、可重复的文献研究活动。它能解决专门问题，具有一定的理论意义和实践指导意义。

其次，文献研究目的是通过一种语言表达式，将并非定量描述的文献转换成用质性分析的资料，并将其分析结果用定性研究来描述。

什么是文献？什么是科举文献？如何研究科举文献？用什么样的方法研究科举文献？这是本章值得探讨的重要问题，也是科举文献研究需要解决的重要问题。本章从以下几个方面来探讨科举文献搜集、整理、分解、编研和比较方面的问题：

1. 文献和科举文献的基本概念。科举文献的内涵是指包含各种信息的书面材料或文

---

① 刘海峰．科举学导论［M］．上海：华中师范大学出版社，2005：7．

字材料，包括数据、图片和其他音像材料。这是对文献概念的简单界定。科举文献主要包含了我们所需要研究的科举考试制度、考试程序、考试的区域和科举文献存在的任何形式以及它的社会文化现象。

2. 科举学文献研究。科举学文献研究主要是指搜集、筛选、鉴别、整理、编研和开发利用，并形成对事实科举学认识的研究方式。有的学者从不同角度对科举文献研究进行界定。他们认为，科举文献学研究是一种搜集分析现存的科举文献、文字符号、历史场景和科举考试数据统计等信息形式所出现的科举文献资料，并探讨分析各种社会行为、社会关系及其他社会现象的研究方式。

3. 科举学文献学研究的分类。根据科举文献具体来源和科举文献不同表现形式进行一种学科分类，将不同对象的文献分为：科举个人文献、科举官方文献、科举教育文献、科举区域文献、科举文学文献、科举国外文献、科举历史文献、科举制度文献、科举考试文献等。根据科举文献使用的次数，又可分为第一手原始文献和第二手文献。根据文献使用时间的先后，又可以分为现时科举学术文献和回顾性科举历史文献。

4. 现时科举学术文献。它主要是由全国高等院校学术机构和其他地方性研究学术机构提供的科举文献资料。还有另一种重要的文献资料来源，即由图书馆、个人藏书楼和国家情报中心提供相关的科举学文献资料，由国家学术机构、各级政府部门提供的地方志和各种科举考试资料。这都是学术机构和教育机构研究八股文的成果，具有较高的学术价值。

5. 科举学历史文献。科举学制度和科举学考试就是一根时间链条，它以“现在”为线索，前于此时谓之“过去”，后乎此时谓之“将来”。时间即历史，在过去时间中所产生的文献，被称为历史文献。社会研究者在利用历史文献进行研究时，更多地涉及社会关系结构、组织及管理原理等方面的文献。

科举学文献往往集中在图书馆、藏书楼、全国高校的各种研究机构和情报研究中心等地方。而且，有些档案馆也有相关的科举文献资料。科举学文献资料研究包括五个最基本的环节和过程，它们分别是：①提出课题或假设；②研究设计；③搜集文献；④整理文献；⑤进行文献综述。对科举学文献进行研究可以先从那些就近的、容易找到的文献材料着手，再根据研究的需要，陆续寻找那些分散在全国各地、不易得到的科举文献资料。一般情况下，科举学文献研究需要有一个对科举文献搜集和积累的过程。

6. 科举学文献积累。科举学文献积累本身就是一种搜集文献的工作形式。每一个研究课题都需要汇集、积累一定的文献资料，而每一个课题的研究过程也是一个新的文献资料积累的过程。科举学文献积累可以说是一个相当漫长的历史过程。为了使整个过程变得更有效，可以根据实际情况分为若干阶段来进行整理。每一阶段，要把手头积累的文献资料进行初步的整理，需要对它们进行分类，提高下一阶段搜集文献的指向性，提高科举文献的使用效率和开发利用率。科举文献积累主要有以下几个方面的特点：

第一，科举学文献资料内容的积累应该努力做到充实和丰富；

第二，科举学文献积累应该有明确的指向性，即与研究目标或课题假设有关。

第三，科举学文献积累应该全面系统。所谓全面系统，要求研究者不仅要搜集课题所涉及的各方面的科举文献资料，还应搜集由不同人或从不同角度对科举历史文化问题的同一方面进行的记录，应该准确地描述或正确评估科举历史文献的历史文化价值和对现实教育的指导作用。

科举历史文献不仅要搜集相同的观点，还应该搜集科举历史文献的不同观点，甚至是完全相反的观点。尤其是要防止研究者自己已有的观点或假设对文献积累的指向性影响，不要轻易否定或不自觉地忽视与自己观点相左的材料。我们可以通过做卡片、写读书摘要、做读书笔记等方式，有重点地采集文献中与自己研究课题有关的部分。

7. 科举学文献搜集和检索方法。搜集科举学文献可以通过现代教育情报系统的检索方法，在具有相应条件的环境中快速查找、获取所需要的科举文献资料。科举学文献搜集和积累，不只是在具体研究任务以后才需要做的事情，更重要的是在平时注意积累和搜集各种文献资料，要养成良好的搜集文献资料的习惯，并持之以恒。通过查找和检索方式获得文献资料：

一是通过检索工具查找方式。检索工具查找方式是指利用现成（或已有）的检索工具查找科举文献资料。

二是参考文献查找方式。现成工具又可以分为手工检索工具和计算机检索工具两种。手工检索工具主要是指目录卡片、内容提要卡片、目录索引和文摘卡片四种形式。

参考文献查找方式，又可以称为追溯查找方式，即根据作者文章和书后所列的参考文献目录去追踪查找有关科举文献资料。读书摘要以摘记文献资料的主要观点为任务。因不受篇幅限制，它比卡片式的内容提要详细得多。研究者在读到一些较有价值的科举文献时，或者读到一些主要观点和总体结构上很有启发性的资料时，就可以采用读书摘要方式，把其主要观点和结构框架摘下来。

写读书摘要和读书笔记，这是一种积累文献的好方法。从某种意义上来说，这也是一种制作文献的好方法。因为在读书摘要和笔记中，渗透了更多的作者思维活动，它有时是第二手文献的构成部分，有时又是新的第一手文献的创造过程。

总的说来，摘要的重点在于“摘记”，而不在于对它的“评价”。与摘要不同，读书笔记的重点在于“评论”。评论方式有总评论、章节评论和重点评论。写得好的读书笔记，即能提出新思想和新观点的读书笔记，本身就是一种科研成果。最初的内容分析主要针对文字形式的报刊，现已被广泛应用于社会科学中，成为一种非常重要的科举文献研究方法。

8. 科举学文献搜集的路径。关于科举文献研究资料的搜集渠道是多种多样的。由于科举文献的类别不同，其资料的搜集渠道和路径也就不同。搜集科举教育文献的主要渠道有：国家图书馆、全国各大藏书楼、全国各高校的学术研究机构，还包括档案馆、博物馆、全国各种书院教育研究机构等部门。

9. 科举学文献研究方法。文献研究方法是指依据现有的理论、事实和需要，对有关文献进行分析整理或重新归类研究并提出理论假设的研究方法。

（1）科举学文献研究方法超越了时间、空间的限制，通过对古今中外的科举文献进行调查搜集，可以研究极其广泛的社会历史状况。这一优点是其他社会调查方法不可能具有的。

（2）科举学文献研究法主要是一种书面调查，如果搜集科举学文献是真实的，那么它就能够获得比口头调查更准确、更可靠的信息，避免了口头调查可能出现的种种记录误差。

（3）科举学文献研究方法是一种间接的、非介入性调查。它只对各种文献进行调查和研究，而不被调查者接触，不介入被调查者的任何反应。这就避免了直接调查中经常发生的调查者与被调查者互动过程中可能产生的种种反应性误差。

（4）科举学文献研究方法是一种非常方便、自由、安全的调查方法。文献调查受外界制约较少，只要找到了必要文献，就可以随时随地进行研究，即使出现了错误，还可通过再次研究进行弥补，因而安全系数较高。

（5）科举学文献研究方法省时、省钱、效率高。文献调查在前人和他人研究成果的基础上进行文献调查搜集，是我们获取知识的捷径。它不需要大量的研究人员，不需要特殊的设备，可以用比较少的人力、物力、经费和时间，获得比其他文献调查方法更多的信息。因此，它是一种高效率的调查方法。

迪尔凯姆在《宗教生活基本形式》中运用统计学分析方法，这在社会人类学研究过程中经常会用到。因为在通常情况下，有些社会现象，我们不能直接获得，只有通过文献记载来进行研究。我个人认为这种研究方法可以应用于对古代教育问题的研究中，尤其是对古代科举教育问题的研究中。例如，要对古代科举教育问题进行研究，我们不可能进行深度观察和访问，只能对现有的历史文献资料做一种判别性的研究。特别是只有通过科举历史文献资料的记载，才能进行古代科举教育研究。

10. 科举学文献整理存在一些具体问题。首先是科举文献编码和八股文考试的文献资料整理比较困难的问题；其次是各种八股文文献撰写目的不同，研究对象不同，内容千差万别，又缺乏一种标准化的科举文献形式的问题。因此，人们对科举文献资料分类整理和比较相对比较困难。

科举文献一般是用文字记载的，而不是用数字来记载，难以量化分析。其文献资料的效度和信度存在严重问题。许多科举学文献研究质量往往都难以保证。无论是个人科举资料，还是国家图书馆、全国各高校学术机构和全国藏书楼提供的科举文献资料，即便是故宫所提供的各种科举文献资料，都常常会隐含着个人偏见、作者主观意图，在科举文献形成的过程中同样都会有各种不同的偏见和错误，从而影响了文献资料的准确性、全面性和客观性，影响到文献资料的质量。

有的科举学文献资料是不易获得的。许多科举文献资料都不是公开发行的，并不能随意获得，因此，对某些特定的社会结构研究来说，往往很难得到足够的科举文献参考资料。

11. 科举学文献研究的优点。科举学文献研究方法可以超越时空的限制，使研究者对不能亲自接近，从而不能以其他方法进行研究的对象做研究。如果我们要了解已经去世的明清科举考试群体的一些科举考试情况，除了采用科举学文献研究方法之外，其他任何一种研究方法都是无法实现的。科举文献学研究方法具有以下几种优点：

一是科举学文献研究费用相对比较低。虽然科举学文献研究所需要的费用因科举学文献研究的类型、科举学文献零散的程度以及获得区域科举学文献距离的远近而有很大的不同，但是与其他研究方法相比，如进行一项大规模调查、一项严格的实践或一项深入实地的研究，所需要的费用要少得多。

二是科举学文献研究具有非介入、可接触时间和空间范围广、易于做纵向研究和横向研究、可重复的优点。

12. 科举学文献研究的缺点。①文献质量难以保证；②有些文献难以获得、难以编码；③效度和信度太低，增加研究者理解分析的难度和写作的难度。

第二节　科举学谱系方法

美国宾夕法尼亚大学博士、普林斯顿大学教授艾尔曼（Benjamin A. Elman）在其史学力作《经学、政治和宗族——中华帝国晚期常州今文学派研究》中说："晚明时期，庄氏家族迅速崛起……在常州的声望和影响超过唐家……到清代声望显赫，几乎成了进士'生产工厂'。"① 毗陵庄氏，其世泽之绵长、功名之显赫、学问之宏深、道德之崇尚，名人辈出，府第辉煌，六者集于一族，世所罕见。

1. 谱系学的基本概念。谱系学是指单调、琐屑，同时又富于耐心和实录性的记载与书写。它运作于纠缠不清的历史事件的领域，并以爬梳、复制历史文献资料为依据。

尼采的"出现"和"出身"都能比"起源"这个概念更精确地标识出谱系学研究的对象。由于该对象通常被译作"起源"，我们必须重新确定它们恰当的使用方法。它对血统的分析，还准许根据某个特征或概念的独特面貌发现事件的变化和延展。通过以这些历史事件为现实背景，它的特征或概念才得以形成。

在尼采的《道德谱系学》中，Entstehung 或 Ursprung 都同样可以用来指义务或负罪感的起源，对血统的分析还准许根据某个特征或概念的独特面貌发现事件的繁衍。通过这些事件，也多亏这些事件，并且以这些事件为背景，特征或概念才得以形成。"出身"一词相当于先祖（stock）或血统（descent）；它自古以来就隶属某个群体，血缘、传统或尊卑等级的仕子家族群体维系着它。Herkunft 对一个人的出身分析常常涉及对种族或社会类型的分析。

传统谱系学是一种历史研究方法论，它是关于家族世系、血统关系和重要人物事迹探索的科学，也是指对事物起源和演变过程的历史考察。谱系学将传统历史依据的作用划分为纪念、怀古和批判三种谱系形式：

（1）进士及第家族"纪念的"历史。谱系学是研究家庭史、家族史和宗族史的一种科举历史学的称号。谱系学将庞大的历史纪念碑建立在审慎和微不足道的真理上，并遵循着严格的科举知识考古学方法。谱系学认为历史纪念的作用是给现实行动者提供榜样

① 本杰明·A. 艾尔曼. 江南望族——毗陵庄氏[DB/OL]2009. http://www.zhuangyan.info/zongqinhui/2009/0513/article_127.html.

和安慰。谱系学方法就是在科举制度和科举权力话语的开端，发现它们本原的而非纯粹性的、非同一性的，即科举制度、科举知识以及权力之间的纷争和差异。

(2) 进士、状元家族“怀古的”历史。怀古的历史是为那些家族显赫的群体提供一种历史元记忆。谱系学需要耐心以及细致的传统知识，特别是科举学知识。它来源于原始材料的大量积累。谱系学考察的重心不再是科举知识的考古，而是权力话语，并展示科举权力运作的历史过程及效果。

(3) 科举制度的“批判的”历史。批判的历史是指把过去的科举制度的罪行带到人类道德的法庭上，对它无情地批判，最后给它做出历史的结论。每一个制度的过去都是值得批判的。科举的话语权常常是被用来支配主体与客体，通过人们构造知识主体、客体所产生的话语权。因此，科举制度与家族或宗族的权力谱系学就是对权力话语和科举制度之间关系的考察分析。

2. 科举学和谱系学的定义。所谓科举学，是指对中国古代科举制度和科举考试运作及其演变、发展和衰落过程的认识和看法。如果从科举学谱系来定义科举家族和进士及第“出身”这个概念，那就是通过“秀才”“举人”和进士奖元三个环节来完成的，通过这种谱系方法研究来考察中国古代进士是如何代圣人立言的。这种语言谱系实际上是对道德谱系的延展，即在代圣人立言的基础上，构建一种道德谱系，再在道德谱系的基础上，代圣人“立德”“立功”。所谓立功，是构建在一种权力话语的基础上的。那么，这种权力话语本身就是构建在“立言”和“立德”的基础上，实际上就是圣人的权力话语。谱系学中的“出身”源于家庭、家族、宗族之间的血统和血缘关系。如果要认识人类道德的起源，首先是要修身、齐家、诚意和格物致知，再到治国平天下。这是中国大学之道对人类道德的根本认识。

那么，尼采的“起源”概念本身就引入了对个人身份和家庭出身的认同。这里需要说明科举制度本身不仅是八股文考试的问题，也不仅是一种优秀人才的选拔问题。我们也许都知道：在科举进士这个群体中有许多优秀人才，并不是所有的优秀人才都能位极人臣或者出仕入相。实际上，这些问题都已经超出了八股文考试的问题，甚至也超出了科举学研究的问题。从我们前面所提供的历史文献资料来看，大明江山的颠覆定罪于八股文，或者说是源于科举制的腐朽没落，这也不完全符合历史事实。我们就拿明朝覆灭来看，驰骋在疆上的全都是科举进士，最典型的是袁崇焕和洪承畴。尽管后来洪承畴降清叛明，从另一个历史角度来看，他向清王朝提出了许多合理的建议、保护汉族人的举措。那么，我们从后来的历史演变看，洪承畴是不是叛明降清，或者说是不是叛国，更确切地说，是否背叛了民族利益和感情，这些历史定论可能需要重新认识。即便是顾炎武，他也一直在从事反清复明活动。顾炎武自幼受科举严格的教育，真可谓是家学渊源。八股文章世人皆知。即使是被他诬之为暴君秦始皇、有坑儒之害的清政府也曾颁诏请他奉旨入京撰修明史，也曾多次委托前贤好友委劝其入京修史。顾炎武抗旨入京，终生不仕。在明代，这种类似的例子也很多。如方孝孺、黄子澄、海瑞、左光斗、文震孟、黄道周等科举进士，这些文人学者都是进士“出身”，也都有民族气节和大丈夫伟岸的精神，也正是这种民族气节和伟岸的精神成为中华民族的脊梁。我们能说这些人与科举教育没有关系吗？与《四书》和《五经》中的大学之道没有关系吗？这也是八股文害了他们吗？

笔者认为，科举制度成了替罪羊，八股文成了世界上的“冤大头”。于是，帝王将相们都高兴，封建专制制度也最高兴，因为不是他们的错误，与他们没有任何责任，而是科举教育制度造成的，是八股文的错，是这些无能的进士和状元们的错。这与科举教育有关吗？与八股文文体又有什么关系？科举教育是这样教的吗？再烂的八股文也不能这样写，更不能这样做。所以，大学之道的内容就不在这里重复讲解了。

尼采认为“出生”概念是不能任意使用的。因为它用来特指一些文献：这些文献以起源为先导，都涉及道德、禁欲主义、正义及惩罚。不过，在《四书》和《五经》作品中介入“起源”概念是合适的。谱系学研究表明：中国古代《四书》和《五经》中所说“亲民”“至善”的概念，不过是圣人道德类教育的一种发明创造，并不属于人类本性的基本要素。或者说，它植根于人对存在和真理的依附。亲民至善的起源不过是一种形而上学的外延，它来自这样的信念：事物在诞生时的崇高和伟大。

3. 科举谱系学研究的理论意义。科举“出身”的进士和状元和在追寻事物起源的知识探索者总是相信：他们发现的对未来的所有行动和判断都是非常重要的。他们甚至总是预先假设，人的拯救必须将事物起源作为洞见的前提。尼采认为谱系学不是要从历史中提炼永恒、统一和目标。恰恰相反的是，我们要把这些不死的东西重新引入历史的变化之中，让它们拥有自身的历史，指出它们的变形，分清它们或盛或衰的不同历史阶段，确定它们伸缩作用的范围。所有那些从整体上来把握历史的依据，所有那些把历史追溯成一种连续缓慢运动的东西，都要被系统地打碎。

4. 福柯对“谱系学”的新含义。20 世纪 70 年代，福柯研究的主题逐渐从单纯的人类社会“知识”转向“知识与权力”关系的研究，即权力对人类社会知识的产生、发展的深层制约。为了研究知识与权力的关系问题，福柯赋予“谱系学”新的含义与内蕴，并开始运用“谱系学”（genealogy ）方法研究“社会知识”“权力”“知识与权力关系”的谱系结构，予以补充、完善知识考古学方法在权力与知识研究中的不足。那么，科举出身则意味着一种社会地位和权力话语的威慑。

第三节　科举学结构主义方法

19 世纪末，瑞士著名的语言学家索绪尔（Ferdinand de Saussure，1857—1913）创立结构主义（structuralism）方法论。经过维特根斯坦、让·皮亚杰、拉康、克洛德·列维·施特劳斯、罗兰·巴特、阿尔都塞、科尔伯格、乔姆斯基、福柯和德里达等人的发展与批判，它已经成为当代世界的重要学术思潮。[①] 索绪尔提出语言共时性和历时性有机系统的概念和心理过程，完成了结构主义的整体发展过程。

1. 结构主义对现代经义的解释。在现代社会文化中是难以找到这种普遍的结构主

① https://wenda.so.com/q/1512540625213528.

义思维原则的。因为科学技术的发达和普遍的教育驯化，使现代人的心灵充满了各种特殊的逻辑思维方式，那种原始逻辑或结构思维已被掩盖或被掩埋。列维·施特劳斯认为，社会是由文化关系构成的，而文化关系则表现为各种文化活动，即人类从事的物质生产与思维活动。他通过亲属关系、原始的思维形式和神话系统所做的人类研究，试图找到对全人类（不同民族、不同时代）的心智普遍有效的思维结构及构成原则。特别是从语言结构来研究科举考试的《四书》和《五经》或《十三经注疏》，考生要代圣人立言，对经义句式结构进行解释和表述。这不仅仅只是一种历史结构，而是一种社会语言结构和文化关系结构。在这里是通过历史结构来消解语言结构和文化结构，最后通过代圣人立言，形成一种专制王朝的权力话语。在结构主义理论中，它可区分为不同系列。它们在不同认识论层面上发挥不同的功能和作用。在此不求完备，我们只举出一系列的例子作为证明：

结构主义认识论结构图式①

编码	理论类型	主体表现形式	历史意义
1	结构	功能	系统论
2	文化相对主义	实证主义与形而上学	科学主义认识论
3	科学主义	美学主义	哲学与神秘主义
4	知识与经验	知识反思	知识的验证
5	结构与本质	结构图式	历史主义认识论

以上表格中的这些系列或其他系列在结构主义位置上发挥着重要的作用。在此，我们可以纵向地、横向地或对角线式地阅读，理解和转换它们的意义，并进行结构功能主义的分析。无论是结构语言学，还是结构主义哲学，都可以作为一种结构主义活动加以发展。

那么，结构主义强调共时性研究的特点：一个是结构要素之间的关系；一个是要素在时间上代替另一个要素，是对一种历史事件即对系统内同时存在的各种成分之间的关系，特别是它们同整个系统关系进行研究的方法。

2. 结构主义方法论。结构主义之父索绪尔在方法论上与采用归纳法积累事实的方法不同，而是从语言学结构的概念建立起一个真正的结构主义程序。这个程序可以说明个人的能力，又可以说明语言是一种约定俗成的制度。这减轻了语言与说话者之间的对立，把整个发生学和谱系学发生论之间的关系处理成符合皮亚杰发生学的认识论与方法论，处理成为索绪尔的语言结构主义方法论和列维·施特劳斯的结构主义人类学的方法论。这里显示出结构主义方法论的研究特点。

（1）通过皮亚杰的发生学认识论与结构主义方法论来考察中国古代科举制度和八股文的结构特点。在这里，主要是从民俗心理学考察科举制度的发生演变过程，通过科举考试

① ［比］J. M. 布洛克曼. 结构主义［M］. 北京：中国人民大学出版社，2003：111.

考察八股文的结构句式和八股语言的表达式，考察科举进士如何代圣人立言、立德、立功，以此阐明科举制度的发生机制和八股文体式的结构主义特点。

（2）通过考察索绪尔结构主义语言学特点和普遍原则，进一步考察中国科举教育制度和八股文的语言结构特点。这种普遍性的语言学原则，包含了结构主义语言学思想。从索绪尔语言学理论引申出普遍性的结构主义原则，使它成为结构主义思潮的重要方法论基础。这是索绪尔对结构主义语言学的最大贡献。索绪尔的结构主义语言学主要表现出以下几个特征：

一是索绪尔对语言和言语的划分中引申出结构主义方法论分析。

二是索绪尔从能指和所指的区分中引申出结构主义对“意义”的解释。结构主义更感兴趣的是对事实背后的语义和语境的解释和分析，而并不是事实本身。

三是从索绪尔对共时性分析的追求，引申出在特定的时空中的定性研究方法。共时分析是结构主义者最喜欢用的分析方法之一。结构主义的另一个基本思想也包含在其中，即语言符号的识别，只能借助于它与其他语言符号的关系和差异。[①]

（3）如果说索绪尔是从语言和言语分析中引申出结构主义方法论，那么，列维·施特劳斯在他的《野性思维》中所包含的古典结构主义思想就曾经受到中国古代“二元互补统一模式”的启发。在他的《野性思维》中显示的中国古代智慧所包含的古典结构主义要素，远不限于二元互补统一模式。同时，它与法国的“客观结构主义”不同。仁学包含一种主观结构主义和一种实践主体理性运作中的结构化倾向。[②] 列维·施特劳斯和中国学者李幼蒸先生的结构主义方法论具有以下几个特点：

第一，仁学的历史文本上的经验分析和仁学基本结构的理论构思，李幼蒸先生称之为解释学的研究探索。法国著名结构主义人类学家列维·施特劳斯的结构主义理论和方法论深受中国古代主观结构主义的影响。结构主义被看作是一种具有许多不同变化的概括研究方法，它已经成为20世纪末期以及21世纪最常使用的语言、文化分析与社会学研究方法之一。

第二，中国著名学者李幼蒸先生在法国列维·施特劳斯的结构主义方法论的启发下，在《儒学解释学》中运用结构主义方法，对儒学中的仁学作了重新解释。在李幼蒸先生看来，仁学的现代解释，虽然是原始文本和后世知识思想之间的对话结果，但是历代解读和现代解释都是以原始文本结构为历史依据的。古典仁学和现代仁学的深层意义结构应该是相同的，两者的表层话语形式及其解读方式则会有很大的不同。

第三，李幼蒸先生进一步指出：仁学的原始文本的深层意义结构具有相对稳定性，同时又强调其历史解读方法的多元性。[③] 在历史伦理学材料中包含着广泛的连续性和统一性的深层结构，后者经解释学开发之后可以获得适应现代的社会意义。以先秦历史材料为载体的直观伦理学系统，也就有可能成为现代一般性的基本伦理学模型。

3. 仁学的原始结构及其功能和现代社会意义及其功能是一个一体两面的整体。通过

① ［瑞士］费尔迪南·德·索绪尔. 普通语言学［M］. 北京：商务印书馆，2009.

② 李幼蒸. 仁学解释学［M］. 北京：中国人民大学出版社，2004：3.

③ 李幼蒸. 仁学解释学［M］. 北京：中国人民大学出版社，2004：3.

这个一体两面的不断转换，新的结构思想形成。为此，李幼蒸先生构建了一个仁学实践论的结构主义模型来表述三个不同的等级，中国先秦历史经验为基本伦理学提供了两种具体的伦理实践关系图式：

第一，一般关系图式与孔孟仁学图式。孔孟基本图式包含了“认知的”和“势力的”两个层面，从而比西方伦理学更加完全地呈现了伦理实践环境的构成模型。

第二，主体轴向关系。李幼蒸先生是将仁学模型、法家和道家作为仁学相关轴或对立面来加以论述的。这就是孔孟、老庄和申韩三大学术流派共同组成的伦理学实践关系。

第三，具体选择图式。主体选择场的构成和运作是历史经验性的，并非一种任意想象或理论构架。在这样一个关系场内，以孔孟为基础的选择模型图式，是在伦理学框架之内被定位和发挥作用的。

李幼蒸先生按照先秦三派共同遵循人本主义和经验主义的路线，形成了各自的伦理立场和方法，却以不同的方向、方式和风格进行伦理学价值的选择实践。这种结构主义分析研究只是局限于孔孟仁学、老庄道学和申韩法学之间在结构功能上的不同差别。我们从各个流派史料中抽取相关特征作为诸伦理实践类型学的主要代表，这三种先秦伦理原型可以被分别视为现代伦理思想流派的起源之一，即人道主义、虚无主义和权力主义。作为典型的狭义的伦理学，孔孟仁学最完善、有效、生动地呈现了适应于人类共同经验中的普遍伦理学关系结构，其中包含了认知、信仰和社会实践的全部历史过程。

第四节　科举学解释方法

1. 解释概念与解释特点

1954 年“解释学”一词在 J. 丹豪瑟的著作中首次提出。解释学“Hermeneutics”一词源于古希腊语（ἑρμ ἠνευω），意思是“了解”或“理解”。这是从希腊古神赫耳墨斯（Hermes）的名字得来的。早在古希腊时代，亚里士多德学说已涉及解释学的问题。因此，“解释学”一词的词根 hermes 就来自古希腊语，其意为“神”之消息。这类研究往往是从实用性研究出发，实际上是一些零散解释规则的汇集。“释义学”早在人类远古文明时期就已经存在，如理解卜卦、神话、寓言意义的问题。奥古斯丁、卡西昂等哲学家在对宗教教义进行新的解释时，逐步把以往对解释问题的零散研究系统化。解释学又被称为“诠释学”。在 18 世纪以前，如何正确理解文章内容的研究被称为“释义学”。那么，当代诠释学的最新发展是以理论与实践为基础的哲学诠释学，或者说是作为实践哲学的诠释学。这种诠释学既不是理论的一般知识，又不是应用技术知识，而是综合理论和实践的一门崭新的人文学科。这门学科本身就包含了批判和反思。① 解释和理解根据文本的哲学技术，被描述为诠释理论，并根据文本本身来理解文本。在这里更多地强调文本理解和解释的真实性。

---

① 洪汉鼎. 诠释学——它的历史和当代发展［M]. 人民出版社，2001.

2. 什么是解释学

解释学又称为诠释学。它是理解和解释等问题的哲学体系、方法论或技术性规则的统称，中国古代统称为注疏或小学。古代西方语言文学家用“翻译”和“解释”来定义解释学，即一种语言转换——从一种陌生语言世界（神的世界）到我们自己的语言世界的转换。近代解释学的基本特点是客观主义。[①] 他们强调忠实客观地把握文本作者的原意。在狄尔泰以前，西方各种解释学研究被称为“古典解释学”。古典时期对解释学有贡献的研究者包括文艺复兴时期的 I. M. 弗拉休斯、B. 斯宾诺莎、J. 克拉德纽斯、A. G. 鲍姆嘉通、L. 迈耶尔、K. W. von 洪堡、G. A. F. 阿斯特、F. K. von 萨维格尼、L. von 兰克和 J. G. 德罗申等。实际上，解释学研究可以上溯到古希腊时期。

现代解释学的开创者是 20 世纪的德国哲学家 M. 海德格尔，他将解释学引入“存在论”研究，认为理解不是主体的行为方式，而是此在本身的存在方式。[②] 伽达默尔则借此发展了一门哲学解释学，他主张“问题不是我们做了什么，而是什么东西超越我们的愿望和行动而与我们一起发生”[③]。伽氏认为当代解释学是有理论与实践双重任务的哲学。[④] 我们应该“以亚里士多德的实践智慧为核心，试图重新恢复古老的实践智慧或实践理性概念以为人文科学规定其真正模式”。作为作者文本的思想，对生活历史的理解和解释，其目的是“首先要像作者一样理解文本，甚至要比作者更好地理解文本”。从汉唐儒学和宋儒新理学的历史角度来看解释学的发展形态，解释学可以划分为以下六种形态：

（1）最早是作为《圣经》注释理论的解释学；

（2）一种广义的解释学方法，并作为方法论来理解文本解释和历史解释的关系；

（3）施莱尔马赫完成理解和解释科学或艺术理论解释学的构建，使解释学扩展成为对所有文本的理解，即文本作者的思想、生活历史的理解和解释，其目的是“首先要像作者一样理解文本，甚至要比作者更好地理解文本”[⑤]；

（4）这种具有普遍性的解释学方法论与当时自然科学的“科学性”相比，缺乏认识论基础。狄尔泰为改变这种状况而提出建立“精神科学”；

（5）海德格尔将解释学引入“存在论”。他认为理解不是主体行为方式，而是此在其本身的存在方式。伽达默尔则借此发展了解释学，他主张“问题不是我们做了什么，而是什么东西能超越我们的愿望和行动而与我们一起发生”[⑥]。

（6）其对象是过去精神或生命的客观物化，则理解就是重新体验过去的精神或生命意识。

西方解释学是在现象学与存在主义理论方法的基础上发展起来的一个哲学流派。中国古代解释学是在经、史、子、集和古代文学理论方法的基础上发展起来的解释学，中、西方解释学有明显不同的解释对象和解释功能。汉唐儒学将解释学引入经学结构的解释，目

---

① 王浩斌，加达默尔对解释学普遍性的阐释及其实践转向［J］集宁师专学报，2010，32（2）：51.

② ［德］海德格尔. 存在与时间［M］. 北京：生活·读书·新知三联书店，1999：184.

③ ［德］加达默尔. 哲学解释学［M］. 上海：上海译文出版社，2004：4，384.

④ ［德］加达默尔. 真理与方法——哲学诠释学的基本特征［M］. 上海：上海译文出版社，2004.

⑤ 洪汉鼎. 诠释学——它的历史和当代发展［M］. 北京：人民出版社，2001：26.

⑥ ［英］H. P. 里克曼. 狄尔泰［M］. 北京：中国社会科学出版社，1989：112—139.

的在于寻求经学义理，以此达到“明体达用”的解释效果，从中发现形而上和形而下的道理和法则。我们来看结构要素的变化与历史性的三次转向。[①]

解释学的三要素与历史转向		
编码	解释学的三要素	解释学的三次转向
1	理解：理解的本质是充分解释与合理地应用	从特殊解释学到普遍解释学
2	解释：解释的作用是指把普遍原则或观点应用于解释学	从方法论到本体论解释学
3	应用本身是对解释科学的应用	从单纯本体论哲学到实践哲学的解释

3. 解释学的共同要素

第一，解释是理解的表现形式；

第二，它客观真实地把握文本和作者的思想意蕴；

第三，应用是将解释的普遍原则和真理运用于解释学的具体问题。

(1) 西方解释学的特点。近代解释学的基本特点是，在西方哲学、宗教学、历史学、语言学、心理学和社会学以及文艺理论中，是其对意义理解、解释学系统方法、技术性规则的总称。中国古代学者把这三个要素视为“解释技巧”，即实践技巧。因此，解释学是一种实践智慧。

(2) 西方解释学的三次历史性转向。从第二次世界大战以后，解释学作为一个哲学流派形成于20世纪，在西方学术界产生了较大的影响。人们把隐晦的“神意”转化为可理解的语用学研究，并且成为一门跨学科和跨文化研究的方法论。

(3) 中国古典解释学的特点。汉唐经学解释将“文本”概念延展为书面语言。因此，任何一个人的解释，无论是他的书面文本解释，还是口述史式的权力话语解释，都是在深阐释或者在转译“文本”，即解释文本的语义。

把解释和结构作为哲学理论和方法论，并不是西方古希腊哲学的独家发明。早在中国古代，孔子便对《春秋》《礼记》《书经》《诗经》和《周易》做过解释。尤其是到汉代和唐代，中国解释学更加繁荣昌盛。特别是《十三经注疏》，它成为中国古典结构主义和解释哲学的起源。

郑玄是东汉末年的经学大师，遍注儒典，以毕生的精力整理了古代文化遗产，使经学进入了一个“小统一的时代”。他的主要著作有：《毛诗笺》《礼记注》《周礼注》《仪礼注》。他对儒家经典的注释，长期被封建统治者作为官方教材，收入《九经》《十三经注疏》中，对于儒家文化乃至整个中国传统文化的传承做出了重要贡献。汉代训诂成果主要是儒家经典注释。其中，古文经学学派实力最强的有贾逵、服虔、马融、郑众、郑玄、毛亨、赵岐、王逸、高诱等大批经学大师。语言文字解释文本的形式有：

扬雄：(前53—18)《方言》；郑玄：(127—200)《毛诗笺》《礼记注》《周礼注》《仪礼注》；高诱：(205—?)《战国策注》《吕氏春秋注》；刘熙：(106—?)《释名》；许慎：

① 即从局部解释学到一般解释学，由施莱尔马赫完成。从认识论到哲学的转向由狄尔泰到伽达默尔完成。

(58—147)《说文解字》；赵岐：(108—201)《孟子章句》等；王逸：(117— ?)《楚辞章句》等；⑧毛亨：(前 212— ?)：《毛诗故训传》。[①]

中国古代汉语主要是围绕先秦典籍来展开研究的。我国传统语言学抓住汉字的形体，讲求古代汉字形、音、义，被称为“小学”，从而诞生了文字学、音韵学、训诂学。唐代孔颖达在《毛诗正义》中说：“诂训传者，注解之别名。”毛以《尔雅》之作，多为释诗，而篇有《释诂》《释训》，故依《尔雅》训为以《诗》立传。传者，传通其义也。宋代训诂学有了许多革新。在元明时期，训诂学衰退。清朝是训诂学发展最盛的时期，有段玉裁、王念孙、王引之等考据大家，并形成乾嘉学派。

综上所述，在相当长的时间里，传统语言学研究是从哲学、神学、逻辑学和文学的角度分析的。通过传统“小学”的形、音、义的解释，特别是通过音韵学的转换和字义训诂来阐明某种哲理或政治主张。解释学的原则，并非独立不相干，而是全然不可分。求本原之意旨，需要实情和实理对待文本，方可解释。而解释的本意，又必须能身体力行，方可完成朱子《四书章句集注》的理解和解释的全部过程。

解经是以修身齐家、格物致知和治国平天下的大学之道为本。或曰：“人外无道，道外无人。”它强调“道”与“人”对时空的超越。这就是所谓“为己之学”、修身齐家治国平天下的大道理。虽然不是由朱子首次提出，但他十分注重于解释学的基本原则。中国古典解释学主要表现为以下三个基本原则：

第一个原则是指朱子“求本意”的解释原则。《朱子集注》曰：“居上主于爱人，故以宽为本。为礼以敬为本，临丧以哀为本。既无其本，则以何者而观其所得之得失哉？”[②]他简单概括为：身居道统而求道之本原即本体之意。那么，求本之意就在于求“末”和求“用”之处以及求日用伦常之本原。[③] 在这里，我们需要将仁学和儒学区别开来考察。

第二个原则是指朱子“实理和实情”的解释原则。《朱子集注》曰：“将圣人言语切己，不可只作一场空话说。”[④]又曰：“佞人所以应答人者，但以口取辩而无情实也。”[⑤]朱子身居实践的“实理和实情”的原则之中，文本解释非概念化的理解实践操作原则，“皆实理也，人知而信者为难”，这是文本解释中非概念化和“知行合一”的实事求是的原则。

第三个原则是指朱子“以身解经”的解释原则，这相当于前面谱系学中的“身体”概念。

解释学原则与仁学特点		
编码	**解释哲学的基本原则**	**中国古代仁学解释的特点**
1	求本意	原始仁学内涵
2	实理与实情	仁学历史作用
3	以身解经	仁学现代意义
结果	形成实用哲学	结构主义语言哲学

---

① 范心恒. 语言民族志理论与方法［M］. 北京：世界图书出版公司，2016：13.

② （宋）朱熹，朱子集注·论语［M］. 上海：上海古籍出版社，2013：71.

③ 傅佩荣在《朱子集注·论语商榷》一文中说的“自然”，即大自然之意（今人意义上的）。

④ （宋）朱熹，朱子集注·论语［M］. 上海：上海古籍出版社，2013：76.

⑤ （宋）朱熹，朱子集注·论语［M］. 上海：上海古籍出版社，2013：138.

其中包括两个意思：一是“为己之学，以己力行道”，“道外无身，身外无道”，[①]“人外无道，道外无人”[②]；二是“盖圣人之言，虽有高下大小之不同，然其切于学者之身，而皆为人德之要，则又初不异也”（“读者不以词害意可也”有特指）[③]。

以上三个原则：一是强调本原和本体；二是强调身体“力行”；三是强调学以致用。从表面上来看，词语和概念是原来的，但是通过词语的组合方式和语境构建方式的特殊安排，可能更加适当地突出原典文本中固有的基本意义。这可以叫作解释学意义结构分析法。仁学具有以下三个特点：

一是原始仁学的真实内涵；

二是仁学的历史作用；

三是仁学的现代意义。

一般学者认为儒学是指四书和五经的整体系统，它还包括了其他相关儒家学说，儒学整体系统和内部运行机制存在着综合性的历史内涵；而仁学则是儒学中的一个独立的或一个特殊的思想文本。不言而喻，儒学和仁学是朝着两个不同方向发展的。我们进入朱子《四书章句集注》，重点分析了解释学三大原则：①朱子引程子语：“须将圣人言语切己，不可只作一场空话说。”②“若以言语解着，意便不足。”③“孔子言语句句是自然，孟子言语句句是事实。”这是说圣人言语不是空话，都是自然而然的事实。“皆实理也，人知而信者为难。”这里的“信”并非指理解，而是相信。“理”是实在的理，是到场的理，并非一个抽象的概念。

从一般意义的解释学与朱子解释的差异进行比较研究，在解释四书时，朱子为《大学》补传，便是在此原则指导下，将原传文中的“此谓知本，此谓知之至也”定为第五传，并删去“此谓知本”以为其为衍文。这是程子之意，而“尝窃取程子之意，以补之曰：所谓致知在格物者也，言欲致吾之知，在格物而穷理也。盖人心之灵，莫不有知，而天下之物，莫不有理，惟与理有未穷，故其知有不尽也。”

“理”是实然地临在于学者，朱子所言的理、天、性、心、命等，常被后人误解为概念及概念之间的关系，加以推导而理解。但在朱子那里都是“实理”。他要求实情实理，“佞人所以应答人者，但以口取辩而无情实”，这实情不仅有以上所说的天、理等的存在，还更多的是指具体事物，情理实事。因此，他说：“故孔子告之，皆笃实之事。”是以《大学》始教，必使学者即凡天下之物，莫不因其已知之理而益穷之，以求至乎其极。至于用力之久，而一旦豁然贯通焉，则众物表里精粗无不到，而吾心之全体大用无不明矣。此之谓格物，此谓知之至也。[④]

在这里，我们需要将仁学和儒学区别开来考察。首先，我们要把孔子思想和两千年中国儒教政治史分开来进行考察，它能说明两者是在不同学科的领域。也就是说，我们不能把两者搅和在一起，不管它对和错，各打40板。这样不仅有益于古典历史文化学术的研

---

① （宋）朱熹，朱子集注·论语［M］. 上海：上海古籍出版社，2013：67.

② （宋）朱熹，朱子集注·论语［M］. 上海：上海古籍出版社，2013：133.

③ （宋）朱熹子集注·中庸章句［M］. 上海：上海古籍出版社，2013：35.

④ 范心恒. 语言民族志理论与方法［M］. 北京：世界图书出版公司，2016：30.

究，更有助于未来历史文化学术事业的创新研究。一个对当代学术研究最有益处的是：能使传统仁学和现代反封建思想运动可以相互兼容。它可以避免两个方面的问题：

一是仁学因为不是传统儒学的全部，才有进一步参与中国现代化和全球伦理学的对话的可能性。

二是在信仰纷争不已的当今世界，只有非宗教的仁学伦理学才有可能成为一切信仰传统都接受的中性对话的基础。主体选择实践学和人际正义思想之间的合理关系模型是仁学研究的主要特点。

三是其博爱和大同思想，是人类传统价值观念的公共标准，也是社会公德标准。这又是主体伦理学中的特殊生存样态。

四是四书和五经可以通过直观的方式，为个人人生信仰提供理论上、实践上的具体操作和实施标准。解释学的目的，就在于为两千多年解读儒学和仁学提供一套现代社会内在结构、功能、意义、认识论和方法论的指导。

4. 中国仁学的特点

谭嗣同在他的《仁学》中，对孔子和儒教异同作了解释分析，但他并没有论及“儒”和“仁”两者之间的差别。在此，我们要重新认识“儒学”和“仁学”两者之间的本质差异。从某种意义上来讲，仁学是指孔孟伦理学。

现代学者李幼蒸先生在他的《仁学解释学》中将儒学和仁学两个概念进行了比较研究，并对儒学和仁学两个概念给予了重新界定。

历史解释学旨在真实细密地根据历史话语资料和现代方法论对古代原典重新进行解释：

（1）儒学的内涵。英语翻译成 Confucianism 和 Confucianist，即孔子主义和孔子主义者。儒学即人类对物质和精神的需求。这种解释有点望文生义的感觉，但实际并不是这样。人对物质和精神是一种本能的需要，人的需要，是一种生命之源和维持生命的基本条件。于是从这种生命的本原中离析出“仁学”的概念。

（2）儒学的外延。儒学一般是指纵向的或者历时性的存在，那么，仁学则是一种横向的、共时性存在。实际上，儒学是一种纵向历时中的横向存在，故仁学构成中国古代伦理学的思想系统，形成了一套完整的中国传统道德法则。儒学最后演变发展成为一个历史文化过程。那么，在中国传统学术话语体系中，这本应该是两个不同的学科，却被一些学者说成是它们之间没有什么区别。从表面现象来看，四书和五经就包含着孔孟学的文本。

（3）仁学。仁学是指宇宙以人为目的的人本主义思想。简单地说，两个人互为“诚信”即称为“仁”。仁是人的最本质的东西，是儒家学者精神层面的东西。宇宙不仅是人类的本原、人类的父母，还是人类的家园。宇宙不仅创造了人类，还创造了人类赖以生存的一切物质条件。对人类来说，这都是仁，都是果，都是善。因此，这种人本主义思想与中国古老的宇宙生存主义和宇宙生态主义有机统一。老子对这种宇宙生存主义（即存在主义）和宇宙生态主义（即生态主义）学说，从哲学上作了最系统的解释和论证。这是中国最古老的解释学对仁学的一种独特的表达式，它进一步表达了仁的本原和人类生存的本原。

（4）仁学本身的意义和儒学理论系统之间的具体实践操作是两种不同的社会功能。那么，人们所获得的结果，可能是我们在仁学和儒学中的不同的实际操作促成的不同的结果。我们这样说，是为了把仁学从传统儒学语境中抽象出来，使其成为孔孟伦理学特称的典范伦理学。这样，可以厘清仁学和儒学两个概念的本质。那么究竟什么是儒学和仁学？

杨润根先生在《论语发现》中认为："整个以人为目的的宇宙，整个宇宙为我们所提供的整个生存空间与生存条件：阳光、空气、水以及各种植物动物和矿物——它们都是养育人类的必不可少的天然果实。在这里，儒学是指人类关于人的最根本的需求认识和信念，它们构成了人类政治与法律思想的基础，这就是宇宙道德、仁爱与正义的认识和信念。"①

在此，我们不仅要重新理解"仁学"这个概念，还应该把它理解为具有哲学意义上的认识性和实践性的驱动词。② 当然，我们在这里所说的"仁学"一词更多的是专指孔子伦理学或孟子伦理学的精华部分，其含义更多的是包括孔孟文本的原始构成、历史作用和现代意义上的三个组成部分。为了把握这三个方面的内容、结构和功能，必须以当代人文社会科学知识和新的历史现实经验作为认知探索的根据。

从以上我们对儒学和仁学两个概念进行了重新界定，我们很容易看出儒学和仁学两个概念之间的本质差别：前者主要是说明了人类社会历史文化演变发展的整体过程，即人类生存主体演变发展的过程；后者则是强调人类行为范式，即对宇宙自然和人类社会实践经验知识即知识法则的概括和总结。而过去，人们往往将二者混为一谈。

随着现代跨学科、跨文化理论和方法论的研究，仁学具有潜在的超越时空经验的普适性。在21世纪高度发展的人类物质文明，急需新的伦理精神作为反省和批评的根据，而新伦理精神有效地概括了理论与实践两个方面的全体人类生产生活经验。那么，仁学是人类历史上结构最完整的人本主义伦理学，它的精神效力可以验证中华五千年文明的历史过程。因此，仁学是天然彻底的人本主义和经验主义。

人们对仁学的现代理解，将是中国传统思想在人类生存方式上对新时代和新世界的认知，其精髓主要表现在人本主义伦理学和理性主义人文思想这两个方面。前者将为世界人本主义伦理学提供更合理、更可行的理论指导，后者将为世界人文科学提供更合理的研究态度和伦理实践的精神方向；前者使其对峙于各种超越性的文化信仰，后者使其对峙于人文学术商业化的世界总体趋势。

第五节 科举学与传统哲学的比较方法

1. 对科举学概念的界定。1992年，刘海峰教授正式将科举学作为一门学科，或者说作为一个专门的领域来研究。自此，人们才更加注意以整体观、新理论、新方法、新视角

① 杨润根. 论语发现［M］. 北京：华夏出版社，2003：147.

② 杨润根. 论语发现［M］. 北京：华夏出版社，2003：58.

和新高度对科举学进行系统的研究，赋予科举学新内涵和新意义。[①] 科举学是指人们对科举制度和科举考试的根本看法和认识。它是以科举制度和科举考试运作为研究对象的一门学科。科举学是一种世界观、一种认识论和方法论。从唐宋以后，科举制度和科举考试在封建专制国家的政治生活和社会结构中占有十分重要的地位。在中国历史上的各种具体制度中，科举制度实行比较早，历时之久和影响之大也是独一无二的。因此，科举考试成为人文教育活动的首要内容。在本书研究中，笔者认为科举学更是一种方法论。

吕磊、朱子彦在《论复社与晚明科举》中对明代科举与党争、士风、文人、结社的关系进行了探讨。[②] 在他看来，科举文献及其资料研究的全面准确和认知方法，这永远都是正确认识历史的前提条件。因此，对科举文献及其资料的研究，也就自然构成明代科举研究的重要方面。八股文在中国进行理性思辨训练，受到一些读书人的猛烈抨击。其中对宋代新理学代表朱熹提出“存天理，灭人欲”，曾经进行过深刻的批判。

在朱熹看来，人欲乃佛教之三毒也，这是朱熹理学思想的重要观点之一，也是一个非常重要的哲学命题。朱子言“信”，并非是指“理”的抽象概念，而是相信“理”的真实存在的意义。它一般不是指现代意义上的“理”的概念，或者说根本就不是一个抽象的概念。后人有断章取义之嫌，批判宋明理学时，多言“存天理，灭人欲”禁锢了人们的思想和人类的自由。

在这里，“人欲”究竟是指什么？是指超出人类基本欲望的需求，还是指正常生理欲望的需求，如私欲、淫欲、贪欲之类的东西，这些欲望是要革除的！那么正常的欲望就一定是天理吗？但朱熹在这里并没有将“理”和“欲”这两个概念严格地区分开来解释，也就是没有把“天理”和“人欲”之间的度量关系区分开解释，很容易让人把“人欲”和“天理”对立起来理解，并且从逻辑上形成了一个悖论，很容易让人误解为在灭掉“人欲”的同时，也灭掉了天理，即“灭人欲，天理何存”？其实，理学家朱熹认为人类基本欲望的需求即指人类通常所理解的生理欲望，亦即“人欲”。正常生理的人欲，即是“天理”。如果人类没有正常的生理欲望，真是天理何存，这是一个最基本的道理，也是一个最普遍的宇宙自然法则和社会人伦道德法则。

人们理解朱熹理学中的“理”，常常把它说成是一个实在地凌驾于学者之上的所谓的“天理”。实际上，理即性，性即自然。[③] 吕留良在《四书讲义》中对“率性”也是这样解释的。其实，“欲”即性，性即理，理即自然，也就是自然之规律。朱子在答陈齐仲书云：“为格物之学，不穷天理，不明人伦，不讲圣言，不通世故，乃兀然存心于一草一木、一器一用之间，是何学问？如此而望有所得，是炒沙而欲成饭也。”[④] 其实，在这里，朱子说得非常明白，格物之学就是要穷天理、明人伦、讲圣言、通世故，否则那是什么学问，真是如同炒沙而欲成饭也。这也正如朱子所言“理”“天”“性”“心”“命”等，常被后人误解为概念与概念之间的关系，加以推导而理解。

---

① 刘海峰. 科举制与科举学［M］. 贵阳：贵州教育出版社，2004.

② 吕磊，朱子彦. 论复社与晚明科举［J］. 科举学论丛，2007（1）.

③ （清）吕留良. 四书讲义［M］. 北京：中华书局，2017.

④ （清）吕留良. 四书讲义［M］. 北京：中华书局，2017：16.

在朱子那里，这些都是“实理”，即自然之理与自然之规律。他要求的是实情与实理，“佞人所以应答人者，但以口取辩而无情实”。这实情，不仅有以上所说的“天”和“理”的存在，更多的是指具体事务与事情，情理与实事。因此，他说：“故孔子告之，皆笃实之事也。”传统学者往往缺乏一种哲学层面上的逻辑解释，而是就事论事、断章取义，把一个“理”字说得面目全非。因此，中国传统哲学思想和义理之学都缺乏一种理性的批判。明代王阳明强调“存天理，去人欲”。王阳明是从“致良知”说来实现天理和自然之性的。其实，圣人思想都是同源的，目的也一样。这如同父母教育自己的孩子，都有望子成龙的心理，都有光宗耀祖的心理，都有升官发财的心理。

朱熹像

明代王夫之在分辨八股文高下和不同品位时，提出自己的哲学观点。他认为，八股文在“代圣人立心”的基础上，“代圣人立言”，肯定了认题对阐发文题意蕴的重要性。八股文内部存在高下不同的品位，这是明清相当一部分文人反复申明的事实。王夫之反对八股文的过分格律化，在八股文的结构和章法上，抨击“死法”。他提倡要“活法”。他的这些观点对后人具有很大的启发意义。

姚鼐在四十多年的书院讲学生涯中，结合自己的教学实践，编著了《古文辞类纂》一书。这套书比较适合书院教学，并且将神、理、气、味、格、律、声、色作为古文创作的八字要诀。由于姚鼐追求教学、创作、理论的有机统一，因此，他创作的古文，法度有余，则灵动不足；平淡有余，则风韵不够。当然，他的文章在一般人看来明显缺乏古文艺术的特点，这充分说明文学创作与议论文创作在文体风格上是有明显区别的。但是，许多学者在研究八股文时没有注意文体问题，而总是把八股文文体与文学其他文体、科举制度混为一谈。这是姚鼐在遵循古文法度时，进行古文创作和八股文创作过程中出现的一系列问题，实际也是我们现代人在进行论文写作过程中同样面临的问题。

2. 传统哲学方法论对八股文研究的影响。中国传统哲学精神是以人为本、实事求是、有容乃大、内在超越、自强不息，其辩证思维发展历程可以概括为奠基期、发展期、高峰期三个历史阶段。[①] 中国传统哲学的基本问题是天人关系问题，天人合一和知行合一是中国传统哲学特有的思维模式。中国传统哲学主要有以下基本观点和哲学思维模式：

（1）中国传统哲学的天道观。这是中国传统哲学关于世界本原的根本观点，也是中国先民对世界本原的认识。天道观即宇宙观或世界观。

（2）中国传统哲学的人道观。即中国传统哲学关于人生和为人处世之道的基本观点。它要求人类必须遵循宇宙自然法则和人伦道法则。这是中国传统哲学倡导的人生观和社会伦理观。在中国传统哲学中，人性论，就是探讨人的本性，它是中国传统伦理学的理论基础。

---

① 周桂钿. 中国传统哲学［M］. 北京：北京师范大学出版社，2000.

(3) 中国传统哲学的道器观。即以中国特有的哲学思维模式，表达中国传统哲学的基本问题。最典型的表达式是“形而上谓之道”“形而下谓之器”。这是中国传统哲学对世界观、认识论和方法论的一种独特的表述。

(4) 中国传统哲学的知行观。中国传统哲学中，所谓“知”，即认识，包括对一般事物的认识和对道德法则的认识。“行”是指人类社会实践活动，它包括生活实践、生产实践和科学实验三大实践活动。实际上，“行”的本质是人类改造自然、改造社会的生存能力。

(5) 中国传统哲学的知识观。中国传统哲学中的认识论，又称知识论，它主要是探讨人类的理性认识和感性认识，即探讨人类知识的来源和人类认识自然、改造社会的过程以及求知的方法。

(6) 中国传统哲学的天人合一观。董仲舒以儒学为宗，吸收阴阳五行学说，构建以“天人感应”为核心的神学唯心主义思想体系，宣称天是百神之大君，人也是宇宙的主宰者，故曰“天人合一”。这既是一种宇宙哲学观，又是一种方法论。在中国传统哲学天人关系中，柳宗元、刘禹锡重新提出天人关系问题，对天人感应论展开了深入的批判。

(7) 中国传统哲学的宇宙生成观。汉代思想家提出宇宙生成观的思想，《淮南子·天文训》说：“道始于虚，虚生宇宙，宇宙生气。”① 然后，元气（《太平御览》引作元气）分成天地。《周易·乾凿度》说：“有太易，有太初，有太始，有太素也。太易者，未见气也。太初者，气之始也。太始者，形之始也。太素者，质之始也。”② 这是中国传统哲学的宇宙生成观，有别于西方传统哲学的“机械论”。

(8) 中国传统哲学的历史观。即中国古典哲学中的历史观，探讨人类社会生活的起源与历史变迁的问题。汉代思想家从陆贾、贾谊开始，大都重视总结历史经验。

(9) 中国传统哲学的名实观。即先秦哲学中，关于名称与现实、概念与实在之间关系的观点。在中国传统哲学的形神论中，关于讨论人的肉体与灵魂、生理与心理的关系问题，都源于先秦诸子百家的思想。

(10) 中国传统哲学的理学观。朱熹和陈亮就三代与汉唐的历史评价问题展开论辩。朱熹推崇夏、商、周三代。宋初，胡瑗、孙复和石介提出“经学致用”。张载的新理学思想：“为天地立心，为生民立命，为往圣继绝学，为万世开太平。”明代王阳明继承宋代理学思想中的性、心、理，提出“致良知”和“知行合一”的思想。

(11) 中国传统哲学的自然观。从龚自珍到郑观应，其自然观基本上属于中国传统哲学的范围，用以说明“宇宙”“天地”“太极”“虚无”“道”“气”等概念和范畴。

以上是中国传统哲学中的不同哲学流派，从宇宙论、本体论、方法论、知行观、人生观、历史观、美学观等方面概括了中国传统哲学的基本思想和内容，揭示了中华民族特有的民族性格、思维方式、认知结构、价值观念，并在认识自然、改造自然过程中形成了不同的方法论。其实，并非只有中国人讲哲学、讲义理之学。在世界其他国家，至今仍然强调哲学思辨的培养。如在法国，从高中开始哲学教育。

---

① 刘安. 陈广忠译注淮南子天文训 [M]. 北京：中华书局，2011：45.

② 李学勤. 十三经注疏·周易正义 [M]. 北京：北京大学出版社，1999：5—6.

法国一位哲学教师协会的负责人叫西蒙·佩里耶，他表示，自 1808 年开始，哲学成为法国高中的必修课。这一门课程传承于法国启蒙时代哲学。哲学课的设置，旨在开展具有“理智性批评能力”的启蒙思想教育。哲学和逻辑的思辨方式及理性批评方式能指导学生如何在日常生活中反省自己，如何深入地思考社会问题。

另外一名法语培训机构的教师说，哲学考题看似抽象，发挥空间较大，其实写作本身依然要遵循固定的思维模式。就像中国的八股文一样，第一步就是要破题，即对题目中涉及的概念加以解释，同时要阐明自己的观点；而文章主体则要引用至少 5 个知名作家、哲学家、思想家的观点，来充分展开论述；下结论时，通常不能把话说得太死，而是要考虑到正反两方面。这样才能体现出完整、深刻的逻辑思维能力。

巴黎索邦大学哲学系主任佩里耶·昂里·特拉瓦约也说，许多法国学生从中学时代的哲学教育中受益匪浅。在其后的人生岁月里，他们继续保持对知识的探索。即便是在最小的法国村庄，哲学沙龙的数量之多和质量之高都令人吃惊。“如果只有一个理由对法国感到乐观，那就是法国哲学。”

早在 2006 年，法国国民教育督察官马克·谢林哈姆就说过，教育对于构建哲学的“文化与思辨”基础至关重要。哲学教育的主要目标就在于发展个体的“自我省察能力”。法国哲学教育重在引导学生“自我省察”，而欧洲其他国家的哲学教育则侧重基于时间轴的哲学思想史的梳理。比如，意大利的哲学课名为“思想史”；西班牙的哲学课名为“哲学史”。德国、瑞士、瑞典等其他不少国家也开设类似课程。

根据 2016 年法国媒体报道：今年法国大约有 65 万高中生参加高考，不论是学文科，还是学理科，哲学都是必考科目。与法语、数学、物理等学科不相上下。高中最后一年，人文类学生每周必修 8 小时哲学；科学和技术类学生，每周有 2 小时。哲学在法国中学教育中的核心地位，由此可见一斑。① 而在中国，不要说高中，就是在大学里，很多专业基本上没有哲学课，哲学老师基本上很难找到真正属于自己的哲学课，许多学生也不懂什么是哲学，更不愿意上哲学课。毛泽东主席曾经说过，年轻人立志首先是从哲学开始。毛泽东主席的这句话几十年来一直在我耳边萦回缭绕。还有一句让中国学人和中国人民值得警醒的话是：一个没有哲学教育的民族，不可能成为优秀的民族。但是，中国学界没有意识到哲学教育的重要性和科学性。环顾四周，历史总是在不断地重演。让我们每一个人记住八股文的历史悲剧，让更多的人去仰望浩瀚的星空，这个民族才是有希望的民族。

---

① http://www.sohu.com/a/19567567116237.

第三章　创造性阅读与神圣的创作

第一节　文本浅阅读与深阅读

什么是阅读？19 世纪法国著名作家福楼拜有一句名言："阅读是为了活着。"福楼拜把阅读提高到一种生命意识和生存意识的高度。费希尔在他的《阅读的历史》中说："古往今来，无论长幼，谁都无法否认阅读的重要性，对于我们绝大多数人来说，阅读永远是文明之声。"①

有人说阅读先于文字。《说文解字》言，仓颉是黄帝时期造字的史官，被尊为"造字的圣人"。尽管中国先民把《河图》和《洛书》臆断为早期阅读的载体，但《河图》和《洛书》确实说明了中国先民的一种创造性阅读文字的方式。这是人类走出荒蛮、结成社会、迈进文明的一大步。实际上，中国先民的这种阅读方式印证了费希尔"阅读永远是文明之声"的看法，也印证了福楼拜"阅读的生命意识和生存意识"之说。

尽管阅读的方式和方法有很多，但阅读是非常艰苦的。上至皇帝宰相，下至平民百姓，阅读都充满了艰辛。早在战国时期，就有名家惠施，每次出门要带五车竹简以便在路上阅读，世人称之为"学富五车"。传说战国苏秦读书"锥刺股"；秦始皇总览朝政时，一天要读 120 斤奏折，可见阅读之艰苦。

根据史书记载，东方朔写给汉武帝一封信，就用了 3000 根竹简，当时用了两个人抬去见汉武帝。西汉孙敬读书有"头悬梁"；穷书生匡衡读书"凿壁偷光"；晋代穷人孙康能"映雪读书"；也有晋代穷人车胤"囊萤苦读"。这就是《三字经》中所说的"头悬梁""锥刺股""如囊萤""如映雪"。由此可见古人阅读之艰难。唐代科举兴起，以读书致用指挥千军万马过独木桥。这使得读书目标更远大，读书功利更直接。唐代著名的书法家颜真卿在他的《劝学》中鼓励青年读书，曰："三更灯火五更鸡，正是男儿读书时。黑发不知勤学早，白发方悔读书迟。"② 颜诗激励了中国无数奋发有为的青年立志读书。

宋代真宗皇帝说："书中自有黄金屋。"这是一种功利性的读书，意思是说读书能读出黄金屋来。当然，这也是一种读书的最高境界。他在《劝学谕》中说：

富家不用买良田，书中自有千钟粟。
安居不用架高堂，书中自有黄金屋。
出门莫恨无人随，书中车马多如簇。
娶妻莫恨无良媒，书中自有颜如玉。③

① 聂震宁. 阅读力 [M]. 上海：生活·读书·新知三联书店，2017：2.

② http://www.xuexila.com/mingyan/c167536.html.

③ 龚忠明. 心灵的洗礼：感悟《增广贤文》[M]. 长沙：湖南人民出版社，2009：124.

男儿若遂平生志，六经勤向窗前读。①

他又说："为学好，不为学不好。学者如禾如稻，不学者如蒿如草。② 如禾如稻兮，国之精良，世之大宝；如蒿如草兮，耕者憎嫌，锄者烦恼。他日面墙，悔之已老。"③

这凸显出一位中国皇帝对其臣民的劝学心情。他更多的是从国家培养优秀人才层面上来劝学。那么，我们再来看宋代王安石又是如何劝学读书的。

王安石在《劝学文》中说："读书不破费，读书万倍利。书显官人才，书添官人智。有即起书楼，无即置书柜。窗下看古书，灯下寻书义。贫者因书富，富者因书贵。愚者因书贤，贤者因书利。只见读书荣，不见读书坠。卖金买书读，读书买金易。好书最难逢，好书真难致。奉劝读书人，好书记在心。"④

王安石会读书，也能深刻理解读书人。更重要的是，王安石总结出一条放之四海皆为准的读书规律和读书真理，那就是"贫者因书富，富者因书贵。愚者因书贤，贤者因书利。只见读书荣，不见读书坠"。这是中国读书人的一条颠扑不破的真理。

美国著名的作家爱默生在《美国哲人》中说：一个最善于读书的人，必须是一个伟大的发明家。正如格言所说："要想得到印第安人的财富，你就先充实他们的财富，这样才会有创造性阅读和创造性写作。"⑤ 因此，我们首先只有得到别人的宝贵财富，才会有创造性阅读和神圣的创作。最让天下读书人牢记在心的是："十年寒窗无人问，一举成名天下知。"⑥ 元代著名的剧作家高明⑦写的《琵琶记》和他这两句诗一样流传 900 年，至今不衰。

读书使我们明白一个最基本的道理：读书致用，天经地义。读书致用是人类社会发展的动力。但在中国科举制度下可以读书科考、读书中举、读书做官，却很少有人考虑到读书致用，天下读书人的个体精神和个体灵魂难以在科举考试中得到检验和观照。最终，阅读生活被僵化、扭曲，这使读书人变得萎缩、困顿和颓废。尽管如此，读书致用、经学致用仍然是中国社会的主流。人们只不过是通过不同的阅读方式在进行阅读。如个人成长性阅读、职业性阅读、精英性阅读和研究性阅读，这种阅读分类方式是从狭义的层面来理解阅读的。那么，广义的阅读是指从人的全面发展需求和人类科学发展进步过程出发，需要人们担负起历史责任的阅读。因此，阅读应该具有明确的目的性。

1. 阅读必须是以格物致知为目的。所谓格物，即通过类比推理出客观事物的规律和社会生产、生活实践，以获得知识。我们在《三字经》中可以读到："玉不琢，不成器；人不学，不知义。"湖湘学者王夫之将阅读致知分为两个层次来分析："夫读书将以何为

---

① http://www.doc88.com/p-4867324062963.html.

② 龚忠明. 心灵的洗礼：感悟《增广贤文》[M]. 长沙：湖南人民出版社，2009：124.

③ http://blog.sina.com.cn/s/blog_62a445a40100fkdw.html.

④ http://ishare.iask.sina.com.cn/f/35641621.html.

⑤ [美] 爱默生. 爱默生讲演录 [M]. 孙宜学，译. 北京：中国人民大学出版社，2003：153.

⑥ 王季思. 中国十大古典悲剧集 [M]. 济南：齐鲁书社，1991.

⑦ 高明（约 1305—1371），元代戏曲家。字则诚，号莱根道人。浙江瑞安人，受业于县人黄溍时。成名剧作《琵琶记》。

哉！辨其大义，以修己治人体也。察其微言，以善精义，人神之用也。”[①]

读书大义以修身齐家，治国平天下为己任。那么，读书以小义而论，读书养身，读书养心，读书陶冶性情，实际上就是“达则兼济天下，穷则独善其身”。所谓“知书达理”，即要有超越时空的意识、超越功利的意识、超越世俗的意识，这样才不会被名利所累，从而实现人生远大的目标和伟大理想。

2. 阅读必须是以阅读致用为目的。经学致用、学以致用，这个观点应该是人类阅读的普遍规律和阅读的终极目的。读书致用就在于改变一个人的命运，如：“贫者因书而富，富者因书而贵。愚者因书而贤，贤者因书而利。只见读书荣，不见读书坠。”这是王安石总结出的一条关于读书的千真万确的真理。用我们现代人的话来说，就是通过知识改变一个人的命运。

3. 阅读必须是以修身齐家为目的。这是中国传统读书人的最重要的读书目标。孔子在《大学》中说：大学之道在明明德，在亲民，在至善，在于修身齐家，在于格物致知，在于治国平天下。首先强调明德、亲民、至善，再强调修身、齐家、格物致知。阅读可以促使一个人的全面发展，提高其综合素质。我们可以通过阅读获取知识，再通过知识来改变命运。用真宗皇帝的话来说就是：“书中自有黄金屋。”他把人类阅读提高到一个最高的境界——书中自有黄金屋，书中自有颜如玉。

4. 阅读必须是以快乐为目的。清代名臣曾国藩就有“百战归来再读书”。这表达了曾国藩的人生观和读书观。我们要有传统知识分子的气质：“达则兼济天下，穷则独善其身。”有人强调读书养身、读书养心。其实，中国传统读书人主张读书致乐，将读书娱乐化、平民化、世俗化。虽然比起读书致知、读书致用、读书修身，读书致乐显得不是那么高大上，但是这种主张表现出人的自由、个性的解放和人性的张扬。实际上，在中国历史上有许多人是以这种读书方式度过了他们快乐的一生。

在这里，我们把阅读分为不同的层次。在莫提默·J. 艾德勒和查尔斯·范多伦的《如何阅读一本书》中，阅读分为四个层次：

一是基础性阅读。①美国在继续推进全民教育；②历史趋向使阅读教育本身发生了变化；③在美国，批判学校是一种传统。也就是说，在美国，阅读教育受到最严厉的批评。在美国，基础阅读分为四个阶段来进行的。第一个阶段是阅读的准备阶段；第二个阶段是阅读技巧和阅读方法的运用；第三个阶段是阅读方法和阅读能力的提升；第四个阶段是成熟的阅读阶段。

二是检视阅读。检视阅读有两种方式：一是系统性的略读和粗读。略读和粗读是检视阅读的第一个层次：①看书名和序；②研究目录；③检阅索引；④出版介绍；⑤掌握书和文章的基本构架。浅阅读的基本规则：第一次面对一本难读的书，从头到尾读完一遍，碰到不懂的地方不要停下来查询和思考。浅阅读主要是了解全书的整体内容：①浅阅读要掌握阅读的速度；②理解文章中提出的问题；③检视阅读内容中的摘要。

三是分析阅读。分析阅读的四个规则：一是知道自己在读哪一类书，越早知道越好，

---

① （清）王夫之. 王船山全集［M］. 长沙：岳麓书社，1985.

最好是在阅读之前就要知道；二是使用一个单一的句子或最多几句话叙述整本的内容；三是将书中的重要篇章列举出来，说明它们如何按照顺序组成一个整体构架；四是找作者要问的问题，包括理论性问题和实用性问题。

(1) 驾驭复杂的内容，为一本书拟大纲的技巧；

(2) 阅读与写作的互惠技巧；

(3) 发现作者的写作意图；

(4) 文章整体讲的是什么，或它的主题是什么。

四是主题阅读。在主题阅读过程中检视阅读所扮演的角色。主题阅读的五个步骤：一是找到相关的章节；二是带引作者与你达成共识；三是厘清研究的问题；四是界定议题；五是综合分析讨论。[①]

你在阅读过程中要提出问题，并尝试性地回答这些问题。作为一个阅读者，你要提出四个基本问题：①就整体来说，这本书到底在谈些什么？②作者细说了一些什么？③这本书说得有道理吗？是全部有理，还是部分有理？④这本书跟你有什么关系？

以上是欧美国家对阅读方法的理解。实际上，中国人对阅读有不同的理解。下面是中国古代人的读书方法，将其归纳如下：

中国古人读书十三法

序号	传统阅读方法	传统阅读的特点
1	闲读	最好消闲是读书
2	略读	古人一目数行俱下
3	精读	精读有三种：①精熟；②精一；③精纯
4	摘读	略其芜秽，集其清英
5	抄读	且一更手写，则永不忘
6	校读	书经三写，鲁鱼亥豕
7	点读	易于领会，句读无讹
8	朗读	因声以求气的朗读法
9	温读	温故而知新
10	分读	分类、分人、分学
11	合读	一字一句一章分看合看
12	深求读法	凡读书必求义理
13	立课程读法	积土成山，积水成渊

本书研究把阅读分为浅阅读、深阅读、创造性阅读与神圣的创作四种阅读形式：

---

① ［美］莫提默·J. 艾德勒，查尔斯·范多伦. 如何阅读一本书［M］. 北京：商务印书馆，2017：18，20，30，31，309.

1. 浅阅读。浅阅读是追求简单、轻松、实用、有趣的阅读。浅阅读也是一种很时髦的阅读方式。有人说：人人都有自己的阅读喜好，浅阅读之所以流行，是因为它使阅读更加个性化和多样化。也有人说：浅阅读就像吃快餐，好吃没有营养，没有积累什么东西。一看而过，全忘记了。还有人说：如今是一个浅阅读时代，读者喜欢视觉上的冲击和享受。读者深有感触地说：节奏已快，诗意已远，浅阅读迎合了快节奏的时代。浅阅读具有以下几个特点：

第一，浅阅读难以积淀文化素养；

第二，浅阅读的时髦、急功近利是社会心态浮躁的必然表现；

第三，浅阅读迎合了时代的快节奏。

2. 深阅读的特点。①深阅读是一种品位，可以咀嚼出华文采章中的锦绣；②深阅读是一种思考，可以推敲出经书典籍中的哲理；③深阅读是一种科学探索，可以挖掘出鸿篇巨制的内涵。

毛泽东崇尚深阅读，一位领袖的深阅读，读出了一个崭新的中华人民共和国和社会主义新时代；马克思崇尚深阅读，一个伟大的思想家的深阅读，读出了科学社会主义制度和伟大理想的共产主义社会；季羡林崇尚深阅读，一个学者的深阅读，读出了国学的光辉，使中国传统文化充满了无限的魅力；莫言崇尚深阅读，一个著名作家的深阅读，读出一个诺贝尔文学奖的辉煌，使中国文学走向了世界文学的艺术圣殿。

我也崇尚深阅读，一个非常平凡而普通的学子，读出一首绮丽的小诗，读出瑰丽的思想，也读出了我人生的三昧和世态炎凉。深阅读能使我这个极为普通而又平凡的人，日有所进，日有所成，让我的生命充满了无限的生机和活力。深阅读使我悟出它的几个重要特点：

第一，中流砥柱的伟岸力量在深阅读中得来；

第二，流光溢彩的伟大思想在深阅读中显现；

第三，流芳百世的美文在深阅读中绽放光彩；

第四，深阅读有一种永恒的力量，它能使你成为千古绝唱。

我们如何区分浅阅读和深阅读的范式？所谓浅阅读，即只要弄清文本和文体，对文本主题有清醒的认识，接着就是对文本中的句子、段落、章节和整体结构做一般性的阅读和理解。这种阅读方式对文本做平面式的剖析，目的在于迅速掌握文章主旨及其写作要领与范式。读者阅读文本时做一般性的或者是常识性的理解，我们常常把这种阅读称为“理解阅读”或者“泛读”，也就是人们常说的“读懂了”。

所谓深阅读，即对文本中的一个字、一个词、一个句子或每一个段落、每一种修辞技法进行理解，再从文本中找到每一个段落和每一个章节的上下联动关系以及语言结构中存在的某种互动关系。这样能快速综合归纳出文本的主题思想。这种阅读方法是一种深阅读法。

3. 创造性阅读。创造性阅读从创造性阅读方法特点来理解创造性阅读方法论。

首先，什么是方法论？所谓方法论，是指一种研究的目的、方向、工具、路径、策略分析和操作程序。

其次，创造性阅读是不是方法论？我们可以肯定，创造性阅读是一种方法，通过研究目的，通过一种阅读工具，找到一种快速阅读的路径，对文本采取一种语言策略分析。它包含了掌握语言阅读的操作程序和写作技巧。这就是我们对创造性阅读的理解。

那么，什么是创造性阅读？所谓创造性阅读，是指一个读者自己的个性气质的总和，即指阅读者的气质、性格、知识、阅历和心理素质的理性气质显现的总和。创造性阅读是根据当时读者的心境对文本的一种独特的理解，然后进行一种自我独创性的阐释过程。创造性阅读具有以下几个特点：

第一，创造性阅读具有强烈的主观性和客观规定性。前者强调读者个性心灵与伟人的交流，并相互进行思想碰撞的过程，或者说就是读者与伟人对话的过程。

第二，读者通过把自己的思想融汇到整个作品之中，与作品的思想产生一种强烈的共鸣。正如爱默生所说的那样，当作品的形象为你的秘密经验所拴缚的时候，你才会感受到这种惊人的艺术魅力，你才会真正体会到审美的愉悦，并把读者的个性从作品的强烈感受之中充分地再现出来，使自己的灵魂得到一种高度的升华和铸炼。因此，创造性阅读更具有强烈的主观性和经验的感受性。

第三，主观性是不能脱离文本的。经验是对文本的一种心灵上的体验和升华。那么，客观性是指客观环境对读者心灵的提升和熔炼。

怎样才能进入神圣的创作？我们为什么说创作是神圣的？创作应该是一种原创的发明，是人类聪明才智的高度显现，是对一种思想观念和学术理论的构建，而不是一种机械的抄袭和无耻的剽窃。创作之所以是神圣的，是因为创作具有高度的社会责任感，你要使你的聪明智慧和思想观念影响到现代社会及未来世界的人类，或者将你的聪明智慧和思想观念留传于后人。创作必须要对个人高度负责，要对社会高度负责，要对祖国和人民高度负责，要对我们的子孙后代高度负责。因此，创作是神圣的，创造性阅读是在神圣创作的基础上进行阅读，没有创造性阅读，就不可能有神圣的创作。

历代名人学者既有创造性阅读，又有神圣创作的过程。王安石拜相，奉旨入京。他在离开江宁时，由京口渡江到瓜州。在回望江宁钟山时，他触景生情地写下《泊船瓜州》："京口瓜州一水间，钟山只隔数重山。春风又绿江南岸，明月何时照我还。"全诗写得最好的一句便是"春风又绿江南岸"。许多文学评论家和诗词评论家都认为这一句是写景，或者说是纯粹对景物的描写，没有什么其他政治上的影射。在这里，我们并不否认王安石触景生情写出如此佳句，但是此句我觉得更多的是对他个人处境的"隐喻"。王安石再度拜相，在当时人们看来，他春风得意，誉满江南，故作者特意用"又绿"来"隐喻"再度拜相的春风得意，于是才引出他"明月何时照我还"的艰难险阻和依恋故乡之深情。诗意之中流露出王安石对此次赴京前程未卜的担忧，表明王安石对再度赴京是福是祸难以预测的心里处境。后来，事实也证明，王安石变法失败，未能荣归故里。当你品味这样的作品时，你必须要进入一种创造性阅读境界。

我们再来看陶渊明"采菊东篱下，悠然见南山"两句。在"采菊"与"东篱"相结合的自然情景，作者"悠然见南山"，俨然描绘出一幅清风淡定的田园风景画和诗人怡然自得的心理情境，也似乎表现出陶渊明隐居深山、澄怀观道的淡世情怀。不过，我们马上就会领悟到陶渊明于诗中隐喻着不为斗米折腰的人格和一个知识分子的浩然气节。但社会现实是残酷的，不得不使这位晋代文豪采菊也要寄于东篱之下，去孤芳自赏；在悠然观望南山时，不免会产生唐代杜甫那种“会当凌绝顶，一览众山小”的啸傲宇宙生命的博大胸襟。但是，当他想起诸葛孔明，便又有一种乱世落魄文豪的情怀。当然，笔者也会有某种同感。今年四月初，从凯里学院回到吉首大学，在校园里，我和我的同学一起观看樱花时，触景生情，随即赋诗一首：“杏雨春风夜敲门，樱花时节子规声。乡愁独去蓬莱远，直挂云帆渡东瀛。”诗中同样有一种“清风徒四壁，黄卷点孤灯”的悲凉凄切之情。作为不惑之年的作者，还在为生计而奔波，还在为一天九两米折腾于湘黔古道，同样不免有“古道西风瘦马，夕阳西下，断肠人在天涯”而流落于异土他乡的凄凉感觉。

以上三位不同时代、不同社会地位的作者，都是用诗歌形式表达自己不同时代的人生旅程和处境。但是，他们都有一个共同的特点，即寄情于春花秋月，以景寓情，情景交融，而并不是那种“断肠人在天涯”的直白，更不是那种愤世嫉俗、怒斥某种社会制度或某个统治者的横行专制。正如唐五代词人李煜所说：“问君能有几多愁？恰似一江春水向东流。”李煜就将一个“愁”字寄情于春花秋月，要知愁有多少，如同一江万里春水奔泻而来。只一个“愁”字，却“愁”得如此宏阔悲壮。这种神圣的创作并不亚于牛顿万有引力定律的发现。

我们再回到创造性阅读上来，如何理解创造性阅读？陶渊明对读书境界曾经有过这样精彩的描述：“好读书，不求甚解，每有会意，便欣然忘食。”其实，绝大多数人在读书时，可能是不求甚解的，只有当你的个性与文本有所“会意”时，或者说你的思想与作者思想产生共鸣时，才会“欣然忘食”，这时才会进入创造性的阅读过程。

陶渊明读书有“不求甚解”的泛读，正如他自己所说的那样：“泛览周王传，流观山海图。”但是，他也有“奇文共欣赏，疑义相与析”的精读。泛读是以博趣增识为主，精读是以谙熟文理为主，泛读和精读方法永远是读书人相互为用的主要手段。前者并非完全不顾文本，不求甚解地去消磨时间。精读是一种创造性的理性阅读。陶渊明所谓“不求甚解”，是对汉代那种烦琐的解经和训诂方法表示反抗，故以自己的阅读个性和个人的知识修养去直探文本的主旨思想。这才是我们所说的创造性阅读方法。创造性阅读是对人类心灵世界的一种感性显现，是读者与作者思想产生强烈共鸣的方式，是对自我灵魂的一种净化。

4. 神圣的创作。神圣的创作是人对宇宙世界生命的顿悟，是对自然美的理念的一种感性显现。

创造性阅读和神圣的创作是对人性的升华，是对人类理性观念的再创造。

第二节　《师说》与八股文的历史渊源关系

韩愈把读书经验总结为：“诗书勤乃有，不读腹空虚。”他认为读书有“三要”，即嘴勤、手勤和脑勤。他读书提其要、钩其玄、运其枢，点化精髓，再融会贯通。韩愈学古不泥古，即以古人为师，他不拘泥于古人章句结构的解释和分析。

1. 韩愈生活的社会历史背景。韩愈（768—824年），字退之，河南河阳（今河南孟州市）人。自称“郡望昌黎”，世人称他“韩昌黎”。晚年曾任吏部侍郎，人称“韩吏部”；去世以后谥曰文，后人又称他“韩文公”。韩愈三岁丧父而孤，由兄嫂郑氏抚养成人。自幼发愤读书，长大成人后，博通六经和诸子之学。二十五岁中进士，二十九岁进入仕途。他在科名和仕途上屡遭挫折，这与他的复古文学运动有着极为密切的关系。叔父去卿、兄韩会都是在李华[①]、萧颖士[②]的影响之下，成为复古文学运动中的核心人物。韩愈受家族环境的影响，早年即以复古主义运动自命。

韩愈提倡“文以载道”，力改六朝以来的骈体文风，即骈四俪六、锦心绣口的文风。[③]自古文人相轻，历代批评韩愈文风的也不乏其人。在樊绍述著作中是这样评价韩愈古文的，现摘录如下：

昌黎墓志中叹为“富矣哉！古未有也”。而今所传者，仅有《绛守园居记》及《越王楼诗·序》两篇。其文诘曲艰涩，殆不可句，可谓怪于文矣。而铭词乃云：“文从字顺各识职，有欲求之此其躅。”此二句，似樊绍述，而其实非也。盖昌黎立言之意，殆欲学者求之，于文从字顺。而不必如绍述之好奇耳！郑权豪侈，昌黎送之以序，称其贵而能贫，为仁不富。盖反言以讽也。读此文者，亦当作如是观。[④]

樊绍述评昌黎墓志，“其文诘曲艰涩，殆不可句，可谓怪于文矣”。这也说明唐代文人不喜欢读韩愈的古文，时人称韩愈古文为怪文。这就证明当时文人喜欢文学艺术创作，而不喜欢议论文创作。人们喜欢文学艺术阅读，而不喜欢政论文阅读。前者文学艺术作品读起来让人心潮澎湃，热血沸腾，而后者读起来枯燥无味，艰涩难懂。中国人有个阅读习惯，把自己看不懂的东西说成是无用的东西，或者称之为怪物，要么说成是封建迷信的东西，从来不检讨自己是否阅读方法有问题，知识结构有问题。中国人都喜欢那些大家喜闻乐见的、通俗易懂的、不费脑子的、不需要什么创造和创新的东西。我们再来读下面这段文字，更能说明这个问题。

王、李之古文，学史、汉而伪者也。今人之古文，学欧、曾而伪者也。然为伪史、汉，犹非多读书不能。若为伪欧、曾，只需诵百番《兔园册》，用其之乎语助，尽可空衍

---

① 李华（715—766），字遐叔，赵郡赞皇（今河北赞皇县）人，唐代文学家、散文家、诗人。开元二十三年（公元735年）进士，天宝二年（公元743年）登博学鸿词科，官监察御使、右补阙。李华与萧颖士齐名，世称“萧李”。并与萧颖士、颜真卿等共倡古义，开韩、柳古文运动之先河。他的文章“大抵以《五经》为源泉”，主张“尊经”“载道”。其传世名篇有《吊古战场文》。亦有诗名。原有集，已散佚。后人辑有《李遐叔文集》四卷。

② 萧颖士（717—768），字茂挺，号文元先生，颍州汝阴（今安徽阜阳市人）。四岁能作文，十岁补太学生。开元二十三年（公元735年），考进士第一。天宝初年（公元743年左右），补秘书省正字。时为裴耀卿、张钧、韦述等名士所器重，名扬天下。从业学生众多，世称“萧夫子”。他博学高才，工书法，擅长古籀文体，时人论其“殷、颜、柳、陆，李、萧、邵、赵，以能全其交也”。他的古文辞，语言朴实；诗多清凄之言。家富藏书。

③ 余冠英，周振甫．唐宋八大家全集［M］．北京：国际文化出版公司，1997：3.

④ （清）王应奎，柳南续笔·樊绍述古文（卷四）［M］．北京：中华书局，1983.

成篇，盖便于学者之不读书，殆莫甚于此。[①]

由此可见，当时人们对古文的批评是多么的激烈，将这些文章贬斥为伪文，说成是胡编乱造。其文体比较也相对有所不同，正如吾邑前辈冯定远云：

“韩子变今文而古之，欧阳子变古文而今之，古之弊有限，今之弊不可胜言。”推定远之意，亦以其便于不读书，故有此言耳。山阴徐伯调云：“学史、汉者如孔庙奏古乐，琴瑟柷敔，仅得形模，故难为。学八家者，如古乐之递变至近时梨园诸曲，穷情极态，亦复感动顽慧，故乐为。实则彼以古而难追，此以今而易袭，未可谓易为者，为古而难为者，反非古也。”此论殊为难得之。[②]

“陈在之学诗，于冯定远，尽得其指授，而背輙毁定远，不遗余力。定远比之于逄蒙，徧诉邑中士大夫，在之反以此得名。于是邑中后进之士，从定远游者，或因声名未立，遂有效在之，故事者矣。”[③]

我们再来看方、何古文之弊。方望溪为文，间有创论，然过于痛快，便近李贽声口。何义门看书，洵属具眼，然过于细密，便近时文批评。两先生在今日，固承学所当师法者也，而其弊却亦不可不知。[④]

望溪方氏云：“震川之文，辞号雅洁，仍有近俚而伤于繁者。王昆绳目为肤庸，必非无所见而云然。”《明史·文苑传》云：“自有光之文出，而操觚之家，从此鲜实学，而妄谈欧、曾，亦不能无弊。夫古文如震川，亦可以已矣，而犹不免于后人之议。甚矣，斯道之难言也。”[⑤]

义门云：“今日为古文，须裁其冗长之字句，汗漫之波澜，使无千篇一律，万口雷同。如道园、圭斋、潜溪、东里诸公，虽学有浅深，才有大小，熟烂则一。六经、左、史具在，奈何守一先生之言，不究其根源乎？”又云：“前朝有志于古文而不入僻谬者，惟王守溪一人。惜后来者不能推而大之耳。”[⑥]

何义《论文》门云：“某宗伯，自是异才，其为古文，惜乎反为元人所拘缚，争逐欧、苏之末流耳。”此言亦未尽然。宗伯好言宋、元，亦为学王、李者发药耳。若其自为文，亦有上攀史、汉，平揖韩、柳之作，如：高阳行状、应山墓志，诸大篇是也。何尝为元人拘缚乎？况元人之文，清、真、雅、正，不离本色。而宗伯则词华较胜，其派别故自不同。[⑦]

宋人《论文》曰：“宋人论文，有照应、波澜、起伏等语。”冯钝吟谓：“若着一字于胸中，便看不得《史记》。”冯已苍批才调集，颇斤斤于起、承、转、合之法。何义门谓：“若着四字在胸中，便看不得大历以前诗。”[⑧]

---

① （清）王应奎．柳南续笔（卷三）[M]．北京：中华书局，1983.
② （清）王应奎．柳南续笔（卷三）[M]．北京：中华书局，1983.
③ （清）王应奎．柳南随笔（卷一）[M]．北京：中华书局，1983.
④ （清）王应奎．柳南续笔（卷三）[M]．北京：中华书局，1983.
⑤ （清）王应奎．柳南续笔（卷三）[M]．北京：中华书局，1983.
⑥ （清）王应奎．柳南随笔（卷一）[M]．北京：中华书局，1983.
⑦ （清）王应奎．柳南续笔（卷三）[M]．北京：中华书局，1983.
⑧ （清）王应奎．柳南续笔（卷三）[M]．北京：中华书局，1983.

明代《陆钛漫记》云："永乐朝，教习庶吉士甚严，曾子启等二十八人，不能背诵《捕蛇者说》。诏戍边，复贷之，令拽大木。启等书诉执政，执政极陈辛苦状，得释归。"当时待词臣如此，政亦酷矣。使欧公遇此，归田之后，尚当不寒而栗。岂得复云："顾瞻玉堂，如在天上乎?"[①]

宋代洪迈《容斋随笔》云："韩退之为文章，不肯蹈袭前人一言一句。故其语曰：'惟陈言之务去，戛戛乎其难哉!'独'粉白黛绿'四字，似有所因。"盖谓《列子》《国策》《楚辞》《淮南子》有"粉白黛黑"句也。噫！斯言亦过矣。吾观《平淮西碑》一篇，乃韩文之最佳者也，而李义山则云："点窜尧典舜典字，涂改清庙生民诗。"黄鲁直亦云："韩文无一字无出处。"而景卢顾为是言，窃所未解，况退之所用成语，其显然可见者，亦非止一处。如上崔虞部书有"徒使其躬儳焉而不终日"之句，此非本于《表记》耶？祭《十二郎文》有"三世一身"之句，此非本于《北史·王慧龙传》耶？河南令《张君墓志》有"义不可再辱"之句，非本于《汉书·李广传》耶？且退之所谓陈言者，震川以不切者当之，最为得解。若谓前人一言一句必不可用，不亦谬欤！[②]

义门先生谓文章正宗只是科举，不但剪裁近俗，亦了未识左史文章妙处，局于南宋议论与韩、柳、欧、曾之学相似，而实不同。又所选《国语》《国策》之文，愚意只应就每篇首句为题，方为得体，而希元必以己意，另撰大似小说标目，方乖大雅。[③]

从以上提供的历史文献资料来看，大多数人对韩文持褒奖的态度，但也有个别学者批评他的文章艰涩难懂。但总的来说，韩文的文体结构、创作方法对后人影响很大。他提倡"道之所存，师之所存"的尊师重教，高标儒道的古文运动思想，对后世影响更加深远。特别值得一提的是，他对后来的宋明理学思想的发展做出了不可磨灭的贡献。

2.《师说》[④] 的主题思想。古今无数人读韩愈《师说》，却没有多少人真正读懂韩愈《师说》的思想，充其量只是说他尊师论道，复古尊儒，彪炳大学之道。现在，我们运用创造性阅读方法来理解《师说》，用神圣的创作方法来解读《师说》的写作技巧。众所周知，韩愈是唐宋古文运动发起人之一，也是唐宋八大家的首席代表。"五百年而王者兴，其间必有名世者……如欲平治天下，当今之世，舍我其谁也。"[⑤]

确实，韩愈得益于孟子的思想"吾善养我浩然之气"。在五百年之后，推许孟子为儒道之"醇乎醇"者的韩愈，在佛老昌炽、人欲横流的中唐之世，同样以"舍我其谁"的凛然大气，试图通过道德常伦的整顿力挽狂澜，恢复儒家所谓的"道统"[⑥]。所谓道统，即以

---

① （清）王应奎．柳南续笔（卷三）[M]．北京：中华书局，1983.

② （清）王应奎．柳南续笔（卷三）[M]．北京：中华书局，1983.

③ （清）王应奎．柳南续笔（卷三）[M]．北京：中华书局，1983.

④ 余冠英，周振甫．唐宋八大家全集 [M]．北京：国际文化出版公司，1997：128.

⑤ 李学勤．十三经注疏·孟子·公孙丑下 [M]．北京：北京大学出版社，1999：125.

⑥ 道统是指由尧舜至汤，由汤至文王，由文王至孔子，各五百有余岁。由孔子而来至今，百有余岁。去圣人之世，若此其未远也。近圣人之居，若此其甚也。隐然以继承孔子自任。道统说的创造人却并非朱子，而是千百年来众所公认的唐代儒家学者韩愈。

文载道[①]，明道厚德的文统思想，有统就有传，有传就有承。正如韩愈自己所说："气盛，则言之短长与声之高下者皆宜。"[②]

韩愈《答李翊书》一文基于道德培养的浩然正气在行文中贯穿全篇，这就是道统与文统思想的契合点，也是韩文的第一要义。韩愈力排众议，收召后学，作《师说》，因抗颜而为师。因此，《师说》也就成为唐代古文运动中最重要的一篇文章。下面，我们来看韩愈《师说》的创新文体，也是我国最早的八股文体式：

古之学者必有师。师者，所以传道、受业、解惑也。（破题）

人非生而知之者，孰能无惑？

惑而不从师，其为惑也，终不解矣。（承题）

生乎吾前，其闻道也，固先乎吾，吾从而师之；

生乎吾后，其闻道也，亦先乎吾，吾从而师之。

吾师道也，夫庸知其年之先后，生于吾乎？

是故无贵无贱，无长无少，道之所存，师之所存也。（起讲）[③]

《师说》的语言概念范畴			
道		师	
形而上谓之道		百工之师	
1	郯子：行仁孝	1	立言，知行合一
2	苌弘：擅长音律	2	立德：君臣父子
3	师襄：擅长击磬	3	立功：治国平天下
4	老聃：创宇宙万物论（道法自然）	4	孔子：创大学之道（社会人伦道德法则）
天下圣人		形而下谓之器	
5	圣人：明德至善	5	传道：技巧和法则
6	孔子：儒家始祖	6	授业：传授知识
7	孟子：圣人弟子	7	解惑：解决疑难问题

① 天道的传播脉络，起源于黄帝。天道心法在古代依靠心传。历经公元前两千年的心传后，只留心法不见心传。从老子而分支形成了两支中国古老的思想体系，即儒家思想和道家思想。道家传道的脉络上接尧、舜、汤、文王、武王、周公、老子，到了庄子形成道家学派。自庄子起，心传尽失。

② 余冠英，周振甫．唐宋八大家全集［M］．北京：国际文化出版公司，1997：165.

③ 余冠英，周振甫．唐宋八大家全集［M］．北京：国际文化出版公司，1997：127—128.

《师说》的新概念范畴			
道		师	
形而上谓之道		形而下谓器	
1	郯子	1	立言：代圣人立言
2	苌弘	2	立德：圣人至善
3	师襄	3	立功：治国平天下
4	老聃	4	大学使命：明德亲民
道之所存		师之所用	
5	圣人：尊师问道	5	传道：路径与方法
6	孔子：格物致知	6	授业：观念和知识体系
7	孟子：吾善养我浩然之气	7	解惑：技巧和策略

3. 师。何为师？“师”，最早见于甲骨文。在甲骨文中有“文师”之称，这大概是指“老师”。这说明早在夏、商、周时期就有“师”的名称。西汉董仲舒用过“师”一词，司马迁用过“师表”一词，他们着重在万世师表的阐述上。根据《尚书·大传》记载：“八家而为邻，三邻而为朋，三朋而为里，五里而为邑，十邑而为都，十都而为师，州十有二师焉。”①

《论语·先进》曰：“千乘之国，摄乎大国之间，加之以师旅，因之以饥馑。”②

严格地说，以上说师，并非是严格意义上的老师或教师这个概念。孔子师郯子、苌弘、师襄和老聃，这才是严格意义上的“老师”。尤其是韩愈在《师说》中对老师这个概念作了严格的界定，即师以“传道、授业、解惑”为要义。这才是严格意义上的“师”或称之为“老师”。因此，孔子是老师中最杰出的代表，所以才能被称为“圣人”。

4. 道。何为道？道是指万事万物变化的运动规律。道在中国古代哲学思想中是一个非常重要的概念。我们研究《四书》《五经》需要做深刻的理解，准确地把握它的内涵，因为道在古代经传中是最常见的。道在一般书中是指“道路”。在这里，我们主要理解道的内涵和特征：

（1）道的内涵。在《周易·传》中，道的内涵是指“一阴一阳谓之道”。这个道就是指事物整体的阴阳相互作用的规律。一阴一阳并不是阴阳本身，而是指阴阳双方的交互运动。在古人看来，道并不是阴阳本身，而是指一阴一阳即阴阳双方的运动变化。道是以阴阳为基础。只有阴阳双方的交互运动，即一阴一阳的运动规律，才能被称为道。这是《周易》对道的内涵的规定。

① （西汉）伏生. 尚书大传［M］. 上海：上海古籍出版社，1993.

② 李学勤. 十三经注疏·论语注疏·先进［M］. 北京：北京大学出版社，1999：153.

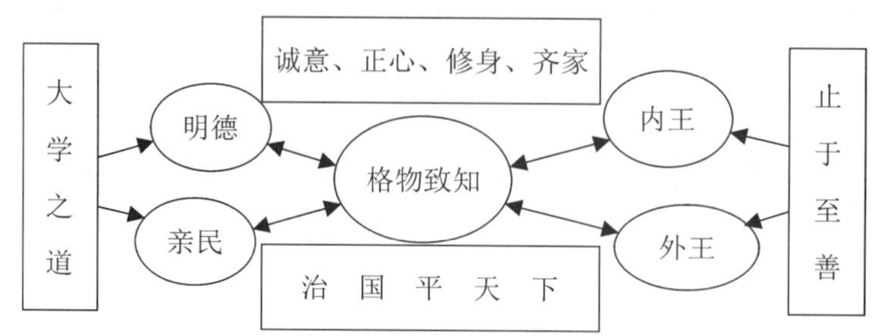

格物致知的路径和方法模型图

（2）道的特征。它的特征是“形而上谓之道”“形而下谓之器”。道作为世界万物运动变化的规律，是抽象的、无形的，不能为人的感觉器官所感知，只能用理性思维去认识和把握。道与万物的区别就在于，道是形而上的，物是形而下的。《周易》用形而上和形而下来区别规律性的道和具体事物，表明了人的思维能力和认识水平的提高。这也是《周易》对道的特征的描述。韩愈作为老师立言、立德和立功就是指一种形而上的师道观念。

（3）器与道之间的区别。《周易·系辞·上传》曰：“形而上者谓之道，形而下者谓器。”① 器与道是两个相对的概念。道是一种无形的、抽象的和逻辑思辨的推理形式，即事物的规律和运动的法则；器是指一种有形的、具体的物质，即事物的具体法则和制度。韩愈作为老师传道、授业和解惑就是指一种教学技巧、方法和路径，这就说明器与道有着极为密切的关系。“故道之所存”，讲的是师道观念，即形而上谓之道的师道观念；“师之所存”，讲的是形而下谓之器的教学制度和学习方法，即教学技巧和方法。

从韩愈《师说》的语言概念和范畴体系来看，他将《四书》和《五经》中的一般“师说”或师教，概括为传道、授业和解惑的教育执行功能。在这里，作者将一般“师说”或师教提升到哲学意义上的“师道”观念，并且将一般的师说或师教铸炼成为比较完整的“师道”新概念和具有创新意义的“师道”教育范畴体系。我们要对以上概念与范畴体系作进一步阐述：

（1）师道和师说是两个不同的概念范畴体系。这是随着语言表达式的不同而具有明显差异的。它有时候是任意的，因为概念和范畴体系未必是把一种经验所固有的结构强加于它的读者。“师道”一词具有明显的创造性。从语义上理解，它具有明显的语义敏感性。这充分显示了韩愈对语言的创新能力。韩愈提倡师道，但在当时也有许多人反对师道。比如，他说：“士大夫之族，曰师曰弟子云者，则群聚而笑之。”② 这是一个比较真实的例子。

（2）关于语言概念表达式程度的差异问题。人类语言具有共同语义现象的可能性问题仍然有争议，就像师与道的问题，在古今教育界一直有着不同的看法。“师道”属于一个创新词语，它具有扩大概念和范畴体系的作用。同时也表明韩愈从“师说”到“师道”出现了意义上的转移，从已有的词汇中派生出新的词汇。这种提出新概念的方法被称为词汇创新。词汇创新可以采用新词语的形式或者采用意义转移的形式。韩愈对古文的改造和创新树起古文运动的旗帜，对后世产生了深远的影响。

---

① 李学勤. 十三经注疏·周易兼义·系辞［M］. 北京：北京大学出版社，1999：292.

② 余冠英，周振甫. 唐宋八大家全集［M］. 北京：国际文化出版公司，1997：127—128.

(3) 语言概念和它的范畴体系使得语言表达式趋向于接受某种区别，而不接受其他方面的区别。概念范畴体系本身因为存在着创造性而得到消解。在中唐时期，师在百工之中仍然受到尊重，而在学术这个行业中，从师反而成了一种笑话。故韩愈高标“师道”，弘扬儒学精神，更重要的是他从古典结构主义语言认知中创造出一种新的文体，即八股文体，并且持有一种古典相对主义文化论的思想。实际上，师道观和儒学精神在中国具有一种普遍性的倾向。这也是唐代古文运动中存在的普遍主义和文化相对主义的问题。

5. 论点。“道之所存，师之所存。”韩愈提倡古文和学习古道联系在一起。他在《答李秀才书》中说：“愈之所志于古者，不惟其辞之好，好其道尔。”[①]

他在题《欧阳生·哀辞》后说：“愈之为古文，岂独取其句读不类于今者耶？思古人而不得见，学古道则欲兼通其辞，通其辞者，本志乎古道者也！”[②]

显然，韩愈学古文是为了学古道、志古道和立古道，换句话来说，要学古道就必须学古文。道是技巧、手段和方法，文是目的；道是内容，文是形式。这是以韩愈为代表的古文运动最基本的思想内容，它主要表现在以下几个方面：

(1) 韩愈《师说》批评中唐盛世没有师道观。韩愈的政治思想和世界观是比较复杂的。他政治上反对藩镇割据，拥护王朝统一。

(2) 他提倡“仁政”，反对官吏对人民的聚敛横行，要求朝廷宽免赋税徭役。这些都表现出他关心国家命运和民生疾苦，这也是他政治思想中积极进步的一面。

(3) 他猛烈地排斥佛老，积极地提倡儒家正统思想。这与他的政治思想是相适应的，客观上也具有一定的进步性。但是，韩愈也有宣扬儒家封建糟粕的一面。

(4)《原性》继承了董仲舒的“性三品”之说。把封建统治者的人性看作是上品，而把被剥削人民的人性视为下品，他认为这种封建等级制以及等级性的人格是天理自然，是与生俱来、不可改变的。这是韩愈的保守主义思想和他的专制主义人性论思想的散发。

(5) 他在《原道》中说：“是故君者，出令者也；臣者，行君之令而致之民者也；民者，出粟、米、麻、丝作器皿，通货财以事其上者也。”[③]

韩愈大声疾呼的“道”，实际上是他对封建制法权、教化、道德等绝对原则的概括，其主要原因有以下几个方面：

①于其身也，则耻师焉。

②士大夫之族，曰师，曰弟子云者，则群聚而笑之。

③位卑则足羞，官盛则近谀。[④]

(6)《师说》的态度：

①是故师无贵贱，师无长少。

②巫医、乐师百工之人，不耻相师。

---

① 余冠英，周振甫. 唐宋八大家全集 [M]. 北京：国际文化出版公司，1997：166.
② 余冠英，周振甫. 唐宋八大家全集 [M]. 北京：国际文化出版公司，1997：166.
③ 余冠英，周振甫. 唐宋八大家全集 [M]. 北京：国际文化出版公司，1997：120.
④ 余冠英，周振甫. 唐宋八大家全集 [M]. 北京：国际文化出版公司，1997：127—128.

③三人行，则必有我师。[①]

（7）《师说》的对比：

①是故圣益圣，愚益愚；圣人之所以为圣，愚人之所以为愚。

②是故弟子不必不如师，师不必贤于弟子，闻道有先后，术业有专攻。

③古之圣人，其出人也远矣，犹且从师而问焉。

④今之众人，其下圣人也亦远矣，而耻学于师。

⑤巫医乐师百工之人，不耻相师。士大夫之族，曰师曰弟子云者，则群聚而笑之。[②]

6. 韩愈《师说》赞扬师道观。

韩愈用《师说》托古立论，高屋建瓴——扛起儒家师道观的大旗。

意义的七种类型		
联想意义	理性意义	关于逻辑、认知或外延内容的意义
	内涵意义	通过语言所指事物传递意义
	社会意义	关于语言运用的社会环境意义
	情感意义	关于说话人和写文章的人的感情和态度的意义
	反映意义	通过同一个词语和另一个意义的联想来表达意义
	搭配意义	通过同一个词语的另一个同时出现的词语的联想来传达意义
	主题意义	组织信息的方式（语序、强调的手段）所传达的意义

（1）《师说》全文主旨：

①道之所存；

②师之所存；

③是故弟子不必不如师，师不必贤于弟子，闻道有先后，术业有专攻。

（2）《师说》推崇儒家师道观：传道、授业、解惑；明道；为圣人立言、立德、立功。[③]

韩愈以“古之学者必有师”开门见山，又以“余嘉其能行古道，作《师说》”结束全文，只用了544个字来弘扬古道以师长自居，表现出一代文豪高屋建瓴的雄伟气势。他以“师”命题，从古圣人、今众人的比较中展开深入的论证，其间对“爱子、百工、圣人陡起三峰”（清代刘大櫆）实为三个分层论点。在其总论点中，“无长无少”“无贵无贱”“古之圣人”，并以“圣人”三位一体回到古圣人、今众人的比较论证的主题上，主要说明：“古之圣人，其出人也远矣，犹且从师而问焉；今之众人，其下圣人也亦远矣，而耻学于师。是故圣益圣，愚益愚；圣之所以为圣，愚之所以为愚，其皆出于此乎！”[④] 在此，韩愈

① 余冠英，周振甫. 唐宋八大家全集［M］. 北京：国际文化出版公司，1997：127—128.

② 余冠英，周振甫. 唐宋八大家全集［M］. 北京：国际文化出版公司，1997：127—128.

③ 余冠英，周振甫. 唐宋八大家全集［M］. 北京：国际文化出版公司，1997：127—128.

④ 余冠英，周振甫. 唐宋八大家全集［M］. 北京：国际文化出版公司，1997：127—128.

《师说》得出了一个为什么圣愚有别、圣愚有差距的正确结论，并且成为全文论证的主旨。

《师说》第一段托古立论，所谓高屋建瓴，“古之学者必有师”，为什么要有师？师，解惑也。至于何为人师？韩愈《师说》一反传统世俗观念，言明师“无长无少”、师“无贵无贱”。

柳宗元在《答韦中立论师道书》中说：“今之世，不闻有师，有辄哗笑之，以为狂人。独韩愈不顾流俗，犯笑侮，收召后学，作《师说》，因抗颜而为师。世果群怪聚骂，指目牵引，而增与为言词，愈以是得狂名。”①

这种高论有悖于中唐盛世的世俗潮流，但却更加突出了韩愈超凡脱俗的人格魅力。这样，他所得出的是“道之所存，师之所存”以及师“无长无少”“无贵无贱”的正确结论。

第二段顺势而下，领题起讲，展开对古圣人与今愚人的比较，通过现实社会的事实依据得出了“耻学于师”，“是故圣益圣，愚益愚；圣之所以为圣，愚人之所以为愚”的正确结论，进一步论证了“道之所存，师之所存”立论依据的正确性和可靠性，得出了一个万古不朽的真理，并成为全文的枢纽，即“是故弟子不必不如师，师不必贤于弟子，闻道有先后，术业有专攻”② 的放之四海皆为准的真理。在此，韩愈笔锋一转，兵分两路，写出形成鲜明对比的第三段和第四段：

其一是爱子择师，其身耻师。

其二是读书人并不知道师授书、习句读，事之小；传道授业，事之大。

在韩愈看来，当时读书人没有正确理解师传道和师解惑的重要性。其结果是句读不知、疑惑未解。小学未明，不见其有任何长进。③

这使第三段与第四段形成了明显的对比，即“百工之人，不耻于师教，而士大夫从师，却群聚而笑之”，甚至是群怪聚骂、指目牵引，最后得出“师道之不传久矣”④ 的主要原因。

是故“位卑则足羞，官盛则近谀”，分别以应首段。呜呼！“师道之不复可知矣”，这就是天下人的大怪事。第五段分别与前后照映，以“万世师表”与孔子的言行形成一种强烈的对比，深刻地阐述了前贤往哲的师道观。

韩愈以磅礴雄伟的论证气势，以正步方阵前进的态势，具有排山倒海、汹涌澎湃、一往无前、势如破竹、力挽狂澜的力度。正是这种以压倒一切的浩然正气，让人在阅读全文时会有一种喘不过气来的感觉。韩愈分别在第二段以“嗟呼”领起，在第四段以“呜呼”收束。全文给人一唱三叹、荡气回肠的感觉。这也是韩文创作模式对后来八股文格式的形成产生深远影响的例证。

大家也许都知道：韩文常以气势胜人。气势并不是一种抽象的东西，气势是指人体内因正气流动而产生的一种生物势能。所谓“气”动生“势”（“势”动产生“能”），“能”是指一种力度、一种无坚不摧的能力与气魄。

---

① 余冠英，周振甫．唐宋八大家全集［M］．北京：国际文化出版公司，1997：607.

② 余冠英，周振甫．唐宋八大家全集［M］．北京：国际文化出版公司，1997：127—128.

③ 余冠英，周振甫．唐宋八大家全集［M］．北京：国际文化出版公司，1997：127—128.

④ 余冠英，周振甫．唐宋八大家全集［M］．北京：国际文化出版公司，1997：127—128.

《师说》通过类比论，体现了文章的生机活力。他以一唱三叹的气势，以严谨对称的势能，又以雄宏跌宕的文体结构，使这种气势和势能有效地蕴含在文章的立意上或盘旋于文章的结构之中，如同作者的浩然正气流转于人体各部位一样，凝聚于他的字里行间，滋养着人类思想的进步和发展。那么，正是这种雄宏的气势、磅礴挺立的势能，使我们感受到那种“舍我其谁”的英雄气概。

韩文对后世的影响的确很大，像宋代张载就有那种“为天地立心，为生民立命，为往圣继绝学，为万世开太平”① 的血性男儿的凌云壮志，我们不能说张载之文和他的宋儒理学思想与韩愈没有任何关系。

近代戊戌维新变法者谭嗣同“我自横刀向天笑”，不能说不是张载的继承者；现代鲁迅“横眉冷对千夫指”与“我以我血祭轩辕”，不能说没有谭嗣同的声音。我们常常会说文如其人、字如其人或画如其人，讲的就是这个道理。这种高昂的气势在韩愈《师说》之中，的确反映出他立论高古、胆识过人。他不仅一反传统世俗的观念，高标师道，更重要的是他真正做到了匡扶正义，弘扬孔孟儒家文化精神。韩愈依据《师说》，既是高扬复古文学运动旗帜的倡导者，又是开拓明清八股文先河的鼻祖。韩愈对儒家师道学说和明清八股文的兴起，做出了卓越的贡献，人们称他为唐宋八大家之一是当之无愧的。

第三节　论韩愈《师说》首创八股文模式

八股文是在中国语言、文字、音韵和考试制度等特定历史条件下萌芽、产生和演变发展而成的。所谓“八股文”，是指四组特殊对仗的句式结构，它是一种特殊的、复杂的对仗思维表达式。刘勰在《文心雕龙·丽辞篇》中说：“事对为末，意对为先。反对为优，正对为劣。”②

关于八股文结构定型，一般学者可以追溯到北宋三子胡瑗、孙复、石介，还有欧阳修、王安石诸家经义之说。南宋陈傅良诸家的奥论内容亦即经义文体。如果从破题等技巧方面来看，又可以追溯到律赋文体。王充耘以《书经》登第，“此乃所作经义程式”。有些历史学家认为这是最早的八股文雏形。八股文到了元末、明初刚有雏形，一直到弘治、成化年间以后，才渐具规模。自北宋到明代中叶是八股文形成的主要时期。

清代早期延续了明代八股文取士制度。清代早期八股文四大家是刘子壮、熊伯龙、李光地和韩菼，到康、雍、乾三朝有汪琬、魏禧、侯方、王士祯、朱彝尊、方苞、袁枚、纪晓岚等八股文大家。

明清八股文有异有同。卢前著《八股文小史》一书中指出，明清八股文有六个不同的特点：

一曰以义理求胜。

二曰识字与正义。

---

① （清）黄宗羲，全祖望. 宋元学案·横渠学案（上卷）[M]. 北京：中华书局，1983.

② （南朝）刘勰，吴林伯. 文心雕龙义疏·丽辞篇 [M]. 武汉：武汉大学出版社，2001：418—419.

三曰人文一致。

四曰搜奇。

五曰旁务。

六曰言辨。[①]

这六点足以说明明清八股文的差异。这六个不同的特征说明了不同时代八股文的结构特点和内容意义。所以，我们在评论八股文时不能一概而论。

明代梁章钜在《制义丛话·例言》中说："自洪、永以逮天（天顺）、崇三百年中，体凡屡变，亦犹唐诗之分初、盛、中、晚矣。"[②]

也就是说，不同历史时期的八股文结构是有明显不同风格的。其实具体到每一个人，更是有明显不同的创作风格。其实，我们在评价八股文时，也不必在意这些金科玉律。下面，笔者简单介绍一下八股结构：

1. 破题。八股文破题，相当于现代人讲的主题，也就是写文章要紧扣主题，即点题。所谓"破"，就是解题分析的意思。破题只需两句话，也有用三句话的。实际上，就是一个长句子，中间略有停顿，看起来像是三个句子，这就是一种直接破题的方法。用三个句子直接概括题意，解释题意，但也有不能直说出题意的。在这里，韩愈采取的是直接破题的方法。

韩愈《师说》云："古之学者必有师。师者，所以传道、授业、解惑也。"[③]（破题）

2. 承题。所谓承题，是指引申或讲明主题要义，也就是要阐明题目的背景。承题是对主题的补充，即对主题作进一步阐述。承题一般用四五句话，进一步说明主题要义，并且要根据所破题义，指明文章的主旨。一般开头要用"夫"而"盖"等文言虚词。末尾一个词，一般选用"耳""焉""矣"等虚词。

韩愈《师说》云："人非生而知之者，孰能无惑？惑而不从师，其为惑也，终不解矣。生乎吾前，其闻道也固先乎吾，吾从而师之；生乎吾后，其闻道也亦先乎吾，吾从而师之。"（承题）

承题是从破题而来，行文要注意破、承之间的相互关系。韩愈在这里采用正破反承，若用顺破且倒承，要求二者用双龙抱珠。后来，人们忌讳破自破、承自承的形式。因此，八股文常常是以"破承"为名，一起来论述。

3. 起讲。起讲是指比较深入地阐明主题。这是对文章内容大意作进一步阐述，有人称之为"入题"，也有人称之为"小讲"。所谓起讲，是讲条理、讲层次，讲文章结构严谨，同样要有起、承的关系。文体来自语言的秩序，某种常见的秩序又多是实践中选择出来的，选择的标准经常是由效果好而定。用久了、用多了，就成了套子，沿用的人也忘了它的所以然。前面使用"且夫""尝谓""若曰""尝思"这类语气助词或连词，主要是为下文提供论证。八股文全篇要讲究起、承、转、合的关系。在韩文中起讲用"吾师道也，夫庸知其年之先后生于吾乎？是故无贵无贱，无长无少，道之所存，师之所存也。"（起

---

① 卢前. 八股文小史［M］. 北京：商务印书馆，1937.

② （清）梁章钜. 制义丛话（卷四）［M］. 上海：上海书店出版社，2001.

③ 余冠英，周振甫. 唐宋八大家全集［M］. 北京：国际文化出版公司，1997：127—128.

讲）

若曰：三句是起、承，以假设的形式提出问题加以判断。盖与四句是转，指出与古人争长论短，却不要争先后，就是要抓紧时间。最后两句是合，使文章回到了破承中来。入题又被称为“入手”“领题”“落题”“领上”。

以上三个部分完成以后，要按照八股文的程式要求，有一两句或三四句入题。一般用一两句或三五句或散句点出题目，称之为“出题”或“点题”。有的在入题部分已经点题，此处即不再用出题方式。出题与入题不同：入题重点在从题意上把文章引入正题；出题是从文字上把题目点出来。

4. 起二股。起二股又被称为初股、初比、提比，每股有四五句或八九句不等。起二股内容一般以总论、虚说为主，不宜写得太实，要点出题意而又不把题意说尽，为后文留有一定的余地，文字宜短，不宜长。

只用“回乎”二字领起，以无上文，故直接入手。“回乎”下为起二比，每比七句，句数多少无定，中后比亦然，特起比不宜长，致占中后比地位。为提比后的两小比，醒出行藏用舍二语，叫起“我尔”，意为“中比”地步。惟两“小比”，或有用于中比之下，或有用于“后比”之下作为“束比”，位置倘或不同，则用意随之而改。此令全篇为八股文，亦有省去此“小比”，则全篇分为六股者。

韩愈《师说》云：“嗟乎！师道之不传也久矣！欲人之无惑也难矣！古之圣人，其出人也远矣，犹且从师而问焉；今之众人，其下圣人也亦远矣，而耻学于师。是故圣益圣，愚益愚；圣人所以为圣，愚人之所以为愚，其皆出于此乎！”①（起二股）

5. 中二股。挖掘题中神理之所在，起到锁上关下、轻紧松灵、向背开合、参与议论的作用，但仍不宜尽用实笔实写。此为过接，于中比后，即过到题之末句“惟我与尔”，紧接“后比”。

韩愈《师说》云：“爱其子，择师而教之；于其身也，则耻师焉，惑矣！彼童子之师，授之书而习其句读者，非吾所谓传其道解其惑者也。句读之不知，惑之不解，或师焉，或不焉，小学而大遗，吾未见其明也。”②（中二股）

6. 后二股。用题“惟我与尔”末句，总起用舍行藏全题，气势舒达，意无余蕴，全文至此而成篇矣。

韩愈《师说》云：”巫医乐师百工之人，不耻相师。士大夫之族，曰师曰弟子云者，则群聚而笑之。问之，则曰：‘彼与彼年相若也，道相似也。位卑则足羞，官盛则近谀。’呜呼！师道之不复可知矣！巫医药师百工之人，君子不齿，今其智乃反不能及，其可怪也欤！”③（后二股）

7. 束二股。从束二股来看，八股文的模式已表现出来了。其实，八股文的对仗句式，完全不同于骈四俪六句式的骈文结构，诗词骚赋最忌沾染辞章气习。

---

① 余冠英，周振甫. 唐宋八大家全集［M］. 北京：国际文化出版公司，1997：127—128.

② 余冠英，周振甫. 唐宋八大家全集［M］. 北京：国际文化出版公司，1997：127—128.

③ 余冠英，周振甫. 唐宋八大家全集［M］. 北京：国际文化出版公司，1997：127—128.

八股文模式		
序号	文本结构	文本内容的特点
1	破题	紧扣主题，解释题意。破为一章之主
2	承题	讲明主题要义。承接破意而彰
3	起讲	一针见血。即讲条理、讲层次，讲文章结构严谨
4	入题	入要有主题。从题意上把文章引入正题
5	提股	贵发议论。以总论、虚说为主
6	中股	锁上关下，轻紧松灵，向背开合，挖掘题中神理，流连取致
7	后股	总起全题，气势舒达，意无余韵，全文至此成篇矣
8	束股	最要简劲，不可拖沓。若在末句收结者，前后映照
9	结束	寸幅之中，别立一意，精神倍出。贵在提升主题
参考文献： 龚笃靖．八股文百题［M］．长沙：岳麓书社，2010. 启功，张中行，金克木．说八股［M］．北京：中华书局，2000. 王凯符．八股文概说［M］．北京：中华书局，2002.		

明初的八股文制度对字数也有限定。明代乡试、会试，科考五经经义一道题，要写500字；四书经义一道题，要写300字。清代康熙年间，科考时要求550字；乾隆以后，一律以700字为准。书写亦有格式。现代学者启功先生为八股文创作提供了一个非常通俗易懂的格式，最简单的例子是导游向游客介绍北京八景①：

（1）今天游北京八景。（破题）

（2）八景本是名胜古迹，已有几百年的历史。（承题）

（3）它们有的在市内，有的在近郊，游起来都相当方便。（起讲）

（4）有A景、B景可游览。（提比）

（5）太液秋风不易见，金台夕照已迷失。（小比）

（6）又有C景、D景可游览。（中比）

（7）现在卢沟加了新桥，蓟门换了碑址。（后比）

（8）今天天气很好，八景全都看到了。（收束）

韩愈《师说》云："圣人无常师。孔子师郯子、苌弘、师襄、老聃。郯子之徒，其贤不及孔子。孔子曰：'三人行，则必有我师。'是故弟子不必不如师，师不必贤于弟子，闻道有先后，术业有专攻，如是而已。"②（束二股）

8. 收束。此为全篇之收结，倘有下文，则收结改为落下。

韩愈《师说》云："李氏子蟠，年十七，好古文，六艺经传，皆通习之，不拘于时，

① 启功，张中行，金克木．说八股［M］．北京：中华书局，2000：3.

② 余冠英，周振甫．唐宋八大家全集［M］．北京：国际文化出版公司，1997：127—128.

学于余。余嘉其能行古道，作《师说》以贻之。”①（收束）

梁章钜《制义丛话·例言》说，不同历史时期的八股文结构有明显不同的风格。其实具体到每一个人，更是有明显不同的创作风格。我们评价八股文时，也不必在意这些金科玉律。由此可见，八股文格式无处不在。实际上，八股文并不像人们所说的那样艰涩难懂。只是我们没有掌握八股文基本格式和创作的基本技巧与方法。

第四节　深阅读韩愈《师说》透析三段论

一般学者认为三段论是西方人的逻辑推理形式，而中国人一般不习惯用三段论来进行思辨推理，或充其量说中国人习惯于归纳推理和类比推理的思维逻辑。其实，许多学者并没有认真研究和比较人类逻辑思维的共性，就像论文写作一样，东西方人同样都表现出逻辑思维的共性，即演绎推理、归纳推理和类比推理。如韩愈《师说》命题和论证完全符合西方三段论命题格式：

（大前提）古之学者必有师。（事实命题）

（小前提）非生而知之者，孰能无惑？（这个命题相当于一个否定之否定的全称肯定命题）

论证过程：惑而不从师，其为惑也，终不解矣。（生乎吾前，其闻道也固先乎吾，吾从而师之；生乎吾后，其闻道也亦先乎吾，吾从而师之。吾师道也，夫庸知其年之先后生于吾乎？）

（结论）是故无贵无贱，无长无少，道之所存，师之所存也。（引申出观念命题）

韩愈论证的可贵之处就在于将“师说”这个普通命题提升为观念性命题并提出新的师道理论，即“道之所存，师之所存”。

（大前提）嗟乎！师道之不传也久矣！（全称否定命题）

（小前提）古之圣人，犹且从师而问焉。（全称肯定命题）

论证过程：今之众人，其下圣人也亦远矣，而耻学于师。（全称否定命题）

（结论）是故圣益圣，愚益愚。圣人之所以为圣，愚人之所以为愚，其皆出于此乎！

韩愈通过类比论证或反证得出一个令人难以置信的结果：圣人从师而问焉，今之众人却耻于问师，从而圣益圣、愚益愚，其原因是师道之不传久矣。

（大前提）爱其子，择师而教之；于其身也，则耻师焉，惑矣！

（小前提）彼童子之师，授之书而习其句读者也，非吾所谓传其道解其惑者也。

论证过程：句读之不知，惑之不解，或师焉，惑不焉。

（结论）小学而大遗，吾未见其明也。

大前提是爱子不知择师，其身耻师有惑；小前提是童子之师，授书习句，不明其道，句读不知，困惑不解，非传其道，未解其惑。通过大前提与小前提，论证师生教与学的关系，揭示出师不明道，学生有惑不解，耻于从师。这是一组老师教与学生学的对比论证，

---

① 余冠英，周振甫．唐宋八大家全集［M］．北京：国际文化出版公司，1997：127—128．

其论证结果是“小学大遗，未见其明也”。

（大前提）巫医乐师百工之人，不耻相师。（对比：不耻相师）

（小前提）士大夫之族，曰师曰弟子云者，则群聚而笑之。（对比：群聚而笑之）

（结论）彼与彼年相若也，道相似也。位卑则足羞，官盛则近谀。（对比：位卑则足羞，官盛则近谀）

例子证明：呜呼！师道之不复可知矣！巫医药师百工之人，君子不齿，今其智乃反不能及，其可怪也欤！

通过大前提与小前提的对比论证，得出论证结果：“位卑则足羞，官盛则近谀。”

（大前提）圣人无常师。孔子师郯子、苌弘、师襄、老聃。郯子之徒，其贤不及孔子。

（小前提）孔子曰：“三人行，则必有我师。”

（结论）是故弟子不必不如师，师不必贤于弟子，闻道有先后，术业有专攻，如是而已。（最后结论支持前提）

通过大前提和小前提来证明孔子谦虚好学，论证结果是“闻道有先后，术业有专攻”，进一步证明了“道之所存，师之所存”这个颠扑不破的伟大真理，所以“弟子不必不如师，师不必贤于弟子。”以最后的结论来支撑主题和提升主题。作者引用孔子“三人行，则必有我师”来支撑“师之所存”的观念性命题，用“弟子不必不如师，师不必贤于弟子”来支撑“道之所存”的观念性命题。韩愈通过一篇简短的《师说》论文，深刻地阐明了尊儒尊师的师道观念，由此构建了一种新的师道理论，为提倡古文运动提供了新的理论依据和新的方法论。

结束语与前面主题照映：“李氏子蟠，年十七，好古文，六艺经传，皆通习之，不拘于时，学于余。余嘉其能行古道，作《师说》以贻之。”

从文体上来看，韩愈《师说》是一篇论说文，也就是人们常说的议论文或政论文。议论文是指运用抽象的思维方法，通过说理辨析，阐明客观事物的本质规律及其内在联系的文章。议论文的主要结构包括以下要素：

1. 论点

《师说》的中心论点是“师道”；分层论点是“爱子”“百工”“圣人”等。

2. 论据分为三种类型

（1）理论性论据：①道之所存；②师之所存。

（2）事实性论据：①爱其子，择师而教之；②巫医乐师百工之人；③孔子师郯子、苌弘、师襄、老聃和郯子之徒。

（3）数字论据：①今之众人；②巫医乐师百工之人；③三人行，则必有我师；④则群聚而笑之；⑤年十七，六艺经传等。

3. 论证

按照不同论证方向可以分立论：“师”与“道”，“圣”与“愚”即“道之所存，师之所存”。

4. 驳论

①是故圣益圣，愚益愚。圣人之所以为圣，愚人之所以为愚；②小学而大遗，吾未见其明也；③位卑则足羞，官盛则近谀；④是故弟子不必不如师，师不必贤于弟子，闻道有

先后，术业有专攻，如是而已。①

5. 结论

“师”的事实结论是：①是故无贵无贱，无长无少；②是故弟子不必不如师，师不必贤于弟子，闻道有先后，术业有专攻。② 师道观的结论是“道之所存，师之所存”。因此，师道观成为全文的论点。

论证形式可以分为：①演绎论证；②归纳论证；③类比论证；④反论证；⑤归谬论证。由于时间和篇幅的关系，以下我们主要介绍前面三种论证方法。

三段论的推理依据是：首先要确定部分属于整体。其次，得出某一部分属于整体。许多学者认为三段论是西方人的思维模式，在中国人的思维方式中不存在三段论。更确切地说，某些人甚至会认为在中国古代文学中根本就不会有三段论存在的可能，也就是说只有西方人才运用三段论。

笔者并不这样认为，三段论是论说文的一种形式。只要是论说文体，人们就要遵循论说文写作的基本规则。无论是西方人的论说文，还是中国人或者说是东方人的论说文，都充分反映出人类论证的普遍性规律和某些相似的思维规律，以及必须遵循的某些共同的逻辑思维规律。我们通过分析《师说》文本主题论点或观点，可以推理出一个正确的结论。下面，我们根据《师说》对三段论结构模式进行探讨。

首先，我们要熟悉一下三段论的结构模式：

M——→P（每一个 M 都是 P）第一命题是大前提（P 代表的是大项或主项）。

S——→M（每一个 S 都是 M）第二个命题是小前提（M 代表的是中项或谓项）。

S——→P（每一个 S 都是 P）第三个是结论（S 代表的是最小的项）。③

在这里，我们要特别强调中项，它的任务主要是为前提和结论构建起相互联结的逻辑桥梁。因此，对前提论证成功与否，都有赖于中项是否正确。当然，我们不能说大前提就可以不正确或不真实，大前提的真实性与小前提的真实都是关系结论是否正确的关键性问题。我们论证的大前提（每一个 M 都是 P）可以用以下两个结构图形来表示：

注意图 1 中用小方框表示 M，它完全被包含在大方框中。大方框用 P 来表示。接下来，我们用图 2 来表示小前提（每一个 S 都是 M）。④

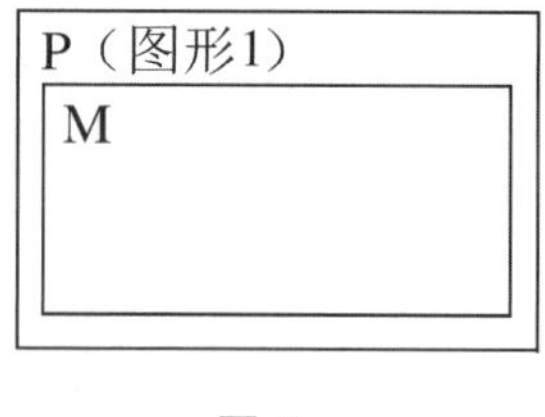

图 1

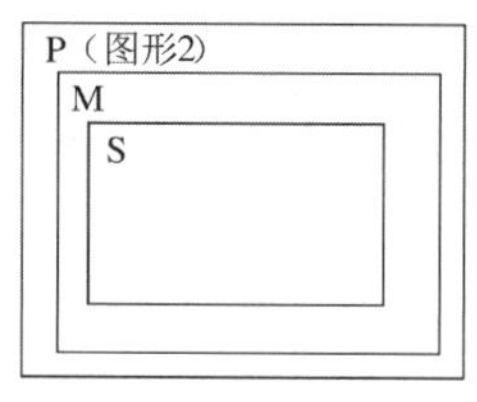

图 2

三段论表达式结构图⑤

---

① 余冠英，周振甫. 唐宋八大家全集 [M]. 北京：国际文化出版公司，1997：127—128.

② 余冠英，周振甫. 唐宋八大家全集 [M]. 北京：国际文化出版公司，1997：127—128.

③ 仲维纲. 写作知识与实践 [M]. 沈阳：辽宁人民出版社，1984：196.

④ [美] D. Q. 麦克伦尼. 简单的逻辑学 [M]. 赵明燕，译，北京：中国人民大学出版社，2008：68.

⑤ [美] D. Q. 麦克伦尼. 简单的逻辑学 [M]. 赵明燕，译，北京：中国人民大学出版社，2008：68.

从以上两个图形，我们可以看出，小前提重复了大前提的命运。它也是被一个大方框完全包含的一小部分。同样，我们从两个完整的图形中，可以清晰地看出论证过程中所涉及的三项关系以及如何得出一个正确结论。

韩愈创作古文的宗旨是：写作要为圣人立言、立德、立功；治圣人之学，即“为天地立心，为生民立命，为往圣继绝学，为万世开太平”。这是韩愈神圣创作的理论依据。孔子在《礼记·礼运》中记载了这样一段话：“大道之行也，天下为公。选贤与能，讲信修睦。故人不独亲其亲，不独子其子，使老有所终，壮有所用，幼有所长，矜寡孤独废疾者皆有所养。男有分，女有归……是谓大同。”[①] 这是从古到今读书人的伟大梦想。吾亦如是之，故以此为文而记之。

第五节　神圣的创作与创造性阅读的有机统一

阅读是写作的基础，也是写作成功的关键。一个不会阅读的人不可能会写作。一个不能创造性阅读的人，就不可能有神圣的创作。因此，阅读是基础，阅读是神圣创作的关键。根据《师说》的论证，我们应该注意以下几个方面的逻辑论证问题：

1.《师说》前提的真实性与可靠性

“古之学者必有师。师者，所以传道授业解惑也。”这是《师说》中的事实前提。关于前提的真实性问题，我们必须要注意以下几点：

（1）作者给出的前提必须是真实的：“是故无贵无贱，无长无少。”（全称肯定命题）

（2）“道之所存，师之所存也。”（全称肯定结论）。只有那些存心要欺骗的人，才会刻意给出一个虚假的前提；前提必须是正确的，但不一定恰好是正确的，比如“三人行，则必有我师”；又比如说“听君一席话，胜读十年书”，这就是说三人中就有一个是可以学习的对象。

（3）要反复检验前提的真实性。

①古之学者必有师；

②古之圣人，其出人也远矣，犹且从师而问焉；

③今之众人，其下圣人也亦远矣，而耻学于师；

④爱其子，择师而教之；

⑤巫医乐师百工之人，不耻相师；

⑥孔子师郯子、苌弘、师襄、老聃。郯子之徒，其贤不及孔子。[②]

以上所有例子说明了前提是真实的。如果你对论证过程中的论据表示怀疑，那么你就必须要认真检验它。检验的方法：

一是分层检验，爱子、百工、圣人，韩愈通过分层论证来检验前提的真实性和可靠性。

---

① 李学勤. 十三经注疏·礼记·礼运［M］. 北京：北京大学出版社，1999：658.

② 余冠英，周振甫. 唐宋八大家全集［M］. 北京：国际文化出版公司，1997：127—128.

二是通过论证结构中的归纳论证、演绎论证和类比论证来完成。

（4）在单个命题中所包含的几个主张都必须是真实的，而不能仅仅是部分的真实，部分的虚假。如："古之学者必有师。师者，所以传道授业解惑也。"清代钱大昕的"古无轻唇音"就是一个真假参半的命题。因为"古无轻唇音"是一个复杂的观念性命题，又是一个全称否定命题，所以，一个真假参半的命题必然得出一个真假参半的结论。这个命题在此暂不展开论证。我们只需特别注意全称肯定命题和全称否定命题是否是真实的。

（5）对前提真实性要注意以下两个问题：

一是真实的前提，并不能保证它对所有证明的结论都是直接有效的。

二是一个特称命题完全是正确的，但由于表达方式的错误或者说表述不恰当，从而导致推理结论的错误。

神圣创作的逻辑思维必须是清晰的，逻辑论证必须是正确的。同时，它要求我们必须有严密的正确的语言逻辑思维表达式。这是一个人写作成功的前提和基础，也是任何一个善于写作的人不可忽略的重要问题。

2.《师说》前提与结论的相互关系

所谓前提与结论的相关性是指论证材料与前提和结论的相互关系。这种关系不是一种静态关系，而是一种动态演变的过程关系。

首先，我们要检验材料是否具有真实性如："人非生而知之者，孰能无惑?""爱其子，择师而教之。"

其次，前提的真实性是得出正确论证的必要条件，但也不是唯一的条件。比如："圣人无常师，其贤不及孔子；孔子师郯子、苌弘、师襄、老聃。"因为这些老师收了很多学生，但是圣人只有一个，那就是孔子。《师说》的主要前提条件是："生乎吾前，其闻道也固先乎吾，吾从而师之；生乎吾后，其闻道也亦先乎吾，吾从而师之。吾师道也，是故无贵无贱，无长无少。"所以最后才会得出"道之所存"和"师之所存"的正确结论。这是全文的主旨，也是中国传统的师道观。

韩愈《师说》的前提是支持他的结论的，即"道之所存，师之所存也"，这是他全文立论的理论依据。我们在论证过程中要特别注意前提与结论的相关性。议论文的论证本身，并不会强迫我们要去关注什么特殊的问题。但是，如果我们对韩愈《师说》中的前提对其结论所产生的影响熟视无睹的话，我们应该感到非常的惭愧。

3.《师说》前提支持结论的力度

《师说》结论以最强的力度支持它的相关前提。或者说"古之学者必有师。师者，所以传道授业解惑也"这个前提以最强大的力度支持它的结论。

① 道之所存，师之所存也。

②是故圣益圣，愚益愚。圣人之所以为圣，愚人之所以为愚。

③小学而大遗，吾未见其明也。

④位卑则足羞，官盛则近谀。

⑤是故弟子不必不如师，师不必贤于弟子，闻道有先后，术业有专攻。[①]

关于前提支持结论要注意以下几个问题：

①有几个前提直接支持它的结论，那就完全没有必要强制使用这些次要的前提。

②我们必须要注意不同前提对结论支持的力度是不同的。

③我们必须剔除弱度前提。

④在论证过程中，即便是有几个相关强度的前提，都能有效地支持结论，最好不要同时使用它们，或者说要特别慎重地使用相关强度的前提。这可以避免分散对主要前提的注意力。这告诉我们，在一篇文章中只有一个主题，不可能同时出现两个主题。在韩愈《师说》中就只有一个主题，即“师”。

⑤限制使用相关强度数量的前提，主要是为了重点突出主要前提，以便给读者留下深刻的印象。

⑥我们应该要特别注意：某些前提可能会对某些读者产生不同寻常的影响。我们如果面对这些读者群时，就要使用这样的前提。

⑦我们应该懂得：逻辑学既是一门科学，也是一门艺术。一个严密的和强有力的逻辑论证具有双重的目的性：

一是要得出一个正确的结论，来说服成千上万的读者。

二是在论证过程中，必须要选择合适的读者群接受你所表述的思想观点。这就是逻辑学的艺术，也是逻辑论证的魅力所在。

韩愈《师说》就是一个最经典的范例，他正是以他严密的逻辑思维方式、强有力的逻辑论证和他那种超凡脱俗的浩然正气征服了无数古今中外的读者。

4.《师说》包含三段论及其论证的结构

(1) 演绎论证又被称为引证法。所谓演绎，是指通过自己的构想，设立大前提，然后推演下去，得出一般性规律或具有个别性的结论，并以此解释事物。演绎推理是以一般性的原理为前提，推理出个别性的结论。大家都知道演绎法是科学研究最基本的也是最主要的方法之一。用演绎推理的方法来论证论点，更确切地说，是从一般性事实原理演绎出一个新概念或者得出一个新的结论。它的主要特点是：

①说理要深透，环环要紧扣；

②具有严密的逻辑思维和逻辑论证的力度；

③去引导读者进行严密的逻辑思维活动，把抽象的理论运用于社会生产实践活动。

这就是人们常说的以理论指导实践的基本论证方法。韩愈通过对《师说》的演绎论证，推理出以上必然性的结论。由此观之，演绎推理结构是由三个性质判断组成的，其中有两个是前提，一个是结论。在议论文的论证过程中，前提是论据，结论是论点。我们在前面提到的论证结构形式是三段论最基本的演绎形式，它已经演化出很多的不同形式。那么，在此我们对韩愈《师说》演绎结构的剖析，就不一定机械地去套用以上那种规范的三段论形式。实际上，我们从韩愈《师说》每一段解析来看，它基本符合起、承、转、合的

① 余冠英，周振甫. 唐宋八大家全集［M］. 北京：国际文化出版公司，1997：127—128.

八股文的论证范式。八股文起承转合的论证范式又基本符合三段论的论证范式。

（2）归纳论证又被称为例证法。所谓归纳法，是指经验主义的观察法。在观察的基础上思考分析、发现规律，这种方法就是归纳论证法。它是指用最典型的具体客观事实做论据来证明论点，也就是人们常说的摆事实、讲道理，通过归纳推理的逻辑论证方法来证明其观点的正确性。或者说归纳推理是用个别的事物或现象推理出这类事物或现象的普遍性规律，即一般性结论或一般性原理。归纳推理的一般形式：

A 是 G B 是 G C 是 G ABC 都是 D 所以 D 是 G

………………………………………………………………………………… 前提

所以 D 是 G ……………………………………………………………………… 结论[①]

①生乎吾前，其闻道也固先乎吾，吾从而师之。

②生乎吾后，其闻道也亦先乎吾，吾从而师之。

③是故无贵无贱，无长无少。

④孔子师郯子、苌弘、师襄、老聃。郯子之徒，其贤不及孔子。

⑤三人行，则必有我师。

以上是归纳论证推理形式论证的论点。运用归纳论证时要例证丰富，道理要通俗易懂，这有利于启发读者的思维，能达到晓之以事、明之以理的良好效果。

从归纳论证来看，我们对韩愈《师说》文本结构的剖析能够得出一个可靠的结论：

① “三人行，则必有我师。”[②]

② “是故圣益圣，愚益愚。圣人之所以为圣，愚人之所以为愚”，皆与师者传道授业有关。

（3）类比论证：类比论证是指运用类比推理的方法来论证论点。类比推理是从个别性的前提推出个别性结论的思维过程，即进行类比的两个（或两类）对象都有某些属性，并且其中的一个（或一类）还有另外的某种属性，由此推出另一个（或另一类）对象也有这种属性。类比推理的形式是：

A 有属性 a、b、c，又有属性 d； B 有属性 a、b、c

………………………………………………………………………………… 前提

所以，B 有属性 d ………………………………………………………………… 结论[③]

① 仲维纲．写作知识与实践［M］．沈阳：辽宁人民出版社，1984：197.

② 余冠英，周振甫．唐宋八大家全集［M］．北京：国际文化出版公司，1997：127—128.

③ 仲维纲．写作知识与实践［M］．沈阳：辽宁人民出版社，1984：199.

类比论证就是用上述推理形式来论证论点。类比论证的主要特点就在于说理灵活、深入浅出。不过，类比论证推理出来的结论不一定是真实的，在科学研究领域里得出这样的结论一般只用来做进一步研究假设。因此，类比论证在科学研究过程中往往只是作为一种辅助性的论证。

①古之圣人与今之众人进行类比，“是故圣益圣，愚益愚”与“圣人之所以为圣，愚人之所以为愚”进行类比。

②巫医乐师百工之人与士大夫之族进行类比。

③不耻相师与群聚而笑之进行类比。

④卑则足羞与官盛则近谀进行类比。

⑤“无贵无贱”与“无长无少”进行类比。

韩愈通过以上类比论证得出“道之所存，师之所存也”的结论；并得出了“弟子不必不如师，师不必贤于弟子，闻道有先后，术业有专攻”的正确结论。

(4)《师说》中的反证法和归谬法。这两种方法在《师说》中也得到了充分的体现：

反证法：今之众人，其下圣人也亦远矣，而耻学于师。是故圣益圣，愚益愚。圣人之所以为圣，愚人之所以为愚，其皆出于此乎！爱其子，择师而教之；于其身也，则耻师焉。①

归谬法：孔子师郯子、苌弘、师襄、老聃。郯子之徒，其贤不及孔子。

5.《师说》运用八股文论证方法与三段论方法进行比较

(1) 事实命题：韩愈《师说》是从事实命题上升到观念性命题，即从“古之学者必有师”到“道之所存，师之所存”提炼出一个观念性命题。我们对事实命题展开论证以后，首先会把目光投向《师说》的前提。

(2)《师说》事实命题的真实性：一是“古之学者必有师”；二是“师者，所以传道授业解惑也”。

(3)《师说》事实命题的可靠性：一是“无贵无贱”；二是“无长无少”。

(4)《师说》命题的可行性：一是“传道授业解惑也”；二是“授之书而习其句读者也”。

(5)《师说》事实命题的正确性：一是“古之学者必有师”；二是“古之圣人犹且从师而问焉”；三是“巫医乐师百工之人，不耻相师”；四是“孔子师郯子、苌弘、师襄、老聃”。

我们从《师说》论证过程来看，一个严密的逻辑论证来源于一种强有力的逻辑推理。一个论证包含了两个最基本的要素：

一是前提的真实性；

二是结论的可靠性。

一个单纯的命题和一个强有力的逻辑论证是不会自己构建起来的，而要我们在命题过程中考虑到前提部分支持结论的信息；反之，结论的部分也要支持前提的信息。这样，前

---

① 余冠英，周振甫．唐宋八大家全集［M］．北京：国际文化出版公司，1997：127—128．

提与结论才具有一个相互反馈的功能。

假如我们想要得到一个正确的结论，那么我们首先要检验前提是否正确，也就是说：前提是否具有支持结论的力度？这个前提对结论的支持是必然性的还是可能性的？在这里，我们必须要明确前提符合以下两个标准：

一是前提的真实性；

二是前提支持结论的力度。

（6）《师说》的价值命题：所谓价值命题，是从《师说》的事实命题到观念命题，即价值命题提出“道之所存，师之所存”的结论。

《师说》事实命题的前提是“无贵无贱，无长无少”，韩愈一反传统世俗，高标师道，这是绝无例外可言的。他不是说“须有师”，而是说“必有师”。这种旗帜鲜明、胸怀坦荡、无所畏惧的磅礴气势，正体现了韩愈匡扶正义、弘扬万世师表的伟大精神，并流溢于全文，树立起千古不朽的儒家师道观，为后来儒家师道学说的发展奠定了坚实的理论基础。但是，我们也应该特别注意价值命题或观念命题的可信度，如“圣人”“愚人”这些词语的模糊性，“圣益圣，愚益愚。圣人之所以为圣，愚人之所以为愚”，它到底意味着什么？这就意味着以价值命题或观念命题为前提的论断，似乎不能像以事实命题为前提的论断那样，有一个比较确定的标准进行评估，因为价值评估永远是受到挑战的。

历史事实告诉我们，韩愈《师说》当时面临着师道观和价值标准的挑战。柳宗元在《答韦中立论师道书》中说：“今之世，不闻有师，有辄哗笑之，以为狂人。独韩愈不顾流俗，犯笑侮，作《师说》，因抗颜而为师。世果群怪聚骂，指目牵引，而增与为言辞，愈以是得狂名。”①

现代人读《师说》似乎感觉不到韩愈是狂人了，也感觉不到韩愈与世俗有什么不同。但在当时，《师说》体现的的确是一种价值观念与世俗观念的抗争。

韩愈作《师说》需要有过人的胆识，需要有无所畏惧的勇气，也正因他具有这种“为天地立心，为生民立命，为往圣继绝学，为万世开太平”的超凡脱俗的浩然正气，才获得了世人的好评。因此，他的《师说》高标了中国儒道尊师的伟大精神。当然，韩愈也面临着世俗观念和当时价值标准的挑战。我们所说的价值标准并非是一个绝对稳定的概念。实际上，价值命题是不稳定的，我们评估价值命题的稳定性，须建立在事实命题的客观事物的关联度和可信度的基础上。因此，价值命题以客观事物为基础，客观事物越真实，可信度越高，那么价值评估就越具有可靠性。所以，韩愈《师说》中的师道观命题或者说价值命题是真实的。

6.《师说》结论与前提的定量分析

命题定量是指全称命题定量，还是特称命题定量？

（1）全称肯定命题

①古之学者必有师。（全称命题定量）

②巫医乐师百工之人，不耻相师。（特称命题定量）

---

① 范阳. 柳宗元哲学著作注译［M］. 南宁：广西人民出版社，1985：370.

③士大夫之族，曰师曰弟子云者，则群聚而笑之。(特称命题定量)

韩愈一开始便用了一个全称命题，即自古读书人都有老师，凡是老师都是传道授业解惑的。

(2) 特称肯定命题

①人非生而知之者，孰能无惑?

②三人行，则必有我师。

最后，结论反映出定量分析的关系："六艺经传，皆通习之。"

在结论中，定量必须是以更绝对的方式反映出来。这也就是说，出现在结论中的某项定量，无论是关于主项，还是关于谓项，都不能超越前提中的同项定量。换句话来说，如果结论中某些项是全称的，那么前提中某些项必然也是全称的。

7.《师说》结论与前提的定性分析

所谓命题的质，是指命题的性质。换一种方式来说，无论是指全称肯定命题，还是全称否定命题，无论是特称肯定命题，还是特称否定命题，"古之学者必有师。师者，所以传道授业解惑也"，结论先行是肯定的，如果论证结论是否定的，那么前提中至少有一个必须是否定的。

师道之不传也久矣！欲人之无惑也难矣！

彼童子之师，授之书而习其句读者也，非吾所谓传其道解其惑者也。句读之不知，惑之不解，或师焉，或不焉，小学而大遗，吾未见其明也。

圣人无常师，孔子师郯子、苌弘、师襄、老聃。郯子之徒，其贤不及孔子。

巫医乐师百工之人，不耻相师。

是故弟子不必不如师，师不必贤于弟子。[①]

韩愈用这些否定式来肯定"师说"之重要性与其合理性。

以上三种论证形式各有所长，也各有所短。演绎论证，虽然严谨周密，但是它偏于抽象的概括，易将其说理系统化和理论化；

关于归纳论证，虽然广博丰富，但是它不易周延，可将个别性的事物概括出普遍性的规律；

类比论证虽然生动活泼，但是它难于尽理，常常会给人留下许多想象的空间。因此，我们在议论文的论证过程中，或在具体写作过程中，应该把它们综合运用，以取长补短，达到更好的说理目的和表述事实的合理性。

本章通过创造性阅读和神圣创作概念来理解《师说》的主题，并运用创造性阅读方法对《师说》进行三维立体的结构剖析，发现《师说》完全符合八股文的创作范式，充分证明《师说》是八股文的鼻祖。同时，我们也用西方三段论方法解读《师说》全文。令人寻味的是《师说》的每一个论证居然也符合三段论的格式。由此，我们揭示出无论是西方人的三段论论证方法，还是中国人的八股文论证方法，都能说明人类创作议论文都必须遵循一个共同的规律，即凡是议论文都必须要包含四个基本要素：论点、论据、论证和结论。

---

① 余冠英，周振甫. 唐宋八大家全集 [M]. 北京：国际文化出版公司，1997：127—128.

凡是议论文，都必须要遵循它的论证过程和演绎规律。

唐宋相承，开拓了明清以来八股文创作的先河，为后来八股文创作奠定了坚实的理论基础，并成为后来八股文写作的经典范例。笔者对《师说》的创造性阅读完全是从韩愈高扬复古主义文学运动的旗帜出发的。实际上，韩愈上承儒家师道观的优秀传统，下启八股文，正如陈寅恪先生在《论韩愈》中所说的那样："退之之古文欲扫腐化僵化不适用于人之骈文，名虽复古，实则通今。"[①] 因此，我们称韩愈为唐宋八大家是当之无愧的。在此，我们对韩愈表示深切的怀念，敬仰唐宋八大家千古之遗风。

① 刘桂生，张步洲. 陈寅恪学术文化随笔［M］. 北京：中国青年出版社，1996：147.

第四章　儒教仪式与童蒙科举

第一节　儒家教化与圣教仪式

早在商周时期，我国就已有官学的设置。周代礼制分国学和乡学两类：国学设于都城，称为“辟雍”或“泮宫”；乡学设于地方，称为庠、序。

根据《礼记正义·文王世子》记载：“凡学，春，官释奠于其先师，秋冬亦如之。凡始立学者，必释奠于先圣先师。”① 早在周礼祀典中，就有释奠、释菜和释币的祭祀记载。释奠原为古代学校的祭祀典礼。释奠是设荐俎馔酌而祭，有音乐而没有尸；释菜是以菜蔬设祭，为始立学堂或学子入学的仪式；释币即有事之前的告祭，以币（或帛）奠享，不是常行固定的礼仪。释奠释菜礼，最初只是入学的一项仪式。荀子《礼论》说：“礼有三本：天地者，上之本也；先祖者，类之本也；君师者，治之本也……故礼，上事天，下事地，尊先祖而隆君师，是礼之三本也。”② 在周代的官学中，就有释奠先圣先师的礼仪。释奠属于“三礼”中的“君师”之礼。书中并没有说明先师圣人是谁。祭孔活动应该是后来的事情。

明朝开国皇帝朱元璋，于洪武六年（1373 年）命宫廷乐宫重新制定丁祭乐舞的曲谱。清康熙六年（1667 年），康熙皇帝亲制《中和韶乐》，用于祭孔。乾隆朝对祭孔的程序作了明确规定。乾隆钦定的祭孔礼仪为：迎神、初献、亚献、终献、撤馔、送神六道程序；分别奏昭平、宣平、秩平、叙平、懿平、德平之章。

祭孔礼仪或称祭孔典礼。其专用名称为“释典礼”。“释”和“奠”均为陈设、呈献之意，即指在祭典中陈设音乐、舞蹈以及呈献三牲（三牢）、酒、果、蔬菜等祭品，以表对孔子的尊崇。祭孔大典主要包括乐、歌、舞、礼四种形式，乐、歌、舞都是围绕礼仪来进行的，所有礼仪要求“必丰、必洁、必诚、必敬”。大典用音乐、舞蹈等集中表现了儒家思想文化，体现了艺术形式与政治内容的高度统一，形象地阐释了孔子学说中“礼”的含义，表达了“仁者爱人”“以礼立人”的伟大思想。

祭典仪式是集歌、舞、乐、礼为一体的庙堂祭祀乐舞，故有“闻乐知德，观舞澄心，识礼明仁，礼正乐垂，中和位育”之称。祭孔活动的主祭官、陪祭官、乐生、舞生、歌生共二百多人，身着清朝服饰，神情肃穆，祷告虔诚。整个场面庄严典雅，有置身于古代传统文化的氛围之感。祭孔有三个议程，即三献礼，主祭人要先整衣冠，洗手后才能到孔子香案前上香鞠躬。鞠躬作揖时，男子要左手在前右手在后，女子要右手在前左手在后。所

① 李学勤，十三经注疏·礼记·文王世子［M］. 北京：北京大学出版社，1999.

② 章诗词. 荀子简注［M］. 上海：上海人民出版社，1974：205.

谓三献，分初献、亚献和终献。即迎神、初献、亚献、终献、撤馔、送神六个环节。

初献帛爵。帛是黄色的丝绸，爵是指仿古的酒杯。正献官将帛爵供奉到香案前，主祭人宣读并供奉祭文，全体参祭人员对孔子像五鞠躬，并齐诵《孔子赞》。亚献和终献都是献香献酒，分别由亚献官和终献官将香和酒供奉在香案上，程序和初献相同。

初献、亚献、终献是整个祭孔活动中的主体部分，由主祭（一人）、陪祭（二人）分三次把酒类、蔬菜、肉类、干鲜果等祭品奉祀到孔子像前。“三献”分别要奏宣平、秩平、叙平之乐章，要跳六佾舞。月台上站立三十六名舞生，身穿蓝色长袍，头戴黑色平顶方角帽，脚蹬皂鞋。舞分文舞、武舞两班，每班又分两组，每组八人，相对而立。武生在前，右手执戚，左手执干；文生居后，右手执羽，左手执籥。在八音齐备的乐器伴奏中，舞生跳起祭孔乐舞，每一舞蹈造型代表一个字，舞姿刚劲舒展，具有古典美。

撤馔：乐奏懿平之章。

迎神：请出孔子及四配的牌位，由主祭人（地方最高行政长官）进香，行三拜九叩礼，乐奏昭平之章。歌词为称颂孔子生前的功德。其文是：大哉孔子，先觉先知，与天地参，万世之师。祥征麟绂。韵答金丝，日月既揭，乾坤清夷。整个祭祀过程，演奏金声玉振、古朴悠扬的韶乐，吟唱孔子德侔天地、道贯古今的颂词。配以六佾或八佾乐舞，在元代曲阜孔庙祭孔的祭文曰：“尚资神化，祚我皇元。”“阐我皇风，四海永清。”[①]

送神是祭孔礼仪的最后一部分，乐奏“德平之章”。歌词为：凫泽峨峨，洙泗洋洋，景行行止，流泽无疆。聿昭祀事，祀事孔明，化我蒸民，育我胶痒。

从以上可以看出，祭孔一方面是出自对孔子的敬仰；另一方面，是为皇权服务，实行政教合一。祭孔的六个乐章高度评价了孔子伟大的一生，歌颂了他那博大精深的儒学思想和对整个社会的教化作用。清末，即 1906 年，孔子升为大祀。祭孔与祭太庙、祭天地等同，达到了国家最高礼制。

后来，祭孔仪式的程序由皇帝钦定，半夜子时开祭，祭拜程序比较复杂。全国各地方县志均有记载。人们把这种祭祀仪式称为“大成殿释典礼”。在大成殿内正面神龛供奉孔子脱胎塑像（地方文庙则是牌位）。

孔子像的两旁有复圣颜回、述圣子思（称东配）宗圣曾参、亚圣孟轲（称之为西配）像（牌位），称为“四配”；在“四配”“十二哲”和“先贤”“先儒”神位前同样有人祭祀，称为“余祭”。

祭孔一般按“鸣赞”“引赞”的呼吟，整个过程由迎神、初献、亚献、终献、撤馔和送神共六个部分组成。主祭穿古代祭服，由鸣赞、引赞引导，身边跟随手罩、提炉、纱灯、跟班等人。先在杏坛磕头，然后由侧面走到大成殿前的平台台阶，到大成殿门口，提炉、纱灯留下，跟班随主祭进大成殿拜台。古代“祭孔子”和“开笔典礼”相当于现代学生的开学典礼。现代开学典礼仪式未必就比祭拜孔子仪式先进多少，或文明程度就高了多少。祭祀是对自然、祖先和圣人的敬畏，如果一个人、一个民族没有这种敬畏感，说明这个人和这个民族缺乏最基本的文明素质。这种庄严神圣的祭拜方式，能使学生从小感受到

---

① http://blog.sina.com.cn/u/5150679888.

“思想者”的伟大，对“至圣者”产生某种敬畏感。现在，笔者把中国内地少数民族地区的“祭孔”程序和步骤简述如下，以供学者研究参考：

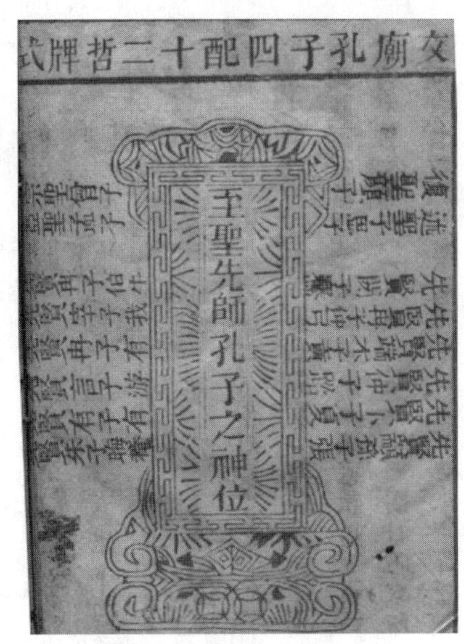

至圣孔子神灵牌位

通，肃静，引祭：书生就位。引唱，神之格思，不可度思，矧可射思。[1]

引向：引书生诣于何所。

通，引书生由东阶诣于香案位前，初行，上香礼。

引唱：初上香礼。礼则然矣。

维予小子，敬之慎之。

通，跪。司香者，捧香进；初上香，初进香。叩首、叩首，三叩首。

兴，引书生诣于何所。

引向：引书生由西阶复位。

引唱：初上香毕。心予结兮！保佑命之。福禄申之。

引向：引书生诣于何所。

通，引书生由东阶诣于大成位前，行初奠酌礼。

引唱：初奠酌礼，上则然矣。

维予小子，敬之慎之。通，跪。司酌者，捧酌进；初奠酌，初进酌，叩首；俯伏听歌，歌童歌初奠之歌，歌童进、歌童对揖，歌童易位。歌童对揖、歌童跪，歌童歌初奠之歌。歌童唱：生民未有，千古一人，和天地同德，与日月同辉。和酒斟初奠。来格来歆。

通，歌童兴，歌童对揖，歌童退位。

兴，引书生由西阶复位。

引唱：初奠酌礼毕。心予结兮！保佑命之，福禄申之。

引向：引书生诣于何所。

通，引书生由东阶诣于香案位前，行亚上香礼。

引唱：亚上香礼，礼则然矣，维予小子，敬之慎之。

跪，司香者，捧香进；亚上香，亚进香。叩首、叩首，六叩首。

兴，引书生由西阶复位。

引唱：亚上香毕，心予结兮！保佑命之，福禄申之。

引向：引书生诣于何所。通，引书生，由东阶诣于大成位前，行亚奠酌礼。

引唱：亚奠酌礼，礼则然矣，维予小子，敬之慎之。

通，跪。司酌者，捧酌进；亚奠酌，亚进酌。叩首。

俯伏听：歌童歌亚奠之歌，歌童进，歌童对揖，歌童易位，歌童对揖，歌童跪，歌童歌亚奠之歌。

歌童唱：圣由天从，集谓大成，所过者化，所存者神，酒斟亚奠，来格来歆。

---

① 李学勤，十三经注疏［M］. 北京：北京大学出版社，1999：1170.

通，歌童兴，歌童对揖，歌童退位。

兴，引书生由西阶复位，

引唱：亚奠礼毕，心予结兮！保佑命之，福禄申之。

引唱：引书生诣于何所。

通，引书生由东阶诣于香案位前，行三上香礼。

引唱：三上香礼，礼则然矣，维予小子，敬之慎之。

通，跪，司香者，捧香进；三上香，三进香。叩首、叩首，九叩首。

兴，引书生由西阶复位。

引唱：三上香毕，心予结兮！保佑命之，福禄申之。

引向：引书生诣于何所。

通，引书生由东阶诣于大成位前，行三奠酌礼。

引唱：三奠酌礼，礼则然矣，维予小子，敬之慎之。

通，跪。司酌者，捧酌进；三奠酌，三进酌，叩首，俯伏听，歌童三奠之歌，歌童进，歌童对揖，歌童易位，歌童对揖，歌童跪，歌童三奠之歌。

歌童唱：诚者自成，肫肫其仁，圣不可及，天不可升。[①] 酒斟三奠，来格来歆。

通，歌童兴，歌童对揖，歌童退位。

兴，引书生由西阶复位。

引唱：三奠礼毕！心予结兮！保佑命之，福禄申之。

引向：引书生诣于何所。

通，引书生由东阶诣于大成位前。听宣祝文。

引唱：工祝致告，礼则然矣。维予小子，敬之、慎之。

通，跪。司祝者，捧祝进；献祝文，进祝文。叩首，俯伏听：宣祝文。

兴，引书生由西阶复位。

引唱：孔惠孔时，维其敬（慎）之[②]保佑命之，福禄申之。

通，礼毕！作揖而退焚帛炳记。

以上是私塾童生的一个简单的开学典礼。祭孔仪式与家祭礼仪程序大致相同，只是内容不同而已。读者参照家祭程式，可以看出两者的不同特点。

此祭文收集于中华民国壬申年湖南新晃侗族自治县辛二里村民组蒲昭清家。《祭孔子》一文，清末民初手抄本，共 10 页。湖南新晃侗族自治县第六组辛二里蒲昭清蒲氏家族私塾开学时就要举行《祭孔》仪式。蒲氏家族在湖南湘西怀化、芷江、新晃、靖州、通道、麻阳和湘西州等少数民族地区是一个大家族，也是一个比较显赫的家族。蒲姓从明代以来接受汉文化教育，深受孔孟儒家思想的影响。自明代以来，蒲姓后裔人才辈出，这就是民族文化融合的结果。

我们不妨看一下学生的考试情况："学政案临于未开考之前，出经解、策、论、古诗、近体诗、古赋、律赋、时文、试帖诗各项题目。无论童生、生员，择作一门或数门均可。

---

① 张以文. 四书全译・中庸［M］. 长沙：湖南大学出版社，1989：55.

② 手抄本是"孔惠孔时，惟其慎之"为误。此句出自《诗经・小雅・楚茨》："孔惠孔时，维其尽之。"

并无限制，不必入场，试卷自备，亦有由学政就近诣于书院考试者谓之‘观风’，乃观察各地文化风俗之意。评定后随时随地发榜。院试开考之先一日谒文庙，朝服于大成殿阼阶下行三跪九叩礼；礼毕！升明伦堂。明伦堂左，刊立顺治七年（1650 年）所颁晓示生员之《卧碑文》。学政距碑前约三尺，设矮垫，面向碑坐，由教官宣读《卧碑文》《圣谕广训》。诸生肃立环听。是日廪生须全到，生员掣签讲书，各讲《大清律例三条》，嗣改为择讲四书一章，西向立，讲毕下堂东向立。”① 贵州思南李美昌记载：

“至圣先师孔子神位前跪：上香、献帛、献爵，叩首；

兴，通，读祝。

引诣，读祝位，跪。

通，众官皆跪；引，读祝毕，叩首！

兴，复位，亦通叩首！

兴，通鸣，即行分献礼！乐奏《安和》之曲。

引诣，开坛诣，洗爵所，洗爵诣。酒樽所，司樽者，举饮酌酒诣！

至圣先师孔子神位前跪：献爵！叩首！

兴，复位：通行分献礼！行终献礼！乐奏《景和》之曲。

引，诸开坛诣，洗爵，所洗爵诣。酒巴樽所，同樽者，举勺酌酒诣。

至圣先师孔子神位前跪：献爵，叩首！

兴，复位通行，撤馔礼，乐奏《宣和》之曲。

引，开坛诣，馔案前，通饮福，受胙引诣，受胙位跪。饮福酒，受福胙，三叩首！

兴，复位，通，撤馔。行送神礼！乐奏《行和》之曲，赞，三跪：九叩首！

通，送神，读祝者，捧祝，献帛者，捧帛，各诣燎，所引望燎。复位：通礼，阖户，后殿无钟鼓，乐舞，兴祭，分献，乐章，参神，送神，六叩！余礼皆同。”

开学典礼或生员考试都须祭祀孔子。乡村开学典礼相对要简单一些，开考祭孔仪式要比乡村开学典礼隆重得多。在进行开考典礼祭孔仪式时，初献礼，奏《安和》之曲；② 在亚献礼时奏《景和》之曲③、《宣和》之曲；在终献礼时，奏《行和》之曲。笔者查阅明史，没有《宣和》和《行和》之曲的记载，只有《咸和》曲。但是，其他地方性祭孔仪式有类似的乐章。这可能是皇家祭祀和地方祭祀的差别。如：四川成都迎神，奏《咸平》之章；行初献礼，奏《宁平》之章；行亚献，奏《安平》之章；举撤馔，奏《咸平》之章。北京文庙祭孔，迎神乐奏《昭平》之章；初献乐奏《宣平》之章，亚献乐奏《秩平》之章，终献乐奏《叙平》之章。这显然是南北地方风俗习惯导致的文化上的差异。在这里，我们不必寻求统一。

通过这些仪式，儒学在侗族地区同样被世俗化、平民化和程序化。如在《祭孔》仪式

---

① 商衍鎏. 清代科举考试述录及有关著作［M］. 广州：百花文艺出版社，2004：9.

②（清）张廷玉. 明史·礼乐（卷三十八）［M］. 北京：中华书局，1999. 送神，《安和之曲》：神之去兮难延，想遐袂兮翩翩。万灵从兮后先，卫神驾兮回旋。稽首兮瞻天，云之衢兮眇然。

③（清）张廷玉. 明史·礼乐（卷三十八）［M］. 北京：中华书局，1999. 亚献，《景和之曲》：二觞举兮致虔，清醴载斟兮奉前。仰音容兮忻穆，臣感圣恩兮实拳拳。亚献，《景和之曲》：百王宗师，生民物轨。瞻之洋洋，神祇宁止。酌彼金，惟清且旨。登献惟三，于戏成礼。

中“肃静，引祭书生就位。引唱，神之格思，不可度思，矧可射思”，它来自《诗经·大雅》，说明儒教在当时已被世俗化和平民化、制度化，政教合一。“引书生诣于何所，通，引书生由东阶诣于香案位前。初行，上香礼。三上香礼，礼则然矣。维予小子，敬之慎之”之句出自《诗经·周颂·敬之》[①]。在祭祀活动过程中反复吟唱着“心予结兮！保佑命之。福禄申之”之句。这种儒教祭祀活动，形成一种固定“世俗的政治准则和社会礼仪规则”，显示了家族和宗族的荣耀。这种荣耀的光环，映照着儒教祭祀活动的神秘性。

在西南少数民族地区，土家族、苗族、侗族、壮族等都有类似的民间祭祀习俗。《祭孔仪式》手抄本比较真实地记录了明、清末、民初学生开学的《祭孔仪式》。祭孔原本是民间孔家后人悼念先祖的一种祭祀方式。但是有一点我们可以肯定：无论是湖南新晃辛二里村的蒲昭清家族，还是贵州思南李美昌家族，他们都是父传子教，世代读着圣贤书。思南府李美昌李氏家族开办私塾，每年开学都要举行祭孔仪式。李氏家族开办私塾，为家族培养了许多优秀人才。李家姓氏在西南少数民族地区同样是一个大姓，也是一个非常显赫的家族。

湖南新晃的蒲氏家族和贵州思南的李氏家族都属于少数民族，不过李姓也有苗族和土家族。这些名门望族在当时不仅家庭比较富裕，而且族人还是汉文化的传播者。更确切地说，是通过当时的私塾教育形式来传播儒家文化。因此，来自全国各地不同书坊的精致的雕版刻本和私家刻本流行于西南少数民族边陲之地。

以上这些童蒙开学典礼仪式的内容，不是来自官方版本的传授，也不是来自民间私家刻坊，更不是来自皇家贵族的珍藏版本，而是来自民间手抄本对孔圣人祭祀仪式的真实记录。无论是汉族地区对孔孟思想的信仰，还是少数民族地区对孔孟思想的传播，它们都意味着将孔孟思想在民间或民族地区平民化、世俗化、去神秘化。这为儒学思想程式化、规范化地形成儒教信仰奠定了基础，最后达到政教统一的目的。但令人遗憾的是，我国现在很少有人研究儒教，或者说将儒学思想作为一种宗教思想来研究。实际上，祭孔开学仪式与家庭祭祖仪式没有本质上的区别，形式上也大致相同。

目前，《祭孔》祭祀活动研究资料相当缺乏，相关论文和论著也是寥寥无几，特别是对祭孔仪式、科举制度和新儒学经义研究存在许多不足之处，甚至存在以下几种错误的倾向：

1. 许多研究者将祭孔祭祀活动归为纯粹的封建迷信和三教九流一类，严厉打击和破坏祭孔活动。这导致儒家思想文化实物资料大量流失或遭到严重破坏。

2. 许多研究者认为祭孔祭祀活动与新儒学研究和科举制度研究没有任何关系，将祭孔祭祀活动排斥在这些研究领域之外，使祭孔祭祀活动变成一种孤立的神性活动或一种纯粹流于形式的祭祀活动。

3. 许多研究者认为，祭孔祭祀活动只是一种教学典礼形式，他对具体教学过程和教学结果推进不大。许多学者从来没有把祭孔祭祀活动与教学活动和儒学理论研究有机地联系起来。这导致祭祀活动变成一种纯粹的说教典礼形式。

---

① 李学勤. 十三经注疏·周颂·敬之［M］. 北京：北京大学出版社，1999.《周颂》中有“维予小子，不聪敬止”之句。

实际上，我们从以上这些错误倾向中，可以看到祭孔祭祀活动的重要性：①对儒学思想的普世作用和平民教化作用起到重要的推进作用；②强化了中国儒学在意识形态领域的重要地位，同时促进了国民思想意志的高度统一；③促使儒家思想和儒家文化得到有效的保护，使之进一步延续和合理地传承；④促进国家礼乐制度的形成，强化国家权力意志，将孔孟话语权力演绎为国家话语权力，形成国民话语权力的高度统一，保证了国家意志和民族意志的高度统一。这是中国几千年能永远屹立于世界民族之林的原因之一。祭孔祭祀活动对统一国家意识形态起到了无可估量的作用。

附：祭孔仪式名词解释：①圣训：圣人的教导。②《毛诗正义·大雅·抑》："神之格思，不可度思，矧可射思。"意即：神明的来临是无法预知的、不可猜度的，何况阻拦。因此，祭祀仪式反复说要敬之慎之。平常行事要修德养性，即偶有差错，尚可宥恕；如果厌于修养德行，那就更难减少罪孽了。格：至，到来，引申为类比取象之物，或逻辑思维形式。思：语气词，无实义。矧：shěn，况且。③通：即通赞。司仪宣唱仪节的人。通云："奏乐!"乐止。④引：即引赞，担任引导的人。引向：指向或导向。引云："诣盥洗所!"盥洗净巾。⑤兴：立起身。兴；四礼，俯伏，致告词。⑥上香，一、二、三俯伏；上香，一、二、三酹酒，将酒尽倾于茅沙上。⑦祝文：祭祀神鬼或祖先的文辞，这里是宣读祭祀祖先文辞的人。⑧歌童：唱读礼诗的少年。⑨饮福：祭祀完毕饮食供神的酒肉，以求神赐福。⑩执事者：又称"祝"。侍从左右供使唤的人。⑪诣于：到达。⑫三揖：三次作揖。⑬礼生：司礼者，祭祀时在旁提唱起、跪、叩首之仪者。⑭主祭：主持祭祀。⑮初献：祭祀时首次奠爵。⑯分献：古代祭祀，向配飨者行献爵献帛礼，与"正献"相对而言。⑰歌诗：咏唱诗篇。⑱亚献：第二次献酒称"亚献"。⑲终献：第三次献爵称"终献"。⑳工祝：古时在祭祀时专司祝告的人，这里指司各祭职的人。㉑祖有功：这里是说我族祖先受命征战，驱逐南诏，入籍镇守、开发，使播溱之地得以长治久安。㉒受胙：接受祭祀时供神的肉。㉓茹荤：本指吃葱韭等辛辣的蔬菜，后表示吃鱼肉等。㉔序立（家礼：男左女右，立阶下；如今祠中无妇女，取便行之），鞠躬，拜，兴，四礼，平身。按品级站立；嘉享：谓祭祀时神灵享受供物；伏惟：表示愿望，恳请。㉕牲：供宴飨祭祀用的牛、羊、猪三牲。㉖敬慎：恭敬谨慎。

附：四川祭孔仪式（据《灌县志》《明集礼》《礼乐志》）记载：祭孔正祭日，主祭、分献、陪祀各官，入两门序立。通赞唱：签竹版。引赞唱：更衣升堂。引各官从东阶上。序爵、序事、请祝。请祝版至。签名。各官书名。下堂。从西阶下。通赞唱：启户。各门大开。乐舞生就门。执事者各司其事，主祭官司就位，分献官就位，陪祭官就位。文东武西，瘗毛血，司毛血生将毛血捧从中门出，埋于西隅坎内。收生馔盖，举迎神乐，奏《咸平》之章。乐作。引赞唱：诣西北神隅。引众官至。神降复位。通赞唱；参神。鸣赞唱：跪，叩首。行三跪九叩礼。兴，平身。众官俱立。乐止。通赞唱：行初献礼，奏《宁平》之章。引赞唱：诣盥洗所，浴手，净巾。诣酒尊所，司尊者举酌酒升坛。导承祭官，由东阶上，入殿左门。诣至圣先师孔子神位前，跪，叩首。行一跪一叩礼。兴，奠帛。捧帛生，以帛跪进。承祭官，接帛，拱举立献案上。献爵，执爵生，以爵跪进；承祭官，接爵拱举。立献正中。跪叩首，兴，不赞。诣读祝位跪。鸣赞唱：众官皆跪。引赞唱：读祝文。读祝生至祝案前一跪三叩，捧祝版立于案左。跪，读祝。读毕，捧祀版至正位前，跪，安帛匣内，三叩首，退。乐作。引赞唱：叩，兴。承祭及各官行三叩礼。通赞唱：行分献礼。引赞唱：诣复圣颜回神位前，跪，兴。行一跪一叩礼。奠帛。捧帛，跪进于案左。承祭官接制拱举。立献正中。跪，叩首，行一跪一叩礼。兴。不赞。诣宗圣曾子神位前，奠帛，献爵：如前仪。其十二哲两无记名分献官升坛。奠帛，献爵。亦照承祭官。礼毕。引赞唱：复位。承祭官司从西门出，西阶上。分献官各复位立。乐止。通赞唱：行亚献礼。举亚献乐，奏《安平》之章。乐作。引赞唱：升坛。由东门入，献爵于左，如初献仪。毕。引赞唱：复位。承祭官由西门出，西阶下，及分献官各复位立。乐止。通赞唱：引福受胙。引赞唱：诸饮福受胙位。承祭官至殿内立。捧酒胙二人，取正中一爵，羊左一膊，自正位案前拱举至福胙位右旁。跪，接福座二人在左旁跪。引赞唱：跪，饮福酒。承祭官爰爵。拱授接爵执事。受胙。承祭官受胙。拱举授胙执事。由中门出，正阶下，送献官署。叩，兴。承祭官三叩首，兴，复位。通赞唱：谢神。鸣赞唱：跪，兴。承祭、分献及陪祀各官，俱行三跪九叩。通赞唱：撤馔。举撤馔乐，奏《咸平》之章。乐作。鸣赞唱：跪，叩首。承祭分献及陪祀各官俱行三跪九叩礼。兴。乐止。通赞唱：诣送神所。众官员俱至戟门。神去。众官打躬。通赞唱：捧祝帛馔，各恭诣燎位。捧祝帛生，至各位前一跪三叩；捧起，祝在前，帛次之。捧馔生跪，不叩，捧起，在后。各送至燎位、正位。帛爵俱由中门出。承祭官退至西旁立候，祝帛馔过，仍复位立。通赞唱：望瘗。举望瘗。与送神同。乐作。引赞唱：诣望瘗位。举柴焚祝帛。祝帛焚将半，复位，乐止。通赞唱：阖户。鸣赞唱：礼毕，散班。

这是四川民间祭孔的盛况典礼形式。其实，祭孔的祭祀仪式基本上都差不多。小型祭孔祭祀仪式省去了乐章部分。

第二节　儒家圣教：读书门法（一）

《读书门法》为宁阳周百顺备堂编辑，分为两卷本，同治十年（1871 年）刻本。书前有邹元吉作序，序的首页已经残缺。书封面上有饶干臣记，封面下写有饶丰庆的名字，看来这本书为饶氏兄弟所读。第一卷内容：朱子童蒙须知：第一，衣服冠履；第二，言语趋步；第三，洒扫清洁；第四，读书写字；第五，杂细事宜。该读书法主要是对儿童读书最基本的要求，着重对读书人投机取巧的读书行径进行了批判。关于古代读书法，有很多读本，早在宋代黎靖德《朱子类语》第十、第十一卷①便详细地记录了读书方法。读者可以参考《朱子类语》中的读书方法，并比较两卷之间的差异。

周氏认为："凡玩索一字一句一章，分看合看要析之极精，合之无不贯，去了本子，信口分说得出、合说得来方为烂熟，不必贪多，只要自得，先看者要极其精透，未看者一节易一节，工夫不难矣。"② 王阳明训蒙约："授书不在徒多，但贵精熟。量其资禀，能读

① （宋）黎靖德. 朱子类语［M］. 长沙：岳麓书社，1997.

② （清）周百顺. 读书门法［M］. 同治十年刻本.

二百字者，止可授一百字，常使精神力量有余，无厌苦之患而有自得之乐”。① 古人背诵书的方法在今天的老师看来是非常笨拙的。其实，古人对学生读书也是非常讲求技巧和悟性的。“学生多惮于看书，不知书理不通；作文岂能得窍，看书之法不外‘分合’二诀。分看者，逐字分开求解也；合看者，先将逐字联合次，将逐句联合也。非分不能详其理，非合不能贯其义。师与之讲说，全要自己体贴会悟，方有得于心，终身不忘。否则只能强记于一时，必且恍惚于日后。心悟颇难，浮躁必不能悟。须沉潜玩味，能悟得三五句后，其余便易。能通得三五章后，其余亦易，所谓一以贯之也。看《论语》是此法，看《孟子》亦是此法，看《中庸》又是此法。由此看经、史、子、集，只此分合之法。触处洞然矣，而其要只在能用心。”② 由此可见，古人读书方法未必比现代人差多少。

第二卷除讲读书方法之外，主要还讲了作文方法。如果遇到“题理深奥，及费手法之题，俟其通后再作不迟。初学文，先出极明、浅易，作之单句题。教之正反开合，次第浅深，转换分股之法；俟其明顺，次出截上题；教之抱上撇上之法。俟其明顺，次出截下题；教之照下勒题之法。俟其明顺，次出截上下题，教之仰承俯视之法。俟其明顺，次出截上下两截题；教之钓、渡、过、挽之法，映下绾上，侧注消补等法。俟其明顺，再出整节全章，两扇四排或连章或隔章截搭等题；以尽其变，以其才思之敏钝。为岁月之多少，勿急于求通，则有规矩次序。遵循易而思虑，专断不可凌节以施。此法未明又及他法也”③。

以上作文诸法，皆为作八股文之方法。这也是古人读书作文之精要。看来，古人读书比现代人读书更讲究逻辑上深入浅出的道理。读书分合、贯其义理，沉潜玩味、洞察义理，全在于心悟。作文更要讲求破题之法。现代人一讲到“破题法”，就认为是八股之法。他们又认为八股之法是一种死板、机械、传统的老方法，所以“破题法”也是不科学的、不合现代人的口味的。

其实凡作文者，无论东方儒学，还是西方西学，都莫过于破题，只不过西方人运用的是另一套概念术语而已。比如说，西方人讲主题关键词，对主题关键词进行概念上的演绎阐述。实际上，这就是破题。八股文所讲正、反、开、合，或起、承、转、合法，是中国传统逻辑方法。我们如果把康德“正反”逻辑即二元对立观念与黑格尔的辩证逻辑即正、反、合逻辑进行比较，可以证明中国传统逻辑与西方三段论逻辑是基本相似的，并非如有些学者说的那样，东方人尤其是中国人只懂得归纳逻辑方法，而不懂得演绎逻辑方法。其实，许多西方学者并不懂中国儒学逻辑；同样地，许多中国学者也并没有弄通西方逻辑，而是把中国儒学简单地归结于一种逻辑思维方式。当然，我们并不排除思维模式对文化教育模式所带来的不良后果。但是，某种社会制度同样会反过来模塑一种思维方式去选择另外一种思维模式。中国传统教育长期“重文轻理”并不意味着中国人就缺乏演绎思维，或不懂得演绎逻辑。

在中国传统《读书门法》中就有正、反、开、合的读书方法和作文方法，这就充分说

---

① （清）周百顺．读书门法［M］．同治十年刻本．

② （清）周百顺．读书门法［M］．同治十年刻本．

③ （清）周百顺．读书门法［M］．同治十年刻本．

明中国人读书不仅要运用归纳逻辑思考问题，也要使用演绎逻辑去进行写作。唐代韩愈的《师说》就是一个最典型的例子，在他的文本中同样包含了议论文的四个要素：论点、论据、论证和结论；也包含了演绎逻辑论证和归纳逻辑论证。这是所有议论文必须要遵循的规则和普遍的规律。

朱子童蒙须知：自古人材之兴，必自教弟子，始而其教之之道，又必自其易、知易从者。始夫童蒙之学，始于衣服冠履，次及言语步趋，次及洒扫涓洁，次及读书写字。

凡一物、一则、一事、一宜，虽至纤、至悉，皆以闲其心，养其德性，为异日上达之阶；殳兄者，勿视为易知而教之不严。为子弟者，更勿以为不足而听之藐藐也。

第一，衣服冠履

大抵为人先要身体端正，自冠巾、衣服、鞋袜，皆须收拾爱护，常令洁净整齐。男子有三紧：

头紧——不许歪戴帽子；腰紧——不许掩怀不扣，纽不束腰；脚紧——不许褪趿鞋袜。此三者要紧束，不可宽慢，否则身体放肆不端严，为人轻贱矣。

吾子不重，则不威，故威仪先要检束一身。身既端整，然后可次第及于他端。

凡着衣服者，俗谓穿衣。先提整衿领，结衽纽带，不可阙落；饮食照管，勿令污坏行路看顾，勿令泥渍。

衣服点渍，最讨人嫌。其尤易污衣服者，莫若饮食及行坐处；稍不照管，则油泥染渍，故自幼当留神。

凡落衣服者，必整齐，折叠箱箧之中，勿散乱顿放。衣着不免垢腻，须勤洗汗，破绽补掇之。尽补缀无害，只要完整。

衣服不在新旧，只要整齐。若衣折皱纹，纵横衿袂，便不壮观，又多陈垢脑油。虽整衣，亦觉不雅，此皆不勤，谨收拾之过。

凡盥面者，必以巾帨遮护衣领，卷束两袖，勿令沾湿。凡就劳役，必去外笼衣服，只着短便，爱护勿使损污。

凡日中着衣服，夜卧必更，则不藏蚤虱，不即敝坏。苟能此，不但威仪可法，又可不费衣服。

衣服乃饰体之观，不修边幅，其人便没出息。若子弟自小不爱惜衣服，一味遭遢，且专尚奢华，恣意拣择者，皆无福下流也。

第二，言语趋步

凡为人子弟，须是常低声下气，言语详缓，不可高声喧哄，浮言戏笑。殳兄长上，有所督责，但当低头听受，不可忘发议论。

子弟须自小，却其骄傲之气，殳兄教责，总不许强口逞辨。

长上或误检责，不可便自分辨，姑且隐忍。久却徐徐条陈，云此事恐是如此。向者当是偶尔遗忘，或云当是偶然，思想未到如此说。则无伤忤，事理自明。至于朋友分上，亦当如此。此即几谏之旨，异日入仕途，事上更宜如此。

凡闻人所为不善，下至婢仆违过；宜且包藏，不应便尔声言；当相告语，使其知改。

以上二条即成人所难，何况幼童？然幼童即当知□□而勉为之。

凡行步趋跄者，须是端正，不可疾走跳踯；若殳兄长上，有所唤召，却当疾走而前，不可舒缓。佻达之习，从小即戒。

第三，洒扫涓洁

凡为人子弟，当洒扫居处之地，拂拭几案，常令洁净；文字笔砚，一切器用，皆当严肃整齐。顿放有常处，取用既盥，复置原所。

凡器用毕复置原所，则随用取之必得。若混用乱置，再用不见，必致误事。

殳兄长上坐起处，文字纸札之属，或有散乱，当加意整理，不可辄自取用。

殳兄常用之物，子弟若用，必须禀明，许则用之，否则不敢竟用也。

凡借人文字及时送还。书籍成函，或数函或一函数册，每取阅毕，即叙入书函，次第排好，不可搁置别所，致于元书缺少一函、一函□（多册）、少一册，最为恨事，借人借与人皆当随手记簿，但不能记于壁上。

窗壁几案，书籍间不可写字，此最不雅洁，切宜深戒。

每见村塾中，满墙墨汁洒画；书籍封面及上格白头，随意乱写，最为讨厌。即此一端，知塾师与弟子皆没有出息。

第四，读书写字

凡读书须整顿几案，令洁净端正，将书册整齐放正，身体对书册；详缓看字仔细，分明读之，须要字字响亮；不可误一字、不可少一字，不多一字，不颠倒字，不可牵强暗记。只要多诵一遍数，自然上口。久远不忘，即生书百遍，温熟书亦要百遍。

多诵遍数，乃记书秘诀。如今童蒙读书，三日尽忘，只是初读时遍数太少，且不用心耳？

读书有三到，即心到、眼到、口到（笔者按：实际上，读书是四到，即加“手到”。手到是指好的词句需要抄写下来或背诵下来，甚至还要抄写全篇课文）。心不在此，则眼看不仔细，心眼既不专，一却只浪漫诵读，决不能记，记也不能久也；三到之法，愳到最急、心既到，眼口岂不到乎！

凡事非心到，不能成，何况读书乎！

凡书册须要爱护，不可损污皱折。爱惜书册，即是敬业，敬业者学必有成。

凡写字者，须高执墨锭，端正研磨，勿使墨汁污手，高执笔又钩，端楷书字不得令手指着毫。临磨墨时，务必先将书册纸张，远离砚台，以防点涴。磨墨歪邪，执笔不直，放纸不正，皆写字毛病。

凡写字未问得工拙何如，且要一笔一画，严正分明，不可潦草。初学总令楷书，不得逮带行草，即随便书写，亦不许一笔苟简。

凡写字宁须要仔细看本，不可差讹。简笔俗体，断不可为。如有差错及添注涂改，每字责一戒尺，更须按古法审定；下笔先后，不随意颠倒，自幼戒之，长必得力。

第五，杂细事宜

凡子弟须要早起晏眠。人家最坏的规矩是日高不起，夜半不眠。古人云：“一日之计在于寅”，寅时乃五更天，即为夏月是黎明。天尚未明即起，将应读之书。点灯诵读，则一五更，可及半日，再加一天□□。若书未有不读完者，日晡略歇，或更习他艺，掌灯以□□当偃息。养其精神，再起五更，逐日如此。习惯不觉其苦，到得鸡鸣，不呼自醒，不唤自起矣！先正集联云：“读书最爱五更初，是也。”

凡喧哄争斗之处不可近，无益之事不可为。乡邻争斗，虽闭户可也。子弟尤不可近前看热闹。无益之事如赌博、着箕笼鸟、喂鱼栽花、斩草演戏、踢球放风筝、打围斗鸡及蟋蟀、鹌鹑之属，皆劳神费财，毫无益于本分，而反废弛正务者也。此一条不惟童子当戒，即成人亦宜不近为。

凡饮食有则食之，无则不可思。饮食所以养生，必不可却，但厌菲求精，则为饮食之人矣。酒囊饭袋之流，未足与议也。

凡向火勿迫近火旁。不惟举止不雅，且防焚热衣服。自小勿学，冬烘先生派。

凡相揖必弯腰，古人谓拱手为揖；今之揖乃古之肃拜，童子与人拜揖，当立正弯腰，秉手打拱到地不可。但秉手当胸，略一弯腰与人高拱也。拱揖成人见，等辈之礼也！

凡对殳母、长上、朋友，必称名。不可竟自称我。试看《论语》中圣门弟子，皆自称名，正是对尊长之礼。今人不讲此久矣！对殳母宜自称儿；对伯、叔宜自称侄；对兄长宜自称弟；对朋友亦自称弟；即不称名，亦得体。

凡称呼长上者，不可以字，如今称人之字。单举首一字，辄称老某，必云：某丈，如第行者，则云某姓几丈。此长上，谓亲邻戚友中之年长，而尊者某丈，如云：张丈、李丈第行谓次第其晚辈也。如云：张二丈、李三丈之类。吾乡不用丈字称人；惟用于姑之夫及姊妹之夫。惟妻殳，则称丈人，其他戚友，直称伯叔，如：张二伯、李三伯、张二叔、李三叔及老伯、老叔、老兄皆可。

后辈习于狂傲，见前辈不愿尊称之，而浑于无称，亦有称你老者，此大非也。古人年长一辈，则殳事之。况本有亲戚、行辈之可论者乎！自卑而尊人，乃见其知礼。有何足恃而傲慢，前辈若是故。

凡好争长辈者，皆内不足者也。

凡出外及归，必于长上前作揖禀明。虽暂出亦然。出告反面子弟必宜行之，虽小勿忽。

凡饮食于长者之前，必轻嚼缓咽，不可闻饮食之声。吃饭而口中啧啧有声不休者，其人必奇穷。

凡饮食之物，勿争较多少美恶。子弟多，则接人数分食所摊多少，美恶或不均，不许争较，所以示让道，亦以安本分也。

凡侍立长上之侧，必正立拱手；有所问，则必诚实对，言不可忘。

凡人贵拱手，今人贵垂手，改为正立垂手；又古人与长上，周旋遵佩，垂佩委之礼。今人以直躬正立为敬，不得与长上虾腰，亦须知之。

凡开门揭帘，须徐徐轻手，不可令震动声响。奴婢亦当如此。

凡众坐必敛身，勿广占众席。古人席地而坐，故云“占席”。今皆坐椅凳，当云隅坐，勿居上位。

凡饮酒者，勿令至醉。童子即宜戒。其饮酒一杯，勿令陪饮。设不严禁，听其饮，但勿令醉，后将有不能禁者。潜之误事实甚，竟不饮可也。

凡如厕必去外，衣下必盥手。此亦防污务洁之意。凡夜行必以灯烛，无烛则止。君子不行暗处，防嫌且避患也。

凡待婢仆者，必端严，勿得与之嬉笑。与婢仆嬉笑失礼，体易致淫逸，不可不严。执器皿，必端谨，唯恐有失。惴惴小心如执玉，如捧盈，失之者鲜矣。

凡危险不可近，孝子不登高，不临深。

凡道路遇长者，必正立拱手，疾趋而揖。拱手，今作垂手，立于道旁，在长者之右，打躬请安。

凡待长上出行，必居路之右，返必居左。送长上登车，立于车打躬，迎亦如是之，今属员接送上官皆用此仪。

凡夜卧必用枕，勿以寝衣覆首。孔安国《论语》注疏曰：“寝衣今之被也。”大被蒙头，有疾举□□所为，童子忌之。

凡饮食举匙必置箸，举箸必置匙。食已则匙箸于案。置匙箸务令端正，如侍长上食，长上饭未毕，不敢先置箸于案而悬置于碗口，以待今人为客亦然。

以上五篇，若能遵守不违，自不失为谨愿之士。必又能读圣贤之书。从此恢志，上进入于贤人君子之林，无不敬者，故录为读书门之首。

□□端礼元儒：读书分年、日，程云：“八岁入学之后，每日止，读一书，至长皆然，随其资性。自一、二百字，渐增至六、七百字，日永年长，可近千字。而止每大段内，必分作细段；每细段，必看读百遍、背读百遍，又通背读二三十遍，后凡读经书仿此。”大抵小儿终日诵读，不惟困其精神。且致习为悠缓，以待日暮，法当办完遍数，即暂歇少时，复令入学如此，可免三者之患。

叙小学生当如此。生书不读足数遍也，到底生滋不能久记，再温亦难。开口即读，二百遍，则已熟极，便定终身不忘。暂歇之法亦好，牛古临谓生书，即读二百遍，其势颇难。拟改为生书百遍，待温再百遍，共二百遍，其说录于后。每夙兴，即先自读、已读册首书，至昨日，所读为一遍。生处、误处记号，以待夜间补正遍数。

凡册首，书烂熟；无一句生，误方算，工夫已到，方可退在平日已读书内。轮流背温，如未精熟，遽然退混诸书中；则背温渐疏，不得力矣。

凡背读熟书，逐字逐句要读之，缓而又缓，思而又思，使理与心浃。

凡已读册首书，即生书前半本已读过者，每日待背，不必三日温。榕门陈相国文恭，公谓读书必须成诵，熟读而未能精思者有之矣。未有不能记忆而能得者也。今之课读者，初读生书时，学生强记；以塞责先生，以能背而即止。逾时渐忘，后来即加温习已。须多读遍数，重费工夫。迨读书渐多，工夫渐少；温习难篇，多所遗忘。继以温理苦难，师生皆以为畏；直至废弃旧书，等于未读，则前功尽弃，终身无精熟之书矣。

看读百遍，背读百遍之法，似乎迂苦难行；不知百遍之功，中材皆能熟记。背读百遍，尤能牢记。不至趁口读过，亦收放心之一法也。又复连前待背、每日温背。

虽勤苦于前，终收效于后；前辈云："读生书，莫待温时，熟言初读时，必使透熟，终身不忘也。"又云："读温书，好像生时读，言已精熟，惟恐趁口读过，必须字字分明，句句体认，如读生书也。"

总之，识一字、明一字之义，读一句、受一句之益，则工夫不致浪掷，终身受用不尽矣！按此两段，极言初学，读书利弊，凡为父兄及训蒙塾师，皆当切戒而遵行之。

师授本日正书，注曰："须多授几行，以备次日有故，及生徒众，不得即授，可先自读，免致妨功。"点定句读，注曰："半句谓之读，凡可顿、注者皆加中点。"圈发假借字音，注曰："不读本音者，皆发圈，由左角向上旋右，按定平上，去入圈之。"

令面读仔细正过，注曰："授书先令，自读其不识之字，或讹音讹字随即证明，勿遽自己先读，学生随读。"于内分作细段，随文义断处，多不过十数句、少五六句，用朱笔勾记。师记起止于簿，还案每细段，看读百遍、背读百遍，句句字字要分明，不可太快。注曰："记遍数，用两红纸条，一条写一、二、三、四至十数，一条写十、二十、三十、四十至九十、一百之数，皆自下往上写，将纸条夹于所读书册内。每完一遍，即抽一、二、三、四等十数纸条；一字每完十遍，即抽二十、三十、四十等百数纸条。一字俟抽完一周，续上再抽。"二百遍足换读如前，宁剩段数，勿省遍数，仍通背二三十遍，不得兼读他书及省遍数。此外又有设筹记数之法，师亦便于查考。见唐翼修善诱法，另录于后。

师授讲说，平日已读书，不必贪多，字求必训。注曰："先逐字讲。"句求其义，注曰："次逐句讲。"注中无者，或注有一、二，分明自己不知者。便检韵求之，注曰："今宜查《康熙字典》。"不可杜撰以误人，注曰："杜撰谓臆说。"宁以俗说、粗解却不妨，注曰："不可含糊说过。"既通说每句大义，又通说每段大义，即令自反复说，面试通乃已久之，才觉文义粗通，能自说。即使自看注："沉潜玩索，使来试说，更诘难之，使之明透。"

凡读书，师不听其自背；必不肯读会，不令其自说；必不肯解会，故背书回书。虽生徒年长，亦不可放过。小学生写字，子卯所展；千文大字，为影格止。令影写，不得惜纸于空处；令自写，以致走样。影写千文之后歇，读书一、二月，以全日之力；通影写一千五百字，添至二千、三千、四千字影写之后，又使对临；以全日之力，写一、二月，他方能写多，运笔如飞，永不走样。

童蒙初写字，先教以执笔、用笔之法：双钩悬腕、让左侧、右虚掌实指，意前笔后，此口诀也。执笔勿遽成字，先画太极图，注曰："用大笔帽，印成圈子作仿影。"令其一左一右，回环画之，俟其能圆，接处无痕，然后按"永"字八法，先将各样点法，一一学写，注曰："点有十八法，照定中帖，用双钩法，钩出另填墨。"师须指导，抢驻顿挫等法。

俟其会写点，再写各样横画，亦如之横画，注曰："有六法。"以至竖画，注曰："有十二法。”钩，注曰：“钩有十六法。”挑，注曰：“挑有六法。”撇，注曰：“撇有八法。”折，注曰：“折有十二法。”捺，注曰：“捺有六法。”皆如之，然后学写偏旁部首与字头，渐及结构，注曰：“有八十三法。”渐及排行，由字画少者，添至于字画多者，此以渐而进教不躐等之道也。俗学先教童蒙描红，写上大、人等句，及一、去、二、三、里等俗诗，何益于童蒙乎！或谓字画少、易写。若其中“尔”字、“礼”字，何尝画少，或写作“尔”“礼”简笔，则从小教，以简写，先入主。彼将不知“尔”“礼”为正写矣！

每写一字，须另认识音义。偏旁字头，下笔先后，皆须考正。赵字圆活，不如颜、柳、欧、褚大楷字，有筋骨锓棱，学不坏手。初学者，专习一家。将大张墨榻碑本，割成仿影，用细油纸及薄竹纸描摹之；摹成大楷之后，始成小楷，亦用此法，则用力少而成功多。注曰：“坊间有摹刻褚、欧，十文，最宜于初学者。”

凡温书，必要背读，才放看读，永难再背，前功废矣。如背读忘处，急用遍数补之。今俗师教书，只令看读，不令背读，故终不透熟，背读亦须足遍数方可。注曰：“举业通时文，尤莫妙于背读。”但有一句，不从心里过，却不得算一遍。

凡已读书，一一整放在案。周而复始，夏月露坐，自可背诵。勤于读者，不必定在学房对师友而后读。即行走坐卧，无时无处不可默背。念念在心，刻刻不忘，乃谓之好学。

凡看书，字求其训，注曰：“不得一字略过。”句求其义，注曰：“不得一句混过。”章求其旨，注曰：“章节亦求节旨。”每一节十数次，涵泳思索，以求其通，又须虚心为本。如遇说性理，深奥精征处，不计数次，直要晓记得，烂熟乃止。如遇典制故事，必须检寻原书，看过明白方休。

看书遇难解之处，不妨是夜思之。必心与理洽，了然无疑。然后，再看其他。若略观大义，不求甚解，知其然而不知其所以然，最是浮浅人毛病。过典故，非查看原书。必不能通彻原委，万勿惮烦臆说，以致自误，或误人子弟也。注曰：“查检之书，塾中不可不备。”

凡玩索一字、一句、一章，分看合看，要析之极其精；合之无不贯，去了本子信口分说，得出合说，得来方为烂熟，不必贪多。只要自得，先看者，要极其精透，未看者一节、易一节工夫难矣。学生多惮于看书，不知书理不通。作文岂能得窍？看书之法，不外“分合”二诀：分看者，逐字分开求解也；合看者，先将逐字联合，次将逐句联合也。非“分”不能详其理，非“合”不能贯其义。

师与之讲说，全要自己体贴会悟，方有得于心，终身不忘。否则纵能强记于一时，必且恍惚于后日，心悟颇难，浮躁必不能悟，须沉潜玩味，能悟得三五句后，其余便易；能通得三、五章后，其余亦易，所谓一以贯之也。看《论语》是此法也；看《孟子》亦是此法也；看《中庸》又是此法也。由此而看经、史、子、集，只此“分合之法”，触处洞然矣。而其要，只在能用心。王文成公，注曰：“守仁世称阳明先生。”训蒙约云：

“凡授书不在徒多，且贵精熟；视其资禀，能读二百字者，止可授一百字。常使精神力量有余，则无厌苦之患而有自得之乐。教童蒙先要令其不苦难，故以□□□□，务令读得烂熟背时如瓶泻水，比贪多不记者，有苦多矣。”①

近世训蒙者，惟督以句读课仿。不知道之、以奉养之、以善鞭挞绳缚。若符拘囚，彼视学舍。如狱而不肯入视师，传如雠而不肯见；窥避掩覆，以遂其嬉游之。设诈吊诡，以肆其顽鄙。庸恶陋劣，日趋下流，求其善也得乎！此段道尽村学究教读流弊。

崔又尚，注曰：“学古姑熟人。”幼训云：“训教童子，当用好言劝谕，使知读书之高。勤于教导，使不惮读书之苦。徒事怒斥扑责，不惟无益，且有损也。为师难，为蒙师更难。蒙师得，则后日易为力。蒙师失，则将来为功。”

训蒙之道，只在能勤、能耐，专用扑责非法也。童子初入学，师能使之乐而不苦，则得其道矣。八、九岁稍长，或可用威；在一、二月或半年一用，方足示威。若久用不止，必致耻心丧尽，顽钝不悛矣。

责学生使之服，知其真不用心而后责之，则心瑕矣，又当使之有耻。开其自新之路而从宽焉，则知耻矣！十四五岁，尤为邪正关头。正养、中养才之候，其要只在收放心。勿使稍涉外务，遇聪颖者，单用善言警悟，即遇顽钝，亦加扑责，扑仍用好言劝谕，令其知悔。扑作教刑，是以教为主；以扑辅之、扑之后仍用教，则扑不徒施而其教必行。教弟子只费口舌之烦，讲贯之详；督课之勤，兼以自己；持身之庄，出话之正；弟子见，自然知悚，断不在恐吓扑责间也。

此谓以言教，又当以身教也。不得已而用责数，则不威，亦致玩，故不责则已；责则须重，或预约人劝解以留余地；又必有其候，空心勿责，亦饭勿责；毋乱责头面，毋出其不意，从背后掩责。凡此皆足致疾慎之、慎之。此言责学生亦有道也。

学生从前懈弛者，初至时，须缓缓约束。三令五申，俟其心启，乃切责之，不可性急。性急人作不得蒙师，性懒人亦不得作蒙师。为殳师者，不量子弟之资禀；不顾学问之生熟，惟欲速成；必用助长，不知工夫有序。何可揠苗遗害，不必心急于一时。而在操功于悠久。日复一日、月复一月、年复一年，毫不放空，亦不逼迫忧而游之，使自得之。自然慧性日开，生机日活。

欲速成三字，最误子弟。试思天下万事万物，哪有速成之理。只要挨排工夫，循序渐进，一年三百六十五日，从有间断，有不成功者乎！事物成之太速者，必不坚固。子弟读书亦然。故少年发料谓之不幸，而况揠苗助长，尤多陷害哉！注曰：予题书院一联云：

“举业不难成，须年年课做百篇，文背百遍；

工夫要无间，在日日鸡鸣五夜，月转三更。”

古之命将者曰：阃以外，将军制之；阃以内，寡人制之；延师者，亦当曰馆，以内师傅制之，馆以外殳兄制之；使殳兄面欲，操师傅之权；固令先生短气，即师傅严于馆而殳兄狎于家，亦为寒相间。殳兄不溺爱者，其子弟易教；否则既纵儿懒，又责师功，两相龃龉矣！

某某（先生或殳师）扑责非无威也。手恭足重，非无仪也。而学生往往不服者，何也？以稍假言笑耳，平日师生间谈家常事、馆外事、问答嬉然亵矣。虽复威之、仪之无庸

① （清）周百顺．读书门法［M］．同治十年刻本．

矣！故除讲贯训诲外，不交一言、不示一笑，为立教第一关。师严而后道尊，不苟言笑，惟师能之，父兄则不能矣。易子而教职，是之故。

学生极慧者，摘其短，以抑之，则不骄；极钝者，举其长，以扬之，则不退。幼者，加以礼貌，则不鄙。稍长，励以蒙功，则不佻。此进退、反正互用之法。慧者，易于见长，面曲摘其短，则不敢自恃其聪明。以傲人钝者，易于见短，而亟道其长，则不致自馁其逸笨，以社已。

待幼童使知、习仪称字，则志必远大。待弱冠，仍令理书背回，则功必切实。学堂设一册，记诸生功过。逢十会察，除功过相抵外。行赏罚例，注曰："赏则纸、笔、墨、扇之类；罚则立、跪、责三等。责亦分轻、中、重三等。"先定赏罚，格悬之座隅，务期信赏必罚。赏罚行而后知劝惩教学之道，即为政之道也。儿童读圣贤书，不知敬重，以致墨污指损，糜烂不堪，皆师之过也。儿童初入学，即教以爱惜书册，犯必惩之，可免吃书之弊。

书忌口传，不论学生敏钝，教至数十遍，师口一停，徒亦默然者。不知儿童止用口耳，不用心目。虽滔滔背诵，倘指摘一字，则茫无以应也。必俟认字数遍后，口授十数遍，或数十遍；在数十遍中，每教两三遍，须令自读一遍，再教。如：八句一节，教四句；成诵后，再教四句。又遇资质之钝者，须逐句教一遍；令本生自读五遍，方教下一句，教完一节，又通节教五遍，或十遍或数十遍，自能成诵。切勿因其资质之钝者，落口传恶习，到成诵后，师须静□差，则提之。此处一宽，后来大为费力。

生书每日须正四五次，每次必念百遍。又将前四日书分四次，每次必念二十五遍。然后带背，何患书之不熟也。生书读至二百遍，未有不透熟者；敏者百遍，亦可开头念熟。带背最易，且可持久不忘。若本日有事，未能念足遍数，次日宁可补足，断不可迁移。蒙师往往以稽查为难，以听背为烦。生徒若多，更觉烦苦。不得已有掣签背书之法。师虽偷力，徒则全理矣！学生多而又参差不齐，只好掣签背书，回书掣得者，或令默写，亦可不必全背全回，学生则不敢不预备、全背全回也。

逢十总背十日书，限午前背完。注曰："体力弱者令坐背。"下午念生书，逢二十；总背二十日书，作两日理完；逢月晦，总背一月书；作三日理完，皆限午前逢季，总背一季书，作五日理完。

凡书念完一本，则通本皆一遍。年终将一岁书，总理一遍。照此读去，日计不足，月计有余。今人惮于烦难，每一书念完，通背后永不再背。久而全忘。与生书无异，前功尽弃，岂不可惜？

古人驭吏之法，句终则令。正日成，月终则令；正月要，岁终则令；正岁会，日有月总；旬有旬总，月有月总，年有年总。后世作买卖、理家计，皆用此法。则今用之读书尤宜。

背生书后，掩卷默写。忌写破体俗字，遇重字不许用两点，须连写两字。若写颠倒，不许上下挑剔，须涂脂抹粉，一字另添于旁，注曰："凡写诗文皆当照此。"每次背完生书即令默写数句。次早总背完，可令默写一、二节。蒙童不能默写，每背完生书，师须命其以指画三、五字于案。

默书断不可缺工夫，否则学生必不用心记字。字戒简笔俗体，须按字之本体正写，或帖写之可从者。注曰："坊刻《十三经辨字》及《辨正通俗文字》皆当购阅。"添注涂改，小试及大关，虽无大碍，而殿试朝考，则必不取。自幼习惯，不许有俗体字，不准有差漏字。到得中会之后，自然得力。注曰："凡得鼎甲，入馆先及获选拔者，皆善书之士。"

凡课读，必兼理熟书，不得一本放空，各随其生熟而多寡之。随读随理，旋转不穷，书无不熟矣。理者，照管之意。犹俗云："料理。"及不理人之意。理之则愈熟，而相好；不理，则生疏而愈矣。

凡书日久读多，势难兼理，今设为理书之法。如读《大学》已完，进读《中庸》，是中庸为生书，大学为熟书。第一次理半版、第二次理一版、第三次理二版、第四次理三版，必至通本背乃已。注曰："一版即一页，俗谓一章。"然不可停止，照前原理，或三版或五版，各随其生熟而多寡之。

读《中庸》半本之后，须将前半本从头理起。照理《大学》之法，读上论，亦如是之。上论不必半部读完，读至二篇，即可从头理起。每完二篇，法即如前。

下论两《孟子》，理之亦如前法。读完《四书》，进而读经。然后，可将《四书》分作四本，学《中庸》上论作一本，下论作一本。《上孟》作一本、《下孟》作一本；每本或三版、五版各随其生熟而多寡之。读经，亦如读四书法。无不熟之书矣。

此法简易可行，大抵学生读书。资性能读多少，读过之书，何生、何熟？师须深悉，代为算计，而令之理起，循环背诵，总以不忘为主。师徒口耳相接，生涩差讹，切勿放过。然吃紧，在读，不在背，忽于读而慎于背晚矣！忽于初背而慎于温背晚矣！

凡书初背不熟，须令再读。初读差错，必令即改。再三不改，务必责之，使之熟易，使之改难，师须留神。

子弟八九岁时，聪明渐开。当随其每日读之书，即与逐字、逐句讲解。虽资性未敏者，日与讲解，久之亦可渐晓。今之训蒙者，但知教人念歌子。字且不识，何论文义？

凡训蒙须讲究，若常以俗说，印证书理，为之讲解，无不可悟入处。注曰："开讲先从解字起，然后教之联串。"初学写字，须方广一寸五分。注曰："古尺，当今二尺六寸二分五。"最忌即临小字，致它年有局促之病。初学先习大楷，以古帖为宗，不可专摹时下字。

对偶一项，辨平仄、明虚实，为将来对股吟诗。作表启，四、六对仗，张本亦当究心。学对，先从极易对者入手；由一字、二字对，渐添至三、四、五字对；由正对、板对渐变至活对；借对，再举前人现成佳句，令其自对。然后，示以原对，以开其悟，由五言以至七言。由白描，以至典故。不数年，可入诗家之门矣。注曰："作诗，亦文人不可少之事。况大小试，皆重排律。童子学，有余力，即当涉及汉、魏、唐、宋，古今体诗，使之带颔。"

属对之法：

一曰：训字。先取对类，中要用字眼，训明意义。戒本生，勿轻查对谱。须先立意，方以训明字凑成；勿轻改、勿轻代作。

二曰：立程。须多选古今名对，细讲熟玩，方可教习。

三曰：增字。假如出一“虎”字对，对以“龙”字，若于“虎”上增一“猛”字，对亦增一字曰“神龙”。“猛”字上再增一“降”字，对亦增一字，曰“豢神龙降”字，上再增一“威”字，对亦增一字，曰：“豢神龙威”字，上再增一“奇”字，对亦增一字，曰“异术豢神龙”，从此类推，可增至七字，句为通文理捷径。

四曰：句眼。昔人以“轻风柳絮”“明月梨花”二句，令人于中间补一字，推敲再四，如“吹”“飘”“照”“映”等字，俱未妥。

惟用“扶”字、“失”字，方为“轻”字、“明”字传神，此类推有眼在中间者，有在首尾者，有在首二字者。□有第二字者，不能尽举，注曰：“练一虚、活字为句中之眼。盖凡对不难于对实字，而难于对虚字也。”

五曰：改旧。如昔人以“梨花院落溶溶月，柳絮池塘淡淡风”二句，令人改“溶溶”“淡淡”四字。

六曰：生活。“明月”对“清风”，“绿柳”对“红桃”，何尝不工，但太熟、太板，便欠才情。必如昔人以“李白”对“桃红”巧而新矣。然“李白”是人名，尤不如以“杨朱”对“李白”为更新巧也。又“玉女”对“金夫”，注曰：“见《困学纪闻》。”用经巧矣。然“玉女”中，“女”字当作“汝”，对以“金吾”，则更巧而典，且假借字面对更活。

诗人属对，往往有人巧极天工错者，初学且不必求巧。只要渐生其悟、渐启其才、渐博其学，久之自有巧处。活处若遽求其工，非才子不能，安得学生皆有才之子哉！学生智识初开，宜取古人嘉言善行及史书故事。果报彰彰者，闲时与之讲说，足以悚动心志，感发天良。注曰：“朱子小学一书，宜与之常看常讲。”又为之广训，如“当食”：则训以“盘餐辛苦”。“见客”，则训以“礼貌”“谦谨”。又如：看一匾、读一联，见一挂幅，则训以字出何书？所取何义？又如：执一器，用一物，则训以造自何人？始自何时？或因一物而旁通它物，或因一事而援引数事。随机利导，可令见闻扩充，更当教以惜字。纸米粒，以培教养之源，随在教导。因其所知，而推广扩充，则学自博。为殳师者，能不惮烦。子弟未有不极，有进益者也。

第三节　儒家圣教：读书门法（二）

吕新，名坤，字简叔；明侍郎，本朝从祀。文庙社学要略云：“子弟读书，大则成就功名，小亦识字明理，世间第一好事。”有等昏愚殳母，有子不教读书。邪心野性，竟成恶人。做盗贼，犯刑法，皆由于此。曾见明理识字之人，肯为盗贼者乎！

今后子弟，可读书之年，即送社学读书。纵使穷忙也，须十月以后在学，三月以后回家，如此三年，果其材无可望，令之归农可也。乡间社学，注曰：“即今义学，官设、私设皆可。”以广教化子弟读书，务在明理。非必令农民子弟，人人考取科名也。然而，田舍郎，登天子之堂者。竟有之矣。学中以长幼为先，序就齿数。除系自亲，本有称呼外，其余少称长者，兄长呼少者；弟，行坐出入，必依次序：

一禁成群戏耍；

二禁彼此相骂；

三禁毁人笔墨、书籍；

四禁挑唆倾害；

五禁恃势凌人，犯此五禁，比读书不会加倍重责。

凡学馆当先明禁约，五禁乃学生之易犯者。学者立身、行检为重：

一戒酒色；

二戒口馋；

三戒村话淫辞；

四戒爱人财物；

五戒讲人长短；

六戒看人妇女；

七戒交结邪人；

八戒衣冠华美；

九戒捏造是非；

十戒气高性暴，犯者加倍重责。

十戒不除，读书何益?

凡学馆中，当写与五禁同揭示于壁，三令五申之有犯必惩可也。童子每日早起，向殳母前作一揖，问今夜安否?然后，上学早饭、午饭回家，见殳母又作揖，问曰："饮食多少?"晚上看殳母卧处，待殳母睡毕而后退。殳母怒骂，跪而低头，不许劲声强辨；殳母勤劳，即来代作；殳母久立，忙取坐物；殳母呼人，接声代唤；殳母疾病，煎汤尝叶。此虽人子未节，少年无须日习。

此即礼所谓出告反面。昏定晨省，劳而不怨，等事在君子以为未节。然求之今日，即未节亦不为矣。欲复古礼，当自童子始，注曰："富贵之家，童子必有保姆，自三两岁能言、能行之后，即令保姆照此教之人学后，师又教之，则习惯自然不难能矣!"

夫乱之所生也。性礼可以已之，礼之所行也。惟孝弟，可以先之礼，所以明尊卑、辨长幼、知亲疏也。尊卑既明，上下必辨，长幼有序，而亲疏有分。人人如此，天下岂有犯上作乱者乎!

今人以此为迂而不行。不知此，并非难事。只要教儿孙，自孩提如此。立定规矩，不许变更。殳母以此齐家，师长以此示教。相观而善习与其性成，为人之本得矣！读书之基立矣!

人行步要安详稳重，不许跳跃奔趋。说话，要从容高朗，不许含糊迫促；作揖，要舒徐深圆，不许浅遽；侍立，要庄严静定，不许跛倚；起拜，要身手相随，不许失节；衣履，要留心爱惜，不许邋遢；瞻视，要静正安闲，不许流乱；在坐，要端严持重，不许箕踞。注曰："开股、蹻足。"有违犯者，罚跪；再三犯者，重责。此虽细故，而所以闲其放心者，即在于是。教童蒙者，时刻察之，违者必斥。则学生纳身于礼，即是进益，又况果能如此，未有读书无成者。

每读书，就教童子，向自己身上体帖。这句话与他相干不相干?这章书你能学不能学？将可法、可戒处说，与他命之省惕。他日违犯，即以所讲之书责之，庶几有益身心。此法最为切近，即如弟子一章，先就本义讲完，再将现在你为弟子，如何便是孝弟？如何便是谨信？如何便是爱众亲仁？如何便是力行学文？深切指点，再将如何便不孝、不弟，如何便不谨、不信，如何便不亲、不爱、不力行、不学文，反复警戒，嗣后遇学，徒行事，有合于孝弟等项者，其不合于书中某句，而对众责罚之。

如此讲一章书，受一章书之益。知行并进，始基于此。此古者，教人之法也。非徒诵读而已也。注曰："不独弟子章，与童蒙身上易贴合，即他章，言他事者，亦可教童蒙学着去做。"

教童子，先学涓洁，砚无积垢。注曰："常洗。"笔无宿墨。注曰："常浣。"干笔先着水润。注曰："用铜笔帽，则笔不干。"蘸笔只着水，皮书须离身三寸。勿命拳揉手，须日洗两番。注曰："早起及饭，罢皆当洗。"休污书籍，案上书，休乱堆斜放。书中句，休乱点胡批。学堂日日扫除，桌椅时时拭抹。每见乡村学塾，地下案上，灰尘草芥，纵横狼藉；书籍颠三倒四，杂乱堆积；砚内宿墨多厚，从不洗刷；满墙挥洒墨汁，满案汸漱浣墨痕。先生不之禁，学生不知戒秽污之形。令人不忍注目，不问而知其读书之无益矣！古人窗明几净，笔砚精良。坐卧其间，顾饶清趣。雅俗之分，即贵贱之别也。

念书初要数字。次要联句，次要一句，紧一句，眼眈定。注曰："音凝视也。"则字不差，心不走。则书易人，句渐紧；则读易熟，遍数多，则久不忘，此读法也。即朱子眼到、心到之说。讲书，不可就讲。先令将注贴经，自已体贴一番，命之回讲。然后，与之一一细说。命其再看复回，不知再与之讲，庶几有得。

此法最好，予每恨学者，不会看书，而思命之先自讲。然后与之讲，今得此说。益信拙见之不谬，而惜乎！曩昔教学，未尝行也。初学作文，要出极明浅，易于发挥，题目作不得。细讲一遍，仍命作此题。一题三作，其思必进，其理自通，胜于日易一题也。题理深奥，及费手法之题。俟其通后，再作不迟。初学文，先出极明浅易作之单句题。教之正、反、开、合，次第浅深，转换分股之法。俟其明顺，次出截上题；教之抱上，撇上之法。俟其明顺，次出截下题；教之照下，勒题之法。俟其明顺，次出截上下题；教之仰承俯视之法。俟其明顺，次出截上下两截题；教之"钓""渡""过""挽"之法。映下绾上，侧注消补之法。俟其明顺，再出整节全章，两扇四排，或连章，或隔章，截搭等题；以尽其变，以其才思之敏钝，为岁月之多少。勿急于求通，则有视规矩次序，遵循易，而思虑专断，不可凌节以施，此法未明，又及他法也。

读文须选前辈老程文，极简极浅、极切极清者。每体读一两篇，作文之日，照读过文法者出题，庶易引触。初学读文最不易。选高者，彼必不解；浅者，又易入俗。当以明文中，清简有笔致者，与之开读。王罕皆先生八集，所选启蒙式法。乃初学正轨，其余兔圆册子。注曰："如坊间所刊《开山集》，引蒙一笑，及二三十艺，童子升阶之类。"断不可寓目。此等文毫无意味，又无笔格，只一味清滑。初学读之，先入为主，坏了手法。后来不能吐弃，一俗到底，终无出息，真是可恨。曩见鱼台散人，所著训蒙，指日可通。有古人云："读时苦其不能记，通后苦其不能弃，亦谓恶滥时文，不宜入读，谅哉斯言。"

读书以勤为先，童子不论。离学远近，俱令平明即到。注曰："晚到者，必罚。"背书完。注曰："到齐即背。"读生书，注曰："即正即读。"吃早饭后，略命出门松散一二刻。注曰："不许出外门，只在书院中。"然后，写仿讲书、看书、回书毕，仍读生书。午饭后，再令出门松散一二刻。温熟书，讲读文诗。日落时，分班对立；出对一个，破题一个，即与之改正讲明。然后放学，日短上灯。注曰："秋分起，立夏止。"三八作文及诗，按日按时，无间工夫。幼童脾胃弱，饭后不可静坐。恐食不消化也，略松散一二刻；不妨每日遇童子困倦时，亦可命其出门松散一二刻，以调理脾胃，回来抖起精神，读一读。不然勉强支持，则任口呻吟，不如不读。勤而不间，乃读书之秘诀，无他巧法也。

程梓庭中丞[①]，注曰："祖洛安徽人，己未进士，河南巡抚。"批示大梁书院卷云：

程梓庭像

"凡教子，先令多读经书。"读有得，再令作文。教作文，又须先令学"破"、次学"承"、破、承明顺，再做起讲；起讲已通，再做起比；以次及中比成篇，成篇后先试。以单句题，次试以截上、截下句题；截搭小题，待其有成。然后，试以大题、长题。[②]

读文先授以前明中叶小品，次授以本朝名家小品。然后，授以天崇大家名作，待其有成。然后，令读大清帝国初诸老之文，暨乾隆以前名墨。自作破承以及成篇，即有大聪慧之人，亦须学以二年；中人之质，或三年、五年。非通顺不可，成篇学诗亦然。注曰："先读汉魏古诗，次读唐人五律，次读唐人试帖诗，次读本朝名家试帖及乡会试帖诗；先学五绝，次学五律，次学六韵，次学八韵。"孟子所谓盈科而后进胡氏。所谓不躐等而进是也。学可问世，方令应试；试或不售，专心再学。如文章不能应试，不可遽令观场。人无分心，学始有成。圣人所谓不患莫已知，求为可知是也。

初学从明文小品，唐诗五律入手者。所作诗文，必不俗断，不可胡乱杂投，以致误人子弟。古人教人皆由浅入深、自易求难，循循善诱，教不躐等。虽孔子亦是如此。梓庭先生之言，亲切明当。为殳师者，皆当遵之。

家塾课读门径云："侯官谢学博。"[③] 谓读书处馆，当以误人子弟为忧，专其心于教童子。读经书，必与讲说，先自用心研求。讲说，词理不顺者，更加研审一番。如此反复，则子弟所得者二三分，而师之所得者，已六七分矣！故留心教人，则经书自不至，荒何便如之。惟身虽处馆，而以功课为厌。苟且了局者。频年处馆者，弟子无得，而师亦无耶！

---

① 程梓庭中丞即程祖洛，字问源，号梓庭，安徽歙县人。嘉庆四年（1799 年）进士，时任江苏巡抚。1831 年 4 月，林则徐任河南布政使。江苏水灾，曾任江苏按察使的林则徐为江苏代买河南米麦，8 月 21 日，林则徐调任江宁布政使。程梓庭中丞以此砚留别，越三年始镌铭砚侧，时道光庚寅冬月中瀚。

② （清）周百顺. 读书门法［M］. 同治十年刻本.

③ （清）梁恭辰. 北东园笔录续编（卷二）. 侯官谢退谷学博曰：今人读书多不免于处馆，或以为迫于贫而妨于学，其实非也。既处馆，则当以误人子弟为忧，如教童子读四书、读经书必与讲解，自家不了然于口，不得不先自用心研究。

不数年，以求馆之难，为怨圣矣。故贫士处馆者，而立身行己，于此规焉！前程通塞，于此定焉！语云："学而不厌，智也；教而不倦，仁也；由其不仁，故终于不智。"按此论，即此是教，即此是学。好学之士，自不荒功，而于学生有益，两得之道也。特患为师者，不好学，懒散习成，必致人已尔失。又或只自用功，不理学生所读之书。视子弟功课如弁髦，则又与于不仁之，甚者矣。

处馆以馆课为公事，自己写作，乃私事也。先尽公事、办公事、不完不掺入；一点私事、候公事，一切清理。如有余间，可令学生略松散。而师得以自治其事，其余事同于公者。即以公私兼理之如此。自不废弛，学生工夫，而师亦自进。

今之为师者，舍学生之功，而自用其功，犹之可也。乃至抄写无益之闲书，写画无用之字画，雕庄无趣之玩具。不则邀人下棋，游学闲谈，甚至斗牌会饮，而绝不理论。学生之功课完否？迨至年终解馆；仍望东家之留不留，又怨失馆之苦。于是免人转茬，而人皆不请。游手于家室，人交谪者，比此也。吾未见用心，教读而失馆者也。

谢氏又谓或问寒士谋生，只在处馆。今馆师多而馆地少，求馆甚难，奈何？曰："子以为师多馆少。"以仆所见，则居今之世馆地最多。馆师最少，认真读书之家，意存培植子弟，有终年延访，而竟不得师者矣乎！常之家，送子弟附学，虽不求功名，亦求识得几个字，乃环顾书馆先生，无一可者。苟有可，众将求我，何须我求人哉！

今之馆师者，逐逐以不得馆为苦，而不知东家以不得师为苦也。按读书之家，苟得名师，奉之如席，珍敬之如神，明以为子弟之礼。令人钦仰如此，若谢氏所云："乃学校中之游手耳。"借设帐为谋生，以课徒作酬应，只论束金，不计功课，独不思少年子弟，一刻千金。今年迟误，来岁何补人家子孙之贤否？在此，气运之盛衰，在此成就人家子弟，即是培植自家阴德。顾为师者，勿蹈谢氏云。

此言寒士，果真尽心教读。人自厚币相延，事关人家兴败。师当大积阴功也。从来教学发迹者，皆是此等用心。予虽不敏，即其明验矣。注曰："予自二十一岁，训蒙至今四十年间，除在官之日，皆教人之日也。"训蒙最为难事。无知识之童子，使其入馆。读书，其戏玩浮动之心。不能除屈，抑驰骋之气，不能下。如：泛驾之驹，岂能习服羁靮哉？素有内教，尚知读书分为内事。若素无内教，几不解读书为何事？而为之师者，诱之、奖之、约束之，使其渐入规矩之中。而后教以读书，亦已难也，即渐就学规矣！又岂肯自己即读？先生眼不看，则手足乱动；耳不听，则顺口错讹；精神不专注，则戏玩怠惰。种种情状，随时而来。是先生之耳目精神，无时不在学生之上，而后肯成诵也。训蒙所以难也。

此言初入学之蒙童，情弊种种。难制训之者，不可不时刻留神也。又要时时揣度，童子心事性情。为之分别施教，忽加奖励、忽加呵斥。动其鼓舞之机，摄其浮动之气，并留心察其疲倦，使暂游玩，以适其天趣。随时指点，以启其性灵。本诲人不倦之怀，寓诱掖奖劝之妙。常令童子胸次活泼、无拘束之苦，如：或疲玩不悛，施以夏楚之威，便从动自新矣。全在为师者，宽严有术，因人施教，有许多妙用。所谓神而明之存乎其人，则训蒙之师，又岂易求耶！此一段指出训蒙妙术，而示以随时。因时材之道，非但俾之成诵而已。

为蒙师难，求蒙师尤难矣！师以成就人才，为积德盛事，非游客谋食者。可比为人殳兄，以子弟付托于先生。先生受人之托，而代为之教育其子弟。是子弟之贤，不肖皆在于师。师之责任甚事重。为殳兄者，应卑礼厚币，不以常师相待。为师者，亦当尽心教诲，不自同于俗师。非按日课读，便为无旷厥职也。

此极言蒙师之重，师束皆当各尽其道也。迂板者，不可为师；放违者，不可为师；好酒喜动者，不可为师；性情乖张者，品行不端者，尤不可为师。为人殳兄，勿自误其子弟，而不知择师也。此言蒙师得人之难，延师不可择，苟得其人，岂可轻忽哉！师固以学，优善教为上，而尤以品行端方为主，慎之慎之。苟非其人，岂但不能读书哉！金坛于得与先生训蒙四则：

一、明句读。语气已住为“句”；点在旁，语气略断为“读”，点在中间。

凡圣贤语气，须从句读中理会。好文章，亦从读清句读。中间得来，且句读清。则文气便无隔碍，而行文之法自见。从小读书，便知句读层次，则将来读文，如驾轻车熟路。不多岁月，而文理可就矣。

愚按《四书》中半句者，谓之“读”；整句者，谓之“句”。亦有一连两三句，或四、五句，到语气完全处方为一句，则上数句亦谓之“读”。末一句，方谓之“句”。又有半句中之半句，或半句中之上一、二字，或整句中之上一、二字。

凡可顿断之处，即谓之“读”。如此分析，学生自无囫囵吞枣之弊。其点法，当于半句中，开加一小红圈，整句旁边加一大红圈，而于半句之半句，或上一、二字。

凡可顿断之处，则读何处一句？又知何处一连数读？何处为一大句？何处半气读？何处一气读？何处不可住？何处可住？则抑扬顿挫、按腔合板、易通其神理矣。必不可滑念混读，不分句读层次气数也。读经亦然，读古文、时文皆然。俱宜照此，圈、点法施之。

二、辨四声。平上去入，韵叶宫、商，音分喉舌。注曰：“宫、商、角、徵、羽，喉、腭、舌、齿、唇。”不可随口滑过，必依正韵读之。如：一字有两音、三音者，各有解义。以四角发圈为别。注曰：“平声，圈左下角；上声，圈左上角；去声，圈右上角；入声，圈右下角；音正则义明。童蒙时，分别清楚。至试笔为文，声韵自谐，即诗赋平仄，亦易调矣。易混之音，总系滑口之故。略自留心，使无讹误非难事也。五音本自天然，按定喉、腭、舌、齿、唇求之，分别四声，易易也。此中有转音、叶音，亦可渐通。惟各乡土音之讹。错者，须校正之。自幼，即与之辨明。土音，到处不同。南北皆有是非。不得执我之音，正彼之音，要归于正韵而已。”

三、训字义。初上生书，即将容易字面。随时讲说，且遇着即讲，久之自明。童蒙易于成诵，将来讲书，又易明白。只如闲谈白话，不费师长多功，而子弟之受益，正无穷也。注曰：“此法，颇妙授书时，只三、五句闲谈。小儿自喜其有得终身不忘。”讲说字义乃训蒙第一要事，前篇已详，不再赘述。

四、谨节删。《四书集注》何等谨密。只因初学，资禀不同。遂将易明处缓读。然须详其语气，审其段落，必与前后文语意无碍，乃可节读。如：“语意不绝，无段落可住。竟整节不读，俟节删小注。”予今年，始得其说。于临点《论语》定本。伊云，传自他氏。盖择注中，极要之处留之，而仍不失文义。其余皆学生已明之处，原可不读者也。照此删去十之六，以援记性平常之材，最为简捷。若材质敏者，仍授以全文可也。语云："一年之计在于春，一日之计在于寅。"早起，乘清明之气，则心精易于奋人。新春，初入学，规矩严密，则收心亦易。总以无间，断方有进境。每见远延先生回家，或一月一次、两月一次，往返需数日，殊不知童子一两月后，方才收心。先生旷馆，则心又放矣。

成童学文百日，方有进机。按日赶紧用功，乘其机而引之，乃见进益。若学生机已萌动，而先生回家，则此机销亡。未到百日，先生又去，则进机随长随消。故终岁不见进益，亦有近延先生。好外应酬，宾客来座谈；或赴席畅饮为乐，则学生功课，更难言矣。童子见先生出外，只顾嬉戏，那计功课，此皆误人子弟，而竟不自知也。如殳兄，实心望子弟，须节食减衣，少使省用；积余赀备，重金聘名师于千里之外。二月到馆，季冬回家。一年可得十个月功课。如能两年在馆，日日无间，积六百日之功，何患子弟不长进也。

远师，不能不回家，往返少则七八日，多则十余日。近师，不能不应酬，耽搁少则二三日，多则五六日。工夫不接绩，则学问有消亡。此必至之势也。千里延师之说，亦为有力，或在馆者计之。若寻常读书之家，夫岂能哉！不得已，先生有事出馆，或回家，东家自己代理，或命子弟中成名者代理。若有大故，及应乡试，旷馆大长，宜请他人权馆。尝见殷实便家，往往请两师分馆。此师有事，则彼师合教，亦通融不误工夫之法。唐翼修云："初入学，命学生开明前，此读过之书。"注曰："今其自定，生熟且可观其字迹。"于每册之中，令其背半或三分之一，以验生熟。生则先命其温，不必授以生书。急于见功，此法为殳兄者，亦宜知之。

已读过书，全不温理。长大不能成诵，虽读过何益？与其日知其所亡（忘），何如月无忘其所能？前师不教，学生温理。我为补其所不足，亦忠诚之道也。殳兄与先生斟酌课程，彼此督责。最有益，每见先生，闻殳兄论及学生功课，便有不悦之色；更不欲学生，以诗文就正他人，甚为陋习。夫与人共事，必与人共商。况教人之子，弟而不容一商乎？吾愿为师者，捐除俗见，以成就人才为中心，则所全者大矣。师东相商，斟酌尽善，最是先生计便宜处。乃俗师，妄自尊大，自以为是，而嗔人代为之说。吾不知其居心何等也？

殳兄于子弟课程，必宜详加点检。书文闲时，令其面背；诗文闲时，面课之。如已不谙，当转箦于人。始知子弟所学之虚贲。塾师以殳兄督责子弟，往往以为考察先生，便怫然不悦，以致师东成隙。殊不知庭训与师教，不惟不相碍，兼可以相济。殳兄固赖师教以成，而师长，亦赖殳兄之教以专。天下有无家法之子弟，能循学规者乎！必谓既以子弟伐我，不许殳兄过问，则非情理矣。并有先生为学生改文，复加圈批，以欺其殳兄者。宦家子弟，易蹈此习，为师者亦陋矣。谁则洞悉流弊，为之破除俗见哉！

学生功课，师不认真查考，则学生可以欺师。子弟功课，殳兄不认真查考，则子弟亦必欺其殳兄。所查考者，是子弟，非先生也。乃俗师不欲东家过问，所见谬矣。又有先生偶不留意，点断经书句读；或授书，仍旧讹音。改文，自书错字；或讲书，颠倒语气，被东家看出、听得，向先生言之。从此，老羞成怒，谓东家有心苛求。若学生指出来，正师更嗔恶以为妄。注曰："问村学究，以牲杀器皿。'皿'字读'血'字，东家言之，因而成讼者，岂不可笑话"？凡此皆执谬不通之人，岂可以为人师乎！

圣人教人，不外诱奖、愧励两法：孔子赞子路："缊袍不耻，引诗以美之。"及终身诵之。"何足以臧？从我其由，深嘉之也，迨闻之喜。"即斥之曰："无所取材，先扬后抑。"即是诱奖、愧励处，如由之瑟，先抑之由也。升堂又即扬之，忽抑忽扬，圣教总不外二法。

圣人且然，况蒙师乎？人生稍有，知识未有。不喜夸奖者，既喜夸奖，必怕愧耻。夸之、耻之，用也，而为蒙师者不用何也？无诲人不倦之心，必不想善诱之法。

性宽者，任学生自便。于所读多寡勤惰，绝不加察，使童子视其师，如泥塑神，道遂至，怠玩荒废。

性严者，不管学生用心不用心、读与不读，及至背不来，随手乱打；不问头面，脊膊处处鳞伤，使学生视其师如仇雠。入馆囹圄，徒受锤楚，毫无进益。

童子有几人，自知读者，误于劣师。十中七八矣。教法久废，可慨也夫！此段指示，善诱之法，而痛言其弊。今世风气，不喜先生之能打，而喜先生之能宽。总之，无当于教法也。

为师者，必使学生望之俨然。生严惮之心，然后夸奖之，则高兴；愧励之，则奋勉。否则，师，既无威可畏。学生，视若平常。虽夸奖，不以为荣；虽愧励，不以为辱。先生，以疲玩为可恨；用戒尺乱殴，将更不知愧耻。而益加疲玩，又将何法处之，亦穷于技矣。故为师必严气正性，不苟言、不苟笑，使童子望如神明，则凛凛畏惧。得一言之褒，荣于华衮也。治民，畏生敬、敬生爱；治兵，威生感、感生勇，其道一也。然则为师之道，岂易言哉？

为师之道，即居官之道，威不可不立。然徒威不足，以服之，必也。欣动之、鼓舞之、察其勤惰，而赏罚之；窥其劳逸，而体恤之；因其所明，而引导之；不尽其力，而强以所难；不竭其才而追以所苦，使之畏我之威，怀我之德，各尽所长而不自已。

夫然后可以为师矣。呜呼！难矣！世之为师者，非偏于严，即偏于宽。偏于严者，从不假人以词色；学生纵有好处，亦不夸奖；一味贬薄，终日生气，乃至絮聒不休，而学生厌听。好话反不肯入耳，偏于宽松，如溺爱者，不知子之恶。一般学生即有不是，亦必曲为之原，甚至揠苗助长，代为作文改诗，以欺其父兄。究竟无一毫真进，二者皆宽也。宽严并用、德威兼成，是所望于能者。

为学生之法，先从易处入。读文且拣，其性所近者。必强人从我，以就我法。则夙根，转成钝根矣。作诗文，姑不论其工拙，总以性灵为先。若为文而先教之填书，则塞其性灵。遽绳以理法，则阻其性灵。专讲词调，则迷其性灵，束缚之、桎梏之，非涸没其性灵耶！文特患无性灵耳！既有性灵，清奇浓淡，无不可为世间子弟有夙根者少。若不随时豫为解说，如璞不剖，终同顽石，迨嗜好渐开，便为废材，非子弟之过也。

性灵者，本性中，自具之灵明。夙根深者，其性灵易见而多；夙根浅者，其性灵难出而征。

总之，有性灵者，方可成就。何以见之？于读书，观其解悟；于诗文，观其意思；讲能解悟。作文有意思，便是性灵人。解悟速，意思清者，便是性灵多。夙根深，可速成，亦可大成。

解悟迟，意思泛者，便是性灵少；夙根浅，可缓成，且只小成。然敏不好学，性灵多而反不成。钝而功，苦性灵少而反大成。是又在殳师之善诱，与弟子之自肯用心矣。

童子执笔为文，师以为此处非法。性灵未达，即缚其手足，则寸步难行矣。天下子弟坐此以误者，正复不少。要知夙根，乃性灵发端之苗。为师者，只可护惜而培养之。去其荒芜，而俟其畅茂。然后，加以钼削。又如种树，然萌芽初生，辄用斧削，以为必如此方成树，固居然树矣。而元气亏损，数十年不过盆景耳。何如雍其根、溉其土、待其枝、干扶疏？今日删其小枝，明日去其繁条，元气不伤，蓬涤勃勃，数十年已成梁栋之材，岂不快哉！

初学文，有才气意思者。多轶出规矩之外，更不合书理文法。善诱者，略其文，离取其笔，意引之渐归理法。二三年间，诸病悉除，而纵横驰骋骤之气如故也。以之文战，便称好手。然后令其敛才，就范元气归神，可元可魁矣。今有迂拘之师，遏其横逸之气。囚其不羁之才，于弟子之文。辄用大笔一直，或首尾两钩；置之不论，其改者，全行抹去。旁行，另作一篇。务令弟子，照我所改为之。不教课而童子不敢着笔矣。不知初学之文。患其无意思。不患其无理法，师能就其文意。略为掉弄数字，使不切者，切不清者，清不到题者，到题文，仍弟子之文，而居然合格童蒙，有不喜欢鼓舞者乎！吾尝谓训家之师须多，费束修延请明人，不得付托庸劣下士也。

侯官谢学传，谓制艺之文。以意理为骨干，笔气为血脉。书卷为肌肉，加以音响为节奏，则神采焕发矣。四者，不可缺一者也。而其大要，则在看题的实不明题旨，则没了头脑，有何话可说。按作文，以意为主；然必有见识，乃有作意不审书理，不解经史，满腔俗念。凭何生意，但向几篇时文中讨生活，即纂仿词调，亦是描头画角，览者生厌。故必积义理，通经史，贯穿日久，自有卓识。发而为文，不求新奇，而览者，必喜其新奇。此谓文有真意，非袭而取也。昌黎云："百物朝夕习见，人皆不注视，睹其异者，则共观而言之。场屋之文，中异不中。同所谓异者，不必别有新奇，但无为伯仲者耳。立意异者，中；用笔异者，中；造句异者，中；兼之者，更不待言时文。以利场屋为主，只令人拍案叫奇。不必令人低头，此论举业之文，以利场屋为主。而所以能利，则在气盛理明；词醇局正，满纸清华之气，高明之音，不作詹詹小言，铮铮细响，自能令人击节也。"

初学读文，因其才而利导之，又因其病而逆治之，如：医家用药，病除则易方矣！时文不必多读，以熟为妙，及文已成就；乃读，不可更易之文，五六十篇足矣。不可不多，览少，则花样不备也。不看近科墨卷，恐欵式声调，不谐时宜。日看五六篇可也。注曰："多作亦不可缺。"此论揣摩之方，以熟读多作为主。而所以能熟，则在多读背诵；遍数盈千累万，循环络诵，不可一日间断；而又日作一艺，杂诸时下新墨卷中，观其合否？合则留，不合则去。到得与墨卷为一，则火色纯青，以之应试方能百发百中也。

谢氏又谓书理真，笔气清。原本经籍以成议论，此制艺之正轨也。任他变态万端，到头必归于此。举业，只以此为绳尺，左偏右偏，不能出我范围矣。愚谓，时文随时为喜恶者也。十余年而一变。五十年前，专尚声调，如吴珏、田玉、吴鸿诸墨，家弦户诵。所有之书，《五经》浅说以外，《周官》《尔雅》《仪礼》鲜有读者。然其时作文，于书理经旨，不敢一毫差失。生员岁试，经文失旨，且有劣等之惧。何况《四书》乎！自乾隆丁酉以后，扫除浮词滥调之习。力追先辈，己亥庚子间，抡元者，皆学归胡？甚至枵腹而貌先辈，遂一变而以《周礼》《仪礼》《左传》《尔雅》灿烂成文者为佳。

自己酉奉《五经》取士之令。复参用注疏，始稍压朱子之说矣。更数年，又以《四经》《三传》《三礼》《尔雅》，人所习知者为可厌，乃用《路史・逸周书・竹书纪年》《白虎通》等书。于是，文士只将此数书，采辑小本，厚不盈寸，不论何题，皆阑入以为必售之技。辛酉以后，又以抄书为不足。奇与用僻书，造奇语，写古字，以为博雅。继尚尤展、成王农山之文。号尤王调，遂成牛鬼蛇神；夺标抡魁，从风而靡。盖三、四番转移，而《四书》义理，《五经》旨趣，束之高阁。迨嘉庆癸酉，纯尚六朝巧对；至甲戌会试，而极工至纤；己卯以后，一切不录，即搬衍经史者，几以为嫌，又变而尚清真矣。夫清真之文，若不明书理，何所依傍。不根据经籍，无可发挥，将不免薄弱，复蹈己亥以后之弊。此皆一时好尚，面人心风气，随之而变。士欲为科举中试之文，唯有守谢氏正轨之论而已。

此段历叙时文，风气递变之由，而以正轨示学者，大意谓不必揣摩风气。当以书理笔气为宗而言中。有物做到，完成不拘。何时皆中，予为学者编墨，模八卷，嗣又编名家、大家文墨模八卷，亦云然。予自乾隆己酉，始应乡试。惟时文尚宗经，以填写书卷为贵，继以僻书奥句。古字巧对，光怪陆离，不可方物。文风之坏，莫甚于此。而予总以清畅为宗，不随习气。竟得侥幸科第，大抵揣摩时文。不知风气人好竽，而我以瑟应必不可也。然狃于风气，以致滥竽其中。则亦必不售谢氏之言，诚为定程不可不遵也。

谢氏又谓制艺，以应科举。自当志在求售，扬文以发扬透亮为贵。艰深暗溢，枯淡冷寂，是所大忌。丈夫欲求传世，学术甚多。既随众以逐举，而乃以不入时，眼为高，岂情也哉！按此等愚儒甚多。以作文不肯随时，为不枉道。乃逐队入场，甚不可解。此段言，举业固不可专摩，风气然志乎！古而戾于时，走入孤高一路。自以写文宗先辈，居然雅音而无如其不茬不中。何百发百中，宜古宜今，固在此而不在彼也。注曰："□裁须有传授，今之求中者，大抵自以为是，而不求教先达之人，宜平其不中也。"

谢氏又谓前辈大家文，其根底未有不出于古文者。后人专读墨卷，聪明伶俐之士。三二年间，便能按其腔板合其规模，联登科第者，比比是也。此种名为举人进士，究其实则文理未通，何以验之。只命他写一书信，说一件事，一下笔便成笑话矣。盖渠之所谓文理者，只是八股文理也。按此论非过，今之擢高第，登仕途者，不能答人一书。自立一梦债代之。八股无用，一至于此学者。白首犹执一篇时文。以期传世，真可谓愚矣。八股文乃取功名之具，不工则不能得，故当专心学之。至于应酬世务，身列仕途，亦自有真经济。非如今之为官者，能办案善书，禀即以为道，在于是而足以仿腐儒也。为官但知例案，为学但知八股。由于乎日不多，读正书耳！注曰："今幕宾，笑其居停，为入八股学问亦然也。"

章犀台学博于童子，学论之初，既知虚实对法，即教以中一字，连贯上下；再教以下一字，贯上四字；再教以上虚字，贯下三字之法。数日后，便能成诗句矣。予前言，教童子作对之法。每日早晚吃饭，日落放学，三时出对令对；由一字起，积至四字，虚实皆能对。乃教以活对、借对、巧对、成语对，各式而未及连贯之法。仅录"轻风柳絮、明月梨花”二句。中添“扶”字，“失”字成句一条，至以下一字，贯上四字，以上一二字贯下四字，或以上两字贯下三字等法，尤为要紧。盖诗莫难于练虚字，雅俗之分，工拙之异，全在乎此。此法亦当照前行之，及其句工，再教以起四句，被承诸法。破承明白，即教以收四句束结各法。

首尾都明，再教以中四句，实诠之法。中间既通，再加添四句，教以前后次第，分、合截对诸法。诸法都知，则入韵已成。然又恐其不解，审题之法；再取纪文，达公唐人试律说，及我法集中，注解批评之处，条条指示。令其知题眼，在何字，题神在何处？则无不切题之诗矣。于是，予以类函韵府，各种事类；各代五律、七律等诗，令其博观广记。零积以博其闻见，而植其根底；再令纵览时贤，传刻合选试帖，名著诗稿，读不必多，见则必广，其为诗也。必有可观者矣。此予教初学为诗之捷门也。五言八韵诗，以宛度娴雅、音节和平为贵，忌粗俗、忌叫嚣、忌佻巧、忌言妇女，盖应制之体，宜如此也。当以近日馆阁诗为宗而兼及墨帖。

赋亦不可不学。文选中古赋佳矣。应试多用律赋，宜以唐人为法。其格式，则以近日同馆律赋为止。赋法，略与诗同。能诗者，有不能赋者。勿为冗长，学清新流利；去其板重，即时尚者也。学字，为极要之事。塾师往往不能兼长。当另延善书者，教之执笔，用笔皆有法。写时，要目睹指示之执笔易，用笔难。非精于书法者，不能传也。

今之鼎甲翰苑者，公未有不工书法者。此事不学，他日纵成进士，必列三甲，落后归班者多矣。另请师教之，是正论也。殷实之家，勿惜此费。才高者，学书取古帖而熟观之。闭目而寒之，心中者有成字。然后，举笔追之，字成而以相较，始得其二、三。既得其四、五人久之。自去古人不远，功深者，则可如此。若初学者，只有用油纸描写之法，亦可得字结构笔意。总要有善书者，传授指示。用笔之法，方有得心应手之妙。若无师承，即用功亦不成书家。写字原有摹临二法：初学者，只好用摹然。必按定用笔，规矩为之，不可任意自便。如作文用套调，亦须按切题旨。以意运笔，方有神气也。

古人作文感受尤为深刻，在此用一首诗来结束本文：

> 闵曾孝友程朱学，韩柳文章李杜诗。①
>
> 窗映玉梅书映雪，池生春草笔生花。

第四节 童蒙文献研究

在《三字经注解备旨》下卷后面记载了这样一段话，笔者摘录如下，以飨读者：

“嘉庆已卯年，饥荒之岁．祖公张启良，代邓成范老夫子所作书启．缅圣人于尼山，乐存疏水．想遗徽于陋巷，贤在箪瓢．大丈夫穷且益坚，士君子贫乎何定？然穷不能达，空传韩氏之文，艰且谁知．久负北门之恸，如予等．邓公讳成范老先生者，品行端方，文章

① 北宋诗人王禹偁《赠朱严》：“谁怜所好还同我，韩柳文章李杜诗。”

宏富. 自动授书，中年设帐，迄今寿算六十有余。①

统计生徒四百有余，遍历乎春雨秋霜。久居楚南黔北。少壮奔波疲惫，晚年窘迫多饥。更值今岁饥荒，嘉庆己卯年大旱灾。较常倍酷，砚田水涸。馆谷仓虚，欲糊口其何方？苦资生之无术，学之富、无奈腹之枵。文之嘉（佳）、难作充饥之疗愚等。目睹情怜，心筹代计。因思仁人济急，曾分多与之金。君子周贫不惜，倾舟之麦。朋友尚遗通材之义，师生岂为坐视之甘。用告同仁，相援共济，挥金继粟无妨。益寡裒多，推食解衣，自堪扶危救困，疏财仗义。富贵子弟，不失尊师，为此刻骨铭心。窘先生于斯饱德，且因人是与。义在则然，亦称量以施惠而不费祈循，分以尽职。勿重利而轻师，庶德挥丹皂之尘。抑且添范生之粥，是所祈于诸先生焉。谨启。"②

这一段话记录了嘉庆己卯年大旱灾，湘西饥民饿殍遍地，馆谷虚仓，糊口无计，上下无处逃生的境况。富贵子弟，不失尊师，推食解衣，扶危济困；同仁挥金继粟，疏财仗义，为此刻骨铭心。这表现了师生之间的深厚感情。

关于《三字经》作者问题，一般学者认为是宋代王应麟所作，至今没有确切可信的资料能证明作者是王应麟。也没人能提供可靠的历史文献材料证明不是王应麟所作。

关于《三字经》作者问题，现在有了不同的说法：

一种说法是在宋元之际，相传出自宁波学者王应麟之手。清代湖南学者贺兴思《〈三字经〉注解备要叙》："宋儒王伯厚先生《三字经》一出，海内外子弟之发蒙者，咸恭若求刀。"明确认为《三字经》是王应麟所作。在中国古代，不能不说《三字经》是影响最大、最有代表性的童蒙教材之一。巍哉说《三字经》堪称"蒙学之冠"。但事实上，《三字经》可能不是一人所为，我认为可能有不同的作者续撰完成。如果全是王应麟所作的话，宋代王应麟怎么会知道后世"明太祖，久亲师。传建文，方四祀。迁北京，永乐嗣。迨崇祯，煤山逝"。显然明代以后有人完善过此书，至少在清代早期有人对《三字经》作过修改。

第二种说法是广东顺德区适子所著③。最近，武新立提供的《广东新语》曰："《三字经》乃宋末区适子所撰。"适子顺德登州人，字正叔，入元抗节不仕。或之曰："吾南人操南音，安能与达鲁（即鞑虏）花赤俯仰也。"④ 区适子说这番话似乎与《三字经》没有必然的联系，也不能完全证明《三字经》就一定是区适子所作。但是，在黄佐所编纂的《广东通志》中有明确的记录说，《三字经》的作者是区适子。

---

① （宋）王应麟《三字经注解备旨》，衡阳晚学贺兴思先生注解，岳门朗轩氏校正，上、下两卷本，清代刻本。笔者藏有杨代政，《三字经》二本下卷. 篆书. 清末民初刻印本。

② 张启良，代邓成范老夫子所作书启。"

③ 区适子（1234—1324），南宋末年南海县登洲堡（今顺德陈村登洲人）。适子，字正叔，入远不仕。村名原称鲩洲，因适子别号"登洲先生"，后人为了纪念他，把地名改为登洲。在古老的陈村镇登洲村《区氏族谱》的世系表中，清楚地排列着，区适子生于宋端平元年（1234 年），死于元至治三年（1324 年），终年 90 岁，死后葬在南海的大岗堡村，是登洲村第八代区姓人，后人称之为八世祖。《宋史》载："区适子，宋末县境鲩洲人，以博学多才闻名乡里。"人称"登洲先生"。这一点不存在争议。但区适子是不是王应麟，或者说《三字经》是否由王应麟和区适子合著，这一点颇有争议。

④ 武立新. 明清稀见史籍叙录 [M]. 南京：江苏古籍出版社，2000：194.

最近在广东顺德举办历史文献档案展览会上展出的广东顺德人李文田[①]著《三字经句释》一书，封面上题有“区适子手著”5个大字，佐证《三字经》出自广东顺德区适子之手。此书为区适子后人区润伟所藏。在《三字经句释》封面上，有区适子著、王伯厚注解、李文田编辑等字样。王伯厚是王应麟的字，这个没有问题。明清之际，屈大均在《广东新语》11卷中也有明确的记载：“童蒙所诵《三字经》，乃宋末区适子所撰。”[②] 另一位广东学者凌扬藻在《蠡勺编》中认为，《三字经》是区适子所撰。清恽敬在《大云山房杂记》第2卷中说：“《三字经》乃‘顺德区适子所撰’。”

从以上提供的历史文献资料来看，《三字经》为区适子所作，这应该是确凿无疑的。这比作者是王应麟的说法提供的历史文献要可靠得多，也更有说服力。但同样存在的一个问题是，宋代的区适子怎么知道明代以后的事情？这说明《三字经》在明清以后有人进行了增补和修改，这也是确凿无疑的。

王应麟《玉海·艺文》编纂共计200卷，全书21门，44类中没有《三字经》文献记载。后人记载如此之详细，不可能没有记下《三字经》这本童蒙读物，也不可能只字不提《三字经》。可见王氏作《三字经注解》可能是后人附会之辞或伪托。至于《三字经》为何人所作，还有待于后学做进一步考证。

《三字经》虽是童蒙之学，版本甚多，但是在历代学人和家族文化传承过程中已经根深蒂固，仍在起着非常重要的作用。清河氏张姓在《三字经》上面也记载了一首民俗方面的诗，诗曰：

兔龙鸡犬在门前，牛虎相邀床上眠。
蛇在壁头羊在碓，马在墙中探花元。
老鼠跳上火炉坑，咬得媳妇叫皇天。
猪在灶房猴在磨，若犯的确轮不错。[③]

张姓望族后嗣读书人在读《三字经》时触景生情，即兴作诗。虽然不是什么豪言壮语，也不是什么哲言格句，但是这首也反映了读书人恶劣的生存环境。这些平民之家从来没有放弃过读书作文。

如果从头到尾读完《三字经》，你会发现《三字经》不是一个人所为。它经历了元、明、清朝的改造。比如：宋代人怎么会知道崇祯在煤山吊死。这是一个最好的证据，说明三字经不是王应麟所作。

在西南少数民族地区流行的《三字经》有许多不同的版本。另外，还有一个民国时期的手抄本《三字幼仪》和刻本《四字经旁音》，与区适子和王应麟注解《三字经》内容不同，但是在教子功能和教育目的方面都是相同的。

---

① 李文田，清代咸丰年间探花。顺德历史文化研究会会长李健明经过十三年严谨考证，推论《三字经》作者是广东顺德陈村登洲人区适子。

② 屈大均（1630—1696），字翁山、介子，号莱圃。明末清初著名学者、诗人，与陈恭尹、梁佩兰并称“岭南三大家”，著有《广东新语》《翁山诗外》等书，有“广东徐霞客”之美称。

③ 十二生肖起源与中国人对动物的崇拜有关。根据湖北云梦睡虎地出土的楚简和甘肃天水放马滩出土的秦简可知，早在先秦时期就有比较完整的生肖系统。最早记载与现代相同的十二生肖的传世文献是东汉王充的《论衡》。

童蒙幼学的版本很多，版本的质量也不一样，绝大多数的蒙学版本质量都比较差，而且许多是手抄本，字也写得不是很好。从手抄本这种流传方式来看，少数民族地区经济条件有限，绝大多数的村民是读不起书的。当时少数民族地区的女孩和汉族地区的女孩一样要读《幼女歌》(新刊幼女歌)，即《女儿经》。《新刊幼女歌》丁丑年，明善锐，清代手抄本。过去总是把这些读物视为传统落后的东西、不健康的东西。现在看来，这些书里也蕴含了做人的基本道理，包含一个人立身处世的观念。无论是旧中国，还是现代新中国，许多莘莘学子，他们都受过这种启蒙教育，有来自家庭的，有来自学校的，以及直接的或者间接的传统教育。

我们能见到苗、侗族地区的儿童学《弟子规》《百家姓》《千字文》。童蒙教育首先是读《三字经》和《千字文》。在隋唐之前，不押韵、不对仗的文本，称之为“笔”，而不能称之为“文”。梁武帝（502—549）命员外散骑侍郎周兴嗣从王羲之的书法作品中筛选1000个字，不允许有重字，然后编纂成《千字文》。这大概是最早的《千字文》文本。一千个字组成的韵文，四字句，对仗工整，条理清晰，文采斐然。《千字文》语句简洁如白话，易于速诵速记。至于其他版本的《千字文》，本文不再论述。其他幼学读本还有《幼学琼林》《龙文鞭影》和《千家诗》。《弟子规》，绛州李子潜先生原著，浮山贾木斋先生节订。李子潜①曾经获得秀才，但一直没有考取过举人、进士。他所著《弟子规》成为清代童蒙必修课本之一。版式为双栏，七行十二字。写工欧体，刻工精湛，是木刻版本中的精品。写工刻工无姓名。书封面写有冉启奎记。明末清初刻本。《弟子规》全文三百六十句，一千零八十字，共分为八个部分，四大精要即孝、悌、仁、爱。首四句为：“弟子规，圣人训。首孝弟，次谨信。泛爱众，而亲仁。有余力，则学文。”

《幼学琼林妥注·新增珠玑全书》藏第二卷。西昌程登吉外升原本，绣谷问嘉彦参订，益元堂订正。版式分上下两栏，上栏对词句加注，下栏为原文注释。清初蜀刻本。《幼学琼林》原著为程登吉所作，最早应为明末版本，亦见清代早期蜀刻本。卷首开页为寄傲山房，塾课新增幼学故事琼林目录。西昌程允升先生原本，清溪谢默林砚佣氏，雾阁邹圣脉梧冈氏增补，男邹可庭涉园氏。首卷有：天文图、地舆图、河图、洛书、五岳图、冠礼、婚礼、丧礼、祭礼和杂礼。《幼学琼林》故事版本有很多，但是大多是以西昌程允升先生为原本，通过邹圣脉增补后在民国时期广益书局发行《绘图增注幼学琼林》校正无讹。

《百家姓》，清末民初大字木刻本。这个刻本比较好，其特点是在每一个姓氏标明其姓氏的起源，便于记诵。另有一个本子就是小康篆书《百家姓》，也是一个较好的本子。《百家姓》为铜版刻印本。

《百家姓》着重介绍了每个姓氏发源于什么地方。这是童蒙教育最好的一个本子。清刻本。《百家姓》传到日本，书名被改为《百姓往来》。一般人认为，让孩子读《百家姓》，只是为了了解中国的姓氏，所以读不读都无所谓，没有太大的意义。实际却不是这样的。中国姓氏起源非常复杂，了解一个族群姓氏的起源、迁徙、发展和它的家族以及宗族的社会结构方面的内容是非常有必要的。我们从一个姓氏的图腾可以看出这个家族的原始宗教

① “李毓秀，字子潜，号采三。新绛县龙兴镇（旧称城关镇人），生于清代康熙年间，卒于乾隆年间，享年83岁。清初著名学者、教育家。”这是《新绛县志》中介绍李毓秀的一段文字。

信仰是什么。如张姓，多信仰道教，最早可以追溯到汉代张良离家出走上山修道。后来，张道陵独创道教门派；张三丰继承弘扬发展了道教学派。可见了解中国姓氏是了解中国传统宗族社会结构和中国传统文化的切入口，具有非常重要的社会学价值、人类学价值和历史文化价值。

笔者收集到西部地区科举童蒙教材《三字经》《四字经》，还有《教儿经》之类的手抄本。从西南少数民族地区少儿启蒙读物的版本流行来看，《祭孔子》《增广贤文》《百家姓》《幼学琼林》《弟子规》《四字经旁音》《千字文》《声律启蒙》《龙文鞭影》，以及古时候女孩子读的《幼女歌》即《女儿经》，绝大多数都是来自于私家刻本。

笔者对明清时期的湖南西部、贵州、重庆、广西少数民族地区的科举学习课程、考试试卷等相关文献进行收集、考古、整理、解读和综合分析，发现西南部地区少数民族对科举制度的追捧。西南少数民族地区科举教育有两个最显著的特点：

1. 在西南少数民族地区，从启蒙读书开学典礼的祭孔仪式，一直到读孔孟之书，当地孩童同汉族少儿一样都是接受孔孟思想的传统教育，流行的少儿版本读物与汉族地区少儿启蒙读物完全相同。

2. 绝大多数少儿读物版本刻印的字和纸张质量都比较差，而且绝大多数还是手抄本。手抄本的书法水平比较差，字迹不工整。这些读物大多数由父传子、子传孙，说明当时西南地区经济相对落后，许多家庭不宽裕，没有钱供应子女读书。

以上这些启蒙读物在西南少数民族地区普遍流行，这绝不是一种偶然的文化现象。我们有足够的证据说明西南地区，如土家族、苗族、侗族、壮族等少数民族的少儿同样接受了汉文化的启蒙教育，并且接受了孔孟传统的儒家文化思想。这些启蒙读物形成对少儿的系统教育，并表明这些家族和宗族接受儒家思想教育对少儿的影响。

这些本子都是传统国学普适教育。这些文字内容随处可见，由于篇幅所限，笔者省略摘录全文。

最后，笔者用所藏《三字经》封面后的一首诗，作为本节结束语。这是再好不过的概括和总结。这首诗表达了前人的读书观念和读书态度。笔者将其摘录如下，以飨读者：

富是黄金贵是书，读书耕种两如初。
若要功名求富贵，白日耕田夜读书。①

第五节 《增广贤文》文献研究

关于《增广贤文》的来历，有许多说法。有一种说法是，明朝万历年间，一位大臣犯了杀头大罪，满朝文武百官向万历皇帝求不杀之恩。万历皇帝念他是朝中重臣，学富五车，文章盖世，遂心生一计，限这位重臣七日内把天下事情用四言、五言或七言诗句写成

---

① 卢肇（818—882），字子发，江西宜春文标乡（现属分宜人），唐会昌三年（公元843年）状元，先后在歙州、宣州、池州、吉州做过刺史。此诗最后一句出自卢肇《诗选·送弟》曰："去日家无担石储，汝须勤苦事樵渔。古人尽向尘中远，白日耕田夜读书。"

奏折呈上来。否则，推出午门斩首。这也就有了后来的《增广贤文》一书。在七天内，这位大臣写出了这样的天下奇书。

关于《增广贤文》的写作年代问题，成书明朝万历年间应该是没有问题的。第一，万历皇帝朱翊钧是一个相当开明的皇帝，臣工百姓都有言论自由。第二，《增广贤文》书名最早见于汤显祖的《牡丹亭》，说明《增广贤文》最早不是官方文本。一直未见其他任何书有明确的记载。第三，清代同治年间，周希陶对《增广贤文》进行过重订，说明《增广贤文》是来自民间创作的结晶。其实在《增广贤文》中所说的不只是一个纯粹的社会问题或者社会伦理问题，它更重要的还是一个人性问题。因为忠言逆耳，直言相谏会给自己带来灾难和杀身之祸。那么，许多人在特殊的社会场景和不同的人面前就会讲违心话，做违心事。

“近水楼台先得月，向阳花木早逢春。”“贫居闹市无人问，富在深山有远亲。”其实，谁没有那种攀龙附凤的心理呢？谁不想近水楼台？哪个不想春风得意？严格地说，这不是社会问题，也不是严格意义上的意识形态问题，它实实在在是一个人性问题。

至于《增广贤文》写作与民间流传的故事，很可能是汤显祖本人所为。明万历十九年（1591 年），他因目睹当时的官僚腐败吏制，愤而上书《论辅臣科臣疏》奏折，触怒万历皇帝，被贬为徐闻典史，后调任浙江遂昌知县。一任五年，政绩斐然。但是，汤显祖因压制豪强、触怒权贵而招致上司的非议和地方势力的反对，终于在万历二十六年（1598 年），愤而弃官归故里。居家期间，一方面希望有“起报知遇”之日；另一方面，却又指望“朝廷有威风之臣，郡邑无饿虎之吏，吟咏升平，每年添一卷诗足矣”。汤显祖的这段经历和笔者父亲所讲的民间流传的版本是基本吻合的。那么，《增广贤文》一书有可能是汤显祖本人所著。只有他才有这种社会阅历，品尽世态炎凉，学富五车，才高八斗，于是写出这种盖世奇书来。当然，关于《增广贤文》的作者究竟是何人，还有待于学界做进一步的考证。《增广贤文》秀山，熊源泰麟记重刻，清末民初蜀刻本。相传由明朝中叶一位儒士编纂，在明万历年间《牡丹亭·闺训》一折中，就提到了《增广贤文》成书的历史由来。明清时期，通过两代文人的多次修改和增补，成了现在这样一个本子。大约是在同治年间，有一位老学究，名叫周希陶，以古时“平上去入”四韵为主，编了一本《重订增广》。清代的硕果山人则以四言、五言、六言、七言和杂言的顺序编排了一本《训蒙增广》的改本，更加适合于童蒙学习，因而一度风行全国，家喻户晓，成为童蒙必读课本。《增广贤文》的内容广泛，具有诲蒙的特点。它因博大精深的思想光辉，而深受国人喜爱。

2009 年，龚忠明《心灵的洗礼——感悟增广贤文》对《增广贤文》进行了分类译注，比较全面地分析了这部国学经典著作。全书分为感悟部分和注释部分。《增广贤文》确实是一部奇书，千百年来，畅销不衰。若天下人皆有如此深刻之悟，天下则太平矣。笔者曾读《增广贤文》，几十年如一日，情有独钟。笔者虽然没有读过一个很像样的本子，但这里面的一些精典句子，至今还能背诵许多，而且有的记得很深刻。

以上这些童蒙教材，笔者家中藏有明清刻印本。这些童蒙教材通俗易懂，字字珠玑。有的催人奋进，有的发人深省，有的富有哲理。这些优秀的童蒙教材成为我国教育的典范，值得每一个人学习。

第五章 八股文创作方法

第一节 《花样集锦》中八股文的创作方法

《花样集锦》是当时士子的课艺学习资料，相当于现代学生的课堂作业和阅读资料。这些资料大多数纸张质量差，字迹潦草，版本刻印质量不高，内容残缺，断章取义现象随处可见。所以，一般很少有人将其收藏。因此，像《花样集锦》这种课艺读本很少流传于世。历代书商没有经典刻本，也没有学者收藏。晚清湖南邵阳雨亭罗承澍曾辑著类似课艺读本《利试花样》，新宁岘庄刘坤一鉴定，光绪乙亥年新镌，普春堂藏版，是一个晚清刻本。《利试花样》主要讲解了八股文的字法、句法和章法，教授学生如何将八股文写得前呼后应、抑扬顿挫，并对八股文写作方法作了大量的阐述，为学生写作八股文提供了实证性的范例。《利试花样》和《花样集锦》都是八股文写作模仿的版本。

笔者现在尚未找到《利试花样》的原著刻本，不知原著内容概貌。无论从图书馆，还是从网上，我们很难看到当时科举士子的课艺作业和相关课艺阅读文献。八股文体式自成形以后，因程式苛严，一字不协，则满幅皆差；片语不协，全篇俱损。

从明代成化之后，各种总结课艺阅读资料、传授八股文作法的版本开始出笼。到明代中叶，各种不同八股文创作法的版本如选本、稿本和刻印本刊行，并流行于全国各地区，成为当时士子囊中的稀珍秘本。特别是到清代，如《云路仙丹》《试艺衔华》《小题尖锋》《华国斋小题畅》和《次階正风》等，清代早期读本有《四书题镜》《四书备旨灵捷解》和《四书题窾》以及《四书层级解》，这些课艺资料是直接指导士子参加科举考试的第一手文献材料。我们发现，许多人在研究科举制度、科举考试和士子接受科举教育的过程中很少提供相关的实物文献资料；许多人在评价科举制度和科举考试时多半采用功能性评价，结构性实证较少。这样在评价上缺乏足够的理论依据，比如说科举制度好的，好在什么地方？为什么好？它为中国古代科举教育做出了什么贡献？它对中国后来的教育产生过什么样的影响？这些实证性的结论需要提供大量的实物文献资料以说服大家。

既别出心裁而又不离经叛道是八股文写作的一种微妙的技法。讲究这种技法也就导致八股理论的兴盛。八股文及其理论的兴盛，使明清文学批评出现了新的风气——对文学艺术作品的结构乃至字、句、篇章之技法理论空前重视。这使技法理论也日趋细密和完整，使八股文理论对明代文学创作和批评产生了深远的影响。与八股文理论同步，明代文学批评也相当重视八股文结构技法，对于文章之抑扬、开阖、奇正和起伏等甚为重视。同时，有众多八股文选本及评点，也促进了评点学之盛，如茅坤评点《唐宋八大家文钞》，沈位论八股文技法《古今图书集成·文学典》第一百八十卷中“经义部”之“经义部总论”；

钱钟书先生的《谈艺录》七十二则“诗与时文”“诗学亦须取资于修辞学”论等。八股文写作，虽然已经规定好了内容形式，但在具体写作中，不同人的作品，差异也非常之大。在这里，我们介绍《花样集锦》卷四（清·湘刻本）以说明八股文创作方法的多样性，改变人们对八股文的传统看法，知道原来创作八股文的方法也是很多的。《花样集锦》主要方法介绍如下：

1. 后股一意化雨法。辛卯科浙江鲁庆元“说见前一意化雨门”，试“小人之道的然而日亡”，此为清代万舟墨试，用一意化雨法破“诗云鸢飞”二句，获得第三十四名；甲午科广西黄朝典用此法破“折可劳而劳之又谁怨”获得第三名；丙申科会试，吴步韩[①]获得第四十名；丙申科会试，周源宿用此破“小人闲居其善”获得第一百零三名。

2. 后比双提吊（钓）法。

庚辰会墨，许乃普说见前三门。[②]

许乃普试“仁者先难而后获”：“且夫仁者，不自见为先，不自见为后者也。其先焉者，乃具不敢避难之见。所延而形，其后焉者。又其不敢幸获之怌，所抑而制难，即先□之□不获，皆后起之缘。苟有心而求之，必有无心而失之者矣。

且夫仁者，即见为先而必不自见为后。且见为难而必不自见为获也。使求其先者，一念求其后者；又一念，则此心已不能专，勉其□□□□□□也，上获首。又一时则比心，更不能静先，即先其所后，而后比获，即获其所难，而无颂豫计。苟逐事而拟之，必有后事，而测之者矣。”（许文有二百多字）

许乃普，嘉庆二十五年（1820 年）榜眼，授编修，后官至兵部尚书，加太子太保。卒于同治五年（1866 年），终年 80 岁，卒谥文格。他著有《堪喜斋集》。许氏精于校勘，家多藏书。在《吕亭知见传本书目》中，称许滇翁有元刊本《笺注陶渊明集》十卷、明刊本《韦江洲集》；傅氏《经眼录》卷十五，有其旧写本《圭斋文集》十六卷；罗振常《善本所见录》，有其《苏诗补注》；王师《提要》集部、别集类，有其明刻本；有《集千家注杜工部诗集》二十卷，文集二卷。今在美国国会图书馆。

王师上述提要云：“惜无藏书目，故近人谈藏书史事者缺焉。”实则有书目。李滂为书目一卷未刊，见于《书目长编》。又梁子涵《中国历代书目总录》有《许文格书目》一卷。即梁氏慕真轩藏抄本。[③] 许乃普藏书处为“堪喜斋”。其藏书印有“许乃普印”为白方，“滇生”为朱方，“许氏滇翁所藏”为朱方，还有“观弈道人”朱方，又有“臣许乃普”和

① 吴步韩（1798—1866），山东省郯城县曹庄（今属临沭县人），道光十四年（1834 年）进士，次年授望都、深泽知县等职，曾建小莲池书院，培养人才甚众。在兖州府当过教授，受到山东巡抚重视，管理过军务。他才思敏捷，于辞赋、古文、经义、试律，均有造诣，蜚声齐鲁淮海间；一生收集藏书达数万卷，各代名人书画数百帧，古今碑帖、钟鼎铭文字各数百种，各种古砚百余方，自汉代以来的印章数以千计。

② 许乃普（1787—1866），浙江钱塘人，字季鸿，一字经厓，别字滇生。钱塘廪生，嘉庆癸酉科拔贡。二十五年庚辰科（1820 年）：陈继昌（连中三元）、徐乃普、陈銮。朝考一等一名，以七品小京官分刑部奉天司行走。嘉庆丙子科顺天乡试第一百一名举人。庚辰科会试第十三名进士，殿试一甲第二名，赐进士及第，授翰林院编修，充实录馆纂修提调官。其父许学范，乾隆三十七年（1772 年）进士，有七子，乃济、乃普、乃钊三子为进士，另四子为举人，有“七子登科”之美称。清代学者、书法家梁同书曾书写“世间数百年旧家，无非积德；天下第一件好事，还是读书”一联送给许学范，称颂许氏家族。

③ 郑伟章. 文献家通考（中卷）[M]. 北京：中华书局，1999：735-736.

滇翁等印。

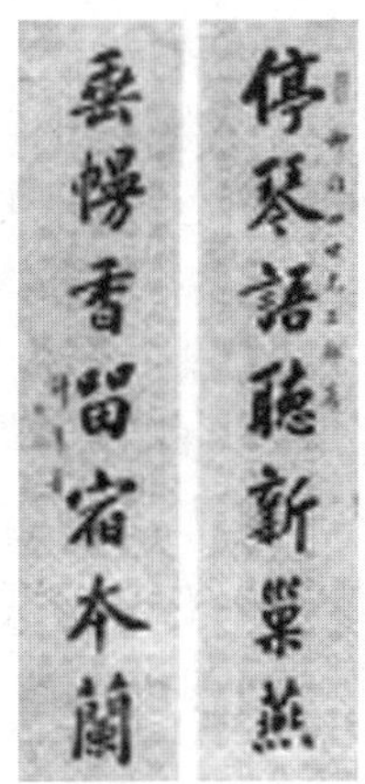

许乃普于清嘉庆二十五年（1820 年）获殿试一甲二名进士，即榜眼。嘉庆、道光、咸丰三朝三迁内阁学士，五度入职南书房，五充经筵讲官。历官贵州、江西学政，兵部、工部、刑部、吏部尚书，实录馆总裁，多次充任殿试、朝考读卷官、阅卷大臣。任内获道光御笔“迎祥”和咸丰御笔“宜尔子孙”匾额。谥文恪，谕称“许乃普学问优长，供职恪慎”“屡司文柄”。

仁者先难而后获。许乃普于壬午年会墨岳镇南①，子曰：学如不及犹恐失之。此处也提到了八股文传统的“钓”法。

岳镇南印

3. 后比两路夹衬法。② 李来泰言及“见中股两路夹衬门法”、试“夫孝者善”二句；乙未四十二名，江绍曾试“大德不踰闲”。

4. 后比每比中两路夹写，兼锦上添花格。③ 壬辰科，顺天府第五名，徐鹤玲说“见提比二门内法”，试“不义而富，且贵于我如浮云”。

5. 后股雌雄角胜门法。④ 壬午科会试，徐恩庄说“见提股雌雄角胜门法”，试“子曰

① 岳镇南，清嘉庆十二年（1807 年）中举人，道光二年（1822 年）中进士，授翰林院编修，后历任都察院监察御使、湖南学政。1836 年（道光十六年）出任九江知府，任职三年，政绩卓著。后任浙江盐运使、甘肃按察使、直隶按察使等职。58 岁病逝于云南布政使任上。以为官清正、办事干练著名。

② （清）花样锦集（卷四）. 咸丰、同治年刻印，湘刻本，第 29 页.

③ （清）花样锦集（卷四）. 咸丰、同治年刻印，湘刻本，第 31 页.

④ （清）花样锦集（卷四）. 咸丰、同治年刻印，湘刻本，第 32 页.

学如不及，犹恐失之”。乙未恩科，许士彦试“因民之所利而利之无不费乎”！乙未四川周开忠试“夫子欲寡其过而未能也”。乙未恩科第九名，张轩鹏试“前题”，即“夫子欲寡其过而未能也”。第二十七名，刘湘试“夫子欲寡其过而未能也”。甲午陕西第十五名，呼延椿年试“子曰：君子不器”。乙未科山东第十二名，郭绍曾试“士志于道”。乙未科陕西第十九名，刘成试“因民之年利”两句。

6. 后比衬跌醒目法。[1]黄淳耀说“见前二门”，试“曲肱而枕之”。癸未会试，第二名，卞士云试“切问而近思仁，在其中矣”。乙未科试，云南赛仪试“子曰：当仁不让于师”。

7. 后股跌进逼拶法。[2] 文有正面说不透，一反“跌则拶进”一层而其义自醒者，所夫跌宕昭章也。前辈名家用此法者，遽数不能终其物，仅就案头摘录数则，为呆做题面者进一解焉。[3] 丁酉科陕西第六名王景美试“言而世为天下则”。丁酉科陕西第二名李应染试“因民之所利”二句。见本集张鹏翀试“片言”。[4]

8. 后比警喻新类法。[5]李志芬说前二门，试“东里子产润色之”。壬辰陕西第十八名，景运亨“试食之以时，相之以礼”。壬辰江西第二十名，胡荣试“察其所安”。丁酉顺天府第八名，萨丙阿试“夫子之墙，百官之富”。甲午顺天府副榜第一名，罗舒秀试“中也者至道也”。会试第二十四名，黄家声试“大德不踰闲”。见《已山集》王步青试“今女画”。[6]

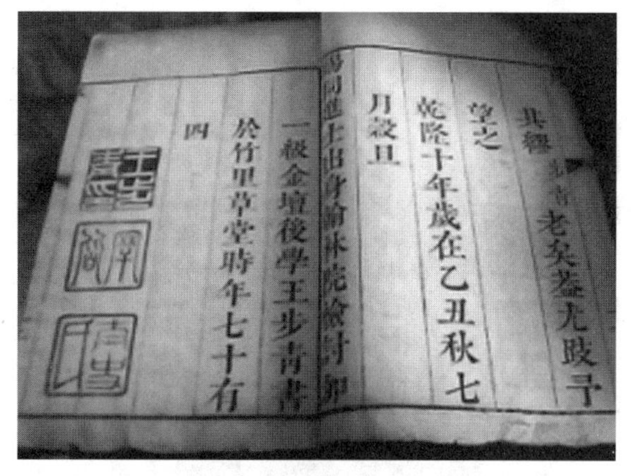

王步青已山集

甲午陕西元，雷启秀试“子曰：君子不器”。丁酉科山西元，郝西园试“若咸武仲之知”五句。

---

① （清）花样锦集（卷四）. 咸丰、同治年刻印，湘刻本，第 36 页.

② （清）花样锦集（卷四）. 咸丰、同治年刻印，湘刻本，第 38 页.

③ （清）花样锦集（卷四）. 咸丰、同治年刻印，湘刻本，第 38 页.

④ 张鹏翀，清雍正丁未年（1727 年）考中进士，录为庶吉士，又任翰林院检讨。后历任文颖馆、八旗志书馆纂修。乙卯年（1735 年）任云南乡试副考官。辛酉年（1741 年）任河南乡试正考官，还当过日讲起居注官、侍讲、右庶子、少詹事，最后提拔为詹事。

⑤ （清）花样锦集（卷四）. 咸丰、同治年刻印，湘刻本，第 42 页.

⑥ 王步青，生于清圣祖康熙十一年（1672 年），字汉阶，一字罕阶，号已山，卒于高宗乾隆十六年（1751 年），享年 80 岁。清初著名儒学大家，金坛白塔后村人，他性冲淡，长身玉立，覃心正学，以文名。他操持选正，黜浮崇雅，位居京师仍屏迹一室，学子视为楷模。

9. 后比三爆拔营法。[1] 朱林说“见前提比三爆人营门法”，试“人而不仁疾之”二句。乾隆辛酉河南陈圣籍试“传说举于版筑之间”五句。庚子科会试元汪如洋试“尽信书”二句。[2] 己卯科会元，费庚吉试“诚身有道，不诚其身矣”。辛卯科江西四十二名，右鳌试“子曰：君子不重”一章。甲午科江西元，黄经试“子调子夏曰：女为君子儒”。乙未科会试元，张景星试“吾身不居仁由义”。[3]

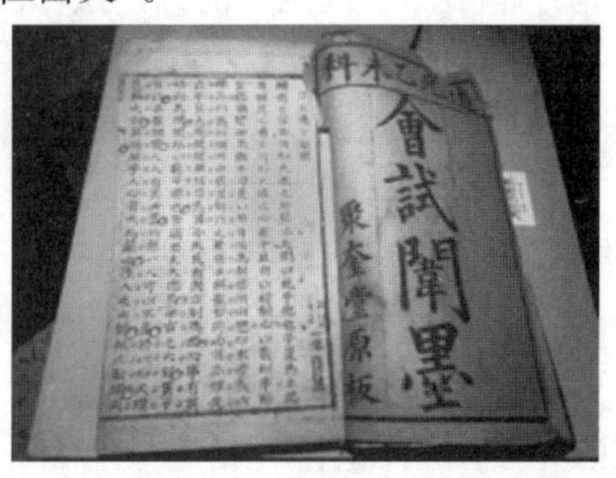

清代道光乙未科会试闱墨，聚硅堂原板

乙未会试第二名彭蕴华试“大德不踰闲”。会试第十名，陈廷扬试“大德不踰闲”。[4] 会试二十名方培之“大德不踰闲”。张姚锡会试“大德不踰闲”。丙申科会试第五名，谢荣埭试“小人闲居为不善、著其善”。丁酉科顺天府第七名，王颖试“从许子之道相率而为伪者也”。丁酉科陕西第十三名，柳溥试“周公谓鲁公曰二句”。丁酉科山东第八名，张廷琛试“语小天下莫能破焉”。[5] 乙未恩科河南第四十八名，余龙光试“君子不以言举人”会试第十名，吴双试“君子不以言举人”。会试第十八名，何楷试“君子不以言举人”。

10. 后股三炮拔营兼用封新赖法。说见前二门。[6] 武天亨试“古之愚也，直今之愚也，诈而已矣”一篇。

11. 后股四马行阵法。[7] 说“见前二门法”，辛卯科，山西第七名，张寅试“非礼勿视

---

① （清）花样锦集（卷四）. 咸丰、同治年刻印，湘刻本，第 46 页.

② 汪如洋（1755—1794），字润民，号方壑，祖籍休宁县，寄籍浙江钱塘（今杭州），清乾隆四十五年（1780 年）庚子科会试、殿试均为第一名的状元，时年 25 岁。汪如洋祖上显赫，官禄地位已有五世。他的外祖父金甡是乾隆七年（1742 年）会试、殿试二元及第的状元。汪如洋的母亲是金甡的次女。金甡在汪如洋连中会元、状元后寄给次女一诗，中有“当年会状怜娇女，今见教成会状儿”，说的是汪如洋的母亲是状元（金甡）之女，又是状元（汪如洋）之母，很是自鸣得意。

③ 科举文献，清代道光乙未科会试闱墨一厚本。聚奎堂原板，皆为入闱范文，从第一名张景星至第四十一名萧秀棠，次第排序，内容丰富。名师批注圈点及切要点评，尤得点睛之妙。

④ 陈廷扬（1786—1883），湖北蕲春人。又名陈守惠，字志和，号小坡。清道光二年（1822 年），壬午科乡试中举人。道光十五年（1835 年），乙未科会试中三甲第 132 名进士。历任四川新宁、乐至、广元、青神、盐源等地知县。

⑤ 知州张廷琛（号栗亭，苏州人）以休养教化为念而倡建书院，作育人才，寻得城内南关有公地……乾隆丁酉年（1777 年）中举人，后聘为洣江书院主讲，生徒服其学尤品高，素有经师人师之称。

⑥ （清）花样锦集（卷四）. 咸丰、同治年刻印，湘刻本，第 58 页

⑦ （清）花样锦集（卷四）. 咸丰、同治年刻印，湘刻本，第 59 页.

至非礼勿动”。壬辰会试第四十八名，梁卓英试“君使臣以礼”。[①]乙未科，会试江南第二十名，吕汝金试“君子不以言举人”。丁酉科，陕西会试第六名，王景美试“周公谓鲁公曰二句”。戊戌会试，第二十九名，刘钟洛试“言必信行必果”。甲午科，陕西会试第二名，兰毓青试“子曰君子不器”。乙未科，湖北会试第六名，许郁义试“君子成人之美不成人之恶”。

12. 后比三炮拔营，兼四马行阵法。[②] 说见“前二门法”。乙未，山东会试第七名，夏在庭试“士志于道”。

13. 后比驷马欲阵，兼三炮拔营法。[③] 说“见前二门法”辛卯科，江南会试第十二名，马学易试“子曰：君子不重”。

14. 后比（三）爆子田格。[④] 乙未恩科，陕西会试第三名，王钓试“因民之□二句”。

15. 后比九炮连环格。[⑤] 说“见小讲九炮连环门法”。丙申科，会试第十名，俞汝本试“天下有达，尊三至德一”。

16. 后比锦上添花格。[⑥]说“见小讲锦上添花格”。乙酉科，河南会试第六十九名，王珍试“君子以言举人不以人废言”。甲午科，浙江会试第七名，钱廷勋试“发强则毅足以有执也”。甲午科，山西会试第二名，刘霞试“慎思之明辨之”。乙未恩科，四川副榜第五名，徐秉中试“夫子足以御繁至未能也”。乙未恩科，河南会试元，赵材成试“譬如平地虽覆一篑进吾往也”。丙申科，会试第十八名，梁述礼试“小人闲居至而著其善”。丁酉科，顺天府元程宇光试“从许子之道二句”。

17. 后比马上插花格。[⑦]说“见提股本门法”。甲午科，河南会试元，周沐润试“所以动心忍性曾益其所不能”。四川，丙子会试元，李芬试“政事：冉有、季路；文学：子游、子夏”。

18. 结笔和声鸣盛法。[⑧] 壬戌会试元吴廷琛试[⑨]“道之以德齐之，以礼有耻且格”。己未会试，汪桂试“前题”。[⑩]

谚云：语为吉祥，滋厚福。吉祥云者和声鸣盛之谓也。四十年颇尚体而施之结笔。尤徵后福无量。故往往于此独具双眼，物色伟器于牝牡骊黄之外焉。亦以此殿后平焉。且以

---

① （清）梁卓英（生卒年不详），号爱莲，三洲街道尼教村人。清道光十二年（1832 年）中举人，第二年中进士。他带着公事文书回到本省，被安排在人事部门工作，任吏部主事，后改任云南盐提举，不久因病回故里。

② （清）花样锦集（卷四）. 咸丰、同治年刻印，湘刻本，第 64 页.

③ （清）花样锦集（卷四）. 咸丰、同治年刻印，湘刻本，第 65 页.

④ （清）花样锦集（卷四）. 咸丰、同治年刻印，湘刻本，第 66 页.

⑤ （清）花样锦集（卷四）. 咸丰、同治年刻印，湘刻本，第 67 页.

⑥ （清）花样锦集（卷四）. 咸丰、同治年刻印，湘刻本，第 68 页.

⑦ （清）花样锦集（卷四）. 咸丰、同治年刻印，湘刻本，第 73 页.

⑧ （清）花样锦集（卷四）. 咸丰、同治年刻印，湘刻本，第 74 页.

⑨ 吴廷琛，字震南，公君，世称“吴公君”，号棣华。乾隆五十三年（1788 年），吴廷琛参加县试，一举夺魁，时年 16 岁。有个姓康的官员视察官学，在众学生中，独欣赏吴廷琛，遂把侄女许配给他。祖父吴士楷，父亲吴文奎，都是太学生。吴廷琛兄弟四人，他最小，髫龄时的吴廷琛便显示出出众的才华。10 年后，即嘉庆七年（1802 年）二月，吴廷琛在“壬戌科”会试中一举夺魁，成为会元。见于《旧典备征科名盛事》。

⑩ 汪桂、吴赓枚、石时渠等 17 人，俱著以部属用。见《清实录·嘉庆朝实录·卷八十二》。

须相题，可用则用之，或冠冕堂皇以称其题或衰题盛结以其败。作者既心颂扬而阅者，必另眼相待。此唐人所谓台阁体，又名客样文章也。如不论何题，一概颂结，则阿谀取消，适自辱也。愚录其可师者十数，则惟有识者，临文酌方之。[1]

顾莼试“道之以德齐之，以礼有耻且格”。己巳会元，孔传纶试“君子喻于义，小人喻于利”。

光聪谐试“君子喻于义，小人喻于利”。徐镛试“君子于义小人喻于利”。陈鸿试“君子于义小人喻于利”。庚午科广西会试第三名，王贻珣试“左右皆曰：贤至然后用之”。壬辰会试第十四名，夏廷桢试“君使臣以礼”。壬辰会试第十五名，刘荣桂试“君使臣以礼”。[2] 癸巳会试第四名，胡正仁试“古之愚也，直今之愚也，诈而已矣”。癸巳会试第六十四名，武天亭试“古之愚也直今之愚也，诈而已矣”。

癸巳会试第十九名，魏玉峰试“裁华岳而不重至万物裁焉”。丁丑会元庞大奎试，子曰：“为政以德。”[3]

现代人大多数只能从现存的资料里讲破题法，如倪士毅《作义要诀》云：“破题为一篇之纲领，至不可苟，句法以体面为贵。”晚清科举进士商衍鎏先生说：“长题之破贵简括，搭题之破贵融贯，大题之破贵冠冕，小题之破贵灵巧。”[4] 破题如何运用好截搭题，截搭题分为“钓”“渡”“挽”三种方法。

所谓“钓”者，由题首直钓题尾，使文章首尾照应，将它用到小讲后的领题处。

所谓“渡”者，扼住题首题尾，驾驭中间。然后从题首渡到题尾，将它用于提比后的出题处。

所谓“挽”者，循题尾以观照题首，将它用于后比落笔处。

钓、渡、挽，俱要掩映收纵，开合自然，裁剪消纳，并带中间，方得埋伏稳渡反照之妙也。[5] 这些方法在选举志和科举考试制义中留下了许多文献记载，要想得到并不难。但是，我们要想看到或得到《花样集锦》和《利试花样》这种八股文写作方法和写作经验之类的书籍和资料，确实很难。本文提供《花样锦集》八股文写作方法，多达 18 种，确实是殊为难得，有这么多的八股文写作方法，我们还会说八股文是僵死的、老套子的吗？本书填补了科举课艺教学文献的空白。笔者也希望学界同仁提供类似的八股文课艺资料，为

① （清）花样锦集（卷四）. 咸丰、同治年刻印，湘刻本，第 64 页.

② 刘荣桂，号芗泉，顺天宛平县人，道光己酉（1849 年）拔贡朝考一等，授户部贵州司七品京官，辛卯举人，壬辰进士翰林院庶吉士，道光二十九年（1849 年）八月任。台隆阿，号湘湄，镶黄旗，红带子，銮仪衞鸣赞鞭，官咸丰五年六月任。见（《职官志通判、巡检、名宦》岫岩志略卷六）《清实录·道光朝实录·卷二百三十六》陈庆镛、丁彦俦、姚福增、宗室庆安、郭利宾、陈本钦、张道进、沉玉麟、吴光业、胡增瑞、钟保、曹楙坚、潘铎、方城、吴珩、李湘棻、俱著以部属用；汪道森、赵缙、刘荣桂、王朝楠、原珏、俱著以知县即用。

③ 庞大奎，号星斋，清朝政治人物。庞大奎少有文名，嘉庆年间高中会元，殿试三甲，历官翰林院庶吉士、知县、同知等职，官至湖北汉阳府知府。庞大奎出身的塘桥庞氏是晚清常熟“翁庞杨季、归言屈蒋”八大着姓之一，产生过祖孙三代四人翰林的科甲盛事。首创庞氏家族进士功名的，即是“领袖南宫第一人”的庞大奎。

④ （清）商衍鎏. 清代科举考试述录及有关著作［M］. 天津：百花文艺出版社，2004：248.

⑤ （清）商衍鎏. 清代科举考试述录及有关著作［M］. 天津：百花文艺出版社，2004：251.

八股文研究提供科学的理论依据。

附录八股文创作方法文献

八股文创作方法与文献					
方法	作者	主题	地区	名次	时间
后股一意化雨法（说见前一意化雨门）	万舟	小人之道然而日亡	?	?	?
	鲁庆元	诗云鸢飞	浙江	34	辛卯
	黄朝典	折可劳而劳之又谁怨	广西	3	酉午
	吴步韩	夫子者而不纲弋不射宿	利会	40	丙申
	周源睿	小人闲居其善	?	103	丙申
后比双提卦法（说见前三门）	许乃普	仁者先难而后獲	浙江	?	庚辰会墨
	岳镇南	子曰学如不及犹恐失之	?	?	壬午
后比雨露夹衬法（说见中股两路夹衬门）	李来泰	夫孝者善二句	?	?	?
	江绍曾	大德不踰闲	?	42	乙未会试
后比每比中雨路夹写兼锦上添花格（说见提比二门内）	徐杨鹤龄	不义而富且贵于我如浮云	?	5	壬辰科
后比雌雄角胜法（说见提股雌雄角胜门）	徐思第	子曰学如不及犹恐	?	?	壬午科会试
	李儒郊	子曰学如不及犹恐	?	?	壬午科会试
	邹鸣鹤	仁者先难而后獲	?	37	庚辰会试
	许士彦	因民之所利而利之積不费乎	?	?	?
	周开忠	夫子欲寡其过而未能也	四川	1	乙未科试
	张轩鹏	夫子欲寡其过而未能也	四川	9	乙未科试
	刘湘	夫子欲寡其过而未能也	四川	27	乙未科试
	呼延椿年	子曰君子不器	陕西	15	甲午科试
	郭绍曾	士志于道	山东	12	乙未科试
	刘 铖	因民之所利	陕西	19	乙未科试
后比衬跌醒目法（说见前二门）	黄淳耀	曲肱而枕之	?	?	?
	卞士云	切问而近思仁在其中矣	?	2	癸未会试
	赛仪	子曰当仁不让于师	云南	1	乙未科
后股跌进逼拶法	王景美	言而世为天下则	陕西	6	丁酉科试
	李应染	因民之所利	陕西	2	丁酉科

续表

方法	作者	主题	地区	名次	时间
后比譬喻新类法	李志芬	东里子产润色之	?	?	?
	景运亨	食之以时相之以礼	陕西	18	壬辰
	胡荣	察 其所安	江西	20	壬辰
	台隆阿	夫子之墙百官之富	顺天	8	丁酉
	罗舒秀	中也者至道也	顺天	1	甲午（副榜）
	相谦	观其所由	?	?	?
	黄家声	大德不踰闲	?	24	会试
	王步青	今女画	?	?	?
	雷启秀	子曰君子不器	陕西	1	甲午
	郝西园	若威武仲之和	山西	1	丁酉
	?	士志于道	山东	6	乙未
后比三爆拔营法 说见前提比三爆人营门	朱林	人而不仁疾之二句	?	?	?
	陈圣籍	传说举于版筑之间五句	河南	?	辛酉
	汪如滓	尽信书二句	利会	1	庚子
	费庚吉	诚身有道，不诚其身矣	?	1	己卯
	右鳌	子曰君子不重	江西	42	辛卯科
	黄经	子调子夏曰女为君子儒	江西	1	甲午
	张景星	吾身不能居仁由义二句	?	1	乙未科会试
	彭蕴华	大德不踰闲	?	2	乙未科会试
	陈廷扬	大德不踰闲	?	?	?
	方培之	大德不踰闲	?	20	?
	张姚锡	大德不踰闲	?	?	?
	谢荣埭	小人闲居为不善著其善	?	5	丙午科会试
	王	从许子之道相率而为伪者也	顺天	7	丁酉科
	柳溥	周公谓鲁公曰二句	陕西	13	丁酉科
	张廷琛	语小天下莫能破焉	山东	8	丁酉科
	余龙光	君子不以言举人	河南	48	乙未科
	吴双	君子不以言举人	?	15	?
	何楷	君子不以言举人	?	18	?
	何绍基	季康子问政于孔子	湖南	1	乙未恩科
	刘定范	季康子问政于孔子	?	6	乙未恩科
	程福堂	君子成人之美二句	湖北	17	乙未恩科
	李树	因民之所利	陕西	1	甲午恩科

续表

方法	作者	主题	地区	名次	时间
后股三炮拔营兼用封新赖法（说见前二门）	武天享	古之愚也直今之愚也诈而已矣	?	64	癸巳
后股四行阵法（说见前二门）	张寅	非礼勿视非礼勿动	山西	7	辛卯
	梁卓英	君使臣以礼	?	48	壬辰会试
	吕汝金	君子不以言举人	江南	20	乙未
	王景美	周公谓鲁公曰二句	陕西	6	丁酉
	刘钟洛	言必信言必果	?	29	戊戌
	蓝毓青	子曰君不器	陕西	2	甲午
	许郁义	君子成人之美不成人之恶	湖北	6	乙未
后比三炮拔营兼四马行阵法（说见前二门）	夏在庭	士志于道	山东	7	乙未
后比驷马欲阵兼三炮拔营法（说见前二门）	马学易	子曰君子不重	江南	12	辛卯科
后比股爆于母格（说见前门）	王铁	因民之所利二句	陕西	3	乙未
后比九炮连环格（说见小讲九炮连环门）	俞汝本	天下有——三至德一	?	10	丙申
后比锦上添花格（说见小讲锦上添花格）	王龄	君子不言举人不以人废言	河南	66	乙酉
	钱廷勋	发强刚毅足以有执也	浙江	7	甲午
	刘霞	慎思之明辨之	山西	2	甲午
	徐秉中	?	四川	5	乙未
	赵材成	譬如平地虽覆一篑进吾往也	河南	1	乙未
	周源睿	?	?	6	?
	梁述孔	小人闲居至而著其善	?	18	丙申
	倪克庆	周公忠兼三王至仰而思之	山东	2	丁酉
	程宇光	从许子之道二句	顺天	1	丁酉
	周沐汧	所以动心忍性曾益其所不能	河南	1	甲午
	李志芬	政事冉有季路文学子游子夏	四川	1	丙子

续表

方法	作者	主题	地区	名次	时间
结笔和声鸣盛法	汪桂	曾子曰慎追，民德归厚矣	?	?	?
	吴廷琛	道之以德齐之以礼有耻且格	?	1	壬戌
	孔传纶	君子喻于义小人喻于利	?	1	己巳
	王贻珣	左右皆曰贤，然后用之	广西	3	庚午
	夏廷桢	君使臣以礼	?	14	壬辰
	刘荣桂	君使臣以礼	?	15	壬辰
	胡正仁	古之愚也直今之愚也诈而已矣	?	4	癸巳
	武天亨	古之愚也直今之愚也诈而已矣	?	64	
	魏玉峰	载华岳而不重至万物载焉	?	19	癸巳
	庞大奎	子曰为政以德	?	1	丁丑

科举八股文课艺读本文献				
作者	书名	卷数	时间	刻印处
李郁华	云路仙丹	1	同治十年	乐道山房
?	花样锦集	1	咸丰年间	?
郑之琮	试艺衔华	1	光绪四年	益元堂
郑之琮	次階正风	1	顺治—康熙刻印本	?
?	华国斋小题畅	1	光绪元年	启元松
伟榦	正法开山集	1	乾隆八年	英德堂行
周百顺	读书门法	两卷合一册	同治十年	进思轩
?	四书句解课艺分析	1	?	木刻本
周成琨	课艺一说	1	?	手抄本
钱塘集生文成	正义启蒙	1	光绪辛丑年	上海书局
云溪居士	小题尖锋	1	道光二十九年	一经堂
郑文焕	学文彙典	1	嘉庆丙辰年	同文堂
张华峰	诗文札记	1	道光二十九年	清河堂
王瑞山	启蒙新詠（四书诗）	1	民国二十五年	手抄本
徐东汉	芸窗课艺一指引迷津	1	道光二年	手抄本
夏衡瞻	槐轩千家诗（诗学先宝）	1	雍正十二年	裕美堂
杨嘉众	批点二十艺句解	1	光绪己丑年	新元堂

续表

作者	书名	卷数	时间	刻印处
熊源泰	增广贤文（冉隆岗）	1	道光年间	清河堂
杨辅廷	课艺日钞	1	道光年间	手抄本
吴培礼	四字经	1	光绪年间	手抄本
李子潜	弟子规	1	同治二年	木刻本
徐建勋	三字经训诂	1	康熙丙午年	状元阁
宋光国	三字幼仪	1	民国初年	手抄本
宋光国	三字经	1	民国初年	手抄本
明善锐	新刊幼女歌	1	光绪年间	刻印本
车万育	声律启蒙对偶	2	康熙年间	九仪堂
李嘉绍	韵法横图	1	崇祯年间	?
?	考卷集	四卷本	?	?
	四书引端	二卷合订本	雍正十二年	清河堂
?	绘图四书速成新体读本	三卷	?	清河堂
	绘图详注幼学新体读本	三卷	?	清河堂
吴楚材	古文观止	六卷	康熙三十四年	状元阁
杭资能	古文贯通	1	?	令德堂
黄鹤	四书异同商补订遗文	1卷	光绪元年	清河堂
周大璋	四书朱子大全精言	8卷	康熙四十七年	宝旭斋
仇沧柱	四书备旨灵捷解	1	乾隆甲午年	文正堂
朱熹	四书章句大学章句	1	?	异秀堂、裹如堂
	四书集注卫灵公（毛晋订本）	1	崇祯十四年	聚文堂
	四书集注中庸（毛晋订本）	1	崇祯十四年	聚文堂
	四书集注论语（毛晋订本）	1	崇祯十四年	清河堂
林退庵南	四书题窾汇参	1	?	清河堂
刘芪侯	启幼引端	1	雍正十二年	经纶堂
	四书疏注撮言大全	1	?	清河堂
	易经旁训	1（三四卷）	崇祯十四年	清河堂
杜预	春秋左传	1	?	清河堂
张华峰	清河堂诗集	1	道光十年	清河堂手抄本

第二节 八股文献与朱卷点评

乙未恩科，湖南何绍基试“季子康问政至敢不正”。[①] 湖南何绍基试《季子康问政至敢不正》：“大君可欺耶！陪隶可狎耶！小民可侮耶！（评语起势轩昂）从来广大精微之政（有接笔凌空不测此，）概有不恶于心术者也（比就心说极透辟）。敛其心不使放，乃能先百吏而固其神明（洞见木原，思笔神工广其表）。澄其源不使淆，乃能导万事而归，其条理帅以正者。密斯感以正者（句法峥嵘）；清如平直之得准绳（比喻精切得正字真谛），如方圆之得规矩。秉国之钧、秉国之成，有敢为柄□者（笔笔精彩，文亦曲折绸缪）。谁之咎也（吻宛肖）？子其思之礼，乐可僭耶（精微之气，仆人思字，对针康子婉极）！征伐可专耶！服物可假耶！从来整齐严肃之政，又未有不纳于轨物者也。一喜怒而慎其防刑赏，胥泯其僭滥。一言动，不踰其范（正字酣足）；条教宛谕，诸家庭虽以改者，尊斯应以正者；怵其不诬。若鬼神（对更警切）。其无私，若日月有威，可畏有伐（气足神冠），可象有敢为慢易者，民所耻也！子其勉之。”[②]

道光十六年（丙申年）进士，官编修。博览群书，尤精于小学，著有《说文段注驳正》等，并旁及金石碑版文字，《清史稿》卷四百八十六有其传。

咸丰二年官至四川学政。罢职后，先后主讲山东泺阳书院、长沙城南书院、岳麓书院、浙江孝廉堂讲席，受曾国藩、丁日昌之邀又主讲苏州、扬州两书局。历代书帖“上溯周、秦两汉古籀篆，下至六朝南北帖，搜辑至千余种”。[③]

何绍基的好友刘康[④]是湖南宁乡人，刘康字春禧，生卒仕履不详。其家藏书甚富，藏书处为红豆山房，著有《红豆山房藏书目》一本。何绍基尝阅其目，喜而赠诗曰：“藏书不解读，如儿嬉戏得珠玉。读书不能藏，如千里行无粮。刘侯生自湖湘秀，要与俗儒饰寒陋。善本莹莹金璧光，古人堂堂天地寿。深山楼屋可百楹，新篇蠹册皆有情……示君此语

---

① 何绍基，湖南道州人（今湖南道县人），乃何凌汉之子，生于清仁宗嘉庆四年（1799 年）十二月初五，卒于清穆宗同治十二年（1873 年）七月二十日，终年 75 岁，有儿子何庆涵。何绍基字子贞，号东洲，晚号猨叟，一作蝯叟。

② 花样锦集·季子康问政至敢不正（卷四）. 咸丰、同治年刻印，湘刻本，第 54-55 页.

③ 郑伟章. 文献家通考 [M]. 北京：中华书局，1999：809.

④ 刘康（1814—1890），字春禧，湖南宁乡县人，居一都。生于嘉庆十九年（1814 年），卒于光绪十六年（1890 年），终年 77 岁。其曾王父刘巨河，字龙溪，承丰厚，崇俭黜华，家益富，通治生之术。王父德润，字松泉，亦好施。父握兰，字礼园. 道光十二年（1832 年）壬辰，江华发生瑶民起义，宁乡当孔道，佐知县方炳文筹军需供应无缺。刘康承袭先辈产业，家甚富。师事马维藩、王开莹，工制艺，善画。又学诗于其族祖刘基定，积稿成帙。晚岁，出游江浙。其子刘鹤，字雪樵，县诸生，纳赀为县丞，书法与乃父齐名。光绪二十五年（1899 年）已亥，族人刊其遗诗，为《红豆山斋诗钞》四卷，赵钰序之。查同治《宁乡县志》人物传未见其传，仅在卷十八学校选举、议叙栏，在数百人中觅见一条日：“刘康，字春禧，国子监典籍衔。”仅此而已。民国《宁乡县志·故事编第十·先民传第五十八》有其简传。

然未然，何时铅椠相周旋？期君来蹑蓬山路，共校金绳册府篇。”① 据说宁乡发大水，刘康的藏书被洪水卷走，又有人说刘家失大火，家藏万卷书皆荡然无存。后来一直没有人找到其书的踪迹。考官对何绍基的恩科朱卷评价很高，我们再来看下面这些恩科进士朱卷点评：

1. 长沙劳宗光②——笾豆之事则有司存

事有非君子之宜，重益知所贵之有在矣。夫笾豆，非道所能遗而其事，仅有司之事也。

观此不益，知君子所贵之有在哉！尝思古人，大臣体无不具。即用无不周，则小物克勤，何在？非士大夫之盛业哉！而然缓急轻重之际，亦各有所分量焉。盖天下众人，能为之事，无待于圣贤。惟举其所不必为之事。悉听之，于能为之人，乃有以一致其精神，于专注之途，而不乱容貌、颜色、辞气，君子所贵乎！道者如此。

今夫道也者，统精粗、钜细，而于事无所遗焉者也。以修身之要，而论三者：诚克治之功源。然于其源而皇皇力之；而于其事之旁见者，或漠然将之；则举夫细微之节，尽付诸不议、不论之条，而道之体已缺。以为政而论，三者诚表正之枢。然于其枢，则凛然持之而于其事之杂陈者，或恝然置之，将举夫形器之末。悉任其为与为替之故，而道用已亏，即如笾豆，岂非道中之一端？而体道君子，所无可可诿焉者哉！

虽然有有司在，且夫事之在于笾豆也。有有司，所不得而喻者，制作精微之意也。有有司，所得而详者。度数繁重之端也。不得而喻，故知其当然，而不责其所以然。得而详，故责以各尽而不必在上者自为尽。岂惮其烦，而自耽逸乐哉！盖其心，有所重，劳而其力，不遑及也。第观于笾豆，有践之日。可以羞王公、可以荐鬼神。孰非朝廷重大之务，然自君子观之。固有重于笾豆者，而笾豆之事，遂觉其轻也。

夫君子亦惟务其重者耳。有司不治、有司之事，是谓旷君子下治。有司之事，是谓陵。何事焉？而切切然，旁为贷乎！观夫周官成书，而掌笾豆者，初不过寄诸贱吏之职。夫亦知其非国体所攸关矣！第观于笾豆，静嘉之仪，或厕诸牺牲樽俎之列，或陈诸珠盘玉敦之旁。孰之旁，孰非儒生切要之图，然自君子视之，固有切于笾豆者，而笾豆之事遂觉其缓也。

夫君子亦惟务其切焉者耳。君子而下治有司之事，是谓亵君子，下治有司之事，而自废其事。是为逆何事焉？汲汲然代为营。

予观夫武成诞告而执笾豆，不要过任诸奔走之士。夫亦知其非大臣所躬亲矣。古大臣论道经邦，而问钱谷不知，问兵刑不答，意亦由此意也。观此而君子之所贵不益明哉！

考官原评点为：“不屑摭拾，故实而题之神理，兼至高视阔步，卓然方家。”③

2. 德行颜渊、闵子、蹇冉、仲伯牛、仲弓——劳宗光

守道而不免于厄，圣道之穷也。夫颜、闵、伯牛、仲弓皆修德力行，世之所谓难能而可贵者也。乃俱从厄于陈蔡，岂非吾导之将穷哉？

---

① 郑伟章. 文献家通考［M］. 北京：中华书局，1999：811—812. 附：叶《诗》卷六刘康条引何氏诗。

② 劳宗光为六十六任云贵总督。

③ （清）张华峰. 朱卷点评文钞，道光、咸丰年手抄本，清河堂藏本.

今夫修德不望报者，贤人之心而修德，不获报者，贤人之遇，不观于其遇，无以见厥德之不回也。不观于其心，无以见敦行之不怠也。

唯心之所乐，不以安常而懈其修。斯遇之所穷，且以履险而贞其诣。此即一堂聚首，犹足伤怀，而人往风微。奚禁踌躇四顾矣。我夫子，德配天地。行在《孝经》，尝有感于陈蔡一役。盖非徒有意于德行诸贤也。而亦极有意于德行诸贤也。

且亦思德行之选，固何如者？心与道为依归，道即与心为附丽。气之充者，志必师而尊，所闻则高明，行所知则光大。盖德所以植行之基也。本天道以成形，即尽人道以复性。心之精者，力亦果而苟其一息之尚存，不容此志之稍懈。

盖诸行，所以发德之蕴也。于稽俱时，则所谓颜渊、闵子、蹇冉、伯牛、仲弓其人者非耶？嗟乎！夷齐求仁，西山饿死，盗跖不义，而东陵寿终。古今世故遭逢，其足以增人感慨，而无所适从者，亦复何退颜？

以今日之习气风声，其败德殄行，与夫一无所长者，固无论已。即有德行道艺，里亦登而史亦书，求其中庸有择，而拳拳服膺之弗违，纯孝可称；而父母昆弟之不间，其有类于颜、闵氏子者，几人哉！抱疾以终，而牖前动，斯人之恸。南可使，而居行酌敬简之宜，真无愧于冉氏二子者，又几人哉！

乃饮食，自若居处遨游。享庸福于风尘，保身躯于世路，而独此四者。既以一车两马，久伤行道之心，又以甲胄兵戎，大丧吾儒之气。道之穷也，时也！命也！而谓夫子，其能忘情哉！

夫情一之心传，去今几千百年矣。乃历禹、汤、文、武、周公，数传以来，而犹有颜、闵诸子，得闻性道之情，以是知道统，维系之功至大也。圣门之才艺，亦不下数人矣。乃合成德、达材；答问，因人而教。而惟是颜、闵诸人已。具圣人之体，是以知师弟授受之，契独深也。而况子之所思者，尚有言语、政事、文学诸贤在耶！

考官评点：振笔直书，尽情洒纸，此文之以气胜者。①

3. 取人以身——第一名王丕显②

原取人之本，知君身之至重矣。盖人为身之辅，而身为人之，则欲取人，舍身何以哉！

子故哀公法祖，以为政也。曰："人主之所，最不可忽者。惟此身耳!"身之所系者重，非仅为臣下树其型，而遴选有由。要不能舍主极而徒下求贤之诏，昔在文武设官分职，左右趣之，知其所感召者，甚神而其所挟持者，至要也。

为政在人，人固赖以辅政也。而取之究何以哉？好爵之縻，可以致庸流，而不可以招俊杰。故登进之途，日广而怀才者。终閟尔音于金玉，则宸极之弗端也。厚胥之颁，可以养廉。耻而不可以树仪型，故赉予之典，日隆而抱德者。终乐寤寐于盘涧，则皇躬之未正也。然则君身不綦重哉！

取人者，尚其以之吾，即文武以观六州归化，以还瞻云汉者。（先生评点此处有："穿

① （清）张华峰．朱卷点评文钞·德行颜渊、闵子、蹇冉、仲伯牛、仲弓——劳宗光．道光、咸丰年，手抄本，清河堂藏本．

② 王丕显辑有《何氏药性赋》一卷留传于世，民国元年抄本。

穴入洞，引人入胜的效果。”）颂作人于寿考，然而奉璋者。峨峨非被以追琢之章，则多士何以称盛。维桢者，济济非储以缉熙之敬，则王国奚以克生，是知丕显哉！

谟之王之身，其鼓舞乎！有德有造者，罔不当而当是之誉。髦斯士皆曰：“秉文之德，有不与亦临亦保之身，息息相关者哉！”四海永清而后望镐京者，思美服于皇王。然而抱器元子，非由旧昭。大定之烈，则白马之容，胡以归范陈父师？

非配命协阴隲之原，则元龟之畴，孰以锡，是知丕承哉！烈武王之舟，其感激乎！义德、容德者，罔弗周。而当年之保有厥士，皆曰成王之孚。有不与敬胜、义胜之身，隐隐相系者哉！

盖豪杰之升沉，气运关焉！惟君身有转移气运之责，乃人克随。气运以俱升，非必悬之鞀铎也。公欲求人以举政，而以身立其准，将云龙风虎，可以成一时际会。奇贤才之显晦，非时命而俱显。非必贲以弓旌也。

公欲得人以为政，而以身作其则，将干城腹心，可以定一代经纶之局。是君身为取人之本，即为政之本也。公其法，祖以修之。

考官原评点：“光明俊伟，经籍之华。”[①]

4. 及具至也，虽圣人，亦有所不知焉——何端[②]

就道之至，以騐知。虽圣人，亦有未尽焉！夫圣人，宜无所不知矣！乃及其至，而亦有不知，不已足騐道之费哉！

今夫至极而无以复加者（考官评点为轩然而起），道也知至，而初无或遗者，圣也！天下岂有识至之圣人，而犹不足以知道者哉！不知以知，至之圣人明。

夫至极之道而道之妙，见以知至之人，困于至极之道而道之妙，愈见无它费焉。故耳夫妇之遇愚，可以与知，此特偶有所知耳！而非必无所不知也。是故知之极，必以圣为归而论道之宏。尤必以至，为断就其散殊者，而论迩何为？而不遗远，何为而莫御？

非天下之卓识，安能独精藻鉴？尽悉夫至、广至钜之奇？自其流行者而观始，胡为而成始？胡为而成终？惟天下之至神，庶克独擅精明。默喻夫无体、无方之妙，而吾于以观圣人。其明睿本于性，生故上古，明道开天，所以多近于神妙。工于水火，后人所习。

为故常者，皆古圣人所矜，为创获者也。则任万类之纷纭，当与有足，为圣人难焉者。而于道之所及，为虚而拟之曰：“圣人有不知焉，是谬也。”其烛照原于学问，故昭代《陈书》。演范所知，倍极其周详。礼乐文章奕世，所视为陈道者，为陈迹者。皆古人所得，诸阅历者也。则任庶缘之蕃变，谅无足为圣人疑焉者。而必举道之所及，为实而指之，曰圣人所不知焉，是妄也。

考官评点：“极力翻腾，正奋及其字作势。”[③]

虽然犹未论，夫道之至也。及其至也。非必谓圣人之智，即穷于此也。第明哲必本乎

---

① （清）张华峰．朱卷点评文钞·取人以身——王丕显．道光、咸丰年，手抄本，清河堂藏本．

② 清代文人，何端，字荣章，清朝贵州清镇人。何威凤之祖父。清道光五年（1825年）解元，九年（1829年）进士。

③ （清）张华峰．朱卷点评文钞·及具至也，虽圣人亦有所不知焉——何端．道光、咸丰年，手抄本，清河堂藏本．

心思。心思之所不存，明哲即无自而启。虽尧曰钦明、舜曰睿哲，可以无往而不知者。究亦有不能尽知之处也。盖八方荒之广，六谷之遥，不及知实，亦不暇知耳！而道充周靡穷矣。及其至也。

亦非谓圣人之识，即困于斯也。第聪明必出于耳，目耳之所未及，聪明即无所于施。虽汤曰勇、智；文曰照临，可以无时而不知者。究亦有不克周之，知之端也。

盖古今之远，时势之殊，不能知实，即亦不必知耳！而道之弥纶愈远矣。此费之见于所知者也。试进而递征之。君子之道，不诚费而隐哉！

考官评点："善于展拓折宕题气，奕奕如国生中间，尤擅胜概端，在笔灵气盛。"[①]

5. 子在齐闻韶一章——李培滋第一名

圣人心，一于古乐极赞之而有余思焉！夫乐之至于斯，惟夫子知之，亦惟夫子能言之。

然非在齐闻韶，又何以见嗜之切而契之深乎！尝思德性之蕴，器数不符而罄之，而有时凭器数，以得其精者。此固非淡漠之神明，所能知也。

盖德以盛而神作乐者。莫能言其妙业，以久而笃聆音者（考官评点为：酝酿深醇）。独能契其征，则一时之声。八心通者，其用志，不可谓不专而感通，不可谓不至也矣。

今夫韶，以继为义，而继治道同，可以见遇之隆焉。韶以舞召，和而舞行缀远，可以验治之逸焉。乐之至于斯也。（考官评点为"先著元神"）岂偶然哉！然而后夔已遥。

谁发直温之奥，虞弦不作，空传阜之歌。虽欲闻之，又何从而闻之。不知形器之料，留于子孙而溯遗音于伪水。当不若有司之失，传声音之道，通于神明而窥好古于尼山，亦不仅学士之知意，在齐之闻有由来也。

独是不知声者，不可以言音。不知音者，不可以言乐。子之闻韶也，岂惟是慕？（考官评点为"振宕古扶"）休风于凤仪兽舞，聆和声于附石，鸣球云尔哉！必将好学深思，凝神一志。克尽夫餍饫，优游之趣，而进探夫精征广大之原。盖笙镛箫管之中，有学问焉。

偶而闻之，则洋洋乎盈耳！习而闻之，则沨沨者，移情夫至于心与乐。然喻于征，则此际之相知良不少也。依永和声之内，有感召焉。闻所欲闻，则心与乐相契于隐。而此时之况，味正无穷也。向非夫子，知韶乐之深。吾党，何以拟其三月不知肉味哉？然后知如天如地，犹属仿佛之词，而未曲尽。夫韶乐之妙。夫情深文明，气盛化神。此其中实有，令人长言之不足、咏叹不足者。特虚而拟焉。究难望，即器以存神耳！吾不知子，未闻韶以前，果知乐之至于斯耶！此固子之所独喻于无言者矣。然后，知以间以咏，不过在庭之奏而未名言。夫韶乐之征，夫以格神人，以和上下。此其间，实有令人穆然遐泽思。然高望者，特浅而尝焉。究难异穷本，以知变耳。吾不知三月以前（笔飞墨舞），子真未知乐之至于斯耶！此又子所深幸焉！而极赞其盛者矣。夫尽美尽善。子固尝谓韶，而不图至斯一言。岂非以在齐闻韶之久？而相契更有深焉者哉！

---

① （清）张华峰，朱卷点评文钞·及具至也，虽圣人亦有所不知焉——何端．道光、咸丰年，手抄本，清河堂藏本．

考官评点为“面面圆融，语音如永（韵）而皆以宕逸之气。行之可云：‘雅与题肖。’”①

6. 故君子居易以俟命，小人行险以侥幸——李培滋第一名

君子立命之学，非小人所敢望也。夫居易则不行险矣。

俟命则不侥幸，此君子素位之实也。彼小人乌足以语此，且性与命不相离者也。而圣贤要只言性，不言命。葆其固有，而用舍付诸天，尽其当为。而行藏安于遇。

彼营营于禄利之场，以希冀于万一者。适形其妄诞也。素位而行，不愿乎外，固分言之而各见矣。然而，往往难焉者也！何也？今夫从理之谓，易从欲之谓险，易与险交集而莫辨，则从理之念不敌。夫从欲之念，而变诈机械之谋将作此，盖小人之尤而大异乎！

君子者也，若君子则何如哉？居恒切格致之学，数所不能夺者。理实，足以贞之惠迪。吉而从逆凶，无不思之。熟而辨之，审夙昔深。诚正之功，物所交相引者。力实，足以闲之人心危，而道心正，无不察之精而守之一。是故宅者，亦此居崖墙者，亦此居而居，无非易也。

古今之德业，何奇要不过饬纪敦伦，切而求诸本原之地。子臣弟友，毕平生依之矣。侜张为幻，虽莞簟有戎机，淡泊为怀。纵簟瓢皆乐境，所谓资之深，则居之安者，不其然乎！

穷通之谓命，修短之谓命，而妙于俟也。圣贤之心，体甚静，即极之常变，经权总莫扰，必有穷通之谓命，修短之谓命，而妙其泰然之天□名。宝贵若将忘之矣。谓天，可必贤者，不必寿；谓天，不可必仁者，必有后。所谓听其自然，莫为而为者。岂不信乎！君子之为，君子盖如此。

若夫车马玩器，何以取之子女？玉帛何以致之？伺候于公卿之门，奔走形势之途，足将进而趑趄。口将言而嗫嚅，希荣固宠争妍，取怜是直，小人行险侥幸之事。彼君子者，岂为之哉？岂为之哉？

噫！不行险而居易。其即素位而行之谓乎！不徼幸而俟命，其即不愿乎！外之谓乎！君子道，长小人道潜窃愿，且暮遇之也。

考官评点为“此章专重君子，不过借小人作反证，文看题极有诚”。

孔继猷原评“洒洒落落，三层神机”。②

7. 笃信好学——费公彦③

学以立身，圣人勉人以笃，且好焉！盖人之为学，惟信可以人之也。

笃焉！以立好之基。好焉！以全笃之实学者。固当好，如是乎！且学者，奉义理为依归。患其识者，下充尤患，其性情之不正。

盖疑惑之心，易启浮躁，则无以充之。为伪学于怪之辈，亦托坚贞，无以正之。则为异学，此其志。难为不学者，告也。

---

① （清）张华峰. 朱卷点评文钞·子在齐闻韶一章. 道光、咸丰年，手抄本，清河堂藏本.

② （清）张华峰，朱卷点评文钞·故君子居易以俟命，小人行险以徼幸—李培滋. 道光、咸丰年，手抄本，清河堂藏本.

③ 道光十三年癸巳科（1833年）第二甲43名。

今夫人之所以立身者，学也。然学，岂苟焉？而已哉！观其理而晓。然知其可从，谓之信；由其理而欣然知其可悦，谓之好。好由于信，信贵乎笃、笃信以立，好学之基也。而好学以全笃信之实。吾以告当世之为学者，世固有信，不笃而能好学者乎！

夫学问之无穷也。即使研求甚密，犹恐稍驰，期专一之思。倘以生平可信之端，闻俗说而顿生，疑虑其何以为好之地也。今试有一物于此，有不必急得之意。则虽日接，当前而终无。当于我之所好矣。有必欲得之之意，则虽物非已有，而终必慊乎！

我之所好矣，况学也者。富有日新，可不以笃焉者。端其志乎！且笃非拘滞之谓也。敦厚以尊，德性存心。即以立致知之原，力行以精神无倦。凝不纷之志，不敢从俗学，而隳真知。亦不敢苟曲学，以有定识，好学之基乎！笃信亦如此，世固有信。既笃而遂为好学者乎！

夫人情之好怪也，即使日穷正理。犹虑莫保，其纯一之天。倘以见异思迁之志，执僻见而渐入纷岐，又何以葆学之醇也？

今试有二物，于此一心系于所当。好，一心役于所不当；好其其弊，仅日为游艺机移，专其念于所不当。好，绝其念于所当好；其弊，竟成为坚僻。况学也者，崇正黜异，不可以好焉者。

返诸正乎！且好，非浮慕之谓也。仁，无以尚不仁，不使加。既早绝，朋从之扰。未得忘食，已得忘忧。后渐臻旨趣之归，敢不轻信人言，以逞其聪明。亦不敢不崇信古义，以贞其趋向，好学之全乎！笃信者，又如此试进，而言其功效乎！

考官评点："题中四字，字字说出真谛，哪有份嚣犯其笔端。"①

8. 求也千室三句——郭方城

程艺士之才，邑与家固所优为矣。夫千室百邑，非无才者，所能宰也。

求也可使，此求之所以为艺士。与尝思有天德者，可以行王道。虽以之宰，天下可也。岂待于官一邑？觇吏治哉！顾优于德者，未必固大用之而大效。长于才者，亦小用之，而小效。诚人与地之相宜，自民与事之兼济。

夫亦何妨舍德而言才矣。子继由而问求，夫求也。岂粥粥无能？而漫无可使者哉！拓地强宗，非干城无以使胜其任。然使恃其刚勇之慨，而弗克抚慰乎！黎元将太史采风，何以课平康之效？陈师鞠旅，非勇、非勇士，无以责其成。

然使简军之资而未能统摄乎！众务将大夫有命，何以饬簠簋之风？然则求之可使者，安在哉？昔先王度地，居民于是乎！有邑因井计禄，于是乎有家邑与家之不可无宰也！明矣。而吾谓为宰之难矣也。使什伯之众，安辑犹易耳？

若夫合群萃州处之伦，而称之曰千乘室。则比屋连云，本非十共十夫之所能例，而苟以刑名法术，浸及田庐。吾儒几于有酷吏，而无良吏，使居清静之地。综理非难耳！

若夫树屏藩城干之卫，而尊之曰："百乘则任功，分职自属公姓、分公族之所具，瞻而苟以族，大龟多□□议患，又不在私室而在公家。此宰之所以难为也。而求则有可使者。"今夫美锦制而徒伤，弓玉亡而称盗才之不堪。

① （清）张华峰. 朱卷点评文钞·笃信好学——费公彦. 道光、咸丰年，手抄本，清河堂藏本.

夫邑与家者也。（考官评点，全题在握势极排）而求不虑此，观于用矛以入齐师，执策而商富教，即知大邑庇身。吾家听子，从极时势，组纷之会，而必不以错节盘根，伤其利器也。而何虑蔓之难图？何忧尾大之而不掉？

且夫宰武城者，奏弦歌为赵魏者。谨筦籥，才之分著于邑与家者也，而求不止此。

观夫政事之能，列于四选。足民之取，报以三年。则知聚室而谋数车以对。虽有事机，从集之忧而无难以理繁。治剧福我国家也，而何取乎保障。兰丝之绩，而何惭乎？蟹筐蠶绩之良。

吁！艺士之才，可与勇士，可共见者。如是焉而已？而何必深论夫仁耶？

9. 不患无位患所以立——徐锡坤[①]

患得者无称职之人，所当清其源，于无位之日也。

夫得位而始思，所以立其位。不既晚乎！然则君子之于无位也。亦有不暇患者矣。

而况乎患彼者之必害于此。尝忍朝廷列爵禄以待天。天下士期以共理，天下耳！岂曰富贵之尊显之已哉！世人不察，乃以诏士之公。义视为进身之私图，而心术之征。坏于未遇考成之法，败及官方矣。

且夫人立朝本末，大约自无其位，时定之耳。其人非无有用之才，而急急思以自见，则其气能动，而不有静。一旦升以攸司，已无以端。靖共之念，其人自其经纶之用，而渊若有所思，则其道可见而亦可潜。即其一无所有，与已足以征运量之全，何者？信者，有所以立，不以无位而可不患也。

顾吾以为不去无位之患，则并所以立。患之不明人，皆凯名器为餍私之具。国家安得有任事之人，以是为传舍；不可以久居，则位中之避业，必无有精焉者矣！人皆希显，要为见才之地。朝廷更得有愤事之人。以是为名高，不必具实意；则位中之经纶，必无有尽焉者矣。所患在此，彼则所不患、不得、不在此。由斯念也，将使位之既得，然后思所以立也乎哉！

古往往有草茅诵读，亦自以为潜窥其得失。默究其初终及盘错纷乘，乃遂出意料之所不及。遗大投艰之任，至于鞠躬尽瘁而无术始。始悔昔日之请求有未至也。礼乐兵裕之者，百犹恐失之者。一原厚其积以待用，固不在干旌，予告之时矣。

古往往有贫贱操持，亦自以为能饬其廉。隅克修其职，分试以常寻寄托，乃绝不见异人之才智。时穷势迫之，日至于在支右绌而莫胜。始叹前此之考者，有未能也。经权常变，未尽一分。且贻患乎数世，究宏其蕴，以资治更不在衣裳，在笥之日矣。

诚使天下翻然尽易其中，而无位之心，而一出乎！听以立之为患。以天下之贤才，尽天下之事功。岂非当宁之所侧席，而求者哉！不然，不惟有国者。无穷之患，抑亦为士者，终身之忧矣。

考官评点：“题义透辟极矣，卓然名笔读此，一边抱膝长吟者，幸无以终南山为捷径也。”[②]

---

① 徐锡坤撰有《扫愁轩诗稿》一卷，徐兆玮抄本。

② （清）张华峰．朱卷点评文钞·不患无位患所以立——徐锡坤．道光、咸丰年，手抄本，清河堂藏本．

10. 百里奚举于市——龙德中

终纪秦相之所举，亦由困而子者也。夫百里奚固秦之良相也。抑知所举实由于市乎！

是可由舜说诸人而终纪之。尝思争名者于朝，争利者于市。此其势固各有所不相谋也。乃有时以营利之人，初无与得名之意。而名之所归，即于其利之所趋而始。

论者苟徒惊其声名之显，而不溯其托业之征由。几忘市廛竞逐间，此中固大有人在也。试由舜说诸人，而有念于百里奚。百里奚者，秦之良相也。溯自非子启疆，至穆公而势益振，王官一役，称雄西畴。

君子读小戎驷驖之诗，未尝不叹穆公之大有为者。征百里奚，不及此也。奚诚人杰也哉！然吾窃怪夫，世之论奚者。每徒称其遇之隆，而遂忘其数之奇也。

夫士君子抱负非常，纵使时不骤遇，而山林草莽，诵读自娱。此亦不得志于时者之所乐耳！至于忧愁抑郁、困顿无聊，乃下而与贩。夫贩妇为伍，亦何至其甚矣备乎？

顾吾尝传，采轶事得诸父老之传闻，而知奚之所举，固尤特异焉。何异乎？尔异乎？奚其听举者，乃在于市也。独是遭时遇主者，固吾人之所深羡也。而含垢纳污者，尤吾人之所甚耻也，奚也。

当心亡秦走宛之时，见执于荆之鄙人。此固磊落英多之士，所闻而气短者矣。乃始也。羊皮可拥牛口，可羁奇人杰士，几不知其为奚也？是孰使之然也，继也。三置晋君，一救荆祸。

天下后世，谁不悉其为奚也？又孰使之然也。为问公孙枝、蹇叔，与奚共事与朝者。有如此之否？泰无常乎！为问丕豹由余，与奚共佐明君者，有如此之前后异辙乎！迄于今，百里奚往矣。而五羖大夫之号，犹赫在人人耳目。安在带阛通员之间？竟无出类超群之子也哉！

夫媵秦之说，人听弗信者。为其诬奚也。要君之事，人所深斥者。为其污奚也。而举于市，则固无可疑者。伏雌烹扊扅，歌巴人贡八戎服，奚之为奚，不与舜诸人同一。由困而亨者哉！是以君子曰天也。

考官评点：“苍老顿挫、一气浑成。”①

11. 所恶于智者为其凿也——唐应骧

所恶必有所为智者，慎无以凿害性也。夫智者，不可恶而其凿，则深可恶也，此君子之所恶，必非无为乎！

今夫聪明为人所难得，为其易于复性也。然善用之固，足以复性，而不善用之，亦足以害性。其足以复性者，君子甚思之而已。不然，言性之故，而以利为本。

吾何以忽触于吾之所恶哉？本无刻责斯人之意，而独于予智者。自惟者，不惜放距之劳。吾本无薄待才俊之心，而独于私智，自用者。偏形严嫉之慨。夫岂无为哉？盖智者之用其凿也，久矣！

且夫智者之凿也，其故有二：一曰凿险而务；一曰凿空而来。其患乎凿险者。则主乎性，有不善之说也。以为有不善，则此中有至险焉。惟其至险，则凿之者，只自觉其拙，

---

① （清）张华峰. 朱卷点评文钞·百里奚举于市——龙德中. 道光、咸丰年，手抄本，清河堂藏本.

亦惟其至，则凿之者，愈欲形其巧。全力所注，且自谓人定胜天，而不知其已流于凿险也。

惟性道中，自有坦途。安用此凿险者之徒劳？劳也。其患乎凿空者，则兼乎性、无善性、无不善之说也。以为无善、无不善，则中为至空焉。

惟有至空，则凿之者，自觉其苦，亦惟其至空。则凿之者，转似得其甘，深造有得，方且自谓学，可化质而不知其只成凿空也。

惟分中，自有实际；安用此凿空者之徒？冥冥也。盖其始也。有难视乎凿之意而害己，见为险，而若无能，凿见为空，而若无可凿。

于是以意念之专处一己而出入乎！凿之途，不惜其身为祸、仁、祸、义之贼及其既也。有易视乎！凿之心而害人，彼见为险而竟能凿，彼见为空而竟可凿，于是以功力所及，率天下而经营乎！

凿之事，不惜以其书。为言、名言法之宗。所恶于智者，为此故也。不然，智亦原于性者也，何恶之有焉。

考官评点："切'性'字诠发"凿"字，词义精警。"①

12. 左右皆曰：不可——张希曾

且夫骐骥长嘶，不屑于驽马争食。鸾凤遐举，岂乐与鸡鹜为群？彼左右之臣，目不睹诗书礼乐耳。

不闻道德仁义，不过备使令，供传宣已耳。其与士之同不同，何如也？

况乎朝？吴蒙谗于无极。宋疾中伤于伊戾，以及内嬖、梁五、东关，嬖五与胥童，夷羊伍诸人。

前事章章如是，此即以可称之。犹足辱，朝廷羞，当世之士也。而况皆曰："不可哉！"

考官点评："戛玉敦金。"②

13. 国人皆曰不可——危焕台③

且夫豪杰自命，原不在众论之可否。以定其始长，而世主中林，要必因与论之品评。以坚其闻听，古往今来，有将立独行之士。往往为流俗之所弃，而名不彰者。不能不归咎于国人也。亦有脂韦随俗之徒，切切为世故之周旋，而名转显者。不能不有望于国人也。

盖至于国人，而听之道尽，亦听之途止矣。

考官评点："议论清警，笔亦老健。"④

14. 秦誓曰：若有一个臣——周扬之

引秦誓为用，人之征，有思其臣于不置焉。

盖秦誓，思一个臣而作也。而其言有合于用人者，其于一个臣不有神往，不置者乎！

---

① （清）张华峰. 朱卷点评文钞·所恶于智者为其凿也——唐应骧. 道光、咸丰年，手抄本，清河堂藏本.

② （清）张华峰. 朱卷点评文钞·左右皆曰不可——张希曾. 道光、咸丰年，手抄本，清河堂藏本.

③ 危焕台撰有《宝香斋诗稿》六卷。

④ （清）张华峰. 朱卷点评文钞·国人皆曰不可——危焕台. 道光、咸丰年，手抄本，清河堂藏本. 危焕台，湖南黔阳人，生卒不详。他出身于书香世家。清道光十一年（1831年）岁贡。

传者，谓楚书言宝善，是国之贵有臣也。舅犯言仁亲，是国之赖有臣也。平天下者，试得以一人以相助为理。不亦可庆得人而无憾哉！

盖有其人而用之，相与有成一。时可卜明良之盛，有其人而未及用之。动而得咎，事后徒成追悔之情，吾且进而述秦誓。

夫秦誓何为而作哉？当秦国丧师之会，正穆公悔过之年。扎门思启，至烦千里之戎兵。有杞子、逢孙、杨孙之臣，而截截固善谝言也。

当其掌管可恃，谁复怀蹇谔于老成。东道难通，卒惊二陵之风雨。有孟明、西乞、白乞之臣，而仡仡自成勇夫也。

当其超乘以趋，尚安问谋谟于良士。乃一日者，败绩之书见告。而忠贞之量堪思，因慨然曰："若有一个臣，以为有臣而效命谨，则有之轻。有臣而忧国深，则有之重。"

牧马肇封以来，并坐鼓簧，并坐鼓瑟，奏能者。岂必无臣？何以劳师袭远？恺切而指陈之，仅有一个臣也。则忧之深矣。

向使远举必备，奚至惨，甚于幽囚。则本孤忠之郁结，迫为入告之殷勤。为问痛器以送之日，其如此恸深而创怆者。一个臣而后复有臣否也？臣自竭其忧，我自违其志，亦几不得而有之。有臣而赴功德急。则有之多，有臣而决事精，则有之少，终南毓秀以来百夫之防、百夫之特杰出者。讵独无臣，何以勤？而无所前事，而预知之。仅有一个臣也，则决之精矣。

向使悖心是惩，何至悲深于收骨。则本爱主之深心，著为不刊之定论。为问素服，以迎之前，其如此烛照而数计者。一个臣而外尚有臣否耶？臣，自定其策；我，自睽其孤；亦且难乎其有之，岂必推尊元老，即无资于群策之赞襄。然而，千人之诺诺，不如一士之谔谔也。军实其已，堕乎！

危言尚在，隐动我以绝无仅有之思。岂必慨慕典型？即隐冀乎！黄发之见谅。然而，往者不可谏。庶几来者，犹可追也？墓木其未供乎！硕果幸存弥深，我以少二寡双之目。秦誓之言，不试有得于用人之道哉！

吾愿有用人责者。尚早为子孙黎民计，毋至如秦穆之丧，师辱国而始自悔也。然而，悔亦何幸也？

考官评点："极力发挥，仍复按切时事。"①

15. 左右皆曰：贤——张兴魁②

使进贤而自近始也。则左右也。具一说矣。

夫左右者，于君亲。未必于贤亲也。此而皆曰："贤焉"。不早执于一说。以期因君之信乎！

尝读书而见，固见先王之于传说也。爰作相而置诸左右焉。则人主之左右，信不可无贤也。

顾古王之置惟其贤，不得以左右概之，而后王左右之人供其数。并不得以贤目之。

夫左右之人不必贤，而好贤之名人尽慕。安在地属亲近？独无荐举耶！臣国君进贤，

---

① （清）张华峰．朱卷点评文钞·秦誓曰若有一个臣——周扬之．道光、咸丰年，手抄本，清河堂藏本．

② 16世祖张兴魁，清朝嘉庆三年至咸丰七年，即1799—1858年。

如不得已，而必要之以慎者。

诚以进贤之门，不拘一格，而荐贤之路，亦正多端，则必自近习始曰左右是。臣尝考周礼所载，宫正寺人，隶于天官，而知先王所以培养君德者。必无不肖之徒，以杂处于晏息间也。则凡列在近臣者，谁其弗知自爱，亦尝稽冏篇所言，侍御仆从。

罔非正人而知先王所以肃清班联者，必无不类之行，以謏覊于朝廷上也。则儿入告我以后者，当亦慎简以从。则其曰："贤。"或亦有说："而不谓其皆以为然也。"日侍深宫之起居，以供夫使令，则所亲者，惟君耳。

奚自而与贤接也。本来有进贤之责，而忽参进贤之谋，其果大有悲于下士之沉抑，而特以一举，吐其气耶！日凛大臣之约束，以幸告无罪，则所奉者惟法耳。

奚自而为贤赏也。不安于无进贤之责，且并不避进贤之僭。其果深有抱忠君之肫，诚而时于一荐表其心耶！

吾思天下之，以气节自者。抱严正之风规，而不贬损在左右，且有求一面而不可得者。

况为左右所得，而援引乎！兹何其声气之相投也？品望未及廷评，而揄扬已满，君侧遂使贽御之臣。有公然参谋，议于运筹帷幄之中者矣。抑思天下之，以道义自防者。负天人之重望而不少轻亵；在左右且有闻其名，而默然自慑者。

况为左右所得而依附乎！兹何其心志之相合也？妇孺未知姓名，而宫壶早陈荐牍，将使遴选之典，竟纷然杂出于宵小之口也哉！

夫左右耳目既近，每投国君之所喜以效忠。则推贤，非尽出无故，而左右之机智易生。每援国君之所重以相结。则用贤亦多，非其人。如骤以为可焉。则始事之不慎，吾不知其疾，伊于胡底也？

考官评点："前半反振得势，中后实发思议，宏肆饶有见识。"①

16. 子曰："吾未见刚者，或对曰申枨"——龙跃渊

圣人叹刚者之难见，而时人举近似者以相对焉。

夫刚者，自有真也。夫子叹其未见而或举申枨以相对，其有当于夫子之意否耶！

且《鲁论》一书，夫子言，未见者，屡矣。曰："未见好仁"。未闻有举其人以相对也。且曰："未见能见其过而内自讼，亦未闻有举其人以相对也"。

若夫叹其未见而或不思其所以难见之由。漫举相似者，以相质。则有如，或人与夫子论刚一事。

夫刚健中正，纯粹以精者，干道也。刚健笃实，辉光日新者，圣德也。此其诣。

惟吾夫子足以当之，而犹不敢自任之。夫子虽不敢自任之，而犹愿与学者共勉之，奈之何？求其人而卒不可得也。

古今大道之任，必有攸归。夫子旷览天下之人，环锁及门之士，而知刚之难能而可贵也。因以未见慨焉。

夫岂以吾党有刚者，而故以未见慨之哉。盖刚本于天，得大造清明之气而其体乃立

① （清）张华峰．朱卷点评文钞·左右皆曰贤——张兴魁．道光、咸丰年，手抄本，清河堂藏本．

也。刚成于学，有自强不息之力，而其用乃行也。

天下事有言之易，而为之难者。故观人于庸德，庸言之址，其人之本末立见耳。世有刚者，其品契于圣心焉！世无刚者，其品悬之天壤焉。

自有夫子未见之慨，而刚者诚未可少矣。而刚者诚未可言矣。若之何？或人竟举其人以相对也。三代直道之行，几不可复睹，或人习见夫流俗之弊。进观夫圣人之徒，而欢刚者之大有其人在也。因以申枨对焉。又岂具竟漫无所见也？而顾以申枨对之哉！

盖枨之立身意者，悻悻自好，异于委靡者流，而或人遂以为有刚强之姿也。枨之制行，意者矫矫鸣高，远于退缩之辈，而遂或人遂以为有刚大之德也。

天下事有知其一而未知其二者。故论人于容貌辞气之间，其人之品量亦仅见耳。在夫子日冀行道之得与，而刚者付读，想象焉在，或人自言赏识之不诬，而刚者复获之当前焉。自有或人申枨之对，而刚者亦非罕有矣。而刚者亦既见止矣，而岂具然哉！

盖刚自有真，申枨特其近似者耳。试进观夫子之论刚焉。

考官评点："二比裁对，虚实兼到，殊为难得也。"[①]

17. 俎豆之事，则尝闻之矣——杨盛仪

圣人欲以礼维卫而先为君述所闻焉。夫俎豆礼器也。而事即存乎具中，夫子为灵公述，所闻如此，非欲以礼维卫乎？

且昔先王治定制礼，固以戢天下之纷争也、之气也；而即以存国家遗揖逊之遗。自后之人习焉。弗讲将所为樽俎而可以折重者，遂置若罔闻矣。不知儒生考古志在典章，举承祭奉视大端。

窃尝往来于心而不置，公今以陈为问，亦知臣所素闻乎！我周，乌流王屋之日，会纪麾旄，而剑脱虎贲，要必以懿文德者。示一世垂拱之休，此武成一篇，所以有笾豆之执也。

我鲁芹，香泮水之年，亦传献馘。而宇启凫绎，要必以昭明德者。示宗邦思乐之盛，此闷宫诸什。所以，有笾豆之陈也。所谓俎豆非乎？所谓俎之事非乎？

臣请为君述所闻，俎之数，奇欤？豆之数，偶欤？此从乎阴阳而分者也。而堂事室事即于是者焉。

故无论纳牲诏于庭、血毛诏于室、羹定诏于堂，而奉兹俎豆，凛然见立。阼立房之，必躬亲也。事之所明，夫妇之别者微。为馈食之俎欤？为朝事之豆欤？等杀而辨者也。而主事、襄事，即于是推焉。

故无论王爵献卿，瑶爵献大夫，散爵献士而对此俎豆。昭然见率亲、率祖之不容紊也。事之所为，明父子之伦者大；官礼创自元公，则闻有所从出；况臣又梦寐如见者也。

夫仲孙省难，尚知周礼之存。宣子来聘，且识周德之王。岂宗国仪文而顾当前失之乎！则即此备水陆，水以荐馨香。闲尝于每事必问之际，研求其故。鼎铭贻于考父，则闻有所由传。况臣又嬉戏常陈者也。

夫述古而心怀窃比，好古而志切敏求。岂益恭明训，反将隔膜视之乎？则即此备酒

---

① （清）张华峰. 朱卷点评文钞·子曰：吾未见刚者，或对曰申枨——龙跃渊. 道光、咸丰年，手抄本，清河堂藏本.

醴，以隆祀事，犹得于家声未坠之下。洞悉其端，至于军旅之事，则臣素未之闻也。

考官评点："事字有该括，闻字有证据，斯为典切也。"[①]

18. 子贡问为仁，子曰："工欲善其事"——刘文炳[②]

譬仁以工为之者，审其所欲而已。夫为仁之难之善事，以语之也。且天下事，未有不为而成者。亦未有不欲而为者。

盖其为之之力，实始于欲之之心。殆其事之既成，或以为力之足以有为也。而不知心之结于中，而发于事非一日矣。此其事理，非独学者宜知之，即艺事亦有可借观者。圣门有子贡，固达者也。

曩者，货殖为心。尝从事于工商之业。今者，性道不昧，朝有志于物则之全。子贡之于仁，思之熟矣。而特未审乎！为之之事也。仁原于阴骘，其理本属大公。至其为事，则公也，而得以私据之。岂曰欲仁得仁？遂协乎规矩方圆之至。仁全于降衷，其理本由逸获。至于其事，则逸也。而实以劳取之，岂曰欲之？斯至遂不假，切磋琢磨之功。

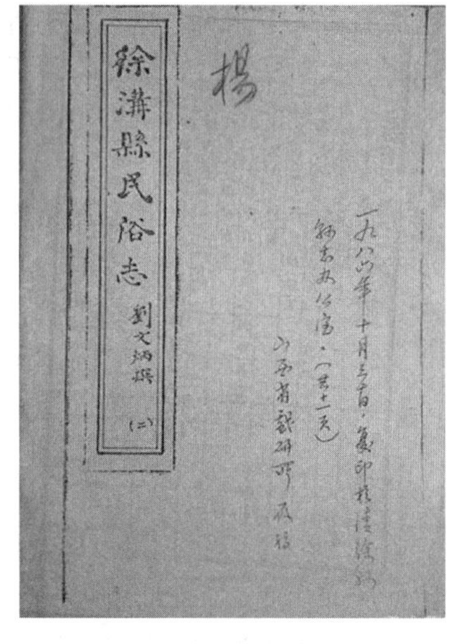

山西徐沟县刘文炳著民俗志手稿

且夫事有矫揉造作之为，而为之者也。谓其拂物之性，以从己之欲也。有因权借势而为之者，谓其拂物。丧己之守，以狥物欲也。

夫从己之欲，狥物之欲，二者皆非也。善也，事无大小。主善为师，事无精粗。止善为极，子贡而问为仁，独不见百工之事乎！将谓仁之取数多，胜厥任者，亦如一车而二聚焉。其视为仁之事，犹浅也。

---

① （清）张华峰. 朱卷点评文钞·俎豆之事，则尝闻之矣——杨盛仪. 道光、咸丰年，手抄本，清河堂藏本.

② 壬寅补行庚子辛丑恩正并科山西乡试题名录庚子年（光绪廿六年，1900 年）山西乡试，因八国联军入侵，迟至壬寅年（光绪廿八年）开科，即补行庚子、辛丑恩正并科。本科中举一百四十名，包括第十五名刘文炳（《徐沟县民俗志》，民国版 1911—1949，清徐县县志办公室，1986 年复印。（民国）刘文炳，《徐沟县民俗志》，山西人民出版社 1992）。

刘文炳同名有 3 人：第一个是明代刘文炳，字从野，号戴源，河北宁晋县南河庄人。生于明嘉靖四十二年（1563 年）六月初十日，卒于天启四年（1624 年）正月二十七日，终年 62 岁。父亲刘源赠文林郎、户科给事萝中，母薛氏封太孺人，妻董氏封为孺人。刘文炳从小意气激昂，胸有大志，万历二十二年（1594 年）中举人；二十六年（1598 年）中进士。

第二个刘文炳，他出生于重庆开县，是赵家镇的一位农民。1906 年病逝。这个刘文炳是中华人民共和国元帅，刘伯承元帅的父亲。1904 年，他和 12 岁的儿子刘伯承一起参加清朝也是中国历史上最后一期科举考试，第一轮考试中榜，不料却又被人检举其上辈人曾经做过吹鼓手的身世。父子两人被双双逐出考场。

第三个刘文炳，即山西徐县刘文炳，清代大文人刘文炳四条屏，清代著名的诗人，著有《刘文炳诗选》。这四屏条是指重庆刘文炳，还是山西徐县刘文炳。在此，我们可以先排除明代刘文炳诗文集和书法屏条。刘伯承父亲，1904 年最后一次科举考试被逐出考场，理应还没有正式的科举八股文留传于世。他于 1906 年去逝，好像在学界、文坛没有什么影响，也没听说留传什么诗集和书法之类东西。照理说，清代刘文炳四屏条应该是山西徐沟清代刘文炳的墨宝。

彼其欲善之心，即同于扩理之心。而惟恐事与理相悖，不得目为工之良，将谓仁之为道远。致其力者，亦如出门而合辙焉。其视为仁之事犹轻也。

彼其欲善之念，即同于遏欲之念。而惟恐事与愿相违，不得指为技之巧，盖事为其事。直不啻以吾心之欲，欲吾心之仁耳。子贡从事于仁久矣。一贯可与，诗可与言，而于仁终有所歉焉。

夫子以百工之事喻之。较诸颜氏之子，克己复礼。期以一日者，其仁之造诣，何如也？为仁者，慎毋入大匠之门，而徒事雕斩也。

考官原评点："题中字字发挥却不露斧凿之痕迹，自是运笔敏妙。"①

19. 臣始至于境——李大澍

大贤溯至境之始，以其为齐境也。

夫齐王之境，苟非大有异于文王，则亦何必溯其始至哉！孟子以为今日者，嵎夷海岱之地，临淄即墨之乡。其民或以乐或忧，以思臣日得之，睹记之，忠有熟悉靡遗者。

盖臣之信，宿于斯久矣。然天下事，有久而渐忘者，有久而愈思者。

若夫思之无可思，忘之不能忘。徒令人惕惕然，因其后而溯其先，抑独何也？

夫王之囿，小于文之囿。而文之境，则实小于王之境。臣不知当日至文之境者。若何？而王之境，则臣固知之。咏硕鼠者，适乐土。叹瞻乌者，止谁屋？古有慕其境而奔走偕来者。王之境，何如也？官山府海。

夫固一大都会也。黄鸟之诗，思复邦族。蔽芾之诗，难恃婚姻。古有望其境，而趑趄裹足者。王之境，又何如也？招贤礼士，夫亦人才渊薮也。

臣昔者，离三晋出两河。荒村古道之间，野有蔓草，陵有嘉卉。知刍荛者少也。飞者泄、走者儦，儦知雉兔者少也。未尝不慨欢流连，喟然与感曰："庶几齐王之境，其有异乎？无何而驱马悠悠，遵周道、望琅琊、翘瞻泰山之高，府瞩东山之胜"。仆夫凛然告子曰："此齐境也"。臣盖仿徨于境上者，又之何也？

臣之于齐有必欲至之心；有不欲至之心；有欲至，而仍不欲遽至之心。王之国富而强，王之兵精而足，王之天姿高，又足以咸五而登三。是齐之境，足以借乎？诚不也、出之机也。

臣是以欲至也，王之国，既富而强；王之兵，既精而足；王之天姿既高，又足以咸五而登三，而齐之境，仍然如故，或者不自振之咎也。

臣是以不欲至也，国富者侈、兵精者肆，天姿高者矜骄。监古则昌，纵欲则亡。乌从而知之臣是以欲至而仍不欲遽至也。

臣今者，居居齐久矣。忆昔入境时，而后叹王囿之大，啧啧于人口者，不自今日始。

考官评点："情景相生入后，尤得国策神味。"②

20. 伯夷叔齐与谓柳下惠，少连——贺容岘

企清圣之品而孝可称，因即周之孝者而并衡焉。

---

① （清）张华峰. 朱卷点评文钞·子贡问为仁，子曰：工欲善其事——刘文炳. 道光、咸丰年，手抄本，清河堂藏本.

② （清）张华峰. 朱卷点评文钞·臣始至于境——李大澍. 道光、咸丰年，手抄本，清河堂藏本.

盖夷齐惟克成其孝，斯志行之所以峻也。若柳下惠，少连，非皆以孝，著孝者乎？

是可以观圣人之论，断云且自古不乏敦伦之士。而以兄弟共成其孝则难，以介节而曲全，其孝则尤难，以僻陋而独尽其孝则愈难。乃观商周，前后数百年间，独有人焉。时存于心，心口想象之际，可以特举而并论者。

盖敬遵父命孝也。即不守父命亦孝也。恪居父母之邦孝也，即身居夷狄之邦，亦孝也。记者叙列逸民，首举夷齐，而终及惠连，而不降不辱；逸民中，乃竟有如是之独绝之品哉！使举斯人而生于叔季，则直道，可以回三代之风；举斯人而生于遐陬，则荒远，可以动圣人感之□，而其品弥高，斯其人觏未也！旷观千古，若而人者，殆伯夷、叔齐与？

今夫夷齐，非孤竹之贵介，公子哉！假令斯时，有为之说者曰："维桑与梓必恭敬止，弃故土而远他乡。"

呜呼！孝而夷齐必不逸矣，不民矣。又或为之说者曰："父母之丧，寝苫忱块捐国祚而匕□谁承？呜呼！孝而夷齐又不逸矣。不民矣。然而夷齐不顾也。全乎君臣、全乎父子、全首兄弟，谓之为孝，谁曰不宜？独是长言咏叹，固风人之义也。而吾子乃独抗怀夷齐著逸民中，竟无与颉颃者，何居意者？"

振顽起懦柳下可与伯夷并称，而犹有未满于圣人之本量者乎！居丧称善，少连可与大连并者，而犹有无，当于首阳之高致者乎！而不第夷齐，当日或推之为义士，或目之为仁人，皆孝之所成也。亦犹柳下之，必直道以事人，必不忍去父母之国，俱孝之所致也。至于感念生成，悲深罔极，如少连其人者。又安任不与之？同见许于圣人哉！

且夫惠眷恋宗邦，三黜不去。鲁之忠臣，即鲁之孝敬也。至于少连生平，其事类多散佚。然而东海遗踪，劬劳念切，二人之心，同出一辙；又岂必叩马致谏，陈词而阻圣主之师，采薇与师抗节而表西山躅。若伯夷、若叔齐，始足以系圣思，于无既也耶！

是故夷齐而不以孝之心，为心要不过墨胎之嫡封耳！爱嗣耳！又何从以逸民名至于柳下惠？虽不以孝称，而孝之心可想也。少连虽以孝称，而孝之名，未甚著也。

自非得圣人取裁而论定之，又恶能比当时，声称后世也哉！

考官评点："拈'孝'字贯串笔力，恣斡旋于柳下惠处，极见心思。"①

21. 春服既成——唐永飞②

体有以适志，可征矣。夫春服固暮春之适体者也。今既成矣。

不可以征其志哉！点若曰："志也者，宰乎！体者也，果有以适其志，则体自无不适矣。岂必借乎适体之具哉！然无其具而体自适者。志定于素也。而有其具，而体亦适者，志乘乎时也，如春而暮也。"

果何服以适吾体乎？古人窥阴阳之秘，每燮理以协其宜。寒，则服增，而从厚；燠；则服减，而从薄。原未尝执一格以相绳，后人识制作之精恒。转移以妙其用于严凝，则服

① （清）张华峰，朱卷点评文钞·伯夷叔齐与谓柳下惠少连——贺容岘．道光、咸丰年，手抄本，清河堂藏本

② 唐永飞，字逵羽，湖南武冈县人。清乾隆时生员。曾任教官。工制义文。《发蒙易知妥本》一卷，清道光二十三年（1843年）千元堂刻本。《采芹捷诀》《利试新文》《经验医方》《石村遗稿》二卷及《切指工文新诀赋》，清抄本，藏湖南图书馆。

尚乎密；于和煦，则服尚乎疏。亦未尝狃，故吾而不变。此所以有春服欤？而或者虑其未成也。（大波宏起）。

谓天予人以清和，而人之被其体者。竟乏悠扬之致，洒落之容；将拘拘于外者。恐郁郁于内矣，果尔是吾之志。不自为政而惟听命于服。其能免外轻、内重之愆乎？抑思鹑衣百结者，何先臞而有后肥之休也？鹿裘是蒙者，何至有老而安常之雅也？

然则春服从或未成，吾以亦自与春服而莫逆。况其为既成也。欤戎服之既成也。可以有事于兵焉。野服之成也，可以有事于农焉。兹之既成者为春服。

诚以点苟已，膺兵农之职。何必不戎服、野服之是需，今而犹是布衣乎！拟泄娄于异日涉于虚，而资要襋于当前凭于实也。

夫岂若在笥，是藏而无用哉！祭服而既成矣，宗庙之事可与焉？朝服而既成矣，会同之事可与焉？兹之既成者为春服。诚以点苟已，任礼乐之司，何必不祭服，朝服之是亟。今而犹是逢□□□来之丽都，预期焉。而犹远，而现在之安吉□□焉。而甚便也。

按照小题尖锋朱卷点评对“知所先后”破题、承题、起讲，作如下评点：

夫岂致在躬，不知而名罔哉！故使无以章身，点固悠然于物表，乃既有以适体。点更畅然于人中。由是服、此春服，与童冠之辈，共游于光天化日之下也。

考官评点为：“一片天机，如初脱于狂士之口。虽为初学而作然必识，起养熟乃有此文。”①

朱卷点评明细表		
	小题尖锋目录	珠卷点评
1	知所先后——其为人也	理解精微，文心静细，未许粗心人问津 □□机神，一片都能照下，发挥止能，不溢题位，心灵手敏□□。
2	可也未若——是礼也	理法兼到，心手俱灵。 是为礼辨，不是为己辨。作者相题既真而笔之条荡。尤是□□之词。
3	子贡问曰：孔文子至文也（七章）其事上也，敬至友而敬之	中间点次明净，前后总发，眼高于顶力大于身体，非老手莫能。其事上也。敬其养民也；惠民使民也。□子曰：晏平仲善与人交友而敬之。 联络贯串，法密机圆。
4	足恭——赤之适齐也	词意稳惬，气机流畅。 手挥五弦，目送归鸿，想见斯文之妙。
5	将入门——不有沉鮀之佞	万窍玲珑，有笔歌墨舞之乐。非徒夸层次之井井。 层层洗发，笔笔灵快，胸有成竹，目无全牛。
6	惟我与尔——三人行	层层立意，比比相生。绕有篇如股股如句之妙。 含下发挥而又能不溢题位。用笔尤极，条达允推，逢时利器。

① （清）张华峰. 朱卷点评文钞•春服既成——唐永飞. 道光、咸丰年，手抄本，清河堂藏本.

续表

	小题尖锋目录	珠卷点评
7	而改之子曰天——仰之弥高	小讲融洽分明，端庄流利。渡题上下一片妙义，层出余亦法熟机圆。 前路稳饬轻圆，尽是弥高话头，尽是夫子实据是之谓真切。 心花灿灿，银浪层层，尤喜后股实，能道贤圣心事，又能浑含不露真乃投无不利。
8	出则事公卿——止吾止也，至未见其止，吾止也。至未见其止也。（其二）隐几	通体无一事，君泛语笔亦条达可爱。 简洁老当，不当于时文中求之。 理法周密，气机流转的推制胜之师。
9	既而幡然改曰——过位色勃如也，至其□	前中法密机圆，后幅总束全题。眼高于顶心细如发。
10	虽车马——夫达也者也	笔情灵动，轻刀快马之作。 笔意圆转。
11	诵诗三百——子谓卫公，子荆善居室	照下之法，作者相题既真，而笔之条畅，尤是以达之。 照下而不侵下，是极有会心之作。至其丰神，疏朗词意条达，犹作者余技耳。
12	教之子曰苟有用我者，其事也如有政	小讲笔意大方，气机沆转，吊、渡、挽但能制胜。 心灵手敏快熟机圆。
13	不几乎——而为之者与子击磬	题柱空虚，难措笔文独任其往来，不为题窘，足能恰如题位。联络袂带，无不出以现成语，气机亦浑浩流转，苟得心应手之作。
14	乐则韶舞放郑声——躬自厚	词意丰满，气机条畅。 沉着快痛，精力弥满，洵养到功深之作
15	及阶——夫子莞尔而笑	情新俊逸，飘然不群。 清秀之花，绰约之姿，流利之机，飘逸之神，无不萃于天幅，问此系天授，非关人力。
16	子如不言——使天下之人	层层先发，妙绪不穷笔亦流畅。 词意精确，笔锋英锐。
17	制挺——王顾左右	设想遂使枯窘，题且开出宽广路径。此种文字尤启人聪明通体衬托，左右二字，无不现成，无不入妙，真有得心应手之乐。
	隐几	枯俗题，能生发不穷，非独思多良由笔妙。
18	人虽听之	胸明如镜，故妙义环生。笔快如风故机神一片。公孙舞剑，宜僚弄九，可以力斯文境。

小题尖锋朱卷点评对“知所先后”破题、承题、起讲作了如下评点：

1. 破题点评：①“笔意简劲”；②“笔锋犀利”。

2. 提比点评：①“二比一开一合，反复详明”或“反本二比局势开展”；②“二比前后照应”或“二比从反面照下比”。

3. 结束评语：①“理解精微，文心静细，未许粗心人问津”；②“妙笔机神，一片都能照下，发挥止能不溢题位，心灵手敏，妙笔者生花而有之”。

本文研究的目的就在于说明科举考试，并不是人们想象的那样简单地搞腐败或者考官随意打分。由于时间和篇幅所限，在此不一一举例说明。

第三节　清代八股文小题正鹄点评

金科版系列：吴江费扬武编次《本朝小题文庐峰集》，同文堂藏版。“明代正统之后，为了提防士子猜题抄袭，并加强了思维训练，开始割裂经文出题。其句式及语意均不完整，因此故意难明、题情难得、纤佻琐碎、粘上连下、拘牵甚多。写作时，瞻前顾后，上避下闪。稍有不慎，即违题旨，触犯准则，写作难度极大。所以，明清两代有大量小题文选版本或稿本供士子们揣摩”。[①] 以上说明小题文有两种：

一是供童蒙学生学习的比较简单的小题文读物，或者说是作为童生考试模拟的写作读物；

二是专门供士子门揣摩的小题文读物。

原版明文《小题传薪》[②]，山左《臧岳括斋》评释，厚载堂较刊，嘉庆十年重镌。[③]《小题正鹄》即《小题尖锋》，云溪居士评定，道光二十九年（1849 年）新镌，一经堂藏版。板心刻有何明光记。一经堂是当时建宁地区较大的刻书坊。

由此可见，一经堂从宋代一直延续到清代，一家私刻书坊可以历经几百年的出版历史，这在世界出版史上是极为少见的，而在中国则是更为常见的，足见中国传统历史文化的传承。

序：近科小题抄不下数百种，尖锋□□不知编自何人。但其中亦颇能运意、运字、运词间有史例无前之作。锋以尖名利之作也。顾和钝难在一时，而功夫要存夙昔。果能磨砺，以须譬如，登高者，必陟其巅也。譬如，用兵者之常蓄其锐也。及锋而试笔阵，横扫千军乌有不刮？观花者之目，刺衡文者之心哉！其续集，启以尖锋目之也。意在斯平，意在斯乐。道光，乙已岁，蒲□□六日，醉朋居士题识。

自序：儒者有志功名，皆以文章为事。而□□者，窗不能拾一巾，在卷文之不佳，乃作锋之不利也。余今选录小题之十余篇，或词□□曷；或丰姿秀丽；或机法圆密；或笔致轻云，种种之不足。总之，不离乎利试者，迎是设名之曰“尖锋”。取其为锋利奕当云□□。道光二十二年，秋桂中浣，云溪居士题。[④]

小题尖峰目录：“知所先后”，作者对“知所先后”破题、承题、起讲作了如下评点：

① 龚笃清. 明代科举图鉴［M］. 长沙：岳麓书社，2007：386.

② （清）臧岳. 小题传薪（八卷）. 道光书叶堂刻本.

③ 龚笃清. 明代科举图鉴［M］. 长沙：岳麓书社，2007：614.

④ （清）云溪居. 小题尖峰. 道光十七年（1837 年）刻本.

如对破题就有“笔意间劲”的评点；对提比评点是“二比一开一合，反复详明”或“反本二比局势开展”；“意两层大士花身”。其结束评语是“理解精微，文心静细，未许粗心，士人问津”。

对“其为人也”破题点评“笔锋犀利”，对提比评点是：“二比前后照应”；或“二比从反面照下比”“二比从正面照下比”“一比用衬法照下”。结束评语为：“妙笔机神，一片都能照下，发挥止能不溢题位，心灵手敏，妙笔者，生花而有之。”

《试艺衔华》校古斋选本，益元堂梓行。清湘刻本，分上下两册，笔者收有上册。《试艺衔华》目录部分为校古斋手辑，破题方法有：

1. **不违**——陈宗师，第一名。谭福琳（湖南茶陵县人）。此文评点为：“开讲笔锋犀利，锐不可当。余韵深入浅出，每拈一字，必析两字，构一意，必换两意。”

2. **奚取于三家之堂**——何山长，长沙城南书院第三名，罗远翎（湖南长沙人）。对此文评点为：“思深笔健，义正词严。其分比立意，处处皆先，正典型作小题文，正须从此等起步。”

3. **其争也，至绘事**——府试，第四名，吴信熙（湖南浏阳市人）。“萦回锁纳，藻词缤纷。一钓、一渡有剪裁，有穿插，尤备无数法门。”

4. **关雎到殷人**——澄怀堂塾课，马椿龄[①]（湖南长沙人），对此文评点为 ：“会意尚巧，言词贵妍。渊渊作金石声，不让舆公赋手。前后文思映带，纯任自然。其满纸琳琅，真乃桃花笑草舞，顽石点头之妙”。

5. **不使，不仁者**——吴山长课，长沙城南书院第一名，杨光庚（湖南长沙人）。对此文评点为：“极力摹绘，不使极力放在‘不仁者’三字上。题面、题神，栩栩如生。比那些曲尽虚题能事，彼敷衍门面，见之能不汗颜。”

6. **匿怨**——合课，第一名，马昌骏（湖南长沙人）。对此文评点为 ：“直立天骨森开张，所谓大言炎炎，不肯作小言 □□□□□ ，十四则中豪迈一流。”

7. **冉子，为其母，至赤之适齐也**——温宗师入第，第二名，袁锡圭（湖南长沙人）。对此文评点为：“词旨 光圆、文情宛转元词。”

8. **党乎！子谓仲弓，曰：犁牛之骍**——会试，第一名，左宗槐（湖南湘阴人）。对此文评点为：“驱使经传，异样生新，钓、渡、挽，尤为工巧之极。”

9. **虽欲勿用**——吴山长课，会试，第一名，柳玉麟（湖南长沙人）。对文评点为 ：“若九张机者，五色组，取材宏富，几于人巧夺天工。”

10. **乐水，仁者**——吕宗师入第，谭夔堂（湖南武冈市人）。对此文评点为：“没石而入，彻札而出。此百发百中之坟，岂支支节节所能为。”

11. **入**——吕宗师，阎士良（湖南长沙人）。对此文评点为：“从‘入’字想出，无数

① （清）赵尔巽. 清史稿. 北京：中华书局，1977. 徐之铭既为巡抚，贪纵险狠，与亮基阴不相能，时构煽其间。十年秋，回人掌教马德新、徐元吉，武生马现，率各属回民来省乞抚，住城外江右馆，亮基约之铭同诣抚谕。之铭阴嗾已散练丁拥至督署阻挠，谕之不可，杀通海知县雷焱于门，遂逼杀招抚委员绅士马椿龄、孙钧。

生发，笔气清空。中比二偶，提空立论，极尽虚冒题能专。”①

12. **有女人焉**——澄怀堂塾课，马椿龄，(湖南长沙人)。对此文评点为：“竖义坚，摛词无懦，不等惊才绝艳，而奇思伟论，真凤鸣律吕，笼丈九光钜观。”

13. **我叩其两端，至河**——梁宗师入第，张福谦（湖南善化，今益阳市人)。对此评点为：“云锦工裁，天衣巧织。贵珠编五，斑驳陆离。”

14. **如好色者也，子曰：譬如为山**——澄怀堂塾课，马椿龄（湖南长沙人)。对此文评点为：“均是眼前书，一经运用，便覔异样鲜明、异样变幻，望之如海市蜃楼，不可即视，岂非神明规矩之文。”②

15. **入公门**——何山长课，长沙城南书院第一名，杨瑛（湖南浏阳人)。对此文评点为：“词笔腴胆，节奏铿锵。”

16. **不使胜食气**——何山长课，长沙城南书院第一名，杨瑛（湖南浏阳人)。对此文评点为：“征引并无僻书，而膏腴耐人咀嚼，阐发处见力量、运用处见精神。粹理名言，绰有大家风范，尤妙能处处切定食气。此自是才大心细也。”

17. **必奕升车**——澄怀堂塾课，马春龄，(湖南长沙人)。对此评点为 ：“文思绮合，缛旨星稠。典搭至此，神乎技矣。”

18. **则吾（先进章)**——耘香书屋，马源贞（湖南长沙人)。对此文评点为：“处处从‘吾’字设想，处处为‘则’字传神。小讲提比，以概欢之笔出之中。二议论庄严，神情委婉。后二提比法，老当股法，一脉相承。熟工扩展，股末一语到题。此等处均是大家衣钵。”

19. **肤受之朔，至浸润之谮**——县试，第一名，郭庆藩（湖南湘阴)。对此文评点为：“虑周藻密，法合机圆。上下截起讫分明，极见手法，回非李尔深觚。”

20. **仁则吾不之也，子曰：士而怀居**——县试，第一名，杨祖述（湖南浏阳)。对此文评点为：“风穑阵马，方其神速。冰瓯雪枕，喻其清明。”

21. **有矣，夫未有小人**——车宗师，曹聚之（湖南常宁人)。对此文评点为：“联络中，俱见赖策功深卷到之候。”

22. **疾固也，子曰：骥**——府试，第一名，夏鼎荣（湖南宁乡人)。对此文评点为：“组织工巧，酣畅淋漓。钝根人莫能道其双字。”

23. **工**——澄怀堂塾课，马椿龄，(湖南长沙人)。对此评点为：“树骨训典之区，选言宏富之路。”

24. **不曰，如之何？**——县试，第一名，陈宗皓，对此文评点为：“虑周藻密，心细手和此为虚缩小题之绝作也。”

25. **如之，何者？**——梁宗师入第，柏廷桢（湖南桂阳人)。对此文评语为：“善用退步法，自尔伸缩如意，题神亦栩栩如生。”

---

① 当时皮氏与“益阳王怀钦、长沙阎士良，以文章才望，有声于时，乡人并相称美”。(皮明振. 皮鹿门年谱［M]. 上海：商务印书馆，1939：2)

② 贾桢、花沙纳、阿灵阿、周祖培奉敕修大清宣宗成皇帝（道光朝）实录道光十八年（1838 年）戊戌科，见《马氏族谱》记载：马廷槐（三甲 15 名)，马椿龄（三甲 73 名)，马云鹤、马照（三甲 107 名)。

26. **宽，至宽**——县试，第一名，杜家钧（湖南善化，今益阳市人）。对此文评语为“极有手法，笔亦清超拔俗。”

27. **帛云乎哉！至钟**——馆课，第一名，杨然敬（湖南善化，今益阳市人）。对此文评语为：“五色丝、七襄锦，当是龙梭凤羽织成。其起讫，尤极有手法，映带尤极见心花，不徒以征引为能事。”

28. **而芸至**——澄怀堂塾课，马椿龄，（湖南长沙人）。对此评点为：“不费丝毫气力，消纳映带，纯任自然。至处上以古大笔行之处。自有学力胜人处。非一挑半剔，所能及也。”

29. **伯夷、叔齐、虞仲**——萧宗师入第，王光耀（湖南宁乡县人）。对此文评语为：“独具慧眼，高操群言。”

30. **扫应**——易山长课求忠，第一名，杜家均（金字）（湖南善化，今益阳市人）。对此文评语为 ：“藻思绮合，玉润珠圆。”

31. **孰后倦焉，譬诸草木**——陈山长课，城南第一名，黎光瑶（湖南湘阴人）此文评语为：“倾液漱芳，聪明中带绮丽。”

32. **而亦何常至于朝曰**——县试，第一名，易仁荃，对此文评语为：“融洽分明，神明规矩。”

33. **仲尼目**——澄怀堂塾课，马椿龄对此评点为：“凭经取材，事圆音泽。共烘映目字，光明磊落，不涉织巧。尤征文律，近人作文。每遇此等窘题，搜索枯肠，终日不□成，临岂尽枵腹之过。良由运用不灵，读此文，可奉为万金良药。”（上卷完）

学庸部分

1. 而辟马故好——县试，第一名，康毓麟（湖南善化，今益阳市人）。
2. 诗云：乐只 □ 民之所好——梁宗师取一等、第一名，曹昌祺（湖南长沙人）。[①]
3. 家，何均也——县试，第一名，杨瑛（湖南浏阳人）。
4. 有，弗问——车宗师取一等，第一名，萧立朝（湖南祁阳人）。
5. 吕宗师，入第——廖涛（清众？未查到清众是湖南什么方人）。

孟子部分

1. 以挞——会课，第一名，张琛运（湖南善化，今湖南益阳人）。
2. 邹人与楚人战——会课，第一名，郑步云（湖南湘阴人）。
3. 臣，始至于境——会课，第二名，马晋福（湖南长沙人）。
4. 诸侯朝于天子，至为诸侯度——入孝，第六名，周廷佐（湘阴人）。
5. 乃仓，至子橐——馆课，第一名，柳先恩（长沙人）。
6. 爰方启行，故居老——甄别，第一名，杜家。
7. 事楚乎！至凿斯池也——会试，第一名，杜焕联（湖南善化，今湖南益阳人）。

① 曹昌祺修，覃梦榕等纂. 普安直隶厅志—光绪——清光绪十五年刊本. 清光绪十五年刻本. 见《大清穆宗继天开运受中居正保大定功圣智诚孝信敏恭宽毅皇帝实录卷之三百四》同治朝实录. 张佩纶会试年表（癸巳初四）。引见新科进士。

8. 虽有磁基——长沙城南书院馆课，第一名，杨书霖[①]（长沙人）。
9. 麒——澄怀堂，马春龄（湖南长沙人）。
10. 犹可以为善，国书若药——澄怀堂，马春龄（湖南长沙人）。
11. 妾妇之道也！至大丈夫——会课，第一名，徐全庆（湖南善化，今湖南益阳人）。
12. 舍其耒耜，步之如此急——吕宗师入第，萧晋卿（湖南长沙人）。[②] 更名晋馆。
13. 芸者——顾宗师入第，第一名，陈常（湖南安化人）。
14. 有楚大夫忝此——馆课，第一名，罗炜（湖南善化人）。
15. 独戴不胜章——馆课，第一名，张炳麟（定襄人）[③]。
16. 伯夷之所 □ 与——陈山长馆课，城南第一名，易鼎勋（湖南长沙人）。
17. 尧舜至妾——会课，第一名，杨会（湖南善化人）。
18. 如以辞而已矣——府试，第一名，黄泰阶（湖南善化人）。
19. 启贤——澄怀堂塾课，马春龄（湖南长沙人）。
20. 入云则入——月课，第一名，罗炜。
21. 未尝不饱，盖不敢不饱也——甄别，第一名，杨兆元（长沙人）。
22. 养其贰棘，至养其一指——梁宗师入第，易荣辉（湖南湘阴人）。
23. 一匹雏——月课，第一名，周岳涵（湖南长沙人）。
24. 无遏 □ ，至凡我同盟之人——刘中丞馆课，第一名，曹昌祺[④]（湖南长沙人）。
25. 丹之治水也——会课，第一名，郑步云[⑤]
26. 发于犬亩之中，至孙叔敖——澄怀堂塾课，马椿龄（湖南长沙人）。

学庸即大学、中庸部分、孟子部分、补遗一篇。

《课幼开山集》江宁武西九著。清湘刻本。

正法开山集序：“文之登峰造极尚矣。然在幼学开蒙为先，故课童文贵浅显。夫人之知而遍阅选本。非浮俗即蒙晦童蒙，读之几如入阴山鬼窟中，昧目不见天日耳！尚望其登峰造极耶！武西九先生作课幼文一册，前列破承，起讲等法；分而释之，后列全文若干。

---

① 杨书霖. 左文襄公全集·奏稿［M］. 台北：文海，1979.

② 见《同治进士名录·同治元年壬戌科》第二甲一百名：萧晋卿是第二十名。见《清实录光绪朝实录卷之九》：编修萧晋卿、陈振瀛、孙钦昂、均著罚俸半著罚俸一年。侍讲学士宗室松森、著以庶子降补。仍罚俸半年。

③ 张炳麟，生于同治四年（1855 年），字瑞卿，镇原县城关镇张东庄人。自幼家庭贫寒，祖上以农为业，勤俭持家，勉强维持一家生计。民国二十一年（1932 年），卒于家，终年 68 岁。

④ 曹昌祺，生卒年月详。湖南长沙人，根据癸巳初四《大清穆宗继天开运受中居正保大定功圣智诚孝信敏恭宽毅皇帝实录卷之三百四》记载曹昌祺新进士。曹昌祺光绪十年（1884 年）任水城厅通判，两年后到普安直隶厅（今盘县）署同知。《贵州通志·宦迹志十三》照录了原文。对照通判职责——“掌一厅之政，亲理民务，平赋役。听治讼，兴教化，历风俗，凡养老祀神。贡士读法，皆躬亲厥职而勤理之”，曹昌祺是称职的。在“兴教化”，特别是“贡士读法”方面尤为突出，堪称循吏。湖南江西一带据曹昌祺刻本用木活字翻印一部《急救应验良方》。这个本子署光绪辛卯年（1891 年）重镌，卷首保留孙衣言的札文。

⑤ 乾隆壬申（1752 年）二甲进士郑步云（生卒不详），字芬揆，号养田，浙江归安（今湖州人）。历任吏部主事、汉军京机章京，官至礼部郎中。参修史书《御批通鉴辑览》。乾隆十七年壬申恩科（1752 年），郑步云第三名。

首合而释之，意皆真切，语无蔀障，所谓开门见山者，其在斯乎！童而习之，用以扩其聪明、充其学问，安在非登峰造极之知路耶?”

乾隆三十八年，岁次癸巳，暮春月，潭阳刘树伟干奄氏书。①

目录：学而时习之，一句。有朋自远方来，一句。其为人也，一句。谨而信，三字。氿爱众，三字。事君能至，一句。君子不重，二句。主忠信，三字。过则勿惮，一句。就有道而一句；贫而无诲一句。不患人之，一句。父母惟其，一句。君子不器，一句。子贡问君，一句。学而不思，一句。由诲女知，一句。知之为知，一句。不知为不，一句。禄在其中，一句。举直错诸，一句。举善而教，一句。

南海李牧芳楼氏著《正义启蒙》光绪辛丑年，仲冬，上海书局藏版。钱塘集生文先生著张之洞鉴定，并写序："变法之初，塾师训蒙或疑舍八股文。无以入门，不知八股文有浅深之分。义亦如是深者。无分义与八股文皆难，求诸童蒙至浅者。义较八股文为尤易。盖八股文限以程序，而义无程序之限也。或又谓舍，八股文不能通者；更谬，夫通者。何通其理也？岂通其程序乎？义之为言，理也；理通，斯真通矣。与其于程序，求通，而非通。曷若于理，求通而真通乎？特是子贡，尝曰：'夫子之文章，可得闻性与天道不可得闻义。'主言理，则是性，与天道矣。童蒙何能遽臻乎？此而为以浅，而正者授之。使知所趋向，而无入歧途。启蒙养正而由浅以入深，不难矣！辛丑冬，予选宋名家四书义数十篇，梓行于时，以足开风气。越月余，钱塘集生文先生著启蒙义呈览：予观其旨甚浅，说理甚正，有益于童蒙，甚大足为。朝廷废八股文兴义之，亦助急使梓之，题为《正义启蒙》云。"②

光绪二十七年，辛丑仲冬，张之洞序。③

同治年间，张之洞督学湖北，选有《江汉炳灵集》，皆其岁、科两考生童之作。题目正大，文主才气，盛行于时。李元度选有《小题正鹄》《目耕斋》两种选本。光绪年间傅子纯以选各省闱墨著称。唯清季石印影本出，上海点石斋影印本《大题文府》和《小题文府》两个版本，但是字细不及针孔。本小纸薄，无论何文，并蓄兼收。但求备体，每种各载文至一万四五千篇，专为士子挟带之用，小题便于应小试者，大题便于应乡举者。后来有鸿宝、蜚英和各家陆续出版者尚多。是全属于射利之徒所为，又不足以言选本也。④ 封面上题写有《小题正鹄》一卷，书口上刻有《次阶正风》清代刻本。郑汉林编有《八宗师考卷选》，则为小试之。试牍采风录等。何义门焯选《庆历小题文行远集》，其旨归悉本于阎若璩。

---

① （清）武西九. 课幼开山集. 乾隆三十八年（1773年）刻印，经元堂藏版、益元堂藏版.

② （清）李牧芳楼氏. 史论初阶·正义启蒙［M］. 上海：广益书局印行，1912.

③ 张之洞（1837—1909），字孝达，号香涛，总督，又称"帅"，故时人皆呼之为"张香帅"。晚清名臣，清代洋务派代表人物，"直隶南皮（今河北南皮人），生于贵州兴义"。咸丰二年（1852年）十六岁中顺天府解元，同治二年（1863年）二十七岁中进士第三名探花，授翰林院编修，历任教习、侍读、侍讲、内阁学士、山西巡抚、两广总督、湖广总督、两江总督（多次署理，从未实授）、军机大臣等职，官至体仁阁大学士。

④ 商衍鎏. 清代科举考试述录及有关著作［M］. 天津：百花文艺出版社，2004：258—259.（本参考文献有增删，请作者谅解）

第四节 明清科举试帖诗创作与文献

试帖诗[①]，即在科场考试中与八股文并行的一种文体，唐朝称之为试律诗，一般是五言六韵。试帖诗又被称为“五言八韵”，也就是五言排律诗。这种科场五言排律诗附加了一些特殊的条件和规定：

1. 试帖诗规定为五言诗。

2. 试帖诗规定为律调句。

3. 试帖诗规定为十六句。

4. 试帖诗规定首尾各两句不用对偶，其余必须要用对偶句。

5. 试帖诗明确规定某字为某韵。

6. 例如有东字韵（题下注东韵字），那么通首必须严守东韵。

7. 如果韵脚用了冬中的字叫做出韵，便不及格。[②]

8. 试帖诗首句韵脚字可以用邻近韵字，这种用法称之为撞声。那么，在试帖诗中不可用撞韵字。试帖诗规定首句不用入韵，一般都是以仄起为多。因为试帖诗为八韵。如果首句用韵，则成了九韵，故首句不入韵，则自然要保险得多。首句仄起，试帖诗称之为正格；如果首句平起，试帖诗则称之为偏格。其实正格偏格并无实质道理，启功先生在《诗文声律论稿》中已作了明确的说明，在此笔者不作过多的论述。

9. 试帖诗前四句要把题目大意包括进去。实际上诗也是类似于八股文的起、承、转、合的范式，更确切地说就是要破题。

10. 试帖诗的末尾要颂圣，也就是在末尾一定要赞扬皇帝，要为时政歌功颂德。即使是强词夺理，牵强附会也在所不惜。试帖诗作为颂圣的尾巴，它起到了对八股文画龙点睛的作用，又弥补了前面八股文的不足之处。

从文体上来看，试帖诗是一种托兴咏物的诗体，通过咏物来点题。因此，试帖诗都必须紧扣主题，也就形成了八股文一种特殊的表达方式。许多八股评论家认为试帖诗“从它们的上下、左右、前后、正反、内外各个方面挖空心思去拉拉扯扯。看起来不失巧妙有趣，实际上它正和八股文一样没有作者自己任何思想感情，更不用说发议论了”[③]。

八股文试帖诗未必全是这样。严格地说，试帖诗对考试的全文内容做出最后的高度概括。在高度概括全文内容时，必须要结合时政实际，也就是要结合目前国家的具体实际情况做出理性的判断。当然，皇帝也希望自己亲点的状元能为自己讲几句好话，这也在情理之中。因八股文体制本身就是代“圣人立言”，皇帝要求讲几句好话也符合八股文体。

明清试帖诗一般为十六句，破题两句、承题四句、起讲四股各两句，共有八句，结尾

① 诗体名源于唐代，受“帖经”“试帖”影响而产生，为科举考试所采用。其诗大都为五言六韵或八韵的排律，以古人诗句或成语为题，冠以“赋得”二字，并限韵脚。

② 启功，张中行，金木克. 说八股［M］. 北京：中华书局，2000：56.

③ 启功，张中行，金木克. 说八股［M］. 北京：中华书局，2000：56.

两句。历代文人对八股文的批判是："断送江山八股文。"清初有个医学家徐灵胎，号洄溪，著有《劝世道情》许多首，总名《洄溪道情》，其中有刺时文一篇云："读书人，最不齐。烂时文，烂如泥。国家本为求材计，谁知道变作了欺人技。三句承题，两句破题，便道是圣门高第。可知道：三通、四史，是何等文章？汉祖、唐宗是哪朝皇帝？案头放高头讲，店里卖新科利器。读得来肩臂高低，口角嘘唏。甘蔗渣嚼了又嚼，有何滋味。辜负光阴，白白昏迷一世。就教他骗得高官，也是百姓朝廷的晦气。"[①] 徐氏此文把八股文和科举士子批得一钱不值。

试帖诗选本、稿本和刻印本，也可选用多种版本。《新刻启蒙新咏》又称之为《四书诗》，上梅王者瑞、王山初稿、思唐吴恒义和轩校正、梅溪殷自纯维显校字、中梅王万泉先生点评。

试律诗最早始于唐代，在《文苑英华》中收集了四百五十八首。清代乾隆年间作为科考取士之用，尚沿律诗之称，一般士人称之为试帖诗。何谓试帖？按唐明经科，裁纸为帖，掩其两端，中间唯开一行，以试其通否，名曰试帖。进士亦有赎帖诗，帖经被落，许以诗赎，谓之赎帖，试帖诗由此而得名。

试律诗选本、稿本和刻印本有很多。乾隆时期，试律选本有毛西河奇龄《唐人试帖选》、纪晓岚《唐人试律说》、法梧门式善《同馆试律钞》、王艺斋《续钞》，皆为乡、会试朝考召试馆课之作。金雨叔生有《今雨堂诗墨》，直以八股之墨裁比之。王芑孙又选有《九家试帖》，皆为乾隆末年在京会课，各人之稿。九家者为吴毂人锡麒有《正味斋诗》、梁九山上国《芝音阁诗》、法梧门式善《存素堂试律》、王惕甫芑孙《芳草堂试律》、雷筠轩维霈《知不足斋试律》、何研农无烺《方雪斋试律》、王侪峤苏《桑寄生斋试律》、李介夫如筠《蛾术斋试律》、何兰士道生《双藤书屋诗》。后人又添了汪云壑《如洋诗》合并称为十家试律。其会课诸人而诗未选入者，尚有何实斋四泰即游彤卣光绎、伊墨卿秉绶、蒋丹林祥墀和辛筠谷从益等名家选本。继九试帖之后又有七家试帖的选本。七家选本有王楷堂《淡香斋集》、那清安《修竹斋诗》、陈秋舫沆《简学斋试律》、李伯子惺《西沤试帖》、杨少伯庚《桐云阁试帖》、路闰生德《柽花馆试帖》、刘芙初嗣绾《尚䌹堂试律》。

道光年间，有辑后九家试帖诗选本，除七家内的那、李、于、五、王、陈、路、刘以外，还加入了郑念桥城《贻经堂试律》、朱降槎阶吉《晨葩书屋试律》、姚古芬伊宪《环云阁试律钞》和丁式甫钰《砥碧山房诗》四家，合并成为后九家试帖选本。其余则有蒋云簪泰阶《纸窗竹屋试帖》、卞雅堂斌《静乐轩排律》、李许斋华《兰陔草堂试律》和王鱼树克峻《三辛集》之类的试帖诗。总而言之，选本举不胜举，就不一一说明了。

实际上，以上这些选本，也接近于稿本。纪晓岚稿本有《庚辰集》均以理法为主，而工巧次之，皆为乾隆时期人所作。其为自刻之稿，有《我法集》《馆课存稿》两种稿本。《我法集》为其晚年之作，多用虚词，喜用填满五字法者诽谤之以为戒。而梁章钜《试律丛话》则极推力崇。同时翁覃溪方纲有《复初斋试律说》，其体例略同《我法集》。下面我们收录 104 首试帖诗，以供读者参考其结构内容和音韵格律形式。

---

① 启功，张中行，金木克. 说八股 [M]. 北京：中华书局，2000：49.

1. 有朋自远方来

朋簪何自盖，学自远能来。我志轻千里，君名遍九垓。径寻流水尽，门对夕阳开。越险衣披雾，登堂屐印苔。相欢同赏析，乍见费疑猜。他日如分袂，春风送尔回。

2. 夏后氏以松

树社非无据，爰稽夏后松。美哉明德远，茂矣绿阴浓。刊木留新种，经霜获旧容。坛前涛滚滚，雪外影重重。祈报神栖地，平成手植踪。如何民战栗，不及古时雍。

3. 里仁为美

盛世淳风溥，休哉里有仁。居联桑梓近，人抱性情真。即此为安宅，因慈卜德邻。睦姻三代古，孝友一堂春。舜日尧天外，廉泉让水滨。輶轩如下采，比户有诗陈。

4. 乘桴浮于海

圣岂乘桴者，奚为一叶浮。德辉徒比凤，壮志欲盟鸥。濯足三山外，披襟万里流。波光情渺渺，心事水悠悠。阙里愁难遣，东周愿未休。海滨如复我，舟楫树新猷。

5. 宰予画寝

阴尚争分寸，嗟哉画寝予。但知耽逸豫，独不惜诸居。枕恋游仙乐，床堆引睡书。过驹诚使矣，化蝶复何如？自以羲皇比，谁知日月除。圣言惊觉后，尘梦尚纷拏。

6. 子华使于齐

赤也承师命，翩翩出使齐。高堂情话密，故友赠言栖。旅舍更新主，邮亭认旧题。车声衰柳北，人语夕阳西。阙里风如送，临淄路不迷。门闾知几倚，归梦断晨鸡。

7. 一瓢饮

陋巷家风古，萧然只一瓢。但知真乐在，不觉渴尘消。便许随邻借，轻疑作叶飘。置庭惟月到，挂壁任风摇。淡泊原吾素，清凉向客招。尼山真饮水，味道共嚣嚣。

8. 在陋巷（得贤字）

君子居何陋？蓬门有大贤。庭空惟月到，屋漏任风穿。曲径莓苔满，危墙薜荔牵。是谁携酒问？有客枕书眠。四壁凉如水，三秋静似禅。吾庐还自爱，独坐乐陶然。

9. 行不由径

贤士严跬步，奇操出武城。幽人原坦坦，王道本平平。旁窦谁能谨，歧途我不争。只缘循旧轨，未敢忽前程。举足心先凛，持身守独贞。笑渠趋快捷，漫许与同行。

10. 子在齐闻韶

世俗淫哇盛，临淄乍奏韶。初来鸡鬬地，如入凤仪朝。至矣清明着，休哉美善昭。九成三月尽，千载一心遥。祖述情先往，羹墙志独超。如天如世妙，拟议总难描。

11. 子在川上得“斯”字

山下蒙泉出，通明偶在之。会心原不远，逝者以如斯。乱石鸣清濑，寒溪注碧漪。鸟飞鱼跃戏，花落水流时。泼泼机先活，渊渊道可窥。吾人当学海，盖亦监于兹。

12. 孔子于乡党得“向”字

阙里原桑梓，肫然独抱真。我生嬉戏地，此日倦游人。泗水环村碧，东山人户春。父兄回聚处，烟火自成邻。守素衣冠古，追欢笑语亲。莫将朝庙比，反欲讶恂恂。

渺渺神交矣，迢迢室远而。无方能缩地，有恨正如饥。古驿鱼书寄，残宵蝶梦驰。魂销闻笛处，肠断倚楼时。月落心千里，蒹苍水一涯。伊人端似玉，唐棣惹相思。

13. 乡人饮酒得“同”字

自有家乡谊，交酬圣亦同。筹觥今日乐，伏腊古时风。杯面春浮绿，筵前靥对红。东西南北久，宗族父对通。鸡犬声相近，桑麻话不穷。醉归山径月，扶得杖藜翁。

14. 乡人傩

朝服奚为者，乡人有事傩。古风犹在也，举国狂若何。队队争扬盾，嘻嘻且执戈。老翁扶杖望，稚子候门过。祭虎衣冠肃，蒙熊笑语多。一村驱疫尽，比户庆祥和。

15. 问人于他邦（得情字）

故友暌违久，他乡系旧“情”。修函封别泪，赠斧计归程。问我言无恙，凭君勗有成。此时聊报李，前度几班荆。苦雨迟星骑，凄风惨客旌。遥知云树友，倒屐一相迎。

16. 山梁雌雉

知止谁知鸟，清溪绕碧山。相依流水绿，自顾锦衣斑。漱石心无竞，临渊意自闲。清明杨柳岸，疏雨荻花湾。傍我鸥盟好，防人世纲艰。岂甘雌是伏，三嗅拨云还。

17. 春服既成

服也诚无斁，因时正及春。绿杨三月尽，人事一番新。纤手缝应急，晴溪瀚正濒。短长忻合度，寒暖恰宜身。槛外花团锦，堤边草作茵。逆知端甫客，笑我尚居贫。

18. 浴乎沂

澡德非无谓，高人且浴沂。一湾流水阔，三月落花飞。荡涤差堪慰，浮沉任所依。童喧芳草渡，客醉绿杨矶。濯足知今是，弹冠悔昨非。天机原活泼，从此乐忘归。

19. 风乎舞雩

志在偕童冠，雩坛吸惠风。四园芳草碧，一路花落红。穆若天机人，冷然善气通。吹衣真淡宕，鼓瑟助玲珑。疏雨斜阳外，崇山峻岭中。兴酣狂态发，我亦舞芳丛。

20. 咏而归

兴尽还须返，犹然咏以归。但随天籁发，不顾赏音稀。信口腔皆是，来时路不违。四山啼鸟静，十里夕阳微。和韵樵停磴，闻声稚侯扉。灯前频笑语，童冠话闺幄。

21. 樊迟从游于舞雩之下

想见追随乐，名山亦圣游。出门皆学问，曳杖自风流。径入云深外，湾寻水尽头。荒苔苍鲜满，古木绿阴稠。笃志循趋步，闲情伴去留。咨询皆妙义，归兴路悠悠。

22. 东里子产润色之

试用生花笔，而成草创编。文章归巨手，锦绣入新篇。地以斯人重，功惟执政专。泉源倾瀚苑，春意满云笺。戛戛陈言去，翩翩丽句传。睦邻资片牍，息战几何年。

23. 蘧伯玉使人于孔子

使者来淇澳，东山倒屐迎。半窗鸡共语，千里雁阵声。绣户嘶骏马，柴门驻客旌。残灯今夕酒，旧雨昔年情。问溪人如见，开缄泪欲倾。明朝归去后，借手报嘤鸣。

24. 子路宿于石门

犹是雄冠客，重关寄此身。半生萍在水，一夕柝伤神。惫矣风尘苦，肃然仆马亲。愁吟茅店月，梦绕杏坛春。道远归何日，更长从候晨，乍来奚自问，都是有心人。

25. 子击磬于卫

击磬斯为者，他乡思不禁。韵流淇澳尽，人坐楚宫深。发响风初入，无言日半沉。触来忧世念，谱作断肠音。泗水浮从古，虞廷戛到今。西归无可寄，门外有知心。

26. 阙党童子将命

将命非儿戏，飘来阙党童。弁兮方总角，益矣正吟风。出户歌初起，登堂语乍通。仓皇花径里，潇洒杏坛中。守礼威仪谨，传声应对王。叩胫犹念故，笑煞白头翁。

27. 齐人归女乐

谲矣犁鉏计，淫哇到鲁东。秋波迎晓日，莲步送春风。靡靡流珠泗，翩翩出雪宫。满街长袖舞，一路艳妆红。事岂归田比，谋仍表海雄。可怜三月治，女谒到时空。

28. 闻弦歌之声

雅化敷文学，休风遍武城。两间和乐气，一路治平声。野外音初起，车中客欲惊。膝横秋月白，喉咽午风清。竟写高山志，如传击坏情。尼山新问俗，莞尔笑相迎。

29. 楚狂接舆歌而过孔子

入耳来何处，邮程接楚狂。胶胶空一世，袅袅达三江。流水高山志，阳春白雪腔。萍踪原邂逅，韵语叶宫商。旷野疑飞雾，荒郊欲断肠。似讥还似讽，端不类沧浪。

30. 耦而耕

楚蔡多高士，驱车过耦耕。春来千亩绿，世外一毛轻。荷插同朝夕，扶犁话雨晴。叨陪仍应序，相对亦鸥盟。胼胝人谁识，功名我不争。栖栖尘路客，未许与班荆。

31. 止子路宿得“欢”字

永夕原非偶，流连欲尽“欢”。家僮惊佩剑，村犬吠雄冠。爨下炊应急，闺中绩未阑。缘成千里客，话到一灯残。梦蝶师何在？听鸡夜正漫。明朝辞上道，离绪满征鞍。

32. 杀鸡为黍而食之

今夕伊何夕？斯人一古人。杀鸡忙厉刃，为黍急燃薪。妇女搴鸡瞰，儿童劝饭亲。盘餐惭市远，樽酒念家贫。下榻殷勤至，挑灯笑语频。礼贤原不薄，物色在风尘。

33. 见其二子焉

三子趋庭候，殷勤意更欢。席间供指使，灯下话饥寒。总角清双绝，垂髫秀一团。羡君班似笋，对我嗅如兰。答应咸循礼，周旋屡观餐。诘朝劳远送，握手别离难。

34. 太师挚适齐

谁是诸伶首，群推鲁太师。宗邦犹秉礼，适者已如斯。去矣先为望，飘然不少逮。伤心辞泮水，抱恨入临淄。回首悲陈迹，同僚忆旧知。好音如可寄，常念在庭诗。

35. 少师阳击磬襄入于海

入海携仙侣，伶官遁世深。偶然行事合，相顾怒潮浓。万里乘槎到，三山抱器寻。成连询旧迹，孤竹想同心。对酒悲前度，联床话积忱。简书招复国，端作掉头吟。

36. 周有八士

论世沿昭代，英才兆厥祥。一门分伯伸，四国仰琳琅。山岳精灵蓄，京治化昌繁。篪知合德懿，元恺兢流芳。天上分麟种，人间列雁行。开基原积累，忠厚有余光。

37. 顾鸿雁麋鹿

沼上堪娱目，梁王亦简贤。鸿毛风顺矣，鹿野宴殷然。国以隆儒重，情偏玩物牵。数群芳草地，几阵夕阳天。学奕心疑至，藏焦梦已颠。白驹留不住，弋慕漫缠绵。

38. 王在灵囿

灵囿何其大，同民想圣王。二三分日，七十里为疆。画暗千林密，云深万壑荒。山寻鸣凤处，地尽宝鸡旁。出入刍荛路，奔驰雉兔场。无私思自普，续武愿同裳。

39. 齐宣王见孟子于雪宫

馆以离宫地，亲贤启羽辟。疆隆儒应设，醴访道登堂。请益风盈座，谈心雨对床。花深三径洽，月到半窗凉。性分居原广，宾师礼合当。君真能慕道，何吝示周行。

40. 遵海而南

更姿游观乐，沧溟万象涵。古风惟候北，计日饮旋南。路得鲛人指，居惟信户堪。舟还资叶一，帆迳过山三。蜃蛤收杂尽，鱼盐煮亦谙。太公遗迹在，乘兴试登探。

41. 出舍于郊

欲效先王举，殷然出舍郊。艰难今日历，宴乐暂时抛。草创堦仍土，潇条屋覆茅。一村鸡犬地，半亩云坳坳。桑外栖灵雨，乡间进野肴。民情无上壅，尔与我同胞。

42. 来朝走马

避难图存计，征期待话朝。听鸡残月落，梦蝶黯魂消。飞骑轻千里，行装话一宵。莺鸣芳草渡，肠断绿杨桥。牵袂愁难别，扬鞭去已遥。仁人何可失，归市路迢迢。

43. 有托其妻，子于其支而之楚游者

入口轻相托，飘然去楚游。举家全赖友，好客已登舟。折柳香闺怨，牵衣总角愁。魂潇湘月浦，叶落洞庭秋。别恨难凭雁，西风欲上楼。早知斯冻馁，何事远淹留。

44. 乃属其耆老而告之曰

狄难还须避，周王乃属耆。斯民原在抱，尔鬓尽如绿。昔日临雝客，今朝话别时。欲言肠已断，未语泪先垂。对酒谁相赠，牵衣未忽离。从加最市后，一路播仁慈。

45. 踰梁山

狄难图存计，萧然远度山。几曾听鹄漏，倏已过鱼关。削壁猿吟逼，苍藤石磴板。云深增屋外，地尽泾阳间。巅极天疑近，溪回路又湾。相随诸父老，风雨洗愁颜。

46. 则移其民于河东

自羽心能尽，移民暂住东。夜来忘道远，一到庆年丰。望岁情何迫，分肥义可通。路仍三晋界，般般借帆风。怅别他乡感，相亲故地同。家中方待哺，请遗白头翁。

47. 树墙下以桑

王者心能尽，墙头艺以桑。一年蠶正急，五议宅无妨。密叶青当户，柔枝采绕廊。阴遮三径暗，客坐一庭凉。书静衬龙卧，春深戴胜藏。试乘梯摘取，稚子奉遽忙。

48. 有牵牛而过堂下者

事岂无因至，其牯有客牵。我生求牧得，众目乞谁怜。万户千门外，三槐九棘边。来非关卖剑，去岂为蹊田。陇畔肩初息，街头鼻又穿。谁知堂工上，一见意怦然。

49. 犹缘木而求鱼也，大欲谁似

大欲谁相似，求鱼木是缘。悠然原在沼，羡矣不临渊。意逐松涛乱，思将柳线穿。只惊鸿离网，岂有雀衔鲂。幻想空随蝶，凝情枉忆鲜。那堪徒构怨，鲸吸正流涎。

50. 汤之盘铭曰（以下学庸 ）

旧染还宜涤，汤铭仔细看。藏污为隐累，去垢获身安。濯罢江堪比，题来墨未干。圣心原是水，人性本犹湍。有恶躬皆秽，无私理借观。日新当自力，盖亦监殷盘。

51. 富润屋

诚著形难掩，根心色本真。譬之金玉积，润尔仑新岁。千村焰家含，万象迎春醉。尚夸朱户容，何况广居人。克己人为宅，流光德有怜。厌然犹粉归，都亦安未贫。

52. 莫知其苗之硕

无厌诚堪哂，乌知硕在苗。云间青至眼，陇畔绿盈腰。梦为祈年乱，心因望岁摇。千箱原有象，寸念尚无聊。欲壑洵难满，贪泉不自消。想应谋助长，误听圣人招。

53. 之子于归

窈窕之惟子，于时岂不归？婿车方辘辘，鼓乐声盈巷。辞堂泪满衣，情难牵柳线。脸欲妬桃绯。缔夙缘应是，迄今计未非。新婚良可宴，笑语话闺幄。

54. 文王之囿

灵囿何其大？同名想圣王。二三分有日，七十里为疆。画暗千林密，云深万壑荒。山寻鸣凤处，地尽宝鸡旁。出入刍荛路，奔驰雉免场。无私恩自普，缵武愿同裳。

55. 孟子致为臣而归

汤武平生志，如何赋曰归。事难如愿取，道尚与时违。久也身徒泄，怀哉计未非。鞭随羁旋月，梦绕故山扉。和玉知还少，牙琴赏卒稀。骧歌声蒲耳，犹望遂初衣。

56. 孟子出齐宿于画

濡滞真无奈，归与且自由。夕阳临古道，别恨对鸣驺。故主情难舍，今宵梦尚游。残灯风雨夜，孤馆草虫秋。几处鸡催晓，谁家笛依楼。雪宫犹在望，回首思悠悠。

57. 过宋而见孟子

过宋殊迂道，亲贤意已诚。东宫劳远路，扎面属诸生。旅梦三更幻，春风蒲座惊。泰山原有象，木铎岂无声。促膝谈尧舜，披襟道性情。出门犹恋恋，他日再班荆。

58. 陈良之徒陈相

为溯陈相学，居然楚产良。世人皆比斗，吾道在南方。此日停云久，当年鼓箧忙。寻源分汉水，问雁寄衡阳。衣钵传何远，春风坐莫忘。如何甘自皆，入谷又依依。

59. 三过其门而入

洺水何其急，无情度里门。只知天下溺，不叩主人阍。故字山排闼，呱声路到村。八年功未已，三径竹空存。泥堑无休日，涂山有怨言。道逢亲故问，安否北堂萱。

60. 遐千木踰垣而避之

折节情何恳，幽人已度垣。自高泉石癖，不顾乘舆喧。取径衣沾露，攀藤履带痕。藏身栖别坞，遁迹入邻村。蓬室安吾素，蒲轮厌尔烦。家人忙出户，温语谢高轩。

61. 泄柳闭门而不纳

造访原扰礼，如何客闭门。荒凉芳草径，寂寞落花村。稚子窥深牖，邻龙吠短垣。当窗人影入，隔壁马声喧。逸志辞高谊，间情拒至尊。笑渠求利达，犹自候重阍。

62. 日攘其邻之鸡者

一个无轻取，如何日攘邻。但求吾悦口，那顾尔司晨。斩草惟乘间，餐肥不计辰。飞鸣随意到，笑语隔鸡亲。屋角童窥密，墙阴妇谊频。寄言饕餮者，守义在安贫。

63. 居于陵

仲子簪缨胄，飘然僻处陵。我心清似水，陋室冷如冰。屋角堆荒草，墙阴绊古藤。繄纑庭栖日，织楼夜燃灯。淡泊存吾傲，凄凉少客登。宜乎通国士，交口替廉笼。

64. 妻繄纑

齐有廉妻在，营生善繄纑。刈麻将我仲，沤苎唤邻姑。用意勤分合，精心辨细粗。当窗双膝冷，旁月一轮孤。引绪功难密，盈筐力已劬。今宵成屡否，笑口对吾夫。

65. 他日归省

别母何其久，于陵赋日归。山中原矫矫，膝下白依依。晓梦催行旆，离情别绣纬。草深前度路，月认旧时扉。世禄无难却，慈恩未忍违。如何来鶃鶃，欲玷首阳徽。

66. 有孺妇子歌日

众士吟风候，遥传孺子歌。圣心无所滞，天籁竟如何？竹马随机吐，芃兰寄兴多。鸥汀疏雨落，牛背夕阳过。古韵惊啼鸟，余音送绿波。浊清皆自取，斯语请研磨。

67. 徒杠成

来往何其便，于时急在杠。雁飞汀一一，人倒影双双。闭月霜盈板，闻声水漱矼。息肩施堤岸，待客系船桩。十里行尘起，三更步履跫。小民争颂德，一路发新空。

68. 舆梁成

车岂临河返，间间已架梁。马声嘶柳急，虹影卧波凉。鞭落江心月，轮翻板渚霜。辚辚流水杂，轧轧夕阳苍。结构谋应早，驰驱客正忙。政平皆坦道，何至病汪洋。

69. 去三年不反

不反何其久，吾君眼欲穿。伊人原似玉，此去几经年。岁月频迁矣，音书竟杳然。迹留今日恨，情为去时怜。肠断云停夜，魂销雁到天。暂收田与里，礼意竟拳拳。

70. 齐人有一妻一妾

一介蓬茅子，犹然两美齐。庭前花并好，楼上燕双栖。当又应偕老，充陈亦及笄。怀春歌麀鹿，同梦戒鸣鸡。四壁凉如许，连髻绿并低。良人门外至，富贵话香闺。

71. 早起施从良人之所

早起缘何事，吾将敢所之。鸡声催晓梦，泪眼出闺帏。露重迟连步，风寒蹙柳眉。望尘杨柳岸，敛迹豆花篱。见客低蓬首，逢人依断碑。国中无与立，一路总狐疑。

72. 卒之东郭墦间之祭者

卒（覔）墦间祭，累累在郭东。纸钱飞宿草，樽酒滴芳丛。洒泪三牲举，流涎一径通。断碑秋苏碧，古蝶夕阳红。余弃从人乞，嗟来必尔穷。可怜兹敢妇，羞煞绿阴中。

73. 舜往于田

为溯登庸始，重华亦力田。一犁春雨足，半笠晚风牵。水石深山日，艰难饭粮年。哭声芳草外，红泪夕阳边。子职何辞瘁，亲心总不然。此生甡负罪，搔首钦高天。

74. 杀三苗于三危

蠢尔三苗氏，昏迷敢不恭。累囚经万里，血迹溅子峰。怨毒人皆泄，平成宇不容。残骸沙漠尽，终古白云封。古木三秋雨，空山四壁蛩。玉阙春不到，天亦恨无凶。

75. 坐云则坐

坐亦何容苟，平公善友贤。两阶分左右，一室费周旋。领矣先生命，寒哉处士（毡）。围炉情缱绻，下榻话缠绵。自入春风座，相亲翰墨筵。高轩承惠顾，樽酒更流连。

76. 抱关击柝

仕亦栖高隐，清贫己抱阙。不嫌官禄薄，自喜宦情闲。要路通三晋，重门锁百蛮。有声惊旅梦，无事到尘寰。诘暴人千里，安身屋半间。笑渠高位者，青琐候朝班。

77. 无过（释）

过□情何薄，同盟一戒之。天灾原有数，王道本无私。怜子皆晋了，人饥亦己饥。也应舟是（汜），未忍金停焕。分润恩如海，相关痛切肌。吉凶项共患，愿与友邦知。

78. 传说举于版筑之间

启沃原非偶，旁求到传崖。岂知良弼在，犹与役夫偕。橐橐身应（座），登登命尚乘。一时蒙帝□，万里奉君差。东板劳于野，图形挂蒲街。和□端有托，携手到瑶阶。

79. 孙叔敖举于海

大任付贤豪，沧滇举叔放。自求湘浦月，已谢海门涛。合典（诺）应久，虞邱蔫莫逃。龙宫藏相略，皮友练戎韬。乌降駥□使，云开孑孑旄。鸥盟今乍败，回首雨连艘。

80. 百里奚举于市

服贾多豪杰，爰稽百里奚。不应□□□，老遽庙廊跻。此日人称（羰），当年妇益鸡。臣心原似水，市路亦如梯。韫矣珍非炫，沽哉价不低。艰难尝已备，一相伯秦西。

81. 有如时雨化之者

昔日风频坐，今朝雨及时。做人须有化，造物本无私。绕砌栽（境）久，为霖浸润施。心苗当望泽，义种乍沦肌。助长功徒害，为仁熟是期。聚沙端更似，一贯复何疑。

82. 伊尹耕于有莘之野

上溯天民迹，当年不辍耕。毫中三聘列，野外一犁轻。十亩宽闲地，中天袯襫情。空山皆学问，原隰亦功名。稼穑躬还任，羹墙乐独争。君民尧舜在，王佐占先声。

83. 四之日举趾（得田字）

布谷催耕早，农夫正力田。云间千耦集，柳外一牛牵。荷笠吟风到，肩犁到月旋。桃花红似锦，芳草绿连天。野社频占雨，从祠況卜年。艰难惟稼穑，图画岂能传？

84. 馌彼南亩（得田字）

馌饷忙如许，农夫有事田。携筐千亩到，问径一儿牵。野露衣裾湿，泥涂屐齿穿。牛鸣芳草地，人语绿杨天。进饭童为劝，劳形妇亦怜。望箱端可望，翘首祝丰年。

85. 六月莎鸡振羽

辰振羽当炎，夏螽斯转啼。鸡行一声乍，十里稻初齐。翅薄吟偏苦，腰纤舞不低。撩人疏雨径，逐客夕阳堤。柳外风堪送，花间路弗述。请看霜降后，携伴到深闺。

86. 十月蟋蟀入我床下

在野情何适，奚为又到床。枕边频入耳，庭外正飞霜。傍我鸳衾暖，撩人蝶梦凉。垆寒秋已尽，酒渴漏初长。词馆愁吟月，邮亭暗断肠。几回惊懒妇，机杼合忙忙。

87. 七月食瓜

应候龙肝熟，秋来竞食瓜。棚垂云影重，梯架夕阳斜。玉瓣香盈口，琼浆冷透牙。尝新先父老，分惠到邻家。剖破瓤全满，搜寻叶半□。好将春酒下，眉寿乐年华。

88. 九月筑场圃

秋尽禾将纳，豳民急筑场。一村当路处，半亩及肩墙。版堵低于屋，周遭曲绕廊。花残霜欲满，叶落径仍荒。岁稔忻多积，时平成慢藏。万箱方辘辘，四境杵声忙。

89. 画尔于茅

乘屋何其亟？诗歌画尔茅。戴来山月晓，寻到水云坳。芒刺霜盈手，丛深露满梢。搜岩千嶂尽，问路一担敲。塞径何妨扫，连如且欲抛。夜归绹是索，灯下正□□。

90. 宵尔索绹

宵亦何容暇，于茅又索绹。绩麻同妇女，助力唤儿曹。触类端须引，如丝手自缫。垆残风幕冷，漏尽月轮高。灯火三更暗，寒蛩四壁号。明堂升上屋，结构不辞劳。

91. 遵彼微行

蚕事乘时急，携筐率彼行。途喧蝉鬓女，家饿马头娘。几曲溪应尽，三人路共商。花间呼妯娌，柳外候姑嫜。芳草穿深坞，斜阳度短墙。归来看箔上，待哺正忙忙。

92. 獭祭鱼

未待渔人入，冰开獭祭鱼。临渊原羡慕，得食且踌躇。荐鲔情应切，行鱻礼不疏。鲭楼新报本，鲍市自留余。北渚思先际，东风解冻初。物犹知孝爱，人岂弗能知。

93. 始雨水

漠漠乘时降，郊原雨泽新。膏流三径草，泥透一犁春。润物还当始，为霖莫厌不频。云深红杏坞，痕涨绿杨津。孤馆惊窗纸，前村静路尘。明朝开雾后，满陌踏青人。

94. 桃始华

自擅无双艳，初开第一花。天香来别种，春色到谁家？紫萼犹含露，芳心乍吐霞。十分娇态满，一带夕阳斜。有路通仙馆，无言倚绛纱。宸衷隆茂对，翰苑正摛华。

95. 仓庚鸣

我爱缗蛮鸟，深山何处鸣？一春花正放，斗酒客初行。雨漱歌喉滑，风调巧舌清。向人偏百啭，傍到月三更。蚕箔闺情急，鸡窗客梦惊。迁乔原有志，众鸟占先声。

96. 元鸟至

应候仍寻旧，呢喃径入门。主人今尚在，故垒幸犹存。绣户春如许，雕梁话几番。相逢疑梦寐，一别倏寒暄。试剪花间雨，衔泥柳外村。秋风归又迫，恋恋欲销魂。

97. 寒蝉鸣

暑退秋将至，长天咽正寒。深山千树老，午夜一声酸。疏雨人归浦，西风客倚栏。咽将花事尽，吟到柳梢残。寂寞丹枫宿，凄凉白露餐。知音原不少，莫向热中弹。

98. 蟋蟀居壁

远翥还须待，依依壁是居。向人拖锦色，绕户曳华居。未敢舒纤股，犹然傍旧闾。熏风尘榻冷，灯火夜窗虚。北院追凉后，西堂入梦余。长成新羽翼，野外弃何如?

99. 鹰乃学习

谁似鹰扬猛，维雏正学飞。未腾云汉翅，才试爪牙威。探地身初耸，凌空力尚微。清风前路导，落日旧巢归。宛转眸应快，徘徊母是依。羽毛丰满后，雁阵破重围。

100. 曰露降

沅沥漫天降，时归白帝秋。一天寒影重，七月星火流。玉乳芙蓉溅，珠光瑞气浮。残灯风满座，人静月当楼。鹤啸惊初起，蝉吟饮未休。萧斯端可咏，四国仰皇猷。

101. 腐草为萤

暑气炎蒸后，荒园草变萤。自邀今夕白，无复人廉青。化育终还始，飞腾影践形。烂堆三径雨，幻出一天星。榜读穿书屋，随行到客亭。说他忻有耀，朽腐亦神灵。

102. 会子不忽食羊枣

羊枣谁专嗜，来来莫问参。春风童冠在，秋雨感伤深。有客携筐到，谁家绕道寻。当年供子职，陈迹痛手心。渺渺魂升屋，累累子蒲林。墙头肠断处，手植已成荫。

103. 游紫溪山

冒雨探灵窟，峰高未易跻。人声烟外接，鸟道树中迷。钟动方知寺，泉飞不见溪。何当开霁景，一览万山低。岭峻林尤茂，幽奇此独钟。逃禅为帝子，听法有神龙。花散千崖雨，涛翻万壑松。旷怀追谢屐，何处觅芳踪。

104. 感怀

命俦鸟啅林，戏侣鱼漾藻。吾亦求吾侪，研悦事幽讨。航川有先正，发难快朋好。所得未分铢，岁月已电扫。峡东痛宰木，滩上悲宿草。独走燕蓟尘，壮怀驴背老。回首孰问津，四顾少倾倒。存者曙后星，落落同枯槁。山舟俄又逝，老泪伤怀抱。填填肺病滋，谁慰我心捣。

明清人常讲:“文之有八股，犹诗之有律诗。”这话很有道理。律诗讲究声律对偶，它对汉语的音乐之美的发展起了很大作用。

先秦古籍中，特别是儒家经典中的排偶句，多是根据表情达意的需要，自然成对，并无雕刻痕迹。西汉以后，赋与骈文兴起，作者铺彩摛文，在修辞上很用功夫。排偶的句式于是大兴，大大发展了古代语言的形式美，这在我国文学发展史上是有功绩的。不论骈文，还是赋（特别是以抒情为主的小赋），都不乏成功之作。但它们注重较声律、雕琢文句，忽视文章内容，在中国古代文坛，它的确产生过很大的消极影响。从一定意义上看，八股文程式规定必须要用排偶，就是辞赋、骈文消极影响的产物。

律诗的结构也强调严整而有次第，律诗的“律”，说白点，就是限制。八股文的“功令”，也就是限制。八股文的种种限制，有一些是从律诗的“律”中取来的。清代学者毛奇龄著有《四书改错》，毛氏对用于八股取士的《四书集注》有所不满，因而写了此书。

他在该书中谈到八股文产生的历史渊源时说："唐制试士，改汉魏散诗而限以比语，有破题，有承题，有领比，有颈比，有腹比，有后比，而后结以收之。六韵之首尾、即起、结也，其中四韵即八比也。然则试文之八比视此矣。"这说明唐代用于科举考试的律诗、律赋，已经有了程式。人们从中不难看出八股文与律诗，特别是用于科举考试的律诗，在结构形式上有着密切的关系。

第五节　八股文课艺结构分析法

八股文语言结构分析由来已久。关于中国古典语言结构分析最早我们可以追溯到汉魏、晋唐。特别是宋明理学对语言义理结构的分析更是登峰造极，只是中国古人没有将结构语言分析理论化、系统化地概括出来，使之形成一种结构主义语言理论。在这方面西方语言学家如瑞士语言学家费尔·迪南德·索绪尔、法国的列维·施特劳斯和美国的乔姆斯基等语言大师将语言词、句、篇、章结构分析上升到结构主义语言理论和方法论的高度进行研究，这样迅速推进了语言学的理论方法研究和语用学的研究。法国著名的结构主义语言学家列维·施特劳斯深有感受地说，他的结构主义语言学深受中国古典结构主义语言分析的影响。下面我们试图通过八股文课艺结构分析法来阐明结构主义语言理论与方法。

1.“道”不远人章——言费之小。上言道费，恐人于高远处求之，故指其不远。首节是纲；次节言治人者，亦不远人以为道；三节言治己者，亦不远人以为道。上为道，兼知行功夫。说下为道，当谓字。看以人人字，即“道”字。①

2. 君子素其位章——亦言费之小。首节是纲；次节言素位；三节言不愿末节。引夫子之言，合征之居易，即素位也。俟命即不愿外也。正宾射鹄、大射上章，就身言此章，就位言此章。②（残缺）

譬如：行远章——亦是言费之小。言君子之进道，有序以首句为主。登高二句，是踰辞下；三节是引以征上节，重两“自”字，室家顶是弟，二句妻努项好合二句。

3. 鬼神为德章——此兼费隐。包小大中庸言“性”，自天治言“诚”。自鬼神始，首节是虚实；次节正明其盛；最重三四节，即祭祀鬼神，以念其盛；末节言鬼神，所以盛不外。一诚其屈伸之本。然者是性，屈伸之必然者，是情屈伸而造物者是功。屈伸而造，仅者是效。彼此不可捉摸，是洋洋家动处。彼此无乎不遇，是洋洋充满处。不见不闻是微体物，不遗是显。③

4. 舜其大“孝”章——此言费之大。前以大知称舜能同人也。此言以大孝，推舜能格天也。首节德兼福、兼隆；次节以德获福；三节推必得之故于天。四节证以诗，末节承以迪言；次节皆明以德，获福之理。“笃”字一说，专指好的言。嘉业三句是“德”受禄，

---

① （清）张华峰. 四书五经课艺. 咸丰、同治年间，课艺手抄本，清河堂藏版.

② （清）张华峰. 四书五经课艺. 咸丰、同治年间，课艺手抄本，清河堂藏版.

③ （清）张华峰. 四书五经课艺. 咸丰、同治年间，课艺手抄本，清河堂藏版.

三句是“福”。[①]

5. 无忧章——此章亦是言费。三大首节作述，并说下只承子述。以王季之事，武王缵之三也。而有天下，但就克商而言，显名是忠孝成德。廉申其未及申之孝思。广其未及，广其未及其之思意。追“王”二句，成其以“孝”，治先人之“德”。是申文武，未申之孝思，斯“礼”以下成。其以孝治天下之德，显广，其未广之思意。斯礼功下，只祭以大夫止后不过，固祭而言及是。[②]

6. 达“孝”章——此章亦是言费之大。前大“孝”章题，眼立天下字。此章题眼，立人字，舜于亲生之前，能恒尊养之隆，故推其受命武于亲没之后。能恒礼制之备，故推其享祀舜。为人道之极，万世仰之不可加。故曰：“大武周为王制之备，天下称之无异。”故曰“达”。首节虚实；次节正是达“孝”处；三四节言达“孝”之礼。正是善继著述，处五节接上两节，以缴达“孝”，敬所尊项；春秋节，爱所亲顶宗庙节，末节又备于“祭祀”。汝赞所制之妙，益见其为达“孝”处。前无忧章，是此章来脉。“大孝”章是此章陪客祖庙是七庙兼宗庙，在内宗庙是太庙，不兼祖庙序，昭穆亲亲也。属同姓序，爵贵、贵也；属异姓序，事贤、贤也；旋酬幼、幼也；兼同异姓燕，毛老、老也；属同姓礼，在仪文制度上说，义在仪文制度之所以能上说。祖庙，是时祭宗庙节；是大袷禘、是五年，尝是秋祭。[③]

7. 问“政”章——此引孔子论政，以继上。群“圣”兼“贤”，隐包小大而言也。首二节：言人存政斊之易，为政至近。勇节：言人存；知斯节：言内人存，递到政斊。言此以绪上文修身之意，起下九经之端。九经，至九经节，言政斊。凡事至末，详言人存之功。见政斊之本。只重修身，合仁、义、礼、智，以修身体之为五；达道播为九经，见诸身为言事。行道其要，不外一“诚”，其功不过，择执“全题”。以“人”存“政斊”为主。“人”存“人”字，兼君臣敏政泛言。夫政也者，指文武之政。故为政在“人”，顶“人道”敏政来取“人”。“人”字指贤臣以“道”。“道”字浑言，论“纪”“仁”者；“节”从“人”推出“义”字；将“仁义”推出“礼”字。故君节例，看重“修身”二字；下知事亲知人，知天皆修身之先务。此与上节，总完得一个“修道”以“仁”一句。上节从“仁”字中推出道理。为此节从“修”字中，推出功夫。当如此天下之达道节，此斊修身、修道而详言也。或生而知节，因上言达道三行。在知、仁、勇，恐君以柔懦自阻，故以始异终同之说。最之好学节，正困勉者，下手的功夫；承上言，未能一之必生。有以近之，以求德之事也。知斯节，承上起下过文。[④]

凡为天下“节”为字。从“治”字，来为其之经有九。不独文武有之。凡为天下皆然。此节九经之目，道立节，九经之效；“齐明”节，九经之事后。凡为节，九经之实。凡事豫则“立”，是豫此一也。勿先露“诚”字，恐碍下文。

凡事指“达道”“达德”九经之属。在下一节，推言素定之意。诚者节，上诚者，只虚言其理。下诚之者，与诚者，方指人此节，发明诚身之故；以起下节，求诚之功。博学

---

① （清）张华峰．四书五经课艺．咸丰、同治年间，课艺手抄本，清河堂藏版．

② （清）张华峰．四书五经课艺．咸丰、同治年间，课艺手抄本，清河堂藏版．

③ （清）张华峰．四书五经课艺．咸丰、同治年间，课艺手抄本，清河堂藏版．

④ （清）张华峰．四书五经课艺．咸丰、同治年间，课艺手抄本，清河堂藏版．

节。学问思辨择善而为知笃行。固执而为仁，此存知利行也。有弗为二节，困知勉行之事，五弗措指。立心下人，一能己百二句。是功夫，此困而知勉而行者也。勇三事也。果能节，“能”字兼知行；说明是知强，是仁必明强；是勇，自费隐章，至此为第二支。

8. 自诚明章——承上章注中诚者。诚之者，分出天道、人道、欲人。由教复性而尽人以合天也。首二句，原其所入之异，末二句，要其所归之同。重末二句。①

9. 尽性章——此章言天道之人。自诚明之事，中含理分殊，尽人物之性，是知明处。当赞是与天地同用，参是同体。②

10. 改曲章——是人道之仁，自明诚者之事。诚之浑然者，至诚之，未至者。为次致曲，兼择执形。著明是尽己性，动变化是尽人物之性，而赞参、赞在其中。③

11. 前知章——是言天道之知项。自诚明首句，是纲虚说道；可以前知国家；将兴六句；言事理、先见之几祸福三句；方岾至诚，身上归重在此。故以如神赞之福，将至则曰：善福将至，则曰不善。④

12. 自诚章——是言“人道”之知项。自明诚以“诚”字为主。“道”字承“诚”字来，一气贯下，首节言诚；切于人，次节申言当诚之；故末节推言，能诚之妙。前二诚者，指实理余诚者，指实心自成。“自”字是自然、自道，自字是自己物之终始项。自诚句，是理不诚，无物项；自道句是“事诚”，已是克己，无私诚物，是知明处。当“性”之德见“仁”，知同一源，一诚之统宗也。处内之道，见仁、知相为用。一诚之贯放也。“合”字作无字看，注初无内外之殊，正解“合”字可见。⑤

13. 无息章——是言天地合德，天道也。首节至无为，而诚是至诚；功配天地，二、三节言天地之功用。末节合言之专重至诚。故字有项尽性者，言覆载，即人物之性也。配天地即参赞成也。有理唤起下文者。逆从纯亦不已，探起也。有理倒装者，言至诚，故又无息有理项。自诚章者，诚已诚物，诚之者之德业也。⑥

若夫至诚之德业，岂无可言者乎？故至诚云云征，则 德远三句，兼教养说博。原节言圣人与天地同用，配天地节。言圣人与天地同体，如此者节，只赞其功用出于自然，以上三节，不可将天地字，透发以天地功用。在下数节，天地之道与下二节，复心天地明至诚无息之功。末引诗节，言天地至诚之合，仍专重圣人以归法，至诚无息意。

14. 大哉节——是言人道洋洋，至优优节。是赞圣道之大，待及人至。故曰：节结上，圣二节。天莫人，起下君子。故君子至末二节。一详言修凝之功；一详言修凝之效；兼费隐详二节。载优二节，小莫破所，重尊德性；尊德性项，洋洋节；属存心道问，存项优二节；属致知、致广大等各上截项，德性属存心，是属浑沦功夫；下截项，存问属致知是细密功夫，即明句项上节，保身句项本节。⑦

---

① （清）张华峰. 四书五经课艺. 咸丰、同治年间，课艺手抄本，清河堂藏版.
② （清）张华峰. 四书五经课艺. 咸丰、同治年间，课艺手抄本，清河堂藏版.
③ （清）张华峰. 四书五经课艺. 咸丰、同治年间，课艺手抄本，清河堂藏版.
④ （清）张华峰. 四书五经课艺. 咸丰、同治年间，课艺手抄本，清河堂藏版.
⑤ （清）张华峰. 四书五经课艺. 咸丰、同治年间，课艺手抄本，清河堂藏版.
⑥ （清）张华峰. 四书五经课艺. 咸丰、同治年间，课艺手抄本，清河堂藏版.
⑦ （清）张华峰. 四书五经课艺. 咸丰、同治年间，课艺手抄本，清河堂藏版.

15. 愚而节章——承上章为下，不倍言人道也。重贱而好句，不议三礼句。不敢专也。同轨三句，天下皆不倍也。有位无德，尚不敢作。况有德，如孔子亦敢倍。[①]

16. 三重章——承上居上不骄而言，亦人道也。以本诸身为主。首节是调次节，轻递本身两节言制作；“尽善”应三重句，动而此为节言制作，“宜民”应寡过句；末节，引诗结民之寡，过必由本身之善；其寡过句，兼臣民言上，弗从有疑心下弗；从有玩心四节，质鬼神宜补地；天地俟圣人，家补三王，世为法则。指“后世”“有望”二句，指当时、在彼指杞宋本国。在此，指周无、无射是有，令德庶、笈是欣幸。[②]

17. 仲尼祖述章——亦是言天道，前以仲尼始。此以仲尼终见，中庸尽于仲尼。首节已画其大包；下二节譬如节踰其大万物节，即天地而原，其所以大重、以大重前，前即节小德。川流是费之小，大德敦仪，是大费之大。[③]

18. 至圣章——承上而言，小德川流，亦天道也。重首节，聪明壑知，生知之质；下四行，为仁、义、礼、知之德；一气说下，从至德说到发外；从发外说到及人，而货其合天也。可提配天事。全题虚，是思之通微；知是识，能凋物如（未完已脱落）。[④]

从以上提供的历史文献资料来看，中国采用语言结构分析要早于欧美西方任何一个国家。早在唐宋时期中国语言学就摆脱了传统注疏训诂词句的解释方法，而进入义理思辨和理性思辨的逻辑分析，即结构主义语言分析方法。中国人把“修身”视为人的行为方式即仁、义、礼、智、勇五个标准；中国人还把“天道”视为社会人伦道德，再把人伦道德视为人性。在唐宋时期，通过语言义理分析，使经义学从社会伦理学中分离出来，同时把义理学从原来的自然哲学中分离出来，使之成为一门新的学问，即宋明理学，或称之为中国古典哲学。西方人指责中国人只有思想，没有哲学，这种说法是完全错误的，他们是没有任何理论依据的。

附录：中庸曲（20首）

1. 小牕镇日理书篇，读中庸子思子传。承尧舜微危统，本圣言，辟异端。论全旨三十有三，且把首章看。（北调新水令）

2. 惟是道教，是大原。道本出于天。以静存动，察功无间，须臾不可离。中和位育，戒谨极功全。仲尼辨道统，君子中庸小人反。（南调步步娇）

3. 世教衰民不典行，鲜能中庸。不独小人，智者愚者不行，贤不省者不明。第五章是起下圣人，大知如舜，是行道之君。两个予知，不明病根。俺只见回为人，能择守，真知得拳拳弗膺。总是无过不及道之明。（北调折桂令）

4. 天下皆可均，中庸岂勿能，有知仁无勇莫行。圣门子路将强，问索隐行怪何须论？知、仁、勇，圣者能到此。一结与君子，中庸章应。（南调江儿水）

---

① （清）张华峰. 四书五经课艺. 咸丰、同治年间，课艺手抄本，清河堂藏版.

② （清）张华峰. 四书五经课艺. 咸丰、同治年间，课艺手抄本，清河堂藏版.

③ （清）张华峰. 四书五经课艺. 咸丰、同治年间，课艺手抄本，清河堂藏版.

④ （清）张华峰. 四书五经课艺. 咸丰、同治年间，课艺手抄本，清河堂藏版.

5. 道虽费隐，夫妇知能。不可离，到此申明。察鸢鱼上，下道体盈。又谁知这道不远人？素其位，美着君子反。身辟高远，羡那道不躐等。鬼神大德真为盛，不可见闻，阴阳合散明。幸从那祭祀时，来格来歆。由微到显，显知诚。中庸诚字，从兹立本。（北调江儿水）

6. 舜孝能要天，文王子述贤。武周达孝、达孝春秋荐。礼宗庙，继述也善；礼郊社，继述也善。（南调侥侥令呀）

7. 早知道，问政章，只重人，存政举呵！不过是以达，德行达道。入德入儿，知、仁、勇，九经能效与事。天道是生安，人道属学利呀！弗措功夫困勉的。要求到，明善诚身而后已。（北调收江南）

8. 这诚明生知安行，那诚明，学知利行。总是人能合天，自此下，反覆推明夫子言。（南调林园好）

9. 惟至诚能尽性，知行至，毫发周全。天地万物无相间。赞化育，辅两间，含覆载，并为三，这个是天道自然。其次的明诚大贤，我呵！又见他致曲功专，形著明诚盛一身，动变化，诚感于人呀！到此地位，与那至诚差不远。（北调沽美酒）

10. 至诚之道，重知几！前知世罕稀。聪明如有神，祸福都先识。问章旨，言天道，就是试则明矣。诚则明矣。（南调清江引）

11. 三言诚者，责人体（论工夫），都在自己。物终始申自试，不试下，申明自道意。惟君子，择执致曲，诚己成物是措之宜。（北调新水令）

12. 至诚章、章旨三分析。首节到无为，圣人功用，极不贰不测。天地生与已。末引诗天人一，总重个至诚无息。（南调步步娇）

13. 大矣哉！道无眼量，就是前章。费而隐样，全体流动洋洋。散殊百、千般样，这大小，形容圣道光。等人后行，君子自承当。存心致知，一节大纲。只见尔上下，性学分张。修凝尽，明哲保身凭他逞。（北调折桂令）①

14. 愚的虽好用，只怕贱人专。非天子下，子思言，车书一统同风见。有位无位不敢干。大圣人，且从周，为下的谁人倍乱。（南调江儿水）

15. 我爱他，望天下有三重。我爱他，非时位民弗从；我爱他，身有德、民俗验；我爱他，考三王，至知人，申明三重；我爱他，动言行，言能寡过后世法；我爱他，望不厌，能寡过，当世宗；我爱他，六事成誉，永终德。修道凝，居上的，无点骄风。（北调雁儿落）

16. 道统归，仲尼天人，道路终。帝王法远，守远近宗。辟天地德无穷，并万物大无穷（南调侥侥令）

17. 呀！似这等圣德川流呵！只见那德积中。发现外如天、如渊。充积盛，见而三句，书道五德，随时出。圣德配天，到处尊亲敬，信悦服（北调收江水）。

18. 帷至诚功用，自龙承大德，敦化而言。首节分明道性命。肫肫节拟其盛，达天德赞其盛。（南调林园好）

19. 衣锦章，为下孝立心之始。所重的，暗然二字，没简温。犹纲外，衣美在其中。

① （清）张华峰. 诗文札记. 咸丰、同治年间，课艺手抄本，清河堂藏版.

不厌文理，知远风微入。德几咏潜伏，谨独诗、动察意。在迩室，为己功密，就是静养之机。言其效、烈祖诗，诵烈文、德愈深、效愈治。呀！皇矣丞民，不显难形。要形其德，请赓天载之什。（北调沽美酒）

20. 看中庸，始终是言天。首章由天命及位育。自天讲到人，先体而后用。结尾处，由为己，及上天，先言用。后说体，读者玩索，其词玩索其理。（南调清江引）[①]

以上是用词曲格律朗读中庸。这是夫子要求学生用另一种解读方式来掌握中庸的内涵主旨。更多的是要求学生精通词、曲的音韵学。这样可以增强八股文的综合素质。

① （清）张华峰. 诗文札记. 咸丰、同治年间，课艺手抄本，清河堂藏版.

第六章　音韵学文献与诗律文献研究

第一节　明清音韵学与诗歌文献研究

音韵学在明清处在鼎盛时期，由于各种音韵学流派的产生，推动了诗歌文献研究的发展。明代司守谦著有《训蒙骈句》①、清代车万育著有《声律启蒙撮要》和李渔的《笠翁对韵》，将音韵学变成普及性的童蒙读物和科举考试的必修课艺，这将中国古代音韵学研究推向一个至高的顶峰。但是这门学问如同八股文命运一样走向了无人继承的万世绝学。

车万育②生平事迹散布在《国朝耆献类征初稿》《邵阳县乡士志》《岳麓诗文钞》③ 等历史文献典籍中。

车万育一生收藏碑拓甚多，尤以明代墨迹最富，曾刻《萤照堂法帖》（十卷）。帖后跋文说："余家学世书，先君尤善章草。兵焚后一无所存。今于敝簏残帖中得先祖父遗墨数行、亟萃入石，傥获附以行远，岂非厚幸！祖砚尚存，父书堪读。为吾后者，可以观矣。"④

车万育平生所作杂著诗文不少，除《声律启蒙撮要》外，另有《历代君臣交警录》一百卷、《奏疏》四卷、《集唐诗》四卷，还有《全史一窗》《春秋易简读全集》《祈寿游草》《怀园杂著》等各若干卷。这些均被收入《邵阳车氏集》内。《湖南文征》《沅湘耆旧集》选录了部分诗文，据此大致可以了解他的学术思想风貌。

邵陵车万育先生著《声律启蒙撮要》裕美堂梓行。此版本序后遗漏"当代之盛，岂不休哉！则即以是书为《编珠》《岁华丽记》之羽翼，殆无不可。书刻成，用题数语，以弁其端。——乾隆三十三年戊子季春，赐进士出身，福建福州知府事前，翰林院检讨，金竹蒋允焄，题于郡署存朴斋"。

本文重新补上。在此以贵阳太史写本序为准。蒋允焄偶获《声律启蒙撮要》一书，十分欣赏，"爱而刻之，以授童蒙"，并为该书作序，序云：

自骈偶体兴，而著述家多捃摭，故实俪白妃黄，以为能事。若《编珠》《岁华丽记》之类，洵为征引宏博，穷讨四库矣！邵陵车万育先生，尝取对偶自一、二字，以至十余字，叶以上、下、平三十韵所用。故实多取习见，且细为评注，分为二卷，名曰："声律启蒙撮要。"余偶得写本，见其切近、易于记诵，思付剞劂，偏授童蒙，且今功令。凡大

---

① 司守谦，字益甫，明代宣化里人。能文，不幸早夭，诗文散佚，仅此篇存世。

② 车万育（1632—1705年），字双亭，号鹤田，湖南邵阳人。康熙甲辰进士，官至兵科给事中。康熙二年(1663年)，与兄万备同举湖广乡试，1664年成进士，选庶吉士。性刚直，直声震天下，至性纯笃，学问赅博。善书法，所藏明代墨迹最富，有萤照堂明代法书石刻十卷。(见《宝庆府志》)

③ （清）车万育. 声律启蒙撮要［M］. 杭州：浙江古籍出版社，2014.

④ （清）车万育. 萤照堂法帖（十卷）. 清代刻印本.

小试以及考课馆阁，莫不以声律为殿，最是书也。匪仅为幼学，切要之功，且可俾操觚之士，就是书所习见，故实进而求之。因以穷讨四库，备极宏博，用谐声律以鸣当代之盛，岂不休哉！则即以是书为《编珠》《岁华丽记》之羽翼，殆无不可。书刻成，用题数语，以弁其端。

——乾隆三十三年（1768 年），戊子季春，赐进士出身，知福建福州府事前，翰林院检讨，金竹蒋允焄题于郡署存朴斋。①

邵陵车万育先生著，贵阳蒋太史鉴定，湘潭夏大观次临删补，王之干忠遂笺释，津门李承纶南湖氏重刊。儿童读声律启蒙主要是为以后学习音韵学和唐诗、千家诗打好韵学基础。

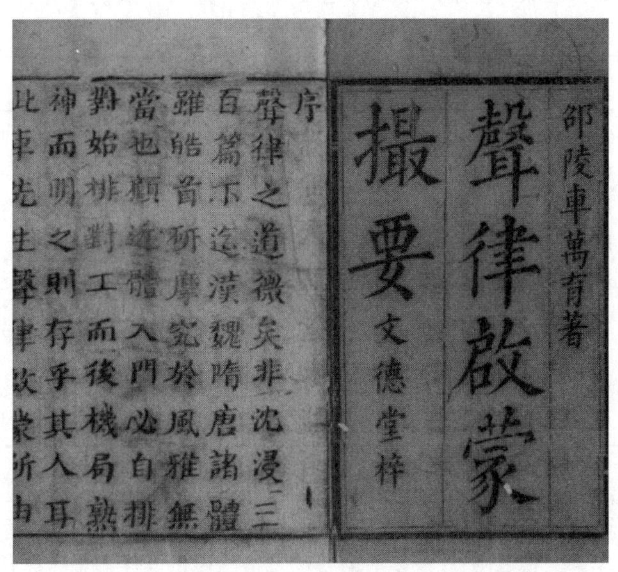
邵陵車萬育著
聲律啟蒙
撮要
文德堂梓

序
聲律之道微矣非沈浸三
百篇下迄漢魏隋唐諸體
雖能音研摩究於風雅無
當也頗[illegible]體入門必自排
對始排對工而後機局熟
神而明之則存乎其人耳
比車先生聲律啟蒙所由

车万育：声律启蒙撮要

清代康熙年间，车万育著《声律启蒙撮要》一书，美裕堂刻印。这是其中最具有代表性的本子。在古代，私塾幼童启蒙，就开始这种文学修养的训练，对声调、音律、格律等都有严格的要求。因此，一些声律方面的著作也应运而生。其中，较之其他全用三言、四言句式，则更见韵味。《声律启蒙撮要》全书分为上下两卷：

上卷从一东韵到十五删韵；下卷从一先韵到十五咸韵，上下共计有三十韵。以此训练儿童怎样对韵，掌握声韵格律。按韵分编，包罗天文、地理、花木、鸟兽、人物、器皿等虚实应对。从单字对到双字对；从三字对、五字对、七字对到十一字对。声韵协律，朗朗上口，从中得到语音、词汇、修辞方面的音韵知识训练。②

① （清）车万育．声律启蒙撮要［M］．杭州：浙江古籍出版社，2014.

② （清）车万育．声律启蒙撮要［M］．杭州：浙江古籍出版社，2014.

作者	书名	内容与特点
《训蒙骈句》的特点		
司守谦	《训蒙骈句》	训蒙骈句：什么是骈偶句？是指对仗句，即两马并驾为骈，二人并处为偶，意谓两两相对。古时宫中卫队行列曰仗（仪仗），仪仗两两相对，故骈偶亦称对仗。以偶句为主，构成字数相等的上下联。上下联词性相对，平仄相对。用这种形式的四六句写成的文章，晚唐称之为四六句，又称之为骈文。宋明沿用，对童蒙进行骈句训练，为作文、作诗打基础。清代改称为骈体。《训蒙骈句》按韵部顺次，由三言、四言、五言、七言、十一言的五对骈句组成一段，每韵三段。比如：催春鸟，噪秋蛩，郭荣叩马，卫献射鸿。玉盘红缕润，金瓮绿醅浓。对雪谁家吟柳絮，披风何处采芙蓉。芳满春园，红杏有颜清露洗；雨过秋谷，玄关无锁白云封。《训蒙骈句》。
《声律启蒙撮要》的特点		
车万育	《声律启蒙撮要》	《声律启蒙撮要》是训练儿童应对作诗，掌握声韵格律的启蒙读物。按韵分编，包罗天文、地理、花木、鸟兽、人物、器皿等虚实应对。 从单字对到双字对，三字对、五字对、七字对到十一字对，声韵协律，琅琅上口，从中得到语音、词汇、修辞的训练。 从单字到多字的层层属对，读起来，如唱歌一般。全用三言、四言句式更见韵味。该书雅俗共赏，“所用故实，多取习见”，“易于记诵”，比其他声律方面的书籍更具可读性。 《声律启蒙撮要》是儿童启蒙首选读物，它在声韵启蒙读物中独具一格，经久不衰。贵阳蒋太史推介此书，并以之遍授童蒙，使此书得以广泛流传。
《笠翁对韵》的特点		
李渔	《笠翁对韵》	李渔所著《笠翁对韵》不太适合儿童启蒙教育，它比较适合于童生科考会试写作。上卷三则：“一东”韵，读之倍感声色俱佳，意味深长。对语中有生动的自然景物描写，也有丰富的历史文化知识。《笠翁对韵》用典甚多，童蒙不易理解，如“颜巷陋；阮途穷”。“颜巷陋”典出《论语·雍也》，孔子称赞颜回说：“一箪食，一瓢饮，在陋巷，人不堪其忧，回也不改其乐。贤哉，回也。”“阮途穷”，《晋书·阮籍传》载，阮籍“时率意独驾，不由径路，车迹所穷，辄痛哭而返”。又有极好的抒情言志：“尘虑萦心，懒抚七弦绿绮；霜华满鬓，羞看百炼青铜”等典故。童生不易理解，不易记诵。因此，笠翁对韵不适合于儿童声韵启蒙的学习。李渔《笠翁对韵》全书以通用当时的平水韵为准，按上下平声三十韵的秩序，依韵对句，每韵各有对文三则，每则对文有十句。每句自一、二字，三、四字、五、六字至十一字。
三韵书的共同点		
司守谦 车万育 李　渔	三十韵	卷一：一东、二冬、三江、四支、五微、六鱼、七虞、八齐、九佳、十灰、十一真、十二元、十三文、十四寒、十五删。
		卷二：一先、二萧、折叠三肴、四豪、五歌、六麻、七阳、八庚、九青、十蒸、十一尤、十二侵、十三覃、十四盐、十五咸。

续表

作者	书名	内容与特点
参考文献 （明）司守谦. 训蒙骈句［M］. 郑州：中州古籍出版社，2016：2. （清）车万育. 声律启蒙撮要［M］. 杭州：浙江古籍出版社，2014：3. （清）李渔. 笠翁对韵［M］. 北京：人民文学出版社，2009：1-2.		

王应奎《柳南续笔·笠翁诗韵》说："今世所行韵书，惟邵子湘古今韵略为可从。汪西亭本之为今韵略，缩为小本，最便携检，亦良书也。有浙人李笠翁者，亦有小本之刻。其通转，大约本之于历下辑要。成都转注两书，袭讹承谬。亡足依据，而其书久行，贻误后学，正复不浅。盖其人略具小慧，全未读书。即如凡例中有古风、近体、排律、绝句八字，其意所谓近体者，盖专指五七言律也。然则排律、绝句，非近体而何？又谓未有作近体排律而用仄韵者，不知唐人仄韵律诗甚多，如《乐天西楼月》一首，《长庆集》编入律体，而方氏律体亦收之。然则非仄韵律诗而何？此人之游谈无根，大抵如此。而在园杂志，反称为一代词客。且谓其所辑韵书颇佳，亦惑之甚矣！"①

以上三个著名的音韵学者编辑的童蒙韵书流传不衰。这种童蒙韵书最大的缺点是对音韵学理论和概念缺乏最起码的介绍。许多科举童生长期受这种读本的误导，不愿意去探索音韵理论方面的问题。甚至把这种实操性的读本，作为音韵学的圣经，对这些读本产生很大的依赖性。在科场八股文考试不得不照本念经，或生搬硬套，或者依葫芦画瓢。其结果是很难做到音韵与词、句、篇、章的融会贯通。

实际自明清以来，车万育著《声律启蒙撮要》从整个音律形式上来说，没有什么原创性。早在明代司守谦已撰《训蒙骈句》，车万育完全是在《训蒙骈句》的基础上如法炮制《声律启蒙撮要》，内容上只是增加了单字对和双字对，在音韵形式上几乎没有任何创新。尤其是清代李渔②又在《声律启蒙撮要》的基础上如法炮制了他的《笠翁对韵》。这类读物都是采用这种编写方式，在音韵启蒙读物中独具一格，经久不衰，并得以广泛的流传。

相形之下，徐大椿的《乐府传声》就是从最基本的概念进行分析研究的，可以参见下表：

① （清）王应奎. 柳南续笔·笠翁诗韵（卷四）［M］. 上海：上海古籍出版社，2012.

② 李渔（1611—1680），原名仙侣，字谪凡，号天徒。中年改名李渔，字笠鸿，号笠翁。明末清初著名戏曲家。浙江兰溪人。李渔科举失利，《闲情偶寄》一书就是在这一时间内完成的。1672、1673年，随着乔、王二姬先后离世，支撑李渔富足生活的家庭和戏班也土崩瓦解，李渔的生活从此转入捉襟见肘的困顿之中，经常靠举贷度日。1680年，古稀之年的李渔在贫病交加中离奇去世。

徐大椿《乐府传声》			
声韵类型	声韵概念	喉、舌、齿、牙、唇部位特征	发音方法
声各有形	天下有有形之声，有无形之声。无形之声，风雷之类是也，其声不可为而无定。有形之声，丝、竹、金、鼓之类是也，其声可为而有定。凡物有气必有形，惟声无形。然声亦必有气以出之，故声亦有声之形。	大小、阔狭、长短、尖钝、粗细、圆扁、斜正之类是也。其外又有落腮、穿齿、穿牙、覆唇、挺舌、透鼻、过鼻，种种诸法。	虽不外开、齐、撮、合；喉、舌、齿、牙、唇。
五音	喉、舌、齿、牙、唇。音出最深者，称之为喉音；音出舌面或舌根，称之为舌音；音出两旁牝齿间，称之为齿音；音出前牡齿间，称之为牙音；音出于唇上，称之为唇音。虽分五层，其实万殊，喉音之深浅不一，舌音之深浅亦不一，余三音皆然。	此审字之法也。声出于喉为喉，出于舌为舌；出于齿为齿；出于牙为牙；出于唇为唇。其详见《等韵》《切韵》等书。	五音有开、齐、撮、合、对转之法。
四呼	①粗音声母配细音韵母，即开口呼； ②细音声母配细音韵母，即齐齿呼； ③粗音声母配粗音韵母，即合口呼； ④细音声母配粗音韵母，即撮口呼。	①喉：开口谓之开，其用力在喉； ②齿：齐齿谓之齐，其用力在齿； ③唇：撮口谓之撮，其用力在唇； ④口：合口谓之合，其用力在满口。	故五音为经，四呼为纬。说明音韵经纬通转之法。
喉有中旁上下	喉、舌、齿、牙、唇由内至外而言也。喉五音之本，由内而外实有五层。其用力之地，则层层有别，此人人所知者也。发音浊而低的字，则将气按而著喉之下；发音清而高的字，则将气提而向喉之上；音正而圆的字，则将气从正中透出，自然各得其真，不烦用力而自响且亮矣。发敛而扁之字，则从喉之中间用力。	喉、舌、齿、牙、唇由内而外转换。	五音有纵有横，喉、舌、齿、牙、唇。故喉、舌、齿、牙、唇为经，上下两旁正中为纬，故五音经纬相生也。它说明音韵有由内到外的通转之法。

续表

声韵类型	声韵概念	喉、舌、齿、牙、唇部位特征	发音方法
鼻音、闭口音	正鼻音则全入鼻中，半鼻音则半入鼻中，即闭口之渐也。故能知鼻音、闭口音法，则曲中之开合呼翕，皆与造化相通，故鼻音、闭口音之法，不可不深讲也。	如庚清二韵，乃正鼻音也。东钟、江阳，乃半鼻音也。寻侵、监咸、廉纤，则闭口音也。《中原音韵》以东钟起，以廉纤终，终之以闭口音，犹四时之令穷于冬也。	喉、舌、齿、牙、唇由外而内，又有鼻音、闭口音者。音韵有由外到内通转之法。
四声各有阴阳	平声有阴阳。平声一出，则四呼皆出。如宗字为阴，宗、总、纵、足，皆阴也；戎字为阳，戎、冗、诵、族，皆阳也。	不知以三声本无分乎？抑难分乎？抑可以不分乎？或又以为去入有阴阳，而上声独无阴阳，此更悖理之极者。	它说明音韵阴阳通转之法。亦岂可宗戎有阴阳，而下六字无阴阳，更岂可纵足与诵族有阴阳，而总与冗无阴阳？
参考文献： （清）徐大椿．乐府传声［M］．http://www.360doc.cn/article/5138620_84131800.html. （清）徐灵胎．洄溪道情［M］．上海：群众图书公司，1935.			

这是中国古代音乐创造发明的。相传黄帝时伶伦截竹为管，用管的长短来区分声音的高、低、清、浊，所有乐器的音调皆以它为标准。从下面我们能发现声母和声调的配合关系：

四声各有阴阳						
调的类型	字发音的分阴阳	发音部位	清浊轻重	开齐撮合	平声	上、去、入
阳调	同为阳戎字为阳，戎、冗、诵、族，皆阳也	放开其喉	舌齿牙唇分明	高，雄声	阳	无
阴调	东为阴，如宗字为阴，宗、总、纵、足，皆阴也	逼紧其喉	舌齿牙唇，不能着力	细，雌声	阴	无
参考文献： （清）徐大椿．乐府传声［M］．http://www.360doc.cn/article/5138620_84131800.html. （清）徐灵胎．洄溪道情［M］．上海：群众图书公司，1935.						

徐大椿在《乐府传声》中提出“四声各有阴阳。盖四声之阴阳，皆从平声起。平声一出，则四呼皆来，一贯到底，不容勉强，亦不可移易，岂有平声有阴阳？而三声无阴阳者，亦岂有去入没有阴阳？而上声独无阴阳者。此皆极荒唐之说。后人竟不深求，不得不急为拈出，使天下后世作曲与唱曲之人，确然有所执持，而审音不惑。”① 也有人提出阴

①（清）徐大椿．乐府传声［M］．http://www.360doc.cn/article/5138620_84131800.html.

调、阳调和阴阳调三种声调类型。

实际上，在吴方言中，就有阴平、阳平、阴上、阳上、阴去、阳去、阴入、阳入八个声调。昆曲南曲的谱曲都是根据吴方言四声阴阳来依字行腔的。

第二节　音韵学概念的解释

明清音韵学童蒙教材的编排方式比较适合于初学者。其实这种编排方式在明代就已经初见端倪。明代陈继儒《小窗幽记·集韵第七》前叙所云：①

"人生斯世，不能读尽天下秘书灵笈，有目而昧、有口而哑、有耳而聋。面上三斗俗尘，何时扫去？则韵之一字，其世人对症之药乎！虽然今世且有焚香啜茗，清凉在口，却尘俗在心。俨然自附于韵，亦何异三家村老妪，动口念阿弥，便云升天成佛也。"②

由此可见，明代仕子都比较注重音韵的学习。

这些书，都是历代许多家长教孩子启蒙教育课本的首选。但是作为中国传统小学，并没有人怀疑这些韵学里面存在问题。

音韵难学暂且不说，这些童蒙韵书还缺乏最基本的音韵学概念、方法，难以让人掌握音韵学中的基本语音规律。我们先来说司守谦的《训蒙骈句》和车万育的《声律启蒙撮要》，即便是这些童生把《声律启蒙》背得滚瓜烂熟，也未必会知道这"声律"是个什么东西。即便是当时那些相当专业的音韵专家，也未必就能把那些费解的音韵学和"声律学"讲明白。如明代《训蒙骈句》按韵部的顺次，由三言、四言、五言、七言、十一言的五对骈句组成一段，每韵三段。此书与《声律启蒙》《笠翁对韵》可为吟诗作对的基础。爱好诗文者，若熟而能诵，对音韵学理论学习和作诗论文很有帮助。

我们再看一下李嘉绍《韵法横图》一书中所包含的部分内容：

是为李嘉绍氏所作者也，曷为而有是作也。等韵自音和门而下其法，繁其旨秘，人每惮其难，而弃之曰："吾取青紫奚籍是哉！故世有穷经皓首之儒而反切，莫知敝相仍也。嘉绍氏以四例，该等韵之十三门褫其繁，以就于简阐其秘，认趋于明令人易知易能。不有功于后学哉！嘉绍故如"真"先生子，先生曾为字母诗括，家学渊源，所自来矣。余先是得韵法直图，其字从上而下也。也是图横列，则以横名。一直一横互相吻合，犹易卦然。先天后天其图，不同而理同也。韵法二图，盖仿诸此，甲寅春并属之梓。③

---

① 陈继儒（1558—1639），字仲醇，号眉公，又号麋公，松江华亭人。诸生，隐居昆山之阳，后筑室东佘山，杜门著述。工诗文，书法苏米，兼能绘事，名重一时。屡奉诏征用，皆以疾辞。其所作"或刺取琐言僻事，诠次成书，远近竞相购写"，今存著。除《小窗幽记》外，尚有《见闻录》《六合同春》《陈眉公诗余》《虎荟》《眉公杂著》等。音韵对偶句式与其同时代司守谦编的《训蒙骈句》中的对偶句式基本相似，只是后来的车万育增加了单字对和双字对，更加强调平仄对仗的工整性。

② （明）陈继儒. 小窗幽记［M］. 郑州：中州古籍出版社，2016：251-280.

③ （清）李嘉绍. 韵法横图. 清刻本，宣城梅膺祚诞生撰，第1—2页.

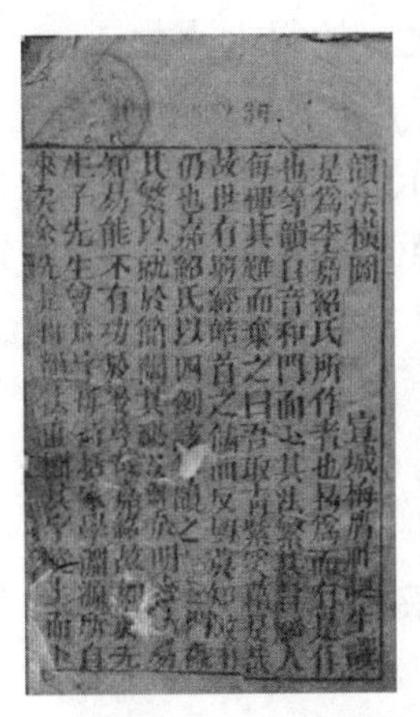
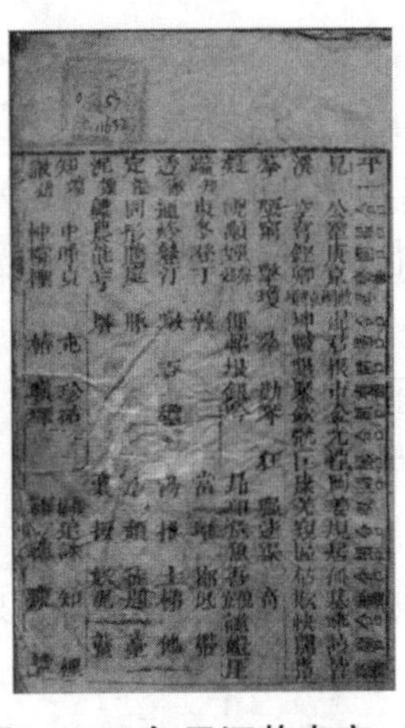

明代李嘉绍《韵法横图》1614 年于江苏南京

《韵法横图》上元李世泽嘉绍识：等韵旧法精妙至矣。但门法多端，初学难入。兹妄不揣祖述，其意而为此谱。与愿学等韵者，稍藉为阶，惟愿高明夙德赐之，碱砭正其譌谬，使不悖戾。先贤迷误，后学是所望也。[①]

《韵法横图》正反映了 16 世纪末南京一带的江淮官话。《书文音义便考私编》《韵法横图》等书开始出现“各自有辨”“混呼”描述。据此推测：南京一带存古有别，但开始有庚、青合口字和唇音字与东钟相混的迹象。庚、青二韵归东钟型：“肱为公”庚青合口唇音字，并入东钟型是主流音变，反映了这一音变的文献也非常之多。这些文献可以根据书中铎、药、觉韵字的去向分为两大类：

第一类是指铎、药、觉韵大多或白读音归萧、豪韵，如《蒙古字韵》《中原音韵》《合并字学集韵》等。其中除《蒙古字韵》外，其他文献认为反映北京一带的官话；

第二类是指铎、药、觉韵独立（配阳声韵或阴声韵），如《古今韵会举要》《洪武正韵》80 韵本等。该组文献中除《西儒耳目资》明确为江淮官话外，其他文献方言归属均不十分明确。以上这些问题不是一个儿童读几本训蒙韵书就能弄得通或学得会的。如果首先学习童蒙韵学，儿童就必须要了解一下相关的音韵学概念：

1. 何谓五声？宫、商、角、徵、羽是也。益以变宫、变徵则为七音。[②]

所谓阴吕五声二变也。至半夹钟为清宫，仍应大吕焉。旋相为宫，折中取声，类而不杂。验之箫笛，工为宫，则凡应商，六应角，五应变徵，乙应徵，上应羽，尺应变宫。[③]

根据《隋书·音乐志》先是周武帝时，有龟兹人曰苏祇婆，从突厥皇后入国，善胡琵琶。听其所奏，一均之中间有七声。因而问之，答云：父在西域，称为知音。代相传习，调有七种，勘校七声，冥若合符。一曰沙陁力，华言平声即宫声也；二曰鸡识，华言长声，即商声也；三曰沙识，华言质直声也，即角声也；四曰沙侯伽南，华言应声也，即变徵声也；五曰沙拉，华言应和声也，即徵声也；六般赡，华言五声，即羽声也。七曰俟利

① （清）李嘉绍．韵法横图．清刻本，宣城梅膺祚诞生撰，第 1—2 页．

② 许之衡．中国音乐小史［M］．北京：北京理工大学出版社，2016：11．

③ 许之衡．中国音乐小史［M］．北京：北京理工大学出版社，2016：11．

健，华言斛牛声，即变宫声也。译因习而弹之，始得七声之正。[①] 故七音六吕，以奉五声。

中国古代五音和六律就是指“音律”或“声律”，也是泛指“音乐”或“音韵”。故夏代礼仪称之“声诗”。现代学者任半塘《唐声诗》云：声诗的历史由来：

一是分指二事，合指二事；发生程序，无声之诗，主文与主声；初诗、徒诗、哑诗；诗有声之作用。

二是声诗与歌诗、乐诗、诵诗和吟诗；

三是声有三级：歌声、乐声、合舞之声；但歌、徒歌、散歌；诵诗、弦诗、歌诗和舞诗，具体之例，保全声诗的特征。

四是声诗与燕乐：燕乐与雅乐对立；燕乐兼包中外两类：唐代清未亡，清乐与声诗，胡乐与声诗。

五是声诗定义：断在唐代，它在雅乐、雅舞之外，以近体诗为主，一般宫词非声诗，平仄本身非音乐。直接歌唱之辞，唐代公私所常奏。[②]

宋以后之诗声七说：

（1）和声说：配合诗之主声外，另缀相合之声；

（2）泛声说：辞少声多，剩余许多泛声；

（3）虚声说：即和声和虚声；

（4）衬声说：先有衬字，后附带衬声；

（5）缠声说：不外和、泛、衬三种声；

（6）散声说：多指叠句之声；

（7）穿插附庸说：诗与乐不符，仅为乐之穿插。[③]

盛唐歌唱已别四声，故唐宋歌诗有别，诸家说与宋“嘌唱”制之关系，宋人见解分为两派：公认与铁证说皆虚。[④] 其实，宋以后的诗声七说就是指诗的音乐诗声如：散声是指空弦音；泛声是指左手轻点徽位，右手拨弦发出来的声音；泛起声是指泛音的开始；泛止声是指泛音的结束。在这里，我们能证明所有诗声律和声韵无不与中国传统音乐有关。

宋代另一位学者，郑樵《通志·四十九卷·乐略·正声序论》云：

“诗为声也，不为文也……凡律其辞，则谓之诗声，其诗则谓之歌。作诗未有不歌者也。诗者乐章也……诗在于声，而不在于义。犹今都邑有新声，巷陌竞歌之，岂为其辞义之美哉？直为其声新耳。”[⑤]

在此郑樵特别强调声律的重要性。凡古代活的、有生气的诗歌，往往都可以歌唱，并且重视声调的和谐。《关雎》重章叠句的运用，说明它是可歌的，是活在人们口中的诗歌。当然，《关雎》是把表达诗义和疾徐声调结合起来，以声调传达诗义。郑玄《诗谱序》云：

---

① （唐）魏征. 隋书·音乐志［M］. 北京：中华书局，1999：232.

② 任半塘. 任半塘文集·唐声诗［M］. 上海：上海古籍出版社，2006：1—2.

③ 任半塘. 任半塘文集·唐声诗［M］. 上海：上海古籍出版社，2006：3.

④ 任半塘. 任半塘文集·唐声诗［M］. 上海：上海古籍出版社，2006：7—8.

⑤ （宋）郑樵. 通志乐略［M］. 上海：上海古籍出版社，1999：10.

“《虞书》[①] 曰：‘诗言志，歌永言，声依永，律和声。’[②] 然则诗之道，放于此乎？”[③]

日本学者之说：“森槐南主泛声之说；铃木虎雄主为唐诗与曲相符合；青木正儿主虚声说和泛声说；目加田诚认为绝诗入乐无形变形；盐谷温认为绝诗入乐，极适合。”[④]

那么在梵语中，称之为声明学。声明即语言文字学，文字根于语言，语言本乎声韵。故以明语言文字学曰“声明”。苏漫多声二十四啭者，二十四啭者，谓总有八啭，于八啭中一一各三。谓说一、说二、说多，故开为二十四。于二十四中一一皆三：谓男声、女声、非男非女声。

言八啭者：一、二、三、四、五、六、七、八。且以男声寄丈夫上作八啭者，丈夫印度语名布路沙。

梵语有八转声，是指梵语中的名词、代名词与形容词语尾的八种变化。又作八转、八声、八例。即：①诠诸法体，又作体声、泛说声。今称主格，“……是”之意。②诠所作业：即所作业声、用格，今称之为受格。“把……”之意。③诠作具及能作者，又作具声，或称之为作格，“依……”意。④诠所为事：作所为声。或称之为与格“为……”之意。⑤诠所因事因声。或称之为夺格“从……”之意。⑥诠所属事声，今称之为所有格“……的”之意。⑦诠所依事即作所依声。或称之为依格“于……”之意。⑧诠呼召事即作呼召声“……啊”之意。除呼格之七声，称之为七例句、七例、七言论句。

中国自唐宋以后的七言绝句和七言律诗，与梵语声韵影响有着极为密切的关系。尤其是声韵对转方面应该吸取了梵语的优点。

梵语名词语尾格例的变化，称之为“苏漫多声”。苏漫多又称之为“苏盘多”，其语尾有 su 之意。

梵语动词有灵活运用的变化，称之为“底彦多声”，它与“苏漫多声”恰恰相反。“底彦多”又称之为“丁岸哆”，即字尾有 ti 之意。动词分为自言与为他言两种：

即各有第一人称、第二人称、第三人称之别，并各个活用单数、双数、复数三变化，共成为二十九转声，合起来称之为十八转声（十八转、二九韵）。

泛论一事，即一事有三。说他有三，自说有三，一一三中，说一、说二、说多，故有三也。两句皆然，但其声别，故分二九韵耳。

梵语论声在《杂集论》中记载有十一种：执受大种声；不执受大种声；执不执受大种声。这三种声音是从发声者来进行区分的。可意声；不可意声；可不可意声；这三声是前者三种声，在闻者识之分位差别，假声或依中国分宫、商、角、徵、羽五种声音。世所共成声；成所引声；遍计所执声。这三种是执受大种声上的分位差别，假声或分喉、舌、

① 《虞书》相传是记载夏朝之前的新兴王朝——虞朝之书。《尚书》今本凡由《尧典》《舜典》《大禹谟》《皋陶谟》《益稷》五篇组成。其中，《舜典》由《尧典》分出，《益稷》由《皋陶谟》分出。《大禹谟》系伪《古文尚书》的一篇。

② 李学勤. 十三经注疏·尚书正义 [M]. 北京：北京大学出版社，1999. 注释：诗是表达思想感情的，歌是唱出来的语言，五声是根据所唱而制定的，六律是和谐五声的。

③ 黄岳洲，茅宗祥. 中华文学鉴赏宝库 [M]. 西安：陕西人民教育出版社，1995.

④ 任半塘. 任半塘文集·唐声诗 [M]. 上海：上海古籍出版社，2006：9.

唇、齿、颚五个部位的发音。[①] 这是从中国声律和印度声律来说明人类声律起源的。

由此可见，佛教音韵学与汉语四声有着极为密切的关系。也就是说汉语声律研究，是受佛教悉昙音理和佛经转译所形成的。作为中国古代音韵学本来还是学术探讨的问题，而不是某些权威定为一尊或者弄出一个什么固定的古音模式来。比如说，陈寅恪与饶宗颐对三声说和四声说就有明显不同的观点。饶宗颐认为："永明新变之体，是以四声入韵，傍纽旁纽之音理，启发于悉昙，反音和韵之方法，取之于《通韵》。"[②]

饶宗颐《南戏神咒"啰哩嗹"之谜》一文从音乐角度，揭示了戏曲神咒及其和声与梵语四流音的关系。1934 年，陈寅恪先生发表《四声三问》一文，提出永明体的产生是受佛经转读影响这一著名论点。[③]

陈寅恪认为"汉语分平上去三声，实依据及摹拟中国当时转读佛经之三声，此三声又出于古印度《声明论》；围（吠）陀《声明论》依其声之高低，分别为三：

一曰 Udātta；

二曰 Svarita；

三曰 Anudatta。

佛教输入中国，其教徒转读经典时，此三声之分别当亦随之输入。至当日佛教徒转读其经典所分别之三声，是否即与中国之平、上、去三声切合，今日固难详知，然二者具依声之高下分为三阶则相同无疑也。[④] 中国语之入声皆附 k、p、t 等辅音之缀尾，可视为一特殊种类，而最易与其他三声分别。[⑤]

实际陈美延的研究也能证明陈寅恪的确没有弄明白梵语三声与中国汉语三声的本质区别是什么。以下我们有几点需要说明白：

（1）"中国之所以成立四声，而非五声或七声者，以入声自为一类，其余三声，"实依据及摹拟中国当日转读佛经之三声"，"而中国当日转读佛经之三声又出于印度古时声明论之三声也"。四声说成立于南齐永明之世，源于南齐武帝永明七年二月二十日，竟陵王萧子良大集善声沙门以造经呗新声。陈先生随后广引僧传、旧史及他书之文申明三事，以为本论之佐证：

①僧传所载善声沙门，几全部为居住建康之胡人，或建康之土著；

②建康经呗之盛，实始自南朝宋之中世，而极于南齐之初年；

③曹植鱼山制契传说之流行，可能始于东晋末年，它实际含有一善声沙门与审音文士合作之暗示，而此二种人之合作即四声之起源。

（2）陈先生取王国维"四声乃以声音之运用于诗文"及清人"中体西用"之说，认为五声与四声，前者为中国传统之理论，关于声之本体；后者为西域输入之技术，关乎声之实用，即按谱别声，选字作文之谓也。

---

① 太虚大师．真现实论［M］．北京：中国人民大学出版社，2004：177.

② ［印］鸠摩罗什．通韵［M］．中华文化史论丛，1985（3）.

③ 陈寅恪．四声三问［J］．清华学报，1934，9（2）.

④ 陈美延．陈寅恪集·金明馆丛稿初编［M］．北京：三联书店，2001：367—368.

⑤ 陈美延．陈寅恪集·金明馆丛稿初编［M］．北京：三联书店，2001：367—368.

永明新体之词人既在八友之列，则其与经呗新声制定以前之背景不能不相关涉，故平、上、去、入四声者，西域输入之技术也。[①]

王昆吾《原始佛教的音乐及其在中国的影响》云："转读推动了汉语朗读及有关语音理论的蓬勃发展。例如南齐竟陵王等人的转读改制直接引发了对诗歌格律的讲求，使'四声说'和'永明体'得以产生。"[②] 他系统地梳理出印度佛教音乐对中土佛教音乐、文学产生影响的途径与方式。

杨明认为："四声乃一字（即指一个音节）之声调，而转读佛经之三声，当类似于徒歌之曲调，实非一事。每一个字的声调有定；则同一经文，不同经师读之，可能有不同的曲调，犹如同一首歌词，可以谱不同的曲调一样，又如同一首诗，由不同的吟诵者诵读之，便有不同腔调。故谓南朝文士由佛经转读而悟出四声，殊难理解。"[③] 张洪明认为：

一是四声理论出现在南朝，这是由于语音变化造成的；

二是梵语诵经促进了南朝文人对四声的思考，但不能说四声来自对梵语的转读；

三是译经师在梵汉语对译中，试图建立四声同梵语的联系，这是因为四声兼具有音段特征和超音段特征。平仄却只具有超音段特征。

四是汉语四声的音长，音高则是不同层次上的两种特征，同梵语相比较，梵语的长短与高低是在同一层次上的两种特征。[④]

王利器《文镜秘府论校注》认为："四声之说的兴起，可以推到竟陵王的转读制，亦具有使梵声汉语化，通俗化的特色。"[⑤]

从以上五位学者对四声和三声起源论的研究，共同的前提是梵语如何对汉语四声和三声的影响。我们在讨论四声和三声这个问题时首先应该要明白以下几个前提：

一是古印度人是用梵语读经；

二是中国人是用古汉语读经，或者说是将佛经翻译成汉语佛经；

三是我们要问当时读佛经的中国人是哪里人，是南方人还是北方人；

四是中国人是以当时的语言事实为前提，可能用的是通用语言，也可能是用当地方言来译读的。

如果我们搞清楚了读经人是南方人，还是北方人，那么我们就会知道为什么会有读四声和三声的历史由来。道理非常简单，大家有一个基本公认的语言事实：那就是中国语言有南北方言之分。南方人说话有平、上、去、入四声，如南朝人谢灵运著有《十四音训》，以经中众音异同为语音依据。刘绍论"四声，入声字最少"。梁武帝萧衍著有《涅槃疏》，论《十四音》皆是半字；沈约《四声谱》中以四声纽字之法。可见南朝学者都是南方人，都是以平、上、去、入四声为准；陈寅恪和杨明先生却说平、上、去、入四声者，由西域输入之技术，这显然是错误的。饶宗颐、张洪明虽然认定四声源于南朝永明体或骈偶体，

① 王昆吾. 隋唐五代燕乐杂言歌辞研究 [M]. 北京：中华书局，1996：436—437.
② 王昆吾，何剑平. 汉文佛经中的音乐史料 [M]. 成都：巴蜀书社，2002：27.
③ 王昆吾. 隋唐五代燕乐杂言歌辞研究 [M]. 北京：中华书局，1996：437.
④ 王昆吾. 隋唐五代燕乐杂言歌辞研究 [M]. 北京：中华书局，1996：437—438.
⑤ 王昆吾. 隋唐五代燕乐杂言歌辞研究 [M]. 北京：中华书局，1996：437—438.

但是他们并没有说明四声起源的理由。陈寅恪和杨明都认为三声与南朝学者翻译佛经和译读佛经有关，那么北方学者都是以平、上、去三声为准。因为在北方语言中，没有入声，故只有平、上、去三声。陈寅恪和杨明也认为古代中国音韵学的三声与转译佛经三声有关。因为在梵语中也没有四声。梵语只有三声，即便是梵语三声，也不同于汉语三声。因为梵语和汉语是两个不同的语音体系。我们从隋代相关历史文献资料中梳理出唐代以前华夏旧声大体分为三个系统：

一是南、齐、梁、陈初皆沿袭，后更创制，以为一代之典。元魏、宇文继有朔漠，宣武以后，雅好胡曲，郊庙之乐，徒有其名。[①]

隋开皇九年，隋文帝缴获特于太常辟一清商署管理音乐。乐府诗中的清商三调是指平调曲、清调曲和瑟调曲三类乐歌。宋代郭茂倩《乐府诗集》、郑樵《通志・乐略》已被清商化包括在这个系统之内。郭茂倩编的《乐府诗集》，收集的作品十分完备，分类也大体得当，因而影响较大。继郭茂倩之后，明吴纳著《文章辨体》，分乐府为 9 类。[②] 因未能超出郭茂倩所分之范围，故没有引起人们足够的重视。

二是洛阳旧乐。它主要包括江左所传中原旧曲以及江南吴歌和荆楚四声，统称之为清商。

三是遍布市井乡间的俗乐。隋炀帝诏于周、齐、梁、陈旧地数百万乐工，不能都归结为周、齐旧曲的保存者，其中大部分应该归结为这一个系统。

声律类型说起源			
声律类型	创建音韵说	音韵说主要内容	声律发明年代
五声说	中国古代音律五声说	宫、商、角、徵、羽，称之为五声	夏、商、周时期发现中国古代音乐五声
七声说	中国古代音律七声说	宫、商、角、徵、羽，变宫、变徵，称之为七音	春秋战国时期发现七音
四声说	一是善声沙门建康胡人四声说 一是魏晋永明四声说	平上去入	南齐武帝永明、东晋末年，竟陵王萧子良
三声说	陈寅恪声明转读三声说	一是 Udātta 二是 Svarita 三是 Anudatta	1934 年，陈寅恪佛经三声转读论

根据以上魏晋南北朝时期《乐府诗集》中的四声、四调法和三声、三调法，我们没有任何理由否认中国古代音韵中不存在四声、四调法和三声、三调法。至于陈寅恪先生将印度佛教三声论完全套在中国古代音韵学上来说三声论，作为一种转读方法，我觉得不一定正确。因为梵语和汉语是两个不同的语音体系，但是我们按照他们研究语言和语音规律的

① （宋）郭茂倩. 乐府诗集・卷一・郊庙歌辞［M］. 北京：中华书局，1998：2.

② 王熙运. 乐府诗述论［M］. 上海：上海古籍出版社，2006：386.

方法来调整和规范汉语语音和语调这完全是可能的。

从上表声韵发生学来看，不止有四种声韵学说，我国学者任半塘诗声七说，唐代西域突厥人就有七音七调。如梵语中就有八啭声，二十四啭声，二十九啭声和十八转声。我们并没有弄清楚梵语声明学“底彦陀声和苏漫陀声”中的内容是什么。底彦多又称之为“丁岸哆”。其实，梵语动词有灵活运用的变化，故称之为八啭声和二十四啭声。在梵语声明学中三声是指男声、女声和非男非女声，即称之为“三声”，抑或我们说是“可意声；不可意声；可不可意声”的三声，甚至我们还可以说是“世所共成声；成所引声；遍计所执声”，如是“三声”，如果我们不请教印度僧人的话，这三声究竟为何物？我看陈寅恪先生引用梵语之三声说时未必全弄懂了梵语三声为何物？

梵语声明又有九啭声和十八啭声等。问题似乎变得有些明朗化，也很容易判断，说明汉语平、上、去三声，绝对不是梵语男声和女声与非男非女三声；可能也不是梵语的“可意声；不可意声；可不可意声”之三声；好像似乎也不是“世所共成声，成所引声，遍计所执声”之三声；那么，中国古代声韵中的平、上、去、入四声，肯定也不是梵语八啭声，与非男非女三声来转读的。

事实上，魏晋时期已经有历史文献记载汉语有平、上、去三声和平、上、去、入四声。同样平、上、去、入四声也不是按照梵语八啭声来转读的。当然佛经传入中国，作为一个古老民族的语言对中国汉语发展没有影响，这个语言事实肯定是说不过去的。就像现代西方英语对近现代中国汉语的演变发展所产生的重大影响是一样的。但是中国汉语没有因为梵语的影响而变成梵语，也没有因为英语传入中国而使汉语变成英语。这一点是所有中国人有目共睹的，也没有任何人质疑。如南朝谢灵运著《十四音训》。刘绉论“四声，入声字最少”。梁武帝萧衍著《涅槃疏论》，沈约《四声谱》，可见南朝学者都是南方人，且都以平、上、去、入四声为准；特别是颜之推的《颜氏家训》都能证明魏晋时期以四声为标准。

最后我推测：陈寅恪先生是将梵语声明学中的三声说套在中国汉语三声说中来解释梵汉语之间的历史渊源关系，这种说法显然容易引起学界同仁的质疑。

关于中国声韵问题至今仍然存在很大的争议，中国七声说和五声之说似乎不存在太大的争议。主要是四声说和三声说存在很大的争议。那么争议的焦点是中国人首创四声说和三声说，还是受印度佛经的影响或者是照搬佛经的三声说。反对佛经转读说的提出以下五点质疑：

（1）围（吠）陀声明非仅三声。

（2）围（吠）陀诵法早已经失传，六朝时中国僧徒岂能转读？

（3）宋末即有四声非创自永明。

（4）佛徒诵经禁止用条。

（5）混合梵语之转读佛经或有婆罗门法，然与围（吠）陀三声之关系，已经难明晰，遽取与平、上、去比况，诚难令人首肯。针对饶氏的反驳，日本学者平田昌司又为四声转读说提供了部分佐证。[①]

以上学者提出的质疑，并没有确凿的证据来说服对方，比如说吠陀非仅三声，事实吠陀声明学中就有三声。这是不能说服之一；说吠陀诵法失传，六朝中国僧徒岂能转读？这话完全背离了佛经的传播史，佛经不是靠中国人来传播的，而是靠印度僧人传入中国的，至于印度僧人是用吠陀法，还是用底彦多法，抑或是苏曼陀法，不得而知。我们后人只能是靠现有的佛经文献来进行考证，请问我们考证了多少？这是不能说服之二；说汉语到宋末才有四声，非创自永明，反驳质疑人本身就不懂汉语音韵演变发展的历史过程。魏晋南北朝历史文献明确记载了四声调和三声调的南北差异，即南方人口音存在平、上、去、入四声，北方人口音是平、上、去三声。怎么说四声和三声到宋代末才有四声说和三声说，说明质疑人根本不懂中国音韵发展的历史。这是不能说服之三；佛徒诵经禁止用条，则并不等于声明学中不用条，梵语转读法也好，还是用吠陀法也好，在梵语声明中的三声与汉语中的三声绝对是不可能套用的，也没法套用，因为这是两个不同的语言体系和声韵系统。这是不能说服之四。因此，任何语言在转读过程中存在直译、注译和意译，这就是外语翻译所谓的信、达、雅。由于时间和篇幅所限在这里我就不继续展开讨论了。

2. 何为韵？韵是指声、调互换形成一定的音乐节奏关系或语言节奏关系，即旋律关系，称之为“韵”。从唐代声诗研究来看，声诗必须要具备三个条件，即叶平、叶仄和换韵三个条件。实际上，我们用平仄来界定“音韵”这一概念比较抽象。原因是平、仄究竟是指声诗平仄，还是指词曲平仄，抑或是指音乐平仄；更重要的是平仄究竟是指声，还是指调，或者说是兼而有之，抑或是指韵本身。中国古代音韵学对“韵”的界定比较模糊，即它的内涵和外延都不清晰。

古代人有“音”“员”二字合一为“韵”字之说，古人此解古“韵”一字，颇有望文生义之感。另一种说法是上古无“韵”字，则以“均”是古“韵”之前身。汉代董仲舒说：“泥之在均，惟甄者之所为。”“均”实际上是指“均音”和“平调”的意思。魏征《隋书·音乐志》认为五旦之名，旦作七调。以华言译之，旦者则谓“均”也。可见“均”作“调”，而不是统称之为“韵”。郑玄以黄钟之钟，大吕之声为均，均，调也。[②]

有学者把古代“均”作“韵”解。这可能不对，“均”应该作“调”解释才是对的。

前面我们说过，上古无韵字。从诗经音韵来看，“歌永言，声依永”。“永”和“咏”都能说明古诗韵的起源，并且也能说明古代“永”和“咏”与后来的“韵”音相谐。孔颖达《礼记·孔子·闲居》及《学记》注疏云：“诗者歌咏欢乐也。”用现代语音学来界定“音韵学”，它包含了声、韵、调三个要素：

声是指声母，也就是指辅音声，同时包括零声母。韵母是指单元音韵母、双元音韵母、元音和辅音组成的三合韵母。因此，五声分正声、和谐声两种。所谓正声而言之也。这无论是古代音乐，还是古音韵学，都是把宫、商、角、徵、羽，也就是说五声与中国古代音乐有着极为密切的关系。古代《诗经》中有：“诗言志，歌永言，声依永，律和声。

① 饶宗颐. 文心雕龙·声律篇与鸠摩罗什通韵——兼论王斌、刘善经、沈约有关诸问题［M］. 上海：上海古籍出版社，1993.

② （唐）魏征，隋书·音乐志（下）［M］. 北京：中华书局 1999：238.

八音克谐……"①

"永"字在这里应该有四种解释，一是指"唱之为歌"；二是指读之为言；三是"吟"之为韵即咏，故吟与咏二字音相谐，前二字亦与"韵"字相谐；四是"永"作"韵"或作"咏"解。因此，在古代永、咏、吟、韵四字有音义相通的作用。因为上古无"韵"字，故"永"通"韵"，或"咏"通"韵"，即谐音字。于是可解释为："歌唱诗言，声依韵律。"故有搏拊琴瑟以咏祖考，自戛击鸣球，以下至庶尹允谐，皆《韶》乐之谱也。以咏，即以下三者也。即指《益稷》中所载《赓歌》三章为咏也。祖考来格如《周颂》之咏式序在位也。此皆升歌之配磬瑟之诗，其辞不传也。这些都是极好的古代语音证据，它能说明"咏"与"韵"、"永"与"韵"音义相通的语言佐证。

这样不但正确地理解了诗歌的起源，还正确地理解了中国古代音韵学的起源，同时进一步证明中国古代声韵的起源。这样不仅正确地解释了诗与音乐之间的关系，也正确地解释了诗歌与音韵之间的关系。笔者这种解释，还能从明代朱载堉《算学新说》中得以证明："臣所撰新说凡四种：一曰律说；二曰乐学；三曰算学；四曰韵学。前二者其书本原，后二者其书之支脉，所以羽翼其书者也。"②

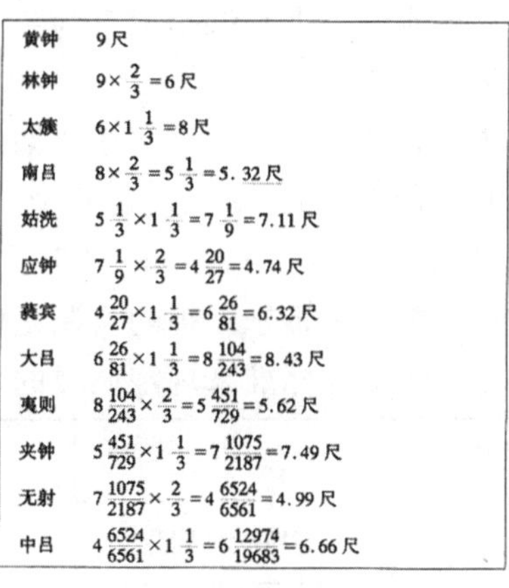

黄钟	9尺
林钟	$9\times\frac{2}{3}=6$尺
太簇	$6\times1\frac{1}{3}=8$尺
南吕	$8\times\frac{2}{3}=5\frac{1}{3}=5.32$尺
姑洗	$5\frac{1}{3}\times1\frac{1}{3}=7\frac{1}{9}=7.11$尺
应钟	$7\frac{1}{9}\times\frac{2}{3}=4\frac{20}{27}=4.74$尺
蕤宾	$4\frac{20}{27}\times1\frac{1}{3}=6\frac{26}{81}=6.32$尺
大吕	$6\frac{26}{81}\times1\frac{1}{3}=8\frac{104}{243}=8.43$尺
夷则	$8\frac{104}{243}\times\frac{2}{3}=5\frac{451}{729}=5.62$尺
夹钟	$5\frac{451}{729}\times1\frac{1}{3}=7\frac{1075}{2187}=7.49$尺
无射	$7\frac{1075}{2187}\times\frac{2}{3}=4\frac{6524}{6561}=4.99$尺
中吕	$4\frac{6524}{6561}\times1\frac{1}{3}=6\frac{12974}{19683}=6.66$尺

律吕谱表与音韵谱系图

这幅图的数据能说明汉唐是以律吕生尺，同时也说明我国在汉唐时期或者说更早就是用工尺记乐谱。律吕谱表面上看是一种文字记谱，但是它的背后隐藏着数学计算。但是，从诗歌的演变发展来看，用律吕记谱是肯定的。如宋代赵彦肃的传谱，即用律吕谱记有《风雅十二诗》。谱中是用十二律吕名称表示旋律的音高，以一字一音的格式来表示律吕的名称。他把第一字标在歌词的每一字右下方。谱中记有《诗经》中的《关雎》，共计有12首诗。这样我们就不难理解音乐与诗歌之间的密切关系，以及音韵与音乐之间的相互关系。

南音二四谱记法是一种古老的音位谱记法，它以汉字二、三、四、五、六、七、八来依次表示不同音级的音高，即：sol、la、do、re、mi、sol、la；二音用重三（Fa）、重六

① 李学勤. 十三经注疏·尚书正义·舜典［M］. 北京：北京大学出版社，1999：79.

② （明）朱载堉. 算学新说. 明万历三十一年刻印本.

(Si) 来表示，这是由于二音是在 La、Mi 上重按而得，故又常称为“轻三（La）”“轻六（Mi）”。古谱对于音乐传播和记录信息有极其重要的意义。

这样我们就不难理解音乐与诗歌之间的关系，音韵与音乐之间的关系。在朱载堉看来，算学和音韵学源于中国古代音乐学，更确切地说源于乐律学。当然。中国古代音律与算学已经失传。

综上所述，诗是音乐的本体，诗是音韵学的起源。诗歌后来演变为“赋”，这是诗歌变化的一种文体。后来赋成为唐、宋、明、清时期科考必修课程。可见，诗对古代音乐的影响，从音乐的角度来说，诗本身就是一门声韵学。

3. 何谓调？一般是指乐调。宫、商、角、羽共有五音七调，故亦有二十八调之称。因其有声无调。[①] 根据《旧唐书·音乐志》记载“四宫二十八调。”“宫以商角羽等声乘律者，皆名曰曲调。”[②] 在音韵学中一般是指音调或声调。

根据《旧唐书·音乐志》记载汉代民间音乐中有相和三调。它是指“平调、清调和瑟调，皆周《房中曲》之遗声也，汉世谓之三调”[③]。它指的是乐调三声。“故周礼大司乐三宫，汉制三统之制相准。”[④]

所谓三统，是指天统、人统和地统。则平调是以宫为主、清调是以商为主，瑟调是以角为主。这就是周礼乐三宫，汉志三调标准。

《隋书·音乐志》曰：”苏祇婆七旦之声。四旦，华语谓之四均。一均为七调。故为二十八调。又有五声成一调，故十二调。又说每宫应立五调，不闻更加变宫变徵二调为七调，七调之作，所出未详。”[⑤]《新唐书·礼乐志》曰：“燕乐二十八调。”[⑥]

隋代万宝常曾提出八十四调。唐代《雅乐》中的宫调是依“调式”系统标准进行规定的；唐代《燕乐》宫调则是依之调式系统标准来规定调类的。参见下表：

周礼乐三宫			汉志三调标准
宫的类型	声位类型	羽调类特征	汉志三调
黄钟为宫	乃黄钟宫声位	羽起调	?
太簇为宫	乃太簇商声位	羽起调	?
林钟为宫	乃弦音徵声位	羽起调	?
姑洗为角（?）	声立宫	?	主调是为宫调也
蕤宾为变徵?	声立宫	?	主调是为商调也

① 许之衡. 中国音乐小史［M］. 北京：北京理工大学出版社，2016：50.
② 许之衡. 中国音乐小史［M］. 北京：北京理工大学出版社，2016：93.
③ （后晋）刘昫. 旧唐书·音乐志［M］. 北京：中华书局，1999：7171.
④ （清）王奕清. 御定词谱（序）［M］. 北京：中国书店，2010：1.
⑤ （唐）魏征. 隋书·音乐志（卷十四）［M］. 北京：中华书局，1999：232—233.
⑥ （宋）欧阳修，宋祁. 新唐书·礼乐志［M］. 北京：中华书局，1999：31.

续表

周礼乐三宫			汉志三调标准
半黄钟变宫	声立宫	?	主调是为徵调也
夷则为宫	乃管音徵声位	羽起调	?

自秦汉以来，关于乐调类资料说法不一。有些资料说徵有声而无调，实际它还是有调的，如“半黄钟变宫，声立宫，主调是为徵调也”。清浊二均各七调，中与管乐有同者，有不可同者。同者惟宫调，五声二变皆正应，由此说明可同者；商调、徵调五声正应二变借用；不可同者，角调、变徵调、变宫调五声之内清浊相混淆，它主要阐明了宫调、商调、羽调和徵调四声调，相反说明没有角调。若以弦音奏之，而不和以管音，只有四声调，徐三声调皆转入弦音宫调，如“夷则为宫，乃管音徵声位，羽起调”。故《辽史·音乐志》曰：“四旦二十八调。”[①]

根据古代乐书所载，缦乐鼓琴、吹笛之人多云三声调，三调之声，其由来已久矣。故存三调而已，时牛弘怎知乐事，弘不能精知音律。[②]

缦乐、鼓琴和吹笛均为《燕乐》中的杂乐，现代人称之为民乐或俗乐。现在事实变得非常的清楚：“缦乐、鼓琴、吹笛之人多云三声调，三调之声，其来久矣。”更重要的是，我们强调三声是源于隋唐《燕乐》中的三声调，由此可推知三声调来自民间杂乐或俗乐。这正如许之衡所说的那样“时牛弘[③]怎知乐事，弘不能精知音律”，从而牛氏错误地弄出个三声调之故。在此，许之衡的说法未必全是正确的，许氏未必知燕乐中的杂乐或俗乐，也未必知南乐、南音和北乐、北音的差异。唐《燕乐》三声调是指北乐、北音。我们通过《旧唐书·音乐志》记载有关汉代民间音乐中的相和三声调可以印证，在此能说明三声调理论由来已久，(所谓三声调是指平调、清调和瑟调)。大概在隋唐时期，角调已经消失，出现了羽调和徵调，或者我们可以这样说，这就是南北方声律拟调类的差异。

那么，汉代《房中乐》是楚调，高帝乐楚声，故《房中乐》皆楚声也。侧调源于楚调，与之前三调总谓之相和三声调。在汉代则称之为楚调和侧调。在这里我们可以断定古代汉语的平、上、去、入四声调与楚声调有关，三声调与隋唐《燕乐》有关。因为在楚音、楚调中多一个声调即入声调。这些历史语音资料比较真实地记录了汉代民间音乐相和声与楚调之间的关系。由此我们可以推出中国古代音韵学的四声调与楚音楚声有关，则三声调与隋唐《燕乐》中的杂乐和民乐有关。

在此，我要特别强调，在研究声、韵、调时，我们应该特别注意，它是诗还是词，或者是曲，因为诗、词、曲三者的记谱方法是不一样的。如果我们以五音阶为基础，可以用弦乐的二四记谱法，这是一种比较古老的弦索谱。如广东潮汕和福建漳州地区流行的古筝就是二四谱，数字就是弦序，如同简谱。这种古弦丝乐是以五声音阶为基础，即采用二四

---

① (元)脱脱．辽史·乐志［M］．北京：中华书局，1999：539—541.

② 许之衡．中国音乐小史［M］．北京：理工大学出版社，2016：233.

③ 牛弘(545—610)，本姓尞，字里仁，安定鹑觚(今甘肃省灵台人)。袭封临泾公。少好学，博览群书。北周时，专掌文书，修起居注。隋文帝即位后，授散骑常侍、秘书监。进爵奇章郡公。

记谱法。它以二、三、四、五、六、七、八作为谱字，来表示音阶各音级的音高。那么在二、三、四、五、六这五个音中，三、六、五音会因为各种情况而发生声变或调变；二和四（sol、do）两音不变。因此，民间乐界将这种记谱法称之为“二四谱法”。当七声出现时，“二变”之音，则将原三、六两音重按弦而获得。中国潮州音乐便有其独特的二四谱。

我们通过考察民乐二四记谱法后发现：中国古代五言律诗平仄和七言律诗平仄完全符合这一记谱法则，这就是中国古代诗歌声韵平仄逢三即变、五六即转的声韵平仄的记韵规律。

如下面我们看格律诗的平起式：

平平仄仄仄平平，即三变六转；

仄仄平平仄仄平，即三变五转。

我们再来看格律诗的仄起式：

仄仄平平仄仄平，即三变五转；

平平仄仄仄平平，即三变六转。

如果我们掌握了音乐的变调和转调规律，精通音韵，那么作诗填词还是问题吗？实际上，这只是乐理的最基本常识，而不是什么高深的学术理论问题。最重要的是，后来我们许多音韵学者几乎都不懂乐理，完全是凭空杜撰，想入非非。往往一个很简单的问题被他们讲得面目全非，不知所云。

从古代提供的声律资料来看，角、徵、羽三者之所配，居然可见；宫、商清浊之声混淆，无平浊、平清者非是也。假设我们用十二宫，那么每宫用全七调，共计有八十四调。“声调者，声自为声，调自为调，而调又有主调、起调、转调之异，故以转调合旋宫言之，名为宫调。五声二变旋于清浊二均之一十四声，则成九十八声，此全音也。”①

关于历代声与调的数目有许多种说法：一说有二百三十调，这是盛唐燕曲调总数；一说有一百五十四调，这是指声诗调类概况。在此，我们有必要重新说明管乐与弦乐声调上的差别。我们通过以上声调分析资料概括为乐调、词调和曲调三种调类：

第一，乐调四声和三声分析。无论是管乐，还是弦乐都是徵声位，羽起调，其它黄钟和太簇也是羽起调。同时说明无论是弦乐，还是管乐都无角声调。若“以弦音奏之，而不和以管音，则只有四调”，即宫、商、徵、羽四调，“馀三调皆转入弦音宫调”，即姑洗为角、蕤宾为变徵、半黄钟变宫，三诸声立为宫，形成宫、商、徵三声调。这就导致宫声调分阴阳，宫声调分清浊，分不清时，这就出现音乐理论上的声调混乱现象。《隋书·音乐志》云：“考寻律吕，七声之内，三声乖应，每恒求访，终莫能通。考校声律，或以管音考核弦音，或以弦音考核管音，故得四调相和，三调乖应，即二变调与角调也。”② 但我们应该特别注意四调相和是指四声和谐统一；三调乖应是指三声不协调，不和谐。恰恰相反，后来中国音韵学家借用了三声调。

在此，《隋书·音乐志》能说明乐调或声调的起源问题。无论是“以管音考核弦音”，还是“以弦音考核管音，故得四调相和”，即能说明四调的历史起源，则“三声乖应”是

① （清）徐世昌．清史稿·乐志［M］．北京：中华书局，1998.

② （唐）魏征．隋书·音乐志．（卷十四）［M］．北京：中华书局，1999：232—233.

指姑洗为角、蕤宾为变徵，半黄钟为变宫三声（有的文献是指姑洗、林钟、南吕为三声乖应）。这样能进一步说明管乐与弦乐声调之间的差别，实际上它已经说明了音乐理论和方法上的差别。《隋书·音乐志》又云："变徵调和羽调，五正声内，只一声乖应。然羽调犹能自立一调，变徵调则转入宫调声字。至角调变宫调，五声之内二、三声乖应，与宫调声字雷同，皆不能成一调也。"[①] 在此，我们应该特别注意以下两个方面的问题：

一是"羽调能自立一调"，这在音韵学中，称之为入声调。同时也能证明在诗词声律与唐代音律中都存在入声调。

二是角调变宫调，五声之内二、三声乖应不协调，与宫调声字雷同，皆不能成一调。实际上《隋书·音乐志》就已经说明后来唐代《平水韵》一百零六部韵中包含平、上、去、入四个声调，这也能证明平水韵是在汉、魏、晋、隋、唐的声律基础上编成的平水韵。在此我们进一步证明中国古代音韵学中的四声调源于古代五音律。

实际在中国古代音乐中，除宫、商、徵、羽四声调外，还有北乐《鼓乐》上、尺、六、五四声调的说法。在智化寺《管乐》中有正背皆曰四声调的说法。在唐《燕乐》中，就有二十八声调的说法，这可能是每宫由七调组成。

第二，根据唐宋词谱词调分析。在"唐之中叶，始为填词，制调倚声，历五代北宋而极盛。崇宁门大晟乐府所集，有十二律六十家八十四调，后遂增至二百余，换羽移商，品目详具。"[②] 关于北宋、南宋词韵有着许多不同的说法。在这里，我们应该注意，词谱记法与诗谱的律吕记法可能有差别。词谱记法多来自燕乐的半字谱法或者是杂乐或俗乐谱记法。燕乐半字谱经过宋代的俗字谱的融合改造，这使工尺谱到明清基本上已经定型，并且在曲艺中得到广泛使用和认可。谱字有正草两种书体，传统书写格式自上而下、从右至左，每句末尾用空位来表示。六、五、乙的第八度唱作四、合、一；工尺谱中合、四、一、上、尺、工、凡、六、五、乙为唱名，相当于 sol、la、ti、do、re、mi、fa、sol、la、ti。高八度加偏旁亻，低八度每字末尾加折尾（合字除外）。因工尺谱流传的地区和时间不同，其谱记法、唱名也会略有出入。节奏（板眼）符号标在工尺字的右边，强拍（头板）符号、或挢，弱拍（眼、中眼）符号来表示。宋、元以后，中国流传下来的大部分乐谱是用工尺谱式记写的。其中以器乐作品和戏曲唱腔为数最多。工尺谱是中国应用最广的唱名谱，有固定唱名法和首调唱名法两种。记写节奏的板（强拍）眼（弱拍）符号也发展得较完善。调号用正宫调、小工调等调名标示。工尺谱也是文字记谱法，而且是很重要的、运用最为广泛的一种记谱法。

根据舒梦兰[③]《白香词谱》记载：词谱选录了由唐朝到清朝的词作品共一百篇，凡一百调有"小令（如十六字令）、中调、长调"[④] 之分。

《白香词谱》中的所有词都有一个词调名。由此可见，在南宋词调中已经分为字调、

---

① （唐）魏征. 隋书·音乐志（卷十四）[M]. 北京：中华书局，1999：232—233.

② （清）王奕清. 御定词谱（序）[M]. 北京：中国书店，2010：1.

③ （清）舒梦兰（1759—1835），字香叔，又字白香，晚号天香居士，《白香词谱》的编纂者。乾隆二十四年生于江西靖安县城西外"世大夫第"（又名"木门楼"）。

④ （清）潇湘居士. 白香词谱 [M]. 哈尔滨：哈尔滨出版社，2011：1.

句调和篇章调。实际宋“逮南渡后，宫调失传，而词学亦渐紊矣。夫词寄于调，字之多寡有定数，句之长短有定式，韵之平仄有定声，秒忽无差，始能谐合”①。

清代王奕清在《御定词谱·序》中认为宋“逮南渡之后，宫调失传”，导致词学声调紊乱。王奕清这话是有一定理论依据的。这可能还不是在北宋南渡以后失传，可能早在隋唐时期就出现了宫调混乱现象。在此笔者将唐宋音律、诗歌、词曲调类进行比较：

唐宋乐调与诗词调类的比较				
音乐调类	唐韵调类	今韵调类	现代韵调类	其它调类说
宫	平浊	平上	平	平平
商	平清	平下	?	平清配商
角	上	上	上	上配角
徵	去	去	去	去配徵
羽	入	入	入	入配羽

从表上资料我们可以看出，宫调和商调有混乱现象。笔者在此将音、韵、调视为一个语音整体进行音韵学考察。过去人们研究音韵声是声、韵是韵、调是调，而往往忽略了音韵三要素的整体研究即声、韵、调的整体研究。同时，他们也忽略了音乐与诗歌之间的整体音韵学研究，忽略了音韵与曲赋之间的整体音韵研究，更加忽略了音乐与音韵之间的整体关系研究。

工尺谱分类与调类文献

工尺谱分类与调类关系		
中国古调类		现代调类
小工调	小工调（乙字调）	D 调
乙字调	凡字调	A 调
凡字调	上字调	降 E 调
上字调	六字调	降 B 调
六字调	尺字调	F 调
尺字调	四字调（五字调）	C 调
正宫调	正宫调（五字调）	G 调

《清史稿·乐志》又曰：“此七调之七字相转，即五声二变之旋相为宫，宫调声字，实为一体”。“如黄钟为工字，而箫应黄钟者为工字，笛应黄钟者为五字，皆注于黄钟本律之

① （清）王奕清. 御定词谱（序）[M]. 北京：中国书店，2010：1.

下，大吕为高工字，而箫之高工、笛之高五亦皆注于大吕本律之下。其立羽位之字，即为主调，其立宫位之字，即为立宫，其当二变之位，则不用当徵位者亦不以起调。"①

第三，南音北曲声调差异分析：工尺谱字源于中国最古老的乐器"笙竽"，根据笙竽产生的年代推断不会晚于春秋。常见的"谱字"共计十个：合、四、一、上、勾、尺、工、凡、六，五。一眼便知的数字有：一、四、五、六。其他符号，也同质同构，源于数字。无论是北曲还是南曲，都是用工尺记谱。这与唐宋谱字一脉相传的民间工尺谱，为音乐学家提供了重要的历史信息。南音是以吴越语为主，又称之为江东话或江南话。现在主要分布在苏州、无锡、常州、上海、浙江、安徽南部、江西东北部、福建北一角，大约有9000多万人讲吴越语。南音主要包括江淮官话、吴语、粤语、湘（新派湘语）、闽、客家、赣方言，在六大方言中均保留入声字。其中粤、闽、客三方言中保留 t－k－p 三个辅音韵尾。沈宠绥认为北曲之消亡，乃是在入明之后。"世换声移，作者渐寡，歌者寥寥，风声所变，北化为南……而词既南，凡腔调与字面俱南……腔则有'海盐''义乌''弋阳''青阳''四平''乐平''太平'之殊派。虽口法不等，而北气总已消亡矣。"可见，"北曲"正是在"南曲"产生、发展中逐渐消亡的。

<table>
<tr><th colspan="6">南北音韵书</th></tr>
<tr><th>作者</th><th>年代（年）</th><th>代表著作</th><th>音韵流行区域</th><th>韵书锁定范围</th><th>南北韵的特点</th></tr>
<tr><td>刘渊</td><td>南宋</td><td>《平水韵》</td><td>山西平水，蒙古、弋阳、余姚、海盐和昆山四大声腔</td><td>《平水韵》是一部南北合韵</td><td>平、上、去、入</td></tr>
<tr><td>周德清</td><td>1277—1365</td><td>《中原音韵》</td><td rowspan="2">北京、平阳北曲又分为戏曲（或称剧曲）与散曲两种宋大曲、诸宫调、宋词、鼓子词、唱赚、转踏等</td><td rowspan="2">北叶中原</td><td rowspan="2">平（阴、阳）上、去，入派三声</td></tr>
<tr><td>王文璧</td><td>1503—?</td><td>《中州音韵》</td></tr>
<tr><td>乐韶凤
宋　濂</td><td>？—1380</td><td>《洪武正韵》</td><td>长安迁至汴京，汴洛与吴越方言结合元明之际，《洪武正韵》保存了南方方音和入声韵</td><td>南遵
《洪武正韵》</td><td>平（阴、阳）上、去、入</td></tr>
</table>

（1）南宋山西平水人刘渊著《壬子新刊礼部韵略》，他将同用韵合并为107韵。古音平水韵四声组成矩阵排列法见下表：

<table>
<tr><th colspan="7">平水韵矩阵排列法</th></tr>
<tr><th>声调类型</th><th>平上去入</th><th>平上去入</th><th>平上去入</th><th>平上去入</th><th>平上去入</th><th>韵部统计数</th></tr>
<tr><td>平上去入</td><td>东董冻笃</td><td>钟肿种烛</td><td>江讲绛觉</td><td>知指志质</td><td>微尾未物</td><td>20</td></tr>
<tr><td>平上去入</td><td>鱼语御月</td><td>枯苦库阔</td><td>梨礼利栗</td><td>佳解界黠</td><td>该改盖葛</td><td>20</td></tr>
</table>

① （清）徐世昌．清史稿·乐志［M］．北京：中华书局，1998．

续表

声调类型	平上去入	平上去入	平上去入	平上去入	平上去入	韵部统计数
平上去入	真轸震质	文吻问物	昆捆困没	滩坦叹脱	间简涧吉	20
平上去入	笺浅箭节	肖小笑削	交狡校脚	高稿诰阁	歌果个骨	20
平上去入	麻马骂陌	阳养漾药	庚梗更隔	丁顶定滴	蒸拯证职	20
平上去入	尤有又亦	侵寝沁缉	憨喊憾合	盐琰艳叶	缄减鉴甲	20
韵部总计数	24	24	24	24	24	120

通过平水韵矩阵图，我们可以看到每一组平、上、去韵与入声韵的关系。如东—笃、鱼—月、真—质、浅—节、麻—陌、尤—亦、钟—烛、枯—阔、文—物、肖—削、阳—药、江—觉、梨—栗、交—脚、庚—隔、憨—合、知—质、佳—黠、滩—脱、高—阁、丁—滴、盐—叶、微—物、该—葛、间—吉、歌—骨、蒸—职、缄—甲，共统计出 84 个平、上、去声母与 28 个入声母相通转。更确切地说，入声母字与平、上、去三个声母都能相互通转；仅仅只有两组平、上、去不能与入声相通转，如“昆、捆、困”就不与入声“没”相通转；“侵、寝、沁”平、上、去也不与“缉”声母相通转。通过平水韵的矩阵排列法，我们发现平、上、去三声与入声有一条可遵循的声母通转规律，那就是：韵同，声不同，可通转；若是声同，则韵不同，不可通转。这也就是说，韵不同，与同声相拼，会读出不同的字音。我们所讲的是声母通转，而不是韵母通转。实际上，韵本身不存在通转，韵不同，字的读音也就不同。因此，后来周德清的《中原音韵》将所有入声字派入平、上、去三声中。显然，周氏没有遵循平水韵的声韵规律。这也说明周氏并不了解古声韵的通转之法则，这才导致后来声韵学内部的混乱。后来许多音韵学家将错就错而为之，并以周氏错之作为理论依据。所以在明清重新刊印平水韵，如《平水新刊韵略》和《佩文韵府》，不是没有道理的。

这种矩阵排列法的优点是能使读者比较清楚地看出平、上、去三声与入声之间的通转关系，也便于读者记忆。这种排列方法对明清等韵学研究产生了深远的影响，尤其是为科举考试提供了声韵学习上的便利。

（2）几乎是在同一时期，山西平水官员、金人王文郁著《平水新刊韵略》为 106 韵；康熙年间，编有《佩文韵府》仍将《平水韵》定为 106 韵，这就是后来广为流传的《平水韵》。清代《康熙字典》前面载有一首音韵歌诀，《分四声法》曰：“平声平道莫低昂，上声高呼猛烈强，去声分明哀远道，入声短促急收藏。”它让我们知道古代四声的大概。古四声平水韵四组横向排列法见下表：

平水韵横向排列法		
声韵类型	韵部结构特点	韵部统计数
平	东、钟、江、知、微、鱼、枯、梨、佳、该、真、文、昆、滩、间、笺、肖、交、高、歌、麻、阳、庚、丁、蒸、尤、侵、憨、盐、缄；	30
上	董、肿、讲、指、尾、语、苦、礼、解、改、轸、吻、捆、坦、简、浅、小、狡、稿、果、马、养、梗、顶、拯、有、寝、喊、琰、减；	30
去	冻、种、绛、志、未、御、库、利、界、盖、震、问、困、叹、涧、箭、笑、校、诰、个、骂、漾、更、定、证、又、沁、憾、艳、鉴；	30
入	笃、烛、觉、质、物、月、阔、栗、黠、葛、质、物、没、脱、吉、节、削、脚、阁、骨、陌、药、隔、滴、职、亦、缉、合、叶、甲；	30
韵部总计数	120	120

平水韵的横向排列法，虽然我们也能看清楚平、上、去三声与入声结构的分布特点，以及声韵部的数目，但是我们很难看清平、上、去三声与入声部之间的相互关系。从横向排列法与矩阵排列法比较来看，矩阵排列法更便于读者记忆，更能让读者看清楚平、上、去三声与入声之间的内在关系。

（3）元代周德清《中原音韵》和明代乐韶凤、宋濂《洪武正韵》最能说明南音北曲的差别。更进一步证明了周德清将唐宋《平水韵》归入《中原音韵》的平、上、去三声是没有道理的。因为现在人们作诗词仍以《平水韵》定格。关于周德清《中原音韵》一书，历代学者有不同的说法及对他的批评。这是因为周德清将全部入声字派入平上去三声之中。有许多学者不明白，周氏为何要将入声派入平上去三声，甚至就连李渔这样的大学者和戏剧学家也批评周氏入派三声不合理。李氏并不知周何故要入派三声。其实周氏入派三声与元时音乐变化有密切的关系。不知何故，“元时七宫只存六宫，盖以高宫归并于正宫也。十二调变为十一调，盖元人见中吕，仙吕、黄钟三调，与六宫相复，故去之。妄易以宫调，角调、商角调，所以此三调皆无曲也。更缺正平一调，故其数十一焉”①。虽然这段文字并不能完全证明周氏入派三声的理论依据，但是也能说明他入派三声从音乐结构上的缺失。他将唐代平水韵四声，宋代工尺七声合并成三声，这也许是从元代音乐缺失中得到的某种启示。而周德清的《中原音韵》则属于北方曲韵一类，曲韵与诗韵是有本质差别的。因为曲韵是在北方方言的基础上形成的。现代音韵学三声调即平、上、去三调是否与音乐、北曲三声调有关，学界可能还需要做进一步研究。

① 许之衡. 中国音乐小史［M］. 北京：北京理工大学出版社，2016：61.

洪武正韵表		
声调类型	韵部结构特点	韵部个数
平	东、支、齐、鱼、模、皆、灰、真、寒、删、先、萧、爻、歌、麻、遮、阳、庚、尤、侵、覃、盐	22
上	董、纸、荠、语、姥、解、贿、轸、旱、产、铣、筱、巧、习、马、者、养、梗、有、寝、感、琰	22
去	送、置、霁、御、暮、泰、队、震、翰、谏、霰、啸、效、个、祃、蔗、漾、敬、宥、泌、勘、艳	21
入	屋、质、曷、辖、屑、药、陌、缉、合、叶、嫌	11

（4）通过入声调来区分南曲①与北曲。沈氏在《度曲须知·宗韵商疑》一章中还提出“凡南北词韵脚，当共押周韵；若句中字面，则南曲以《正韵》为宗……北曲周韵”② 为宗的主张，亦颇有价值。南曲入声字字声短促急收。《琼林雅韵》平声不分阴阳，全浊声母依然存在，入派入三声。“入声调”是吴越语的重要特色。

值得我们注意的是，“南宋宫调失传，词学亦渐紊矣”，它说明平声宫调分为阴阳二调。关于平声分阴阳二调，学界仍有争议。最具有争议性的是徐大椿在《乐府传声》中提出：“岂有平声有阴阳，而三声无阴阳者，亦岂有平、去、入有阴阳，而上声独无阴阳者，此皆极荒唐之说。”③ 为什么平声可以分阴阳？为什么其他三声上、去、入不分阴阳？徐大椿提出“四声各有阴阳”，如果从理论上来划分的话，徐氏之说是有一定道理的。

关于“调”的问题，在唐宋诗词中，《平水韵》分平、上、去、入四声调，韵分 106 部。格律诗讲究平仄，则其中“平”即阴平和阳平为平声，“上、去、入”即分为仄声。实际在唐宋时期诗词格律用韵都是平水韵。实际宋词也不完全是用平水韵，而是用了方言俚语，只是清代戈载编了一本《词林正韵》，这样宋词也算是登上文学的大雅之堂。如果人们硬是要把曲韵套在诗韵和词韵上来说，这显然是错误的。

4. 何谓五言？五言有二：一谓在治以出纳五言者也。其曰：丛、惰、脞、堕云；所谓在忽以出纳五言者欤！如舜作歌，则出纳五言者也；皋陶赓歌，则出纳五言者也；九叙惟歌，则出纳五言者也；劝之以九歌，是又出纳五言者也。“或者不就五言出纳而不和其义，遂以五言为五方之言。其亦昧所由来而拟之臆度之说欤！噫！求言必自近，易于近者

① 南曲是宋元时南方（长江以南，以温州、永嘉为中心）戏曲、散曲所用各种曲调的统称，用韵以南方（江浙一带）语音为准，有平上去入四声。音乐上用五声音阶，声调柔缓婉转，以箫笛等伴奏，明代初期亦用筝、琵琶等弦索乐器。

② 俞为民，孙蓉蓉. 中国古典戏曲论著集成［M］. 合肥：黄山书社，2008.

③ （清）徐大椿. 乐府传声［M］. http://www.360doc.cn/article/5138620_84131800.html.

非知言者也。”[1]

黄翔鹏认为，《尚书正义·虞书》论乐是从诗、歌、咏，由声到律的形成，是先诗而后声的形成过程。[2]

5. 何谓六律？六律有两种：一种是指黄钟、太簇、姑洗、蕤宾、夷则、无射六个阳律；二是指大吕、夹钟、仲吕、林钟、南吕、应钟六个阴吕，把它们合在一起，称之为音乐十二律。十二调是按照乐音的高低区分，从低音算起，在十二个音阶中，排列奇数的六个调叫律，排列成偶数叫吕。音乐有十二律，阴阳各六，区分开来，奇数（阳）称六律，偶数（阴）称六吕，合称之为“律吕”。

6. 何谓反切？谐声之后有直音，直音之后有反切，这是我们理解中国古代音韵学起源的法宝。最早应该是：“徐仙民（344—397）《毛诗音》反骤为在遘，《左传音》切椽为徒缘。”“河北切攻字为古琮。”那么，徐仙民在《毛诗音》和《左传音》中记录了汉字语音的反切法。到南北时期颜之推（531—?）在《颜氏家训·音辞》中说：“许慎造《说文》，刘熙制《释名》始有譬况，假借以证音字耳。孙叔言创《尔雅音义》是汉人独知反语。”[3]

颜氏“反”“切”并用。颜之推在《颜氏家训》中的记载应该是可信的。笔者有三个理由能说明：

一是颜氏将“音辞”作为家训，他绝对不敢儿戏，肯定是实事求是的，他也绝对不会因此误导自家子孙。肯定“反切”产生在魏晋南北朝时期应该是没有问题的。

二是在魏晋南北朝时期，印度佛经大量流入中国；同时，印度僧人也大量地进入中国境内。于是，印度僧人要将佛经和佛教资料翻译成中文介绍给中国人，传播他们的印度佛教和印度文化。这些僧人也需要尽快地掌握汉语语言。汉语和梵语是两个不同的语系，前者一直是注音文字表意语系，后者是拼音文字表音语系。由此，在魏晋南北时期，汉语产生了反切法。在时间上看，这个时期与梵语大量传入中国的时间和汉语产生“反切”的时间应该是完全相吻合的。

三是汉字读音采用反切法，这种方法不管是中国人所创，还是印度人所创这都不重要，重要的是汉语袭梵语，汉语没有因此变成梵语，同样梵语袭汉语，也没有因此变成汉语。恰恰相反，汉语因为梵语佛经和佛教的传入，推进了汉语语言的发展，特别是推动了汉语音韵学的发展。

隋代陆法言《切韵·序》批评前人说：“支、脂、鱼、虞，共为一韵；先仙尤侯，俱论是切。”[4]

---

① 韩高年. 礼俗仪式与先秦诗歌演变［M］. 北京：中华书局，2006：112.

② 黄翔鹏. 溯流探源——中国传统音乐研究［M］. 北京：人民音乐出版社，1999：221.

③ （北齐）颜之推. 颜氏家训［M］. 武汉：崇文书局，2017：210.

④ 赵振铎. 从《切韵·序》论《切韵》［M］. 中国语文，1962（10）.《切韵》并非是个人所为，而是南北学者八人讨论的结果。隋文帝开皇初年，与刘臻、萧该、颜之推、卢思道、李若、辛德源、薛道衡、魏彦渊等八人讨论音韵学，评议古今是非。

这是说“支脂”反切下字也是误为同类；“鱼虞”反切下字误为同类。陆氏称“韵”，“先仙”反切上字本不同类，“尤侯”反切上字本不同类（曾运乾说），陆氏称“切”。更准确地说，“切”为声母，即辅音。

宋代沈括（1029—1093）《梦溪笔谈·卷十五》说：“所谓切韵者，上字为切，下字为韵。”金代韩道昭《五音集韵·序》说：“夫《切韵》者，盖以上切下韵，合而翻之，因为号以为名。”沈、韩两家阐述得尤为清楚。

（1）宋代丁度等编撰的《礼部韵略》（1037 年）中说：“音韵展转相谐谓之反，亦作翻；两字相摩，谐成声谓之切。”这种说法似乎认为“反”是指反切上下字与被切字声韵相合，“切”是指反切上下字的拼合过程即声母与韵母相结合的过程。元之际黄公绍、熊忠《古今韵会举要》说：“一音展转谓之反，一韵展转相摩谓之切，以子呼母，以母呼子也。”这话好像在说反切上字叫反，反切下字叫切。但是这种说法并不明确。①

（2）“反”与“切”同义，都是拼合的意思。清代顾炎武《音学五书·音论》说：“反切之名，自南北朝以上皆谓之反。顾炎武认为“反”就是“切”“切”就是“反”，也有作“翻”和“纽”的。但他提出的南北朝以上称反、唐代以后称之为“切”的看法并不精密。孙炎《尔雅音义》保存下来的反切，确实是作反，但隋唐以前也有称之为切的。

（3）从分析“切韵”两个字入手，认为反切上字叫“切”，反切下字叫“韵”。各种说法不合，还有待于进一步研究。不过有如此清楚记载的音韵学历史文献应该不会存在太大的历史争议。

7. 何谓转？“转”是指声韵形成的过程或转换的过程。更确切地说，它是指声母与韵调之间结合形成新字音，称之为“转”。在古音韵学中的转，是指声、韵、调的通转，在此即指声相谐为“通”，韵不同则为“转”。如用十二个元音与辅音相轮转，即用一个辅音与十二个元音相拼合，故有周而复始之意。作诗之韵，或可转，但不可通。所谓通转之法是指声母之通，韵母不同则转。今声之较严，而古声极宽。但是有一条总的声韵法则我们一定要记住，那就是“声通韵转”。

古代平、上、去、入四声韵通转法则		
通转类型	通转案例	通转机理
		东为宫音，江为商音，支为徵音，佳为商音；一宫一商，一徵一商，皆非本音；故欲通其韵，必先转其声乃可。即韵之平仄，亦须相间而用，如前四句押平韵，后四句换仄韵之类。至于通韵之法则反是，止就韵之可通者押之，或通体用平韵，或通体用仄韵，断不可平仄相间而用也。

① （明）黄公绍，熊忠. 古今韵举要（明刻本）[M]. 北京：中华书局，2000：20.

续表

通转类型	通转案例	通转机理
通转	东（一）与冬（二）可通转，庚（八）与青（九）蒸（十）可通转。	通者，以本音，通本音之谓转者，转其声而后通之谓。世人殊不知换韵即转韵，转韵就是声韵之通转。①
	东、冬（舌端音）庚、青、蒸（齿头音）可以通转，音属相同或相近。	
	如一东之与三江，四支之与九佳是也。	
古韵		古韵通转法：古韵是指上古韵，古韵之可通、可转。
	古韵东、冬和江三韵可通转。 支（四）与佳（九）灰（十）亦非本音，必转而方可通转。 古韵微、齐、佳、灰、文五韵均可通转。	《诗经》中的例子最多。
	鱼（六）与虞（七）通转；庚（八）之青（九）蒸（十）在古韵中通转屡见不鲜。	
平声	侵（十二）覃（十三）、盐（十四）咸（十五）四韵可以通转，唯古韵如此，不可推之今韵。	平声字与上、去、入字通转。
上声	董（一）与肿（二）可以通转。 董（一）与肿（二）讲（三）亦可通转。 纸（四）与尾（五）荠（八）蟹（九）贿（十）可以通转。 轸（十一）与吻（十二）阮（十三）旱（十四）潸（十五）铣（十六）可以通转。 篠（十七）巧（十八）皓十九三韵可通。 哿（二十）与马（二十一）梗（二十三）与迥（二十四）可以通转。 寝（二十六）感（二十七）俭（二十八）三韵可以通转。	以上声字通转较为常见，有的词则明确规定上、去、入可通转。
去声	送（一）与宋（二）和绛（三）可以通转。 寘（四）未（五）霁（八）泰（九）卦（十）队（十一）可以通转。 御（六）与遇（七）通转。 震（十二）与问（十三）可以通转。 愿（十四）翰（十五）谏（十六）霰（十七）可以通转。 啸（十八）效（十九）号（二十）三韵相通转。 个（二十一）与祃（二十二）二韵相通转。 漾（二十三）敬（二十四）径（二十五）宥（二十六）四韵，不能通转。	去声字与上声字通转。 古韵之可通者，足见古韵通转之宽也。

① （清）夏衡瞻．槐轩千家诗．雍正十二年刻印本，裕美堂藏版．

续表

通转类型	通转案例	通转机理
	沁（二十七）与勘（二十八）艳（二十九）陷（三十）古韵中又可通叶矣。 古韵真、文、元、寒、删、先六韵，竟可通叶。	
入声	十七韵中，屋（一）与沃（二）觉（三）可以通转。 质（四）与物（五）月（六）曷（七）黠（八）宵（九）可以通转。 陌（十一）与锡（十二）、职（十三）可以通转。	
	药十、缉十四、合十五、叶十六、洽十七之五韵没有通转。	古韵中所未见通转者。
今韵		今韵是指唐宋以来，文人作诗用的旧韵，即“平水韵。今科举考试进而言转韵之法，或则两句一转，或则四句一转，或则六句、八句一转；盖转韵之句必以双数，不能以单数，且通篇上下尤须铢两匀称，无头轻脚重或头重脚轻之病。
	江（三）和阳（七）可以通转。 萧（二）与肴（三）豪（四）可以通转。	谓之谐声通转。
上平	真（十一）与文（十二）元（十三）寒（十四）删（十五）下平声先（一）可以通转。	在今韵中，不能通转。

在中国传统音乐中就有“转腔法”，即无字处用复音，故称之为转腔法。“转”还可以用古代音乐的“旋相宫”来解释。何谓“旋相宫”，它是指宫商等字五行永远不移动，律吕一行移动，如轮旋转，即所谓旋相宫也。每一行谓之均，共十二均，每一均有五调，即有六十调矣。则明俗乐之转调法也。[①] 在此我们用音乐转调之法则能说明音韵转调之法则。至于有学者说中国音韵学之“转”源于梵语声明之“转”显然是不对的，至少他们并不了解中国音乐转之法则。

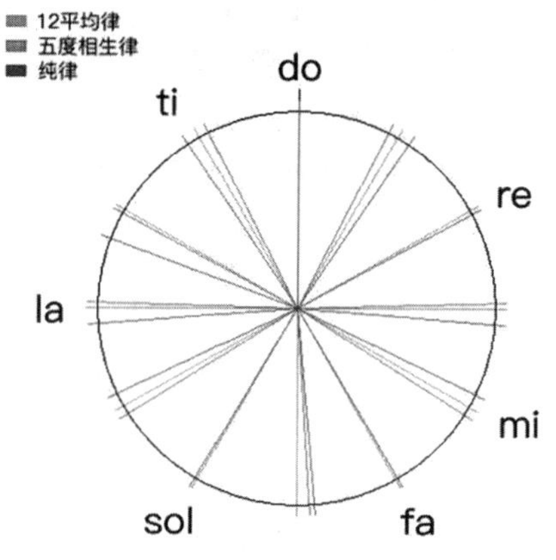

五度相生律通转图

我们再看《律吕正义》云：“七调之七字相转，即五声二变之旋相为宫。”古人弦管，俱能转调。今人则用管皆能转调，用弦或转或不转；然

① 许之衡. 中国音乐小史［M］. 北京：北京理工大学出版社，2016：98-99.

因苟简之故，亦不常七调俱转也。

中国古代十二平均律是为了移调方便，古代人认为转调十有八九说的是移调，而不是现代意义上的转调。当然这种转调或移调都与音韵换韵和转韵都有关系。现代人仍然是根据十二均律和五度相生律进行转调。如图所示：

纯律是在五度律的基础上简化了三度音的频率，使三度音听起来更协和。它产生的原因是为了满足和声的需要。人们认为五度律是最和谐的纯五音。在纯五音关系上，他符合人们的听觉审美，也是所有乐律中最为和谐的。所以，五度律被认为是最自然的生律法。

这已经充分说明了古人制弦管，俱能转调。今人则用管皆能转调，用弦或转或不转；然因苟简之故，亦不常七调俱转也。

五音十二律转调图

通过旋相宫也能说明调的转换机制。由于现代音韵学家不通乐理，不知音乐与音韵学之间的关系。析而言之，则有四科：

一曰七声定位，以五声二变立一定之位，自下羽至正羽，共列为八；

二曰旋宫主调，以五声二变旋于七声定位之下，亦分八位，如羽声立下羽之下，宫声立宫位之下，则为宫声立宫而羽声主调；

三曰和声起调，以十二律吕兼倍半以备用，按所生之音，各随其均序于旋宫之下，仍以调主相和之声所起各调注本律、本吕之下，以正各调之名；

四曰乐音字色，以律吕箫笛所命字色，随声调而序其次，列于律吕之下。

以此四科列为表，旋宫、转声、主调、起调之理犁然矣。①

赵荫棠在《等韵源流》中解释韵、转、摄、唱等概念时，认为“转”这个概念完全是援引于梵语音韵中的轮转概念。由此可见，赵荫棠之说未必说明了中国音乐与音韵学之间的历史渊源关系。他以梵语声明之“转”替代中国音乐和音韵学之转，这显然是一种错误

① （清）徐世昌. 清史稿·乐志［M］. 北京：中华书局，1998.

的说法。

在这里，我们不仅仅了解五声二变之旋相宫的音乐转调之法。实际上，我们还可以从中国传统舞蹈旋转规律来理解声韵之间的旋转法则。明代朱载堉在《律吕精义·外篇》卷十中说：四势为纲，象四端也。

一曰上转势，象恻隐之心。

二曰下转势，象差恶之义。

三曰外转势，象是非之智。

四曰内转势，象辞让之礼。

此四势象端。舞谱谓之送、摇、招、邀，这样就形成上转若邀宾之势，那么下转若送客之势；外转若摇出之势，内转若招入之势。朱载堉的五常八目则是以八势为目，乃似五常三纲：

一曰初转势，象恻隐之仁。

二曰转半势，象善恶之义。

三曰转周势，象笃实之信。

四曰转过势，象是非之智。

五曰转留势，象辞让之礼。

此五势象五常。朱熹在《诗传》中解释：辗转反侧，四字之义曰辗者转之半，转者辗之周，反者辗之过，侧者转之留。由此可见，转之一言，众妙之门法也。

六曰伏睹势，表尊敬于君。

七曰仰瞻势，表亲爱于父。

八曰回顾势，表和顺于夫。

此三势象四纲——五常——八目，总以四端为之纲。[①]

那么以四纲八目例来说，上转势与转半势和转周势来相匹配的话，上转转半势和上转转周势，这样就有 32 帧基本运作图。

以上我们阐述朱载堉的四纲八目，配以六种道具模式，就可以形成 4×8×6＝192 幅舞谱图，它与宋代郑樵《七音略图》[②] 和宋代司马光《切韵指掌图》(宋本)[③] 中的格子数目完全相同，这就说明郑樵的音韵图谱是按照四纲八目、六道具来编排设计的，同时将这些不同音韵按照内转和外转来进行编排设计，即横向分为平、上、去、入四声调，再留下纵向八目，再将音调均分为重中重、轻中轻六维相配合。实际上郑樵在他的《七音略》中采用音乐声律中的四纲八目和六道具原理，构建声韵内转和外转的声韵图谱，他按照这种图谱编排也存在一定问题，如入声字有时在内转和外转中就没有，完全处在空白状态或者字会出现很少。但是这也证明入声字是一个独立的声韵体系，同时也证明周德清将入声字

① （明）朱载堉．律吕精义［M］．北京：人民音乐出版社，2006.

② 郑樵（1104—1162），字渔仲，南宋兴化军莆田（福建莆田人），世称夹漈先生，宋代史学家、目录学家。

③ 司马光（1019.11.17—1086.10.11），字君实，号迂叟。汉族。陕州夏县（今山西夏县）涑水乡人，世称涑水先生。北宋政治家、史学家、文学家。

归入平、上、去三声是没有声韵理论依据的，更不符合古代语音规律。

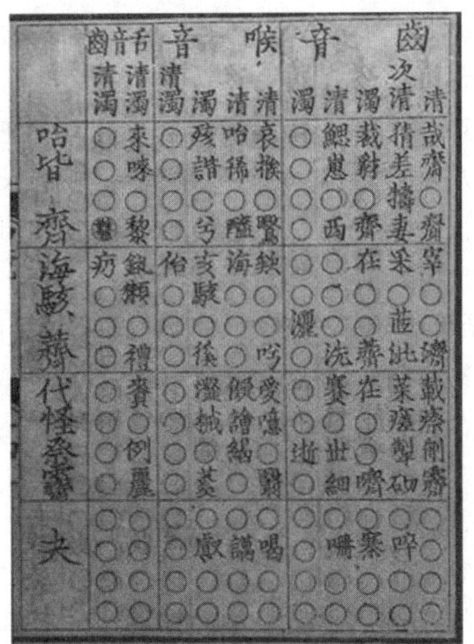

五代时期（韵镜图）

司马光《切韵指掌图》（宋本）

郑樵《七音略图》（宋本）

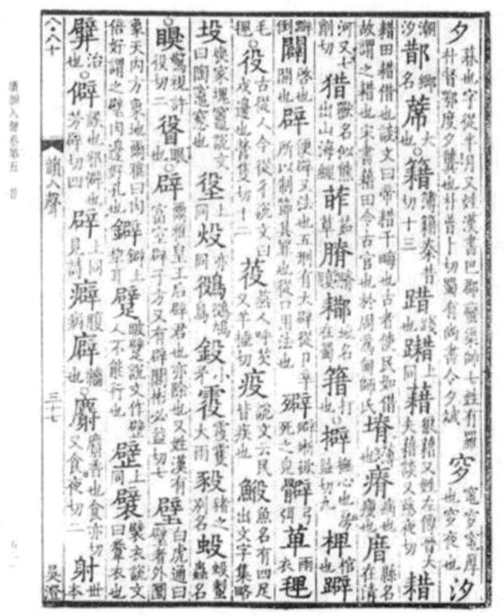

陈彭年（广韵图）

根据朱载堉（郑世子）《六代小舞谱·序》记载："古人学歌以'永'（韵）之，一字为众妙之门；古人学舞以'转'之，一字为众妙之门，何也？所谓歌者，五声六律，千变万化，举要言之不过一气'永'（韵）长而已。所谓舞者，三廻九转，四纲八目，举言要之，不过一体旋转而已。今人学歌而不能'永'（韵），学舞又不能'转'，此所以失传矣。"[①] 早在明代朱载堉就看出了音韵学研究中存在的本质问题，而我们后人却至今无人通晓音韵学问题的本质。研究证明，《韵镜图》《切韵指掌图》、郑樵《七音略图》与陈彭年《广韵图》不是一个韵谱体系。

正如朱氏所言，今人学音韵学的人不通晓声韵通转，如声母与声母之间的通转，或韵母与韵母之间的通转。如普通话"吃饭"，湘方言有说 qi 饭，粤语说 xi 饭；长沙方言说 qia 饭，则普通话说 chi 饭，这就是声母通转。韵母通转主要是腹韵母与尾韵母通转如普通话读"家"[jia]，长沙方言、粤方言、吴方言和客家方言都是读 ga；类似的例子，普通话读"间"，粤方言、湘方言和吴方言，甚至许多其它方言读 gan，都是属于韵母通转。普通话读"车"（che），吴方言、湘方言、客家方言，甚至韩语都是读 cha；或者读 ca，可见 a 和 e 通转，i 和 a 也通转。在汉语感叹语中的"咿呀"，"哎呀"都能说明韵母通转的例子。

从以上提供的方言文献资料来看，虽然朱载堉说的是舞蹈之"转"或音乐之"转"，但实质上与音韵之"转"的原理是相通的。这就不存中国古代音韵之转，来自梵语声明之转。

如果人们感兴趣的话，可以把明代朱载堉的《律吕精义》中的《村田乐》和《灵星小舞》舞谱与宋代郑樵的《七音略》中的音韵图谱放在一起进行比较，它们完全是一脉相承。也就是说，朱载堉的舞谱图与郑樵的《七音略》图谱是完全相吻合的，说明宋代和明代的等韵图不是来自梵语声明韵谱，而是来自中国古代音乐中的舞谱图。当然这种有争议学术问题还值得我们作进一步探讨。

由此可见，转是指用十二元音与辅音之间的轮转，即用一个辅音与十二个元音相拼合，故有周而复始之意。故赵荫棠在《等韵源流》中认为中国古代《韵镜》和郑樵《七音略》中的转乃袭悉昙梵语音韵流转而成，其理由是《七音略·序》曰："又述内外转图，所以明胡僧立韵得经纬之全。"[②]

还有一证据是张麟之在《韵镜韵调指微》中，郑樵说："作内外十六转图，以明胡僧立韵得经纬之全。"在《韵镜》中就有"内转第八"；又曰："外转第十三"等；悉昙家论字母则云：在"三十四字中，二十五字声从内出转至唇外，九字声从外还内"。

在这里也能说明赵荫棠并不通晓宋代郑樵《七音略》音韵图谱与明代朱载堉的舞谱图之间的相互关系。更不通晓四纲、八目与六维道具构成音韵图谱和舞蹈图谱之间的历史渊源关系。而把中国音韵图谱和等韵图谱牵强附会地扯到了梵语声明之"转"，这显然有不合理之处。

我们能理解音乐中的"转"与音韵学中的"转"有着极为密切的关系。如传统音乐中的"犯"，一般是指把几个不同的词牌乐句联结起来形成一个新的曲牌。另一个是指转调和转调式。例如南宋姜夔作的《凄凉犯》为仙吕调，犯双调即夷则羽转"夹钟商"。[③]

从以上中国唐代诗韵和歌调来看，音韵图中的转，不完全是佛经梵语声韵中的声转、韵转和调转。实际早在唐代中国诗、词、歌、赋中，就有声转、韵转和调转。当然，我们

---

① （明）朱载堉. 六代小舞谱（序）. 万历二十三年明刻本.

② 赵荫棠. 等韵源流［M］. 北京：商务印书馆，2011：32.

③ 杨荫浏，阴法鲁. 姜白石创作歌曲研究［M］. 北京：人民音乐出版社，1957：41.

现在只能说中国诗歌声韵和调韵曾经受到梵语声明声转和韵转的影响。在这里我们可以参看任半塘的《敦煌歌辞总编》[①]，这对我们研究中国古代声韵历史演变会有所裨益和启示。

从本文提供的中国古代音乐史料来看，中国古代音韵学源于中国古代音乐这是毋庸置疑的。至于音韵和声调的轮转应该不是来自梵语，但是它有可能受到梵语音韵轮转的启发来说明音韵学的起源，这应该说有它合理的一面，也应该说是完全可能的。因为这种轮转原理在中国传统文化思维中比比皆是，如中国五行运动模式和周易八卦运动思维模式都是属于一种轮转模式。

从某种意义上来说，中国传统文化思维模式就是一种旋绕思维模式。而我们古音乐考古证据历来被古音韵学家所忽略，甚至一直到现在找不到一种正确的说法来解释声韵的阴、阳、入三声是如何对转的、声母与声母是如何通转的、声母与韵母又是如何内外互相对转的、什么是声韵的内转、什么是声韵的外转。在古代音韵学中似乎从来没有说清楚过，许多学者说到这里就将之搪塞过去，要么就依葫芦画瓢，成了和尚照本念经。

我们可以这样说，中国古音韵学是梵语声韵与中国古音韵的结合体，这样并没有降低中国人的语言智慧，也没有有意抬高印度人的文明。华语没有因袭梵语而变成巴利文。梵语也没有因袭华语而变成汉语。实际上中国古代汉语的演变发展有益于中国文明的开放，这才是中华民族永远屹立于世界民族之林的主要原因。

8. 何谓摄？即以此摄彼，它是指用声母摄合韵母。唯中国文字与梵语不同，在翻译交流过程中以此摄彼，存在诸多矛盾。故摄有以少持多之义，即于一切法中，任持一切法，于一义中，摄持一切义。于一声中，摄藏无量功德，故名无尽藏。那么，从音韵角度来看，于一韵中，摄持一切声母。实际上，一韵摄持多个声母，这是声母通转的一种普遍现象。这说明摄与古代算学有关系，它与音韵学有着极为密切的关系。佛经在十观比量中，其中有四观比量来说明摄入法：

①摄入无碍门；②摄入交涉无碍门；③相在无碍门；④普融无碍门。[②]

在藏传因明学中，就有专门的《摄类学》。根据《摄类学》和《释量论》[③] 说："言能立所作，非是说一切，诸业之能立，从何是何果，彼是彼能立。"[④] 从印度《摄类学》的角度分析，能提高学人对声韵属性的肯定、否定和否定之否定的分析能力。

在中国古代韵学中，我们很难找到摄韵的原型概念。在司马光《切韵指南》和《四声等子》中有十六摄之说即"止摄内二"；又曰"蟹摄外二"的例子。《切韵要法》和《华严经字母图》中的摄，并没有说明"摄"的历史由来。特别没有说明"摄"是由梵语十六韵演变而来的。在此我们发现中国古代音韵学研究中存在的几个明显的问题：

一是自中国古代音韵学成为一门独立的学科，自从音乐学分离出来以后，就很少有学者将音韵学与音乐学进行比较研究，也不承认音韵学是音乐学的分支学科。也就是说，音韵学与音乐学之间有极为密切的关系，它已经被人们彻底忘记。

---

① 任半塘. 敦煌歌辞总编［M］. 上海：上海古籍出版社，2006.

② 太虚大师. 真现实论［M］. 北京：中国人民大学出版社，2004：32—33.

③ 法尊. 释量论［M］. 西宁：中国佛教协会，1982：38.

④ 祁顺来. 因明学通论［M］. 西宁：青海民族出版社，2006：98.

二是在音韵学研究中，没有厘清诗歌赋韵和词曲韵之间的音韵差别。最明显的是南北语音差别。即便是南方方言区不同地域之间也存在明显的差别。在古音韵学研究过程中完全脱离了方言语言的实际状况，在构拟一个完全虚幻的古代音韵学模式。实际上，春秋战国时期是中国南北方语音第一次发生碰撞的时期，这也是秦始皇提出统一中国文字的主要原因。中国文字和中国语言是两套语码，文字语码是统一的，语音语码并不是统一的。这种现象一直延续到清代，甚至一直到现在南北方语言仍然存在明显的差异。

三是没有把中国古代音韵学与古梵语进行比较研究，完全忽略了外来语音对中国古代音韵学发展的影响，如：魏晋南北朝时期印度佛学大量地传入中国，梵语和汉语对译和跨文化交流非常频繁，梵语语音对中国古汉语语音的发展曾经起到过推波助澜的作用，并且在中国古汉语语音发展过程中留下不可磨灭的历史印记。

四是对古音系演变发展的分期存在人为的、机械的划分。特别是一些专家按照历史学的分期来划分语音演变的历史分期，这种套用历史分期的方法，实在是与语音演变毫无关系。如上古语音系商周时期是一个相对比较稳定的时期；则春秋战国时期可能是中国古代语音的特殊融汇时期，南北民族迁徙往来比较频繁，不同语言交流也比较频繁。

秦汉统一时期是一个相对较稳定的时期，如汉代的乐府和当时的诗歌基本上是以楚方言和吴越方言为主。

魏晋南北朝时期，印度佛学传入中国，这是中国古汉语与梵语语音第一次发生碰撞，它加快了中国音韵学的发展。当时音韵学成为中国学界的显学。甚至像颜之推这样的官宦之家都将音韵学纳入家训。随之而来的是经学家运用新的音韵学对先秦两汉的经、史、子、集著作重新注音和注释，这样导致先秦时期的《道德经》和《周易》与后来的版本有明显的不同。如湖北郭店汉墓出土的竹简中记载的《道德经》与先秦流传下来的《道德经》，在内容上存在明显的差异。故清代康有为著有《新学伪经考》，能说明当时语音的变化，而使部分经、史、子、集内容失真。

后来，中国古代音韵上不溯源于音乐与音韵的关系，也不区分声诗、声词、声曲、骈赋之间的音韵差别，下不调查南北方言之间的差异，运用方言证明古音的读法以及方言对中国古代音韵的演变与发展；对外不承认印度梵语音韵对中国古代汉语音韵学的推动作用。这样使中国古代音韵学成为一门无源之水、无本之木的真正绝学，这样怎么能叫后人为往圣世继绝学呢?

如果孩子们在童蒙时期，只读一本《声律启蒙》，那只是音韵学的冰山一角，这些童蒙书籍对有些孩子还会产生一些误导，甚至他们会对这些启蒙读物产生依赖性。因此，孩子在启蒙时期同样需要有相关的音韵学理论知识和相关的音韵学概念来提高他们的音韵学意识。

第三节 重新解释"古无轻唇音"命题

根据《阿房宫赋》记载："蜀山兀，阿房出"注曰"房"古读"盘"。钱大昕《十驾斋养心录》因此断定："古无轻唇音。"①

如类似的例子，古音《切韵》"风"读 piung，可是风从"凡"声，"凡"字在古音 b ‘iwam，在客家话中，古音 b ‘iwam，客家人读 fam，在汕头也还是 kuam，广州白话是 fan，而不是 fam。②

笔者是湖南人，在湘方言中，祁阳人"房子"读成 pangzi，在湖南邵东、邵阳、新邵一带"蜂糖"读 fantang。在赵元任先生看来，这是古音异化的结果。实际上并不是这么简单。在这里我们必须要加以说明：

轻重唇音区域方言对照表					
序号	区域 《切韵》	区域 湘方言	区域 客家方言	区域 广州白话	区域 潮汕方言
1	piung，	pangzi	fam	fan	kuam
2	b ‘iwam，	fantang			
3	b ‘iwam，	heng，hengtang	fam	fan	kuam

第一，在《切韵》中 piung，b ‘iwam，这两个字的读音是南方方言，还是北方方言？

第二，从"风"读 piung，因为古"风"字与"鹏"是同一个字，故"风"读 piung，后来风、鹏二字分开，故读音发生变化，风从凡声。那么与之相似发音都变为轻唇音 f，但是也有例外，湖南祁阳人把房子读成 pangzi，保留古音 p 声母。

第三，在粤方言、客家话和湘方言中，一部分读成了［k］［k’］［h］。在普通话里［x］声母的合口呼字，读 f 声母，这种演变在绝大多数的方言都能听到，应该说这是唇音演化的一条规律。更重要的是在湖南湘方言中仍然保留了 heng，（风）hengtang（蜂糖）发［h］的喉塞音声母"或 fantang"。

第四，在广东潮汕地区发［k］［k’］’声母的字如 kuam；如"枯"读成"夫"，这是相当一部分方言由喉塞音—腭化—齿龈化—（牙音）清化—唇齿擦化，最后形成发轻唇音（f）。由此可见轻唇音分化不全是从重唇音中分化出来的。现代许多学者都证明了喉塞唇音化的演变规律。

第五，我们完全从故纸堆中寻找例证，或者完全相信这些例证肯定会犯以偏概全的错误。

① （清）钱大昕．十驾斋养新录［M］．上海：上海书店出版社，1982：101．

② 赵元任．语言学论文集［C］．北京：商务印书馆，2002：300—301．

由于中国地方大，方言多，古代记音方法本身就有问题。我们很难说古人记下来的读音具有普遍性。尽管钱大昕想把自己的学问做得扎扎实实，滴水不漏。但是钱大昕他还是犯了以下几个致命性的命题错误：

第一，“古无轻唇音”命题错误，就在于他是一个真假参半的命题错误。从逻辑学分析来看，全称肯定命题和全称否定命题注定要承担更大的风险。比如说，这样一个全称肯定命题：在“澳大利亚所有的天鹅都是白的”，我们大家都相信：在澳大利亚，这群天鹅都是白的，前提和结论是一致的。如果要是从美国德克萨斯州飞来一只黑天鹅，那么，“澳大利亚所有天鹅都是白的”，整个命题就不能成立。这是钱大昕“古无轻唇音”命题逻辑错误之一。

第二，“古无轻唇音”命题具体时间划分不明确。“古”一词是指远古、上古、还是中古？在远古没有文字，我们无法确定到底有没有轻唇音。上古虽然有文字，但是我们也无法确定上古有没有轻唇音。中古不但有文字，而且还有了音韵学，我们在声韵学中能找到轻唇音字。于是他断定一直到宋代轻唇音才从重唇音中分化出来。更确切地说，到宋代汉语才有轻唇音。以此方法来断定语言演变或语音演变科学吗？这是钱大昕命题逻辑错误之二。

第三，“古无轻唇音”命题的语言指代不明确。它是指政府官方语言无轻唇音，还是在北方方言中没有轻唇音，抑或是整个南方方言中没有轻唇音。比如说：中国南方的闽方言就没有轻唇音，但是并不是所有南方方言都没有轻唇音。比如：在湘方言中就有许多轻唇音字。

第四，钱大昕没有认识到书面文言文与地方方言之间的差别。表面上，我们得到了先秦典籍中无轻唇音的结论，但是命题中项与前提和结论不相联结，推理出一个真假参半的结论，真假参半的结论说明了大前提是一个真假参半的事实命题。

首先，我们要肯定先秦典籍，并非全是后来的古汉语。

其次，先秦古籍是指齐、楚、燕、韩、赵、魏、秦七国语，或者说是诸子百家语。

我们很难说，它是后来的古代汉语的全部。先秦古代汉语，并不能完全代表当时六国的语言事实。楚方言与其他六国方言也有明显的差别，即便同是楚方言在不同地区也有明显的差别，如吴方言与荆楚方言就有明显的差别。不要说是先秦时期，就是现在仍然有明显的差别。因此，中项前提同样不是真实的，也不能联结大前提，故而得出一个真假参半的结论。我想稍有语言常识的人都不会随意将其画等号。严格地说，古汉语是用楚语方言记录的，也就是说汉语只是当时其中的一种方言之一。

第五，钱大昕并没有掌握声韵通转规律。比如说：多个声母与同一个韵母相拼时，这是声母通转规律，这样很可能字的读音会相似，在不同方言区会有不同的读法；在长沙方言中读（qia 饭）在湘西方言中读（qi 饭）在白话中读（ xi 饭）这是同一韵母中的声母通转，其读音有相似之处，有时容易混淆，不易分辨。又比如说：多个韵母与一个声母相拼时，这是一种韵母通转的普遍规律。这种规律比较容易掌握，也容易区分它的读音。在这里说明钱大昕对声母通转理解不到位，这也导致他对轻重唇音分化判断上的错误。

第六，我们要注意真假参半的事实性命题。钱大昕“古无清唇音”命题就是一个真假参半的事实命题。这种真假参半的事实命题最具有迷惑性，往往使人忽略了语言表述的微妙性。我们确定大前提是正确的，我们就要检查前提或者要评估前提与结论的相关性，必须进一步确认论证结构是否合理。在前提与结论之间是否构建起一道逻辑沟通的桥梁，通过这道逻辑沟通的桥梁是否能走向结论的彼岸。如果我们根据前提不能推出结论，说明这个命题和这个论证是失败的。我们就需要重新调整命题和重新对命题进行论证。我们用三段论创造性阅读韩愈《师说》的方法来检验一下“古无轻唇音”命题：

古（汉语）无轻唇音（全称否定命题）；

荆楚方言是古汉语（特称肯定命题）；

所以，荆楚方言没有轻唇音（结论）。

①前提真假参半；②小前提真假参半；③结论完全是错误的。

我们通过检验观念性命题与其对象的关系来确认观念的正确与否，如果说某一观念与对象的对应关系被扭曲，我们就可以确认其观念是错误的。我们只有通过观念来了解世界，这就意味着我们只能把握观念。观念是人类认知的工具，而并非是最终认识的目的。观念是人与外部世界之间联系的桥梁，一个正确的观念能使这座桥梁固若金汤。那么，最有效的确认方法是通过观念本身去观察其所表现的对象。

这次验证与上面的验证有许多相同地方，大前提是全称否定命题，中项小前提是古代荆楚方言也是汉语，我们就很容易发现中项小前提犯有逻辑上的错误。大家都知道：即古代方言与古代汉语没有必然的联系，就像现在的方言与现代汉语没有必然联系一样，也就像现代书面语言与方言没有必然联系一样。由于大前提主词“古”和中项“古代方言”指称不明确，同样得出的是一个真假参半的结论，甚至说完全是一个错误的结论即“古代方言没有轻唇音”，这显然是一个错误的结论，因为这个证明结论是钱大昕的主观判断。

在湘方言、吴方言、粤方言、安徽南部方言中都有轻唇音字存在。最重要的是任何一种方言与它的通用语言有着必然的联系，而不是没有任何联系。比如说：“阿房宫”读阿“盘”宫，在湖南祁阳的湘方言中，“房子”就读成“盘子”。钱大昕就不知“房”读“盘”是楚方言。又如“邦”为什么读“封”。早在西汉时期，刘邦避讳，钱大昕几乎全然不知，武断结论说古“邦 ”读“封”，避讳理由有三：

①以“国”代“邦”；

②以“域”代“邦”；

③以“封”代“邦”。

《论语·季氏篇》曰：“且在邦域之中矣。”《释文》云：“邦”作“封”又曰：“而谋动干戈于内邦。”在此“邦”读“封”。《释文》云：“郑本作”“封内”彦按：作封盖亦汉人避高帝讳改。[①]

再有一个类似的例子：西汉孝昭帝刘弗，昭帝讳“弗”，《汉书昭帝纪》注引荀悦曰：讳“弗”之字曰：“不。”《左传文公二年》曰：夏父弗忌。《汉书古今人表》则作“夏父不忌”。《论语阳货》曰：公山弗扰，《汉书古今人表》则作“公山不狃”。

---

① 王彦坤. 历代避讳字汇典［M］. 郑州：中州古籍出版社，1997：12—13.

第一个例证，我们是通过书面文言文来论证大前提与结论的；第二个例证是通过方言来论证大前提的，因为大前提是全称否定命题，小项是用特称肯定命题来进行论证的，那么结论是只有“古代方言没有轻唇音”。我们通过这两个论证充分说明了钱大昕“古无轻唇音”命题是错误的。

以上两个例证的论证都是失败的。我们对前提和结论的论证过程，其目的就在于要推出一个可能性的结论，那么事实命题取决于构成论证前提所提供的信息是否可靠，对结论支持的可靠程度有多大，论证的力度完全取决于对客观事实的反映程度。“古无轻唇音”大前提主项“古”一词具有模糊性，命题指称不明确，正如赵元任批评王力先生那样“说有容易，说无难”。

第四节　重新认识轻重唇音分化的历史问题

早在20世纪初，被学界传为佳话的例子也能说明这个问题。20世纪20年代，我国著名的古汉语音韵学家王力先生，他曾在赵元任门下读研究生，他在《两粤言说》一文中的“两粤无‘撮口呼’”一说，发表在清华大学学报上。1928年，赵元任为了研究中国方言，到苏州、杭州、广州一带进行调查。在广州，他发现这一带方言，就有“撮口呼”的读音。此时，王力已到法国留学。赵元任专门致函巴黎，向王力指正此文，还特别以“雪”字，作为“两粤”有“撮口呼”的实例。王力在巴黎接到此信，“深感惭愧”。后来他分析自己犯这种错误的主要原因有二：

一是论文题目本身就有错误。方言是非常复杂的，有时一个地区就有多种方言，如：广西贺州八步区，这个地方就汇集了全国多地方言，可以称之为全国方言的语言宝库。研究一个方言，他必须应该一个一个地点进行调查，绝对不能主观和武断的下结论。这样的考察结果当然经不起论证。更应该将方言极多，且复杂的“两粤”作为一个整体去调查。

二是王力是广西博白人，他是以博白话中没有“撮口呼”，来推断两粤地区没有“撮口呼”的读音，这在逻辑推理上本身就犯了以偏概全的错误。经过赵元任的两番指正，王力更加领会了科学研究中“说有易，说无难”的道理。

在两粤方言区，有的地方有“撮口呼”；有的地方没有“撮口呼”。其实在方言中有无重轻唇音，我们可以以此类推。同样，在吴方言区，有的地方有轻唇音，有的地方就没有轻唇音。在当时钱大昕居住的江苏嘉定（今上海市）这个地方就没有轻唇音。在梵语中，也没有轻唇音。如果我们照本念经，把“阿房宫”念成“阿盘宫”。其实，许多人并不知道“房”为何读“盘”，湖南祁阳方言“房”就读成“盘”音。钱大昕并不知道“房”为什么会读“盘”，是古人读“盘”，还是方言读“盘”。看来，钱大昕并不熟悉语音演变机制，特别是他对声母通转的规律全然不知。钱大昕和王力在语音学上犯了同样的以偏概全的错误，那就是没有通过方言调查，也没有用方言的例子来证明。

另一个例子也能说明问题，钱大昕认为古读“华”为“敷”，他同样有误。至少他没有对方言进行调查，也没有用方言来印证古音的读法，如“华”读“敷”，这在粤方言和湘方言都有相同的读法。

第一，是在声母方面，我们从复辅音也能说明 h 与 f 之间的分化和脱落，甚至 h 与 f 之间的通转也是最能说明轻唇音不全是从重唇音中分化出来的。

1. 在粤方言中一部分读成了［k］［k’］［h］。在普通话里［x］声母的合口呼的字，在粤方言中，大部分都是发轻唇音［f］。钱氏并不知“华”读“敷”一字读音与方言有关。但还有一个令人难以相信的语言事实是：一直到现在，在湘方言中，如华、黄、会等字，其喉塞音发“h”声母，在湖南长沙发轻唇音“f”声。那么，它完全相反的是，一些本应该发轻唇音 f 声母的字，在长沙方言中却发成了喉塞音 h，如风、峰、凤等字。我们可以通过这些例子完全可以证明在上古或中古时期就存在 f 声母的轻唇音读法，如大夫、凤凰、父等轻唇字音。“在安徽南部文言中，有 hf、pf、ht 等复辅音声母”[①] 中就有语音脱落和分离现象，分化为轻唇音“f”。

2. 在普通话里［k’］声母的合口字，有一部分读成了［f］，如“科”读［fo］、［fun］、［fu］。[②] 在粤方言地区“佛”读［fo］。

3. 在普通话里［k’］声母的合口字，在赣方言声母中读［f］。它符合喉塞音腭化后，出现齿龈化，形成“牙音”清化，再通过唇音擦化形成轻唇音。

4. 在普通话中的塞擦音不送气的声母，有一部分在客家方言中读成送气声母（这部分字来自古代的全浊声母）。

（1）在普通话里［x］声母的合口呼的字，在客家方言中读［f］声母，如灰、辉、花、黄、怀，客家人的这种读法，在湖南湘方言长沙土著语中也是这样念的，发轻唇音“f”声。

（2）在普通话里［f］声母字，在客家方言中读成［p］、［p’］，如飞、斧、肥、浮、甫、辅。客家方言这种读法，在湖南湘方言中也这样读的，如蒲、甫、辅、浮（piao）、肥膘（biao）等都是发重唇音［p］音。

实际上钱大昕忽略了他本地方言的研究与重、轻唇音字的相互印证。在吴方言中，高元音的擦化现象非常普遍，例如：中派上海话的后高元音［u］，就有明显的摩擦，如“夫妇”一词，实际上是同部位的摩擦如：fv、v，在发 fv、v 这两个音时，从 f……u 调音器官一动不动，可以看成是唇齿擦音 v 音节化。另外，湖、胡、护、舞 wu 等字在上海话中，能感觉到双唇擦化感 u，把上海话的 fu 和 wu 分别与英语的 food 和 wood 进行比较的话，你就感受到它们之间存在很大的差别。同样把诸如“午”“吴”发成 u/ v 的，还有松江、黎里、嘉兴、绍兴、余姚、宁波等北部吴方言，甚至在南部衢州话也有发 u/vi。[③]

就像高本汉为唇音字构拟的 w 和 u 都是不必要的唇音字母。在这里我们可以把它看作是开口和合口两大范畴之外的第三个语音范畴，即唇音字没有“开”与“合”的对立，即重唇音字和轻唇字的对立。李荣在《切韵音系》中说：开合韵与开合口韵的对立，限于非唇音声母。对于唇音声母来讲，开合韵是一个独立的音韵体系。这就意味着轻重唇音也是

① 沈祥源，杨子仪．实用汉语音韵学［M］．太原：山西教育出版社，1991：141.

② 林焘，耿振生．音韵学概要［M］．北京：商务印书馆，2004：38—39.

③ 朱晓农．音韵研究［M］．北京：商务印书馆，2004：100—101.

一个独立的语音体系。实际上它可能也不是如此简单，在以广州为中心的粤方言地区将舌根音声母可以分为圆唇和不圆唇两组，即把［w］这个介音成分看作是声母的一部分，但是仍有把舌根音作为一组来看待，即把［w］看作是韵头［u］的。前两种称之为高化比较好理解，后面四种同样看作是继续高化的结果。

第二，是在汉语各种方言中的元音高化现象的出现，它表现出一种普遍的语音现象，那就是舌面高元音 i、y、u 高化到顶部后继续高化，导致一种比较特殊的音变，即所谓的“元音高位”。高位的方式有六种：①擦化：即由 i 舌齿音擦化（北京方言）；②舌尖化 l z，严格地说是 ɿ（北京方言）；③边擦化：tl（以安徽南部方言为主）；④鼻音化 ni（温州方言）；⑤央化：山东寿光话就有央化 i；⑥裂化：广州话裂化的结果是（ij—ej—ai），① 我们从“元音高位”化结果来看，元音随着音位发生改变即前移或后移的结果，使元音发生腭（舌）音擦化、齿龈擦化、唇牙（舌尖）音擦化和 i 元音央化的出现，特别是在广州粤方言中，音素发生裂变和脱落，最后导致唇齿音擦化，形成发“f”声母的轻唇塞音。实际从元音高化现象，也能说明轻重唇音的语音演化机制。以上这些语言、语音研究成果，为轻重唇音分化和演变提供了重要的理论依据。

第三，腭化与 i 介音的失落与对抗。最明显的是 k、k’ x 被腭化，朱晓农认为在腭化过程是一个逐步扩散的过程，首先是“喻”母扩散到其他喉音［x］。更简单地说，首先是喉音腭擦化、腭（舌）音擦化、齿龈音擦化，再扩散到牙（舌尖）音擦化，最后唇齿擦化，形成发 f 的轻唇音。也就是说，形成唇音“f”的轻擦化，它包含着喉音腭化、腭（舌）化、齿化、牙化的擦化语音演变过程。后来有大量的方言资料研究支撑了这一论证结果的正确性：即喉—腭（舌）—齿龈—牙（舌尖）—唇齿擦化的语音次序过程的看法。朱晓农这一研究结果完全符合轻重唇音语音演变机制和语音事实变化的。至少我们揭示了南部轻重唇音的演变机制和语音演变规律：喉—腭—牙—齿—龈—唇化的次序的看法。②

第四，唇音字在腭化过程中，逐渐演变成齿龈化，牙（舌尖）音化/唇齿擦音化即指唇塞音化，如 p 、ph 、b 、m 、f 构成唇齿塞音的语音演变体系。这样需要我们重新认识这一音变过程。早在 1941 年，王静如和陆志韦共同提出了一个双重区别论：即重纽既有介音的区别，又有声母的区别。重纽三等介音为较低的 l，声母为唇化喉牙音 kw 和喉化唇音 pw 而重纽四等则为较高的 i 声母是普通的辅音。后来李新魁也主张重纽为声母区别，其构拟同王静如，由此可见唇音不分开合得到了音韵学界的普遍认同。

以上我们引证了许多语言、语音历史文献资料证明轻唇音腭（舌）化、齿龈化和唇齿化的普遍擦化交替现象。在共时亲属语中，我们可以看到舌腭化唇音、齿龈唇和唇齿音交替擦化的现象。例如，在捷克语中，就有标准捷克语中的腭化唇音对应方言中的舌腭化、齿龈化和唇齿化的演变现象。这种类似的例子，也有意大利语和罗马意大利语中的清浊唇音，加上腭化介音 pj /bj 的分别对应和交替。

综上所述，唇音加上辅音性滑音 j 有变成齿龈音的倾向。从这些现实的、活的语言化石中，历史上出现过共时变异和共时交替即 bj>d ，pj>t ，mj>n / l ，这些共时变异和共

① 朱晓农. 音韵研究［M］. 北京：商务印书馆，2004：99—100.

② 朱晓农. 音韵研究［M］. 北京：商务印书馆，2004：388—399.

时交替，跟汉语和南部方言（越、粤、闽、湘、赣方言）的唇齿化演变的方向是一致的。因此，把重纽四等介音构拟成－j－就有语言类型学理论的支撑，即可得出以下唇音齿龈化的过程模式，即：

1. 齿龈擦化—牙（舌尖）清擦化—脱落—塞化过程。

＊bj/＊pj＞＊bz/＊pj＞＊ps＞＊s＞t

从这个重唇音分化模型来看，重唇主要是通过齿龈擦化和牙音清化最后 s 和 t 两个音节，而不是轻唇音 f。

2. 喉塞化—腭（舌）擦化—齿龈擦化—牙（舌尖）清擦化—唇齿轻塞化过程。

＊hu/＊ku/＊bu/＊pu/fu＞f

从这个轻唇音演变分化模型来看，轻唇音不是单一地从重唇音中分化出来的，而是有一个相对比较复杂的整体演变过程。通过以下模型显示：

h（喉）—k（腭）—b（齿）—p（牙）—fu（唇齿分化）—最后形成“f”的轻唇音。

这个唇音化模式不是凭空构造出来的。它在粤方言、上海方言、客家方言、安徽南部方言和湘方言的语音事实中演变分化出来的，其唇音演化表达式为：hu（喉塞音）—ku（腭化擦化）—pu（齿龈擦化）—fu（牙、舌清化）—形成发 f（唇齿轻擦化）的唇音塞化过程。1941 年，赵元任在《中古汉语的语音区别》中说：“旨如果唇音有一个高 i，后接一个央元音或后元音，那么，它们总是伴随着牙音床位置后移，于是就有下唇接触上齿的趋向，这就产生了轻唇音。”① 赵元任这一语音推测是正确的。它完全符合轻唇音的演变规律。

1943 年，那盖尔（Paul Nagel）在《论陈澧切韵考所见字音的构拟》表达了与赵元任相似的观点，他认为中古腭化唇音 pj、p’j、bj、mj（ɑ o u）变成唇齿擦音。1967 年日本学者平山久雄在《关于唐代音韵史的轻唇化问题》，1986 年张世禄、杨剑桥在《汉语轻重唇音化问题》中，再次证明了“侵、蒸、庚三韵当为前元音，从而确认了重唇音演变为轻唇音的条件是 i 介音后接央元音。”②

实际上，中外学者已经基本上解决了轻重唇音的演化问题。根本不存在钱大昕所说的轻重唇音到宋代才开始分化，更不存在“古无轻唇音”一说。更重要的是，这个模型说明了轻唇音不是单一地从重唇音中分化出来的。从轻唇音分化模型来看，重唇音只是轻唇音演化整体过程中的一个环节。最后，我们可以得出一个结论，钱大昕“古无轻唇音”命题和它的结论完全是错误问题。以后我们应该把汉语言工具书和相关教科书中的错误内容纠正过来，以免误人子弟。

壮语除有单纯辅音外，还有腭化、唇化辅音；有 6 个元音韵母和 9 个韵尾。单元音韵母都是长元音，带韵尾时有长短元音的对立。壮语声母有 22 个声母（辅音）。声母的读法在后面加元音 ɑ 或 e，以便分辨。一般把声母编成四组来读：

---

① 张永桃，柳士镇. 语言名著（第八卷）[M]. 北京：中国青年出版社，2000：163.

② 张永桃，柳士镇. 语言名著（第八卷）[M]. 北京：中国青年出版社，2000：164.

声母和发音部位分化表							
唇音	b	mb [ ]	m	f [f]	v [β]		
舌尖音	d [t]	nd [ ]	n [n]	s [θ]	l [l]		
舌根音、喉音	g [k]	gv [k]	ng [ŋ]	h [h]	r [ ]		
舌面音、ngv、腭化音	c [ ]	y [j]	ny [ ]	ngv [ŋ]	by [p]	gy [k]	my

从以上这个音位表来看，在壮语中保留了最原始的轻唇音 f 和 v 字母的发音。从壮语发展演变来看，这也充分说明了古代有轻唇音的存在。我还要举一个类似的例子来说明这个问题。在 20 世纪 80 年代北京大学著名音韵家郭锡良教授主编《汉字古音手册》一书，前面有王力先生写的序。郭锡良先生在他的例言中是这样说的，古音的注法是：

第一行列举上古的声母和韵部，后注拟音。在第二行列举《广韵》反切，空一格注明中古的声母、韵类、开合口等声调韵摄，然后再注拟音。例如：

茶、搽（古）定鱼 dea；

（广）宅加切澄麻开二平假。[①]

也就是说，茶、搽，这两个字在上古属定母、鱼部，前以古字标明为上古音［dea］是它的上古拟音。按学理来说，郭锡良教授不应该犯这样的低级错误。

关于郭锡良在《汉字古音手册》一书中存在大量的类似错误，我们暂且不说，在此就例言中的“茶”字起源需要作必要的考证：

上古无“茶”字，在汉代许慎《说文解字》一书中能够得到证明，至少在汉代以前没有茶字。既无此字，应该也就无此字读音，这应该是符合语言逻辑的。同仁们也许会问上古是否有“茶”这种植物？有，上古茶读“茗”、读“荼”，还有读“槚”。梵音荼 dā，dha、ta、ta；荼 dā、dha，这是从梵语译音构拟的汉语读音。那么，郭锡良所构拟古音 dea，与梵语译音构拟的汉语 dha 的读音是否有区别？“茶”字从何而来，由谁所创？为何读“茶”音？以下有相关历史文献资料即可证实：

在唐代开元年间（713—741 年），即唐玄宗李隆基，史称开元之治。陆羽首创茶字，并著有《茶经》。[②] 按照一般常识性考证的话，创“茶”字和茶字读音与陆羽有关，或者为陆羽所创，《茶经》注云：“从草当作茶”；《茶经》原注者认为“茶”字首见《开元文字音义》。有历史文献证明：《开元文字音义》系唐玄宗李隆基御撰的一部分，已失传。这说明在陆羽之前就有“茶”字和“茶”字读音。也就是说，“茶”字读音出于《开元文字音义》应该是没有问题的。尽管《开元文字音义》和《广韵》都收有“茶”字，但在正式场合，仍用“搽”（音茶）。

第三，初唐苏恭著有《唐本草》一书，陈藏器撰有《本草拾遗》，陈藏器（681－757），唐代四明（今浙江宁波人）。医学家、药物学家、方剂学家。开元中（713—741）

① 郭锡良．汉字古音手册［M］．北京：中华书局 1987：2.

② 陆羽（733—804），汉族，复州竟陵（今湖北省天门市人）。字鸿渐，一名疾，字季疵，号竟陵子、桑苎翁、东冈子，又号“茶山御史”。唐代著名的茶学家，史称“茶仙、茶圣”。

为京兆府三原（今陕西省咸阳市三原县）县尉，县尉系县令以下分管治安的官员。平时爱好医道，专心攻研药学，喜读《本草》一类书籍。他们都是用“搽”而未用“茶”。直到陆羽著《茶经》之后，“茶”字才逐渐流传开来。不过在“开元726年，玄宗昭告天下，赐陈藏器为“茶疗鼻祖”。这也充分说明陈氏在陆羽之前，已经有“茶”一字和茶字读音。

在其他历史文献中，对茶的相关概念也有明确的记载，如荼、槚、茗、荈、设有五种茶的称谓，但以荼最为普遍，流传最广。隋·陆德明《经典释文·尔雅音义下·释木·第十四》曰：“荼，音徒，下同。”埤苍作搽。按：今蜀人以作饮，音直加反，茗之类。“初加切，直加切，音茶。”“荼”读“茶”音约始于南北朝时期。巴南人曰“葭荼”。“茶，俗”。“茶”字列入“麻韵”，下平声，当读“茶”，非读“徒”。“茶”字由“荼”字减去一画，仍从草，不含造字法，但它比“荼”书写简单，所以，“荼”的俗字是“茶”，首先使用于民间。“荼”（音茶）和“茶”大约起始于陈隋之际。

罗常培在《汉语音韵学导论》绪论中批评说：“曩之治韵学者，凭臆立说，每多违失：论平仄则以钟鼓木石为喻，论清浊则以天地阴阳为言，是曰玄虚；辨声则以喉牙互淆，析韵则以纵横为别，是曰含混；以五行五脏牵合五音，依河图洛书配列字母，是曰附会……”[①] 罗常培这种批评不是没有道理的。就郭锡良这种上古音韵模式的构拟就存在明显的错误，更是缺乏音韵学的理论依据，完全是凭空捏造，讹传误谬，误人子弟。更要命的是，连王力先生写序，也是这样随声附和。

俞敏《等韵溯源》对此更是毫不留情地加以痛辟，他指出：“等韵书大部分是生搬硬套悉昙，又不真懂声明，弄出好多玄虚来。”但这种对概念缺少严格定义，又缺乏内涵外延严密限定的术语，这可以说是整个音韵学，甚至全部传统学术的通病。但也不能单独对等韵学求全责备。[②]

例如：b和v两个辅音对转表面上看来有些混乱。在译b的轻唇字只有“佛、梵”二字，而且出现率高达20%。在俞氏看来，这个字远在唇音分化之前就进入佛典，这种观点我完全支持。我们发现：这些并三组字的元音全部都是前元音，那么是前元音的重唇音字是不能轻唇化的。俞氏通过对梵、汉语轻重唇音对转译音的研究充分表明：

轻重唇音分化是有条件的，并非所有轻唇音字，都是从重唇音分化而来。这种研究对钱大昕“古无轻唇音”命题是一种深刻的批判，说明钱大昕“古无轻唇音”这一命题的错误性。我们可以通过玄奘译经的对音大胆地肯定：轻重唇音的分化在玄奘时代已经发生，甚至更早。奉纽的音值是v，非敷微的音值是什么？因没有对音的根据，我们暂不去构拟。但微纽不是v，则是可以断言的。凡vam，梵vam，可以看出，四声和音长间是有一定的对应关系的。我们收集到全部对音字、译长元音的情况如下表所示：

① 罗常培．汉语音韵学导论［M］．北京：中华书局，2016：50.

② 俞敏．等韵溯源［M］．北京：商务印书馆，1999：120.

长元音字数频率表					
声调	平	上	去	入	合计
总字数	228	91	140	160	619
对译长音节的字数	101	21	72	14	208
出现率（占本调字数%）	44%	23%	51%	9%	33%
占译长音节总字数的%	48.6%	10%	34.6%	6.7%	100%

如表所示：平声字译长音节，差不多占了字数的一半；去声字译长音节，也有一半以上；上声字译长音节却不足四分之一；入声字极少有译长音节的。因此，平去声字的出现率非常之高。综合以上情况，各调按音长排列的顺序应是：①去声；②平声；③上声；④入声。

实际上俞氏并没有真正说明“佛、梵”二字辅音对转的真正原因。在梵语与汉语对译时，说明古汉语中的轻重唇音已经分化，否则就会找不到相对应的谐音字来替代“婆”和“波”的译音字，说明当时已经有了轻唇读音，即“佛”“梵”二字的轻唇读音。这种读佛［fo］音或读［fu］音，至少是在魏晋时期已经产生分化，甚至可以推到秦汉早期。俞氏认为其原因是“佛”字在佛典中使用频率太高造成的，又碍于宗教本身的崇拜对象，又不好轻易更改，只好沿用下来。这也正好能说明轻重唇音的早期分化。“梵”字的情况大致也是如此。其实俞氏这种说法是不符合语音演变规律的。

撇开这两个字，则轻唇音字对译 b 的问题不复存在。半元音 v 对转译音字，除少量字例外，却有相当数量的译音成为“并”纽字，主要是三等的并纽字。通过俞氏的研究可以进一步揭示出：既然汉语中没有相应的轻唇音字，那么对译含前元音的音节时，使用并三纽字，这根本就不能成为轻重唇音分化的证据。这种梵、汉辅音对译的历史语音证据，更清楚不过地向我们充分表明，在玄奘方音中，就已经说明“并、奉”二纽已经分化即轻重唇音已经有明确的分化。根据以上提供的历史文献资料来看，目前传统音韵学研究中存在几个重要问题，请学者们共同来关注：

1. 诗韵。诗依声，诗依咏；诗能歌，也能吟，也能咏。诗最讲究韵分平仄。李清照在《论词》主张诗分字声，《词论》曰：诗文分平仄，歌词分五音，又五声、以分六律，又分清浊轻重。严格地说，诗是根据五言律、七言律语言形式来表达的。明朝人作诗悉遵《洪武正韵》也。至于填词鼓曲，一准《中原音韵》也，不拘于四声八病，分析平上去入矣，且调有定格，字有定数，词有定名，韵有定叶。

2. 词韵。张梦机在《词律探源》中说：词律之义有二：一为词之音律；一为词之格律。前者谓之宫商；后者谓之字句之间的声响。格律只求皆乎喉舌，音律则兼求于谐乎管弦。[①]

虽然字声与乐调之间紧密，音乐形式与语言形式之间也存在许多相通之处，但是也存

① 张梦机. 词律探源［M］. 台北：中国台北文史哲出版社，1981：196.

在明显的差别。词律“依声填词”的声是指文体，依音填词是指声调。前者是“体”，则后者是“调”。关于“格律”一词与“词律”在明清时代有不同的说法。因为图式格律法是一种“最原始古老的类型”，所谓图式格律一般是指诗人必须严格遵守的。而词律未必是按照诗的格律模式来创作的。因此，词谱是以字声、句法和韵法为核心内容的词体格律的范式来进行创作。词韵标志一个意义单元的结束，将整首词切分成若干单元段。因此，诗韵和词需要相互印证。

3. 歌辞韵。是指所有歌唱辞的总称。先秦的歌诗、笙诗、弦诗和舞诗。自汉代以来，相和歌辞、清商曲辞。隋以来的近代曲辞，曲子辞以及历代以来的谣歌辞、琴歌辞、讲唱歌辞，都是属于歌辞一类。隋唐五代歌辞分为雅乐歌辞和燕乐歌辞。凡歌辞具有调类、具有韵律特征。

4. 曲韵。是指唐宋时代流行的歌曲的声韵。曲分五大类：

（1）歌谣。分民间歌谣和文人歌谣；民间歌谣分为原始歌谣、团体歌谣和流行歌谣；文人歌谣又分为长歌、短歌和吟歌。这些谣歌辞统称之为杂言谣歌辞。

（2）琴歌。分为相和琴歌和琴歌曲；琴歌辞，统称之为杂言琴歌辞。

（3）曲子。可以分为普通歌曲，普通歌曲可以分民间歌曲和教坊歌曲；则著辞又可以分为改令著辞和抛打著辞。这些曲子统称之为杂言曲子辞。

（4）大曲。可以分为宫廷宴会大曲、教坊大曲和散乐大曲。这些大曲可以统称之为杂言大曲辞。

（5）讲唱。可以分为转变歌辞（变文）、俗讲歌辞（讲经文）、说话插曲辞（话本）和其他表演唱辞（词文）这些可以统称之为隋唐五代燕乐杂言歌辞。

从以上提供的诗、词、歌、曲的语言和语音资料分析来看，我们很难说同一个字在诗、词、歌、曲中是念同一韵、发同一调。比如说在现代音韵学中，鱼、模两韵有合并的趋势，而在曲中，“鱼模两韵当分”①。

李渔认为：“鱼自鱼，模自模，两不相混，斯为极妥。”“不知周德清《中原音韵》何故抽出入声字，另为一声，私置案头，亦可暂备南词之用，然此犹可缓，更有急于此者，则鱼、模二韵，断宜分别有二，鱼之与模，相去甚远，不知周德清当日何故比而同之。岂仿沈休文诗韵之例，以元、繁、孙三韵，合为十三元之一韵。必欲于纯中示杂，以存大音希声之一线耶!”②

词曲韵书，只靠《中原音韵》一书，此系北韵，而非南韵也。每曲一韵，前曲用鱼，则用鱼韵到底；后曲用模，则用模韵到底。犹之一诗一韵，后不同前，这是最简便的方法。愚见推之，作诗用韵，亦当仿此。③

黄侃继周德清之衣钵，在他的《声韵略说》中说：“今音难别，然鱼韵多模韵字，此必音近于模也。虞韵多侯韵字，此必音近于侯。”④

---

① （清）李渔. 闲情偶寄［M］. 上海：上海古籍出版社，2000：51.

② （清）李渔. 闲情偶寄［M］. 上海：上海古籍出版社，2000：51.

③ （清）李渔. 闲情偶寄［M］. 上海：上海古籍出版社，2000：51.

④ 黄侃. 论学说杂著——说文略说、音略说、尔雅略说十一种［M］. 上海：上海古籍出版社，1980：161.

黄侃的说法非常简单，鱼韵多于模韵字，虞韵多于侯韵字。这是鱼模合并、虞侯合并的理由吗？根据是什么？实际上，李渔的批评是有道理的。李渔比较委婉地批评了明清韵学家不注重诗、词、歌、曲音韵之间的区别，更不注重于南北音韵之间的差异，因而导致音韵学中四声八病讹误繁多，有的甚至荒唐至极。

乐府传声辨音秘诀	
辨音类型	**辨音部位与特征**
辨四音诀	平声平道莫低昂。上声高呼猛力强 去声分明直远送。入声短促急收藏
辨五音诀	欲知宫，舌居中（中喉音） 欲知商，口开张（齿头正齿音） 欲知角，舌缩却（牙音） 欲知徵，舌柱齿（舌头舌上音） 欲知羽，撮口取（唇重唇轻）
辨声音要诀	切音先须辨四声，五音六律并五行 难呼语气皆名浊，易纽言词尽属清 唇上碧班邠豹卜，舌头当滴迭都丁 撮唇呼虎乌坞污，卷舌伊幽乙意英 闭口披颇潘坡拍，齐齿之音实始成 正齿正征真志只，穿牙查摘塞筝笙 唇齿分敷方奉复，鼻唇工共故宫肱 引喉勾狗鸥喉厄，随鼻蒿毫好赫亨 上腭嚣妖高娇桥，平牙臻节怎说生 纵唇休朽求鸠九，送气查拿诧宅枨 含口甘含醎槛呷，口开何可我歌羹 大抵宫商角徵羽，应须纽算最为清 要知叶韵须尊母，务必经心讲究明
（清）徐大椿. 乐府传声［M］. http://www.360doc.cn/article/5138620_84131800.html. （清）徐灵胎. 洄溪道情［M］. 上海：群众图书公司，1935.	

这样，许多音韵学家的研究把近代音韵学这门学科带进了死胡同，使它真正成为一门绝学，几乎到了后继无人的地步。在此，我们不妨认真读一下徐大椿的《乐府传声》一文，也许我们会受益匪浅，从中可以看出诗、词、歌、曲之间的音韵差异。由于篇幅所限，不附全文，敬请谅解。

第七章　私塾教学与科举文献研究

第一节　《千家诗》文献研究

一、千家诗文献解读

《千家诗》有无数不同的版本。最早的版本是南宋刘克庄编辑的《分门纂类唐宋时贤千家诗选》。[①] 后来《千家诗》版本有很多，基本上都是按南宋刘氏体制编纂的。

南宋时期还有谢枋得编辑的《千家诗》版本。[②] 明代有王相编辑的《千家诗》本子。[③] 清代编有《新镌五言千家诗》和《重订千家诗》等版本。

清康熙四十五年（1706年），曹雪芹祖父曹寅刊行《楝亭十二种》收有《分门纂类唐宋时贤千家诗选》一书，题为“后村先生编集”，全书十二卷，分为时令、节候、气候、昼夜、百花、竹木、天文，地理、宫室、器用、音乐、禽兽、昆虫、人品，共14类。“后村先生”即南宋著名诗人刘克庄。

汤海若先生的名家诗选就是根据千家体制编选的。汤氏对《千家诗》的注释讲解非常清楚。因此，也是《千家诗》中一个难得的本子。

《槐轩千家诗》卷二，清雍正时期的刻印本。槐轩解汤海若先生名家诗选下卷，怀宁夏世钦衡瞻氏订，男伐源昆夫氏校字。

《槐轩千家诗》为上下二卷；下卷开卷首页左上方刻有槐轩解汤海若先生名家诗选，下卷下面刻有怀宁夏世钦衡瞻氏订。男伐源昆夫氏。版式分上下两栏，上栏为诗文注解，下栏主要是对诗的作者介绍及写诗的过程。

汤海若在卷首刻有本次编辑《千家诗》的理由“是集中诗题、诗句，并作者名号，有与诸家原稿不合者。但传诵已久，欲梓为改，订恐多未便也。识者谅之”[④]。

槐轩名家诗解序：

---

① 刘克庄（1187—1269），字潜夫，号后村，福建莆田人，南宋诗人、词人、诗论家。1246，宋理宗以其“文名久著，史学尤精”，赐同进士出身，秘书少监，兼国史院编修、实录院检讨官。

② 谢枋得，字君直，号叠山，弋阳人，南宋末年爱国诗人。抗元兵败后隐居闽中，荐者不绝，被强行招至北京，拒食而死。著有《文章轨范》《叠山集》等。这本七言《千家诗》题为谢枋得编选或刘克庄编选，都是不可靠的。

③ 王相，字晋升，明末清初临川人。生平不详。王相所编《女四书》，把历史上著名的女子道德教科书《女诫》（汉班昭著）、《女论语》（唐宋若莘著）、《内训》（明成祖仁孝文皇后著）及他母亲所著《女范捷录》合编在一起。王相所注《三字经》《百家姓》《增订广日记故事》都是社会上通行的版本。所谓《千家诗》，一般指的就是这种合刊本。今湖南岳麓书社重印《千家诗》，作为“传统蒙学丛书”的一种，也是用的这种合刊本。

④ （清）汤海若. 合刻注释张子房解学士千家诗讲读·良缙千家诗（下卷）. 竹纸本，怀德堂梓行.

诗之赖有解也，尚矣。就其旨，意以为解法、脉以为解、体格以为解，联络呼应，以为解而诗中结构。若何？则解之趣；若何？则解之规模气韵；若何？则解之宏丽；若何？新幽流转，浑灏；若何？则解之山，是得其解者。虚心推勘，实意体认。下笔自有把握诗之为道，庶几思过半矣！若所解不在此，徒沾沾训诂。摭拾谓某字，作某解；某句，作某解。纵所解，甚悉，而舍其纲领；取其细，目去其精髓，存其皮肤。学者，安能执字，解句？解遂可衍以为诗，即衍以为诗；终字解，句解之诗而止。安能吞纳江汉，出没鬼神，曲尽诗之能事乎？惟余友，夏子衡瞻，文章名宿。理学宏通。以己酉岁，馆余合者。

凡经三、四载，每于八股暇。与余把酒赋诗，纵横联韵。觉唐贤风规、昭昭在人耳！目因见夫，诗非徒作之难，而解之亦难；抑非徒解之难，而解得其解，尤为难。爰举历代全诗悉解，以上文诸法。但卷帙浩繁，未易即寿；梨枣遂先，取名家诗集。抉其旨意，详其法脉，辨其体格，指其联络，呼应结构旨趣等法，亦无不具备，更以音韵、平仄载于卷首。诸诗体要，附于卷末，其苦心所在。虽未睹其全诗之解，殊途而同归。但诗之解，又宁有外乎哉！余惟因其所解之善劝，以授诸剞劂。俾有志诗学者，得此解，以为诗也。可得此解而旁通全诗之解，以为诗也，更无不可。

雍正十有二年，八月之乘槎日，谢正洵眉士氏拜撰。①

临川汤海若校释《良缙千家诗》集注合刻，怀德堂梓行，裕美堂藏版。第一页，合刻注释：张子房解学士《千家诗》讲读一卷。张子房入山诗，临川汤海若校释。

上栏介绍了张子房简历：子房，姓张，名良，韩人。辅高祖，成帝业；妄成辞高祖，归山修道。高祖曰：你因不见韩信，入山修行，那修行其苦，怎比做官的好？良曰：人若无常，到来何计躲得？臣有诗为证：

修行幕道在岩泉，无是无非散诞仙。
淡饭粗衣由自己，芒鞋草履得安然。②

高祖问卿去哪里修行，良答曰，臣有诗奏上：

我去修行不做官，每日朝朝只在山。
渴饮葡萄香醪酒，饥飡神仙不老丹。
闲去看书并观景，一时闲坐把琴弹。
我主问臣归何处，身心只在白云间。③

高祖曰：卿修行去了，谁来扶助朕，以治天下。良吟诗曰：

十年争战起干戈，虎斗龙争相荡磨。
今日辞君臣去也，驾前无我待如何。④

又有诗曰：

两轮日月走如梭，四季光阴渐渐那。

① （清）夏衡瞻. 槐轩千家诗. 雍正十二年刻印本，裕美堂藏版.
② （清）夏衡瞻. 槐轩千家诗. 雍正十二年刻印本，裕美堂藏版.
③ （清）汤海若. 合刻注释张子房解学士千家诗讲读·良缙千家诗（下卷）. 竹纸本，怀德堂梓行.
④ （清）汤海若. 合刻注释张子房解学士千家诗讲读·良缙千家诗（下卷）. 竹纸本，怀德堂梓行.

不在朝中争名利，争名到底是非多。[①]

高祖曰：卿肯在朝，朕不要你管事，只早晚伴寡人何如？良曰：臣有诗奏上：

荣华富贵终归土，一旦无常怎奈何？
臣今趁早还山去，得蹉跎处且蹉跎。[②]

高祖曰：卿不要入山，只在家中修行也罢！张良又吟诗曰：

日月如梭架不高，时光就是斩人刀。
清风明月朝朝在，忠烈贤臣无下稍。[③]

高祖苦劝不允，辞驾出朝吟诗曰：

游遍天涯海角州，人心不似水长流。
受恩深处宜先退，得意浓时便好休。
莫等是非来人耳，从前恩爱反为仇。
不是微臣归去早，临时恐主不相饶。[④]

张良辞王出朝回家作诗曰：

兔走乌飞晓夜催，光阴似箭古人稀，
劝君休要争名利，急早归山莫待迟。[⑤]

当时众官齐到府中劝曰：正好在朝中安享荣华，先生怎就要去修行。张良微笑作诗曰，列位请听：

汉世张良散楚歌，八千兵散走奔波。
汉王只为江山死，悔不当初莫渡河。[⑥]

众官苦劝不从而散，张良送出，入内辞别夫人曰：我要入山修道去也，夫人好生理家，抚养孩儿。夫人苦劝道：你如何只要修道？良曰：夫人不知因！吟诗曰：

生死轮回几万遭，迷人不省半分毫。
世人不行平等事，三途地狱苦难熬。[⑦]

夫人答曰：儿女不曾嫁娶，得等圆成去也不迟。张良曰：假若大限来到，如何留得。吟诗曰：

一旦无常万事休，半床恩爱不曾留。
荣华富贵终无了，爱子贪妻不到头。
受尽机关名和利，尸离骨散做骷髅。
人人都是痴呆汉，难免荒郊土一丘。[⑧]

张良辞了夫人，高祖传旨，不许张良上山，良觅自行去了，高祖差人四下赶寻不见，

---

① （清）汤海若. 合刻注释张子房解学士千家诗讲读·良缙千家诗（下卷）. 竹纸本，怀德堂梓行.
② （清）汤海若. 合刻注释张子房解学士千家诗讲读·良缙千家诗（下卷）. 竹纸本，怀德堂梓行.
③ （清）汤海若. 合刻注释张子房解学士千家诗讲读·良缙千家诗（下卷）. 竹纸本，怀德堂梓行.
④ （清）汤海若. 合刻注释张子房解学士千家诗讲读·良缙千家诗（下卷）. 竹纸本，怀德堂梓行.
⑤ （清）汤海若. 合刻注释张子房解学士千家诗讲读·良缙千家诗（下卷）. 竹纸本，怀德堂梓行.
⑥ （清）汤海若. 合刻注释张子房解学士千家诗讲读·良缙千家诗（下卷）. 竹纸本，怀德堂梓行.
⑦ （清）汤海若. 合刻注释张子房解学士千家诗讲读·良缙千家诗（下卷）. 竹纸本，怀德堂梓行.
⑧ （清）汤海若. 合刻注释张子房解学士千家诗讲读·良缙千家诗（下卷）. 竹纸本，怀德堂梓行.

只见朱红盘内一首诗云：

懒把兵书去展开，我王无事斩贤才。

腰间金印无心挂，怕似韩侯刃下灾。[①]

我们读完张良与妻子的对话，读完张良与汉高祖的对话，就知道张良为什么要入山修道，张良的诗足以证明汉高祖后来的所作所为都是在张良预料之中："腰间金印无心挂，怕似韩侯刃下灾。"这就是"兔死狗烹"的历史教训。

二、千家诗韵

1. 论诗韵。诗何以必用韵。曰：四方声音不同，有同是一字，此处读此韵，彼处又读彼韵，惟本中和之韵，以叶之。虽殊方绝俗，声音不同而作诗之韵，则一且其中亦有辨。[②] 世人不知，四方声音不同，则会有韵之差异。

2. 诗宜守韵。诗既叶定有韵。则自宜遵守一东，固不可入二江；而亦不可入二冬，六鱼固不可入；五微而不可入七虞也。[③]

3. 诗首韵亦可借韵。诗首、尾出韵者，为借韵。且或可见于首尾，中间决不可出韵。即首尾出韵，亦不可并行。盖首句出韵，名为孤雁八君。末同句出韵，名为孤出；群，若首句出韵，末句复出韵，则雁无八群。即出群之理，末句出韵；首句，先出韵，则雁无要出群；又八群之理也。以上论韵数条，特自绝句与格律有之者。古风歌行，或类句换韵，或两句换韵者，皆不在此论。[④] 世人殊不知，换韵即转韵，转韵就是声韵之通转也。

4. 诗有四字各义韵。如同是一字，有人入此韵，复入彼韵者。但入此韵是此义，入彼韵又是彼义，不执一而论。[⑤]

王应奎《柳南续笔·新城诗格》曰："诗贵锻炼致精，亦不妨疏密相间。若字字求工，则反伤真气矣。诗贵含蓄蕴藉，亦不妨豪荡感激。若句句求澹，则不见性情矣。诗贵意存忠厚，亦不妨辞寓刺讥。若语语混沦，则全无作用矣。新城于此，或不能尽合，后世必有从而议之者。然秀骨天成，风神绝世，自是间代清律，非柴烟粪火边物也。近有谓敬业堂诗，颇擅出蓝之美，吾不敢以为然。"[⑥] 诗"若字字求工，则反伤真气矣"。对此，世人知之甚少，必求诗之工整，有害于诗矣。

5. 诗不可重韵。如起句韵用东字，后不可更押东字。惟起句与末句相同者，为首尾回环体却不自妨。[⑦]

6. 诗起句勿用歧韵。一字而两韵者为歧韵。若起句以歧韵，□□□，骤读首句不知

---

① （清）汤海若. 合刻注释张子房解学士千家诗讲读·良缙千家诗（下卷）. 竹纸本，怀德堂梓行.

② （清）夏衡瞻. 槐轩千家诗. 雍正十二年刻印本，裕美堂藏版.

③ （清）夏衡瞻. 槐轩千家诗. 雍正十二年刻印本，裕美堂藏版.

④ （清）夏衡瞻. 槐轩千家诗. 雍正十二年刻印本，裕美堂藏版.

⑤ （清）夏衡瞻. 槐轩千家诗. 雍正十二年刻印本，裕美堂藏版.

⑥ （清）王应奎. 柳南随笔续笔·新城诗格（卷三）[M]. 上海：上海古籍出版社，2012.

⑦ （清）夏衡瞻. 槐轩千家诗. 雍正十二年刻印本，裕美堂藏版.

当作何韵。若起句押顶真韵，则后面虽□□□，可随口读，去绝无讹错之病。[①]

7. 诗勿连用同韵。如一韵同数字，风、枫、丰之类是也。若首句同首字韵，次字又连用枫、丰字，读之不免枯燥。惟掉开用之，则不妨。[②]

王应奎《柳南续笔·四六声病》云：“骈四俪六出于南朝，亦有声病。冯补之曰，王公四六话云：‘王文恪公尝言，四六如萧条二字，须对绰约，与据鞍矍铄，须对揽辔澄清。若不协韵，则不名为声律矣。’王荆公爱其友，谭昉笺奏，称其车斜韵险，竞病声难，殆亦以其迭韵事对也。唐人近体诗，如元、白、温、李，于声律尤细，读其应用之体，亦须以是求之。”[③]

8. 诗论平仄。诗词以必用平仄。曰：“取词、句、调，适必意也。如一句诗中，字当平而忽仄、字当仄而忽平，则诗句必难调适。惟平仄得宜，而后音韵仄锵，令人动听，且其中亦有辨。”[④]

（1）字中平仄。一字必有四声，平上去入是也。四声之中，惟平声只读为平，上去入三声皆读为仄。[⑤]

（2）句中平仄。一句诗言几字平，就必有几字仄，则一、三、五之平仄，犹可不论二、四、六之平仄之要。注明：如第二平，第四字宜仄，第六字宜平，第二字仄、第四字宜平，第一字又宜仄也。[⑥] 句中平仄之要，不可不注意。

（3）篇论平仄。一篇诗起句用平仄平，次句宜用仄平仄、三句亦宜用仄平仄，四句仍宜用平仄平。看起句用仄平仄，次句宜用平仄平，三句亦宜用平仄平，四句仍宜用仄平仄，由此推之五、六、七、八皆止此两种。[⑦] 这是中国古代格律诗的音韵模式，世人须守格律音韵之法则。

9. 论绝句。诗何以为绝句，曰：“绝句者截也。”谓一首律诗，截去四句，只用四句也，且其体也不同。

（1）有截去中四句者。如：“云淡风轻”章，皆四句单行，若中间加二排联，便是一首律诗，今取去排联，故名为绝句。

（2）有截去首四句者。如：“水光潋滟”章，首二句排联，末二句单行。若前面加以二句单行，二句排联，便是一首律诗。今皆截去之，故名为七绝句。

（3）有截去末四句者。如：“春宵一刻”章，首二句单行，末二句单行。更加以二句排联，二句单行，便是一首律诗。今皆截去之，亦名为绝句。

（4）有截去首末四句者。如：“两个黄鹂”章，四句皆是排联。若首加以二句单行，末亦加以二句单行，便是一首律诗。今皆截去之故，亦名为绝句。

以上所论绝句皆单行。大概而言，若首尾中间，予以为，当排联者而单行；当单行者

---

① （清）王应奎．柳南随笔续笔（卷三）[M]．上海：上海古籍出版社 2012.
② （清）夏衡瞻．槐轩千家诗．雍正十二年刻印本，裕美堂藏版.
③ （清）王应奎．柳南随笔续笔·四六声病（卷三）[M]．上海：上海古籍出版社，2012.
④ （清）夏衡瞻．槐轩千家诗．雍正十二年刻印本，裕美堂藏版.
⑤ （清）夏衡瞻．槐轩千家诗．雍正十二年刻印本，裕美堂藏版.
⑥ （清）夏衡瞻．槐轩千家诗．雍正十二年刻印本，裕美堂藏版.
⑦ （清）夏衡瞻．槐轩千家诗．雍正十二年刻印本，裕美堂藏版.

排联，联则神明变化，原无定辙焉。①

10. 七言绝句中平仄。七言绝句，用仄平仄起；次句，则用平仄平；三句，亦用平仄平；四句，仍用仄平仄者。如：

云淡（仄）风轻（平）近午（仄）天，
傍花（平）随柳（仄）过前（平）川。
时人（平）不识（仄）予心（平）乐，
将谓（仄）偷闲（平）学少（仄）年。②

依此余可类推，是也。

若用平仄平起，次句推之仄平仄、三句亦用仄平仄，四句仍用平仄平者如：

春宵（平）一刻（仄）重于（平）金，
花有（仄）清香（平）月有（仄）阴。
歌管（仄）楼台（平）声细（仄）细，
鞦千（平）落啘（仄）夜沉（平）沉。③

依此余可类推是也。

11. 论律诗。诗何以为律。曰："如律度之律，有一定之法度，不可逾越。"又如："律目之律，有一定之音，不可差谬。"王应奎《柳南续笔・冯补之论律诗》云："律有二义，一如法律之律。则首必贯尾；句必栉字；对偶不可舛也。层次不可紊也。一如音律之律。则双声宜避，叠韵宜更。轻重不可渝也。清浊不可淆也。若夫平头、上尾、蜂腰、鹤膝之类，尤当谆谆致辨云。"④ 文章讲求，首必贯尾，句必栉字。对偶不可舛也，层次不可紊也。写诗是这样，八股文写作也是这样。

（1）律诗必用时联。平仄不宜失粘，失粘则为构体，非律体也。其体亦有不同。有首末四句散行，中四句用排联之律，有中四句，用排首；二句，亦用排；末二句，始散行之律。如：午夜漏声章是也。

（2）有中四句用排。末二句，亦用排；首二句，独散行之律，乃律之正体。虽此末，所无不可不知也。

（3）有中四句用排。首尾四句，亦用排之律，乃律之正体。虽此集，所无不可不知也。

以上所论律诗，亦指其大概而言。若今人，律中有八句，全□□□者，有首尾四句用排；中四句，全不用者，则又神明变化，原无定辙焉。此等议论，皆诗家至切要者。诗文君子，须细心体会，方能入门先资也。至诗中作法，则详载于各章。诗中诸体，则续解于下卷。兹不具述。槐轩主人书。⑤

据《新旧唐书》记载，贾至并非进士出身，而是明经出身。唐人重进士而轻明经，有

① （清）夏衡瞻. 槐轩千家诗. 雍正十二年刻印本，裕美堂藏版.

② （清）夏衡瞻. 槐轩千家诗・春日偶成（卷一）. 雍正十二年刻印本，裕美堂藏版.

③ （清）夏衡瞻. 槐轩千家诗・春日偶成（卷一）. 雍正十二年刻印本，裕美堂藏版.

④ （清）王应奎. 柳南随续笔・冯补之论律诗（卷三）[M]. 上海：上海古籍出版社，2012.

⑤ （清）夏衡瞻. 槐轩千家诗. 雍正十二年刻印本，裕美堂藏版.

“三十老明经，五十少进士”（出自《唐摭言》）之说，贾至怎么会在考上进士16年以后，又去参加明经考试呢？这段文字记载实属荒唐之谬论也。贾至曾写过《早朝大明宫呈两省僚友》诗一首，全诗：

唐时朝臣早朝的大明宫景象

银烛朝天紫陌长，
禁城春色晓苍苍。
千条弱柳垂青琐，
百啭流莺满建章。
剑佩声随玉墀步，
衣冠身惹御炉香。
共沐恩波凤池里，
朝朝染翰侍君王。

唐代杜甫《奉和贾至舍人早朝大明宫》：①

(1) 仄平仄式：五夜（仄）漏声（平）催晓箭（仄），
(2) 平仄平式：九重（平）春色（仄）醉仙桃（平）。
(3) 平仄平式：旌旗（平）日暖（仄）龙蛇动（平），
(4) 仄平仄式：宫殿（仄）风微（平）燕雀高（仄）。
(5) 仄平仄式：朝罢（仄）香烟（平）携满袖（仄），
(6) 平仄平式：诗成（平）珠玉（仄）在挥毫（平）。
(7) 平仄平式：欲知（平）世掌（仄）丝纶美（平），
(8) 仄平仄式：池上（仄）于今（平）有凤毛（仄）。

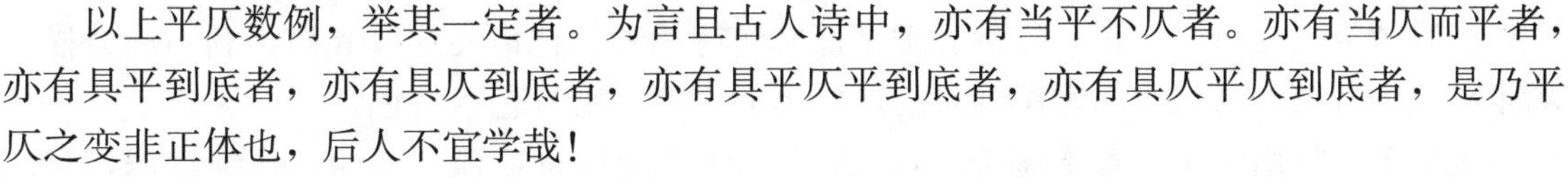

以上平仄数例，举其一定者。为言且古人诗中，亦有当平不仄者。亦有当仄而平者，亦有具平到底者，亦有具仄到底者，亦有具平仄平到底者，亦有具仄平仄到底者，是乃平仄之变非正体也，后人不宜学哉！

七言律诗中的平仄：七言律诗首句用平仄平起，次句则用仄平仄；第三句亦用仄平仄，四句仍用平仄平；五句复用平仄平，六句复用仄平仄；七句用仄平仄，八句复用平仄平者。如：

(1) 平仄平　春风（平）疑不到天（仄）涯，
(2) 仄平仄　二月（仄）山城未见（仄）花。
(3) 仄平仄　残雪（仄）压枝犹有（仄）橘，
(4) 平仄平　冻雷（平）惊笋欲抽（平）芽。
(5) 仄平仄　病入（仄）新年感物（仄）华，
(6) 平仄平　夜闻（平）归雁生乡（平）思，
(7) 仄平仄　曾是洛阳（平）花下（仄）客，
(8) 平仄平　野芳（平）虽晚不须（平）嗟？②

① （唐）杜甫．杜工部文集（六卷本）[M]．郑州：中州古籍出版社，2008.
② （清）夏衡瞻．槐轩千家诗·戏答无珍（卷二）．雍正十二年刻印本，裕美堂藏版.

余可类推。如果是用仄平仄起首句，次句用平仄平，三句亦用平仄平，四句仍用仄平仄，五句复用仄平仄，六句复用平仄平，七句复用平仄平，八句复用仄平仄。如《五夜漏声》[①] 催晓箭，九重春色醉仙桃。

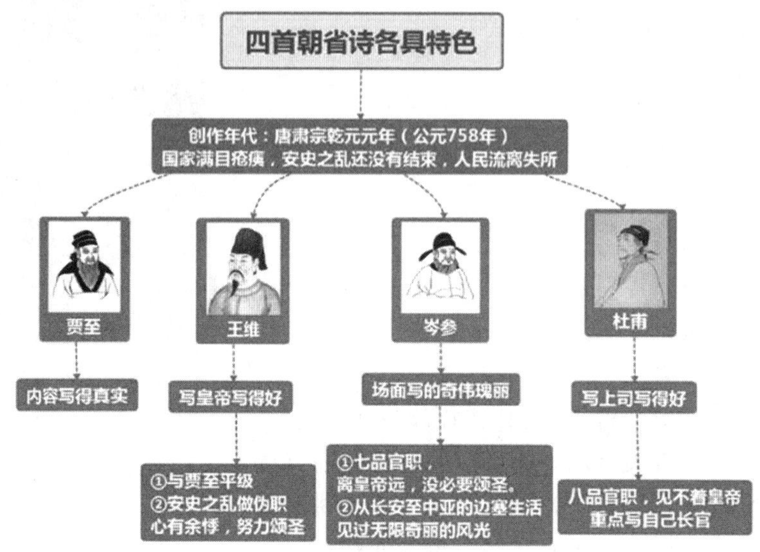

名家朝省诗图

七言律诗押的是豪韵。这首诗写了早朝前、早朝中、早朝后三个不同的场景，写出了大明宫早朝的气氛和皇帝的威仪，同时暗示了贾至受重用和春风得意。这首和诗不和其韵，只和其意，雍容伟丽，造语堂皇，格调十分和谐。明代胡震亨《唐音癸签》说："盛唐人和诗不和韵。"于此可窥一斑。

当时颇为人注目，杜甫、岑参、王维都曾作诗相和。杜甫的这首和作，利用细节描写场景，渲染气氛，写出大明宫早朝时庄严华贵的气氛，别具艺术特色。

王应奎《柳南续笔·钱木庵论冯定远诗》云："定远诗，谨严典丽，律细旨深，求之晚唐中，亦不可多得。独精于艳体及咏物，无论长篇大什，非力所能办。凡一题数首，及寻常唱酬投赠之作。力有所止，不能稍溢于尺寸，步武之外，殆限于天也。吾虞从事斯道者，奉定远为金科玉律。此固诗家正法眼。学者指南车也。然舍而弗由，则入魔境；守而不化，又成毒药。李北海云：'学我者拙，似我者死。'悟此，可以学冯氏之学矣。"[②]

王应奎《柳南续笔·沧浪诗话》曰："严《沧浪诗话》一书，有冯氏为之纠缪，而疵病尽见。即起《沧浪》于九原，恐亦无以自解也。然拈'妙悟'二字，实为千古独辟之论。冯氏并此而诋之，过矣。夫妙悟非他，即儒家所谓左右逢源也。禅家所谓头头是道也。诗不到此，虽博极群书，终非自得之境，其能有句皆活乎？其能无机不灵乎？《沧浪》又云：'诗有别肠，非关书也。'此言虽与妙悟之说相表里，而又须善会之。惟钱圆沙先生云：'凡古人诗文之作，未有不以学始之，以悟终之者也，于诗尤验。'此论虽本《沧浪》，而'以学始之'一语，实可圆

① 古代用于计时的漏壶下用箭以指示时刻，漏声、晓箭是指的滴漏。

② （清）王应奎. 柳南随续笔·钱木庵论冯定远诗（卷三）[M]. 上海：上海古籍出版社，2012.

‘非关书也’之说。尤足为后学指南耳!”[①] 故千家诗适应于儿童记诵。

第二节 《唐诗三百首》文献研究

《唐诗三百首》出现有好几个著名的注释本，最著名的是清代陈婉俊《唐诗三百首补注》和清代章燮《唐诗三百首注疏》，还有清代李盘的《注释唐诗三百首》，主要是前两个本子经常被今人所采用。

清代蘅塘退士手著《唐诗三百首》收诗数量适当。内容广泛、题材多样，质量精、品位高，凡入选之作都具代表性。因此，《唐诗三百首》选本风行海内外，历经数百年而不衰。大约在乾嘉年间，太仓李家五兄弟喜欢做诗文选本，“授弟子以衣钵”。他们特别提到，老大锡瓒“所选《能与集》与晚年自号衡塘退士所选《唐诗三百首》尤为脍炙人口。其三百首，则自署曰衡塘退士，盖晚年所辑也”。其他不同版本的《唐诗三百首》似乎从未提及这个传说，不知何故也？这也许只是坊间一种传说罢了，读者不必在意。

王应奎《柳南随笔·唐诗选本》说：唐诗鼓吹一书，乃后人托名于元遗山者。自吾邑陆勅先、王子澈，诸人服习是书，重为剞劂，而是书遂盛行于世。才调集一书，系韦縠所选。韦官于蜀，而蜀僻在一隅。典籍未备，此必就蜀中所有之诗，为之诠次者。自冯已苍兄弟加以批点，后人取而刻之。而此书亦盛行于世，后学作诗。以此二诗为始基，汩没灵台。蔽锢识藏，近俗近腐，大率由此。钟谭诗归，或疑其寡陋无稽。错缪杂出，此诚有所不免。然以此洗涤尘俗，扫除熟烂，实为对症之药。犹非鼓吹，才调两书可比也。[②]

唐诗选编多达600多个版本，真是错谬杂出，在所难免。学者评唐诗本子非常重要，选择一个好的本子可以避免以讹传讹。从王应奎《柳南随笔·唐诗选本》来看，对唐诗选本问题亦有争议，虽然争议不是针对蘅塘退士的选本，但也有学者另有看法。

《唐诗三百首》是从《全唐诗》中精选出来的。清代曹寅根据唐、宋、元、明不同时代流传下来的《全唐诗》版本所刻。

早在唐朝中期扬州就出现了私人书坊，到了宋代扬州雕版印刷业开始兴旺发达，明清处于鼎盛时期。清康熙四十四年，即1705年，康熙皇帝下旨，命江宁织造兼两淮巡盐御史曹寅即《红楼梦》作者曹雪芹的祖父刊刻《全唐诗》。清代扬州雕版印刷业规模庞大，刻本之精为前代前所未有，在当时也是无与伦比的。

当年五月，曹寅在扬州天宁寺设书局，从补校、缮写到雕版、印刷、装潢无不精益求精。于是，这一部《全唐诗》集之大成的浩瀚巨作，诞生于繁荣昌盛的扬州，并成为世界文学史上一部珍品。这是扬州历史上规模最大、刻书质量最高的一次图书刊刻活动，受到了上至皇帝，下到普通藏书家和读书人的赞赏。

在这六百多个选本当中，笔者有意选择蘅塘退士的选本，这正如陈婉俊的弟弟陈晋蕃

---

① （清）王应奎. 柳南随续笔·沧浪诗话（卷三）[M]. 上海：上海古籍出版社，2012.

② （清）王应奎. 柳南随续笔·唐诗选本（卷三）[M]. 上海：上海古籍出版社，2012.

所说的那样："始知作诗，不可一字无来历；读诗，不可一字不考核也。"在这里我们有必要了解一下编写《唐诗三百首》的相关作者和人物，他们曾经都关注过这本书的梓行刻印，甚至有的人还为此书梓行作出过特殊贡献。

1. 蘅塘退士（1711—1778），清朝学者，原名孙洙，字临西（或作苓西），一字答西，号蘅塘。晚号退士，祖籍安徽休宁，生于江苏无锡。根据《无锡县志》《邹平县志》记载，早年他入京师国子监学习。乾隆九年，甲子科顺天榜举人。十六年，辛未科吴鸿榜、二甲十七名进士。历任江苏上元（今江宁）县学教谕，山东邹平县令、大成、卢龙等县知县。廿八年因公左迁，调补江宁府教授。告老还乡前曰："读书最乐，此获我素心矣！"遂欢然而去。其性慈惠，博学能文。尤工书法，生平著述有《蘅塘漫稿》《异闻录》等著作。《唐诗三百首》由蘅塘退士孙洙编选，成书于清乾隆二十九年（1764 年）。一经面世，立即流传开来。于道光年间，金陵才女陈婉俊和建德隐逸章云仙分别为《唐诗三百首》做补注和注疏，使之更加如虎添翼，风行不衰。当时最流行两个《唐诗三百首》的本子。一是陈婉俊的《唐诗三百首补注》，二是章燮的《唐诗三百首注疏》。

2. 陈婉俊，字伯英，江苏上元人，自称上元女史。清代嘉庆、道光年间的人。她是桐城李世芬（镜缘）的妻子，在胡文楷《历代妇女著作考》中有她的相关事迹记载。《唐诗三百首》自问世以来，有多种注释本流行，最有名的还是清代章燮的《唐诗三百首注疏》，清代李盘的《注释唐诗三百首》等。其中最有影响的是才女陈婉俊在清道光二十四年（即 1844 年）编写的《唐诗三百首补注》，其书"考核援引，俱能精当"，颇受欢迎。关于"女史"一词，古代有三种解释：一是古代女官名。以知书妇女充任。掌管有关王后礼仪等事。或为世妇下属，掌管书写文件等事。二是对知识妇女的美称。三是古星名。

陈婉俊自幼聪慧，喜欢读书。受父亲钟爱，父亲陈叔良是一位朝廷观察史。从小受到良好的教育，这使陈婉俊具备了深厚的文学知识与艺术修养，才有可能为《唐诗三百首》补注。陈婉俊《唐诗三百首补注》十分简洁、经典。她不像其他作者注释那样，为追求全面而变得繁杂无比，使人读后不得要领。陈婉俊解释方法，已贴近现代解释学方法，而不再是传统类型的训诂学方法。这样备受读者欢迎。

大家都知道，在古代中国女子的行为与活动受到很大的限制。女子往往不能像男人那样接受良好的教育，立身扬名，这种偏见使得许多聪慧的女子不能充分发挥她们的才能而终身被埋没。因此，为《唐诗三百首》做注的这位陈婉俊应该说是幸运的。其夫李世芬为桐城派后期大师姚莹的外孙。因此，姚莹也曾于道光二十四年（1844 年）为《唐诗三百首补注》作序。

3. 姚莹（1785—1853），字石甫，号明叔，晚号展和。因以十幸名斋，又自号幸翁，安徽桐城人。晚清史学家、文学家。其祖姚鼐，是桐城派古文创始人之一，被誉为"桐城睁眼看世界第一人"。

4. 陈晋蕃字仲庶，号莱仙，浙江萧山人。工书，善治印。有观月听琴室印存。《广印人传》。他是清代才女陈婉俊的同胞弟弟，也是注本的第一个学生。有资料可以证明陈晋蕃国学造诣：

陈晋蕃：款

印文：铁盦

边款：岁在重光赤奋若兰秋，莱仙为小园制印

印文：诗禅

边款：辛丑秋八月，拟汉人铜印法于观月听琴室，莱仙

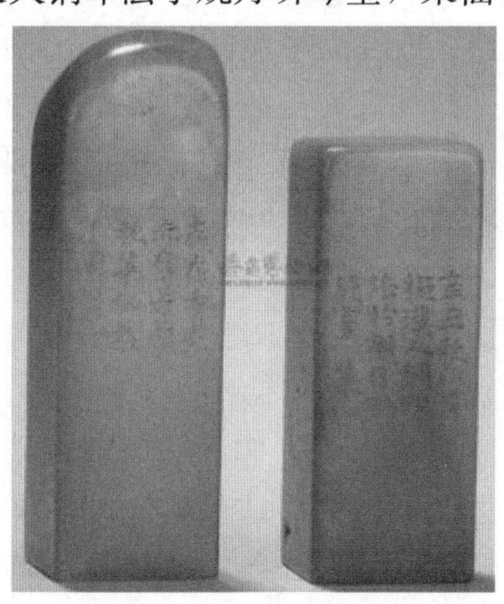

陈晋蕃观月听琴室印

5. 章燮（1783—1852），字象德，号云仙，浙江省杭州市建德三河乡人。工吟咏，以教弟子为乐。他在教课之余，注疏蘅塘退士孙洙所编《唐诗三百首》。他在原有注解作旁批之外，旁征博引，源流分明，兼及诸家诗话，内容相当周备。且能注意辞义贯通。深入浅出，简要不烦，颇有特色。章燮《唐诗三百首注疏》，自清道光十四年（1834 年）刊印以来，广为流传，遍及全国。中华人民共和国成立以后，浙江人民出版社连续三印其书。

现代人读《唐诗三百首》，必然会想到《全唐诗》。《唐诗三百首》共有三卷。最早的选本是由蘅塘退士和夫人徐兰英合编的。至道光年间，由上元女诗人，为《唐诗三百首补注》，并写了凡例，即载于四藤吟社选本中。

陳伯英女史

補注唐詩三百首

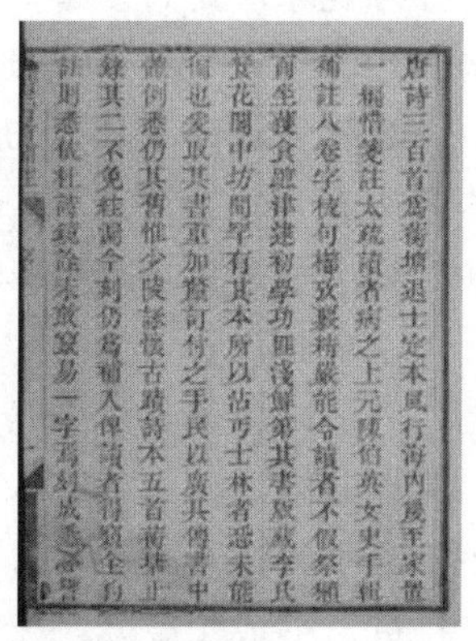

唐詩三百首爲蘅塘退士定本風行海內幾乎家置一編惜箋注太疏讀者病之上元陳伯英女史手輯補註八卷字梳句櫛致要精嚴能令讀者不假祭獺而坐獲貪題非建初學功匪淺歟第其書取裁李氏黄花閣中坊間罕有其本所以沾丐士林者恐未能徧也爰取其書重加讎訂付之手民以廣其傳書中義例悉仍其舊惟少陵詠懷古蹟詩本五首蘅塘止錄其二不免挂漏今刻仍爲補入俾讀者得窺全豹註則悉依杜詩鏡銓未敢竄易一字爲刻成遂書

上元女史陈伯英唐诗三首补注

从这里我们可以看出，古往今来也有不少女诗人为世界文学做出了卓越的贡献。关于蘅塘退士生平简历具体情况见之甚少。清代顾光旭《梁溪诗钞》和窦镇《名儒言行录》中载有孙氏生平简历。关于蘅塘退士生平简历，赵承中在他的《追寻蘅塘退士》一文中说得比较清楚，在此不多赘述。

《唐诗三百首》的命名是模仿《诗三百》的体制，明显继承了《诗经》的传统。也有近代学者认为《唐诗三百首》是以沈德潜的《唐诗别裁集》为蓝本编选的。蘅墉退士从几千名诗人中，筛选出七十五位唐代诗人，另加无名氏诗人，一共选了三百多首。这个数目只占唐诗的一百六十分之一，可以说是选得非常经典的。蘅塘退士自序云：

世俗儿童就学，即授千家诗、取其易于成诵、故流传不废。但其诗，随手掇拾，工拙莫辨。且止五、七律、绝二体，而唐宋人又杂出其间、殊乖体制。因专就唐诗中脍炙人口之作，择其尤要者。每体得数十首、共三百余首、录成一编，为家塾课本。俾童而习之，白首亦莫能废，较千家诗不远胜耶！谚云："熟读唐诗三百首，不会吟诗也会吟。"读者以是编验之。

乾隆癸未年，春日，蘅塘退士题。[①]

蘅塘退士是想代替"工拙莫辨"、体例不严的《千家诗》，给就学儿童所谓蒙训读物。后来却成为极具代表性的选本。蘅塘退士并非像《唐诗百家选》《唐贤三昧集》的作者王安石和王士祯那样有名。如是之说，恐怕要是有提起这两本书的作者是谁，几乎没有几人能回答出来。蘅塘退士提出的选诗标准有二：

一是脍炙人口之作，为历代传诵佳作。

二是选录各种不同诗体的优秀名作。

则沈氏论诗"崇尚委曲深婉，曲道人情，气味浑成"。因此，蘅塘退士论，也有四句"一气旋折，神味无穷"。

沈德潜和蘅塘退士在选诗评论方面，实有相通之处。如古风、乐府、五言诗、七言诗、五言绝句、七言绝句和七言律诗。他较多地收录了王维、李白和杜甫等大诗人的名篇佳作，同时也适当地收录了一些不甚知名的个别诗人的优秀之作。《唐诗三百首补注》序：

上元伯英女史，余外孙，李镜缘，世芬内也。为陈叔良观察女。幼聪慧，喜读书。叔良钟爱之，二相攸綦严。适余侄倩，李仲甫，以其尊人，海帆先生官西蜀。侨寓金陵，因得为镜缘缔婚焉。余时权两淮鹾政，会晋省，得悉良缘。知女史为闺中之秀，然不意其能著述也。越数载，女史来归镜缘，余已移官海外。寓书问讯，于邮筒中，获睹女史诗词。为欣赏者久之。迨余左迁西蜀，道出里门，镜缘亦归里。见其案头有《补注唐诗》，询知为伯英女史所辑。考核援引，俱能精当。殆所谓读书，难字过者欤。属付枣梨，津逮初学。镜缘则逊谢不遑，为不欲为詅痴符比也。余谓不然，自古注书，得之闺阁者，恒鲜。而精当尤难。兹所补注，倩梓人传之，亦一时佳话也。余老矣！且远处西陲，是刻之成，尤以先睹为快。镜缘志之。其终韪余言，是则老人之殷盼也夫！

道光二十四年，嘉平月，石甫老人，姚莹书。[②]

墉退士其《唐诗三百首》书成于乾隆二十八年，道光年间又有上元女史陈婉俊为之补注。在光绪十一年的本子里有浣四藤唫社[③]主人为之作序：

① （清）孙洙．唐诗三百首（序）．乾隆刻印本，英德堂藏版．

② （清）陈婉俊．唐诗三百首补注．道光二十四年刻印本，餐花阁藏版．

③ 浣四藤唫社是清代末年的一家出版社。

《唐诗三百首补注》为蘅塘退士定本，风行海内，几至家置一编，惜笺注太疏，读者病之。上元陈伯英女史，手辑补注八卷；字梳句栉，考核精严；能令读者不假祭獭，而坐获食蹠。津逮初学，功非浅鲜。第其书版，藏李氏餐花阁中，坊间罕有其本，所以沾丐士林者，恐未能偏也。爰取其书，重加厘订，付之手民，以广其传。书中体例，悉仍其旧。惟少陵《咏怀古迹》，诗本五首，蘅塘只录其二，不免挂漏。今刻仍为补入，俾读者得窥全豹。注则悉依《杜诗镜诠》，未敢窜易一焉。刻成，悉心雠校，尚无淮雨别风之谬，较餐花阁本，似更精致云。光绪十一年（1885年），仲夏月中，浣四藤吟社主人识。[①]

同怀胞弟康侯陈晋蕃为之题跋，跋曰：

忆晋蕃初识之无，姊伯英即教以《唐诗三百首补注》。逮稍长，姊方事补注；间为指陈典实，始知作诗，不可一字无来历，读诗不可一字不考核也。岁壬子，姊归桐城。晋蕃寻避，地寄濑邑。春朝秋夜，感事兴怀。偶事咏吟，以不睹《补注唐诗》为惜。乙卯冬，镜缘姊丈，偕姊来濑，欢叙之余，悉《唐诗三百首补注》。未遭兵燹，且有增帙焉。急索而读之，博引旁征；字梳句栉，罄胸藏之积轴，更益新裁；溯口授于曩年，如逢故我。觉郝天挺《注唐诗》，鼓吹尚嫌简陋；高士奇《注三体唐诗》，无此清整；吾家信有秀才，何必效关氏之誇进士也。爰事雠校，读付枣梨；虽莫当考古之资，庶足为发蒙之助云。同怀胞弟，康侯陈晋蕃为之谨跋。[②]

以下是上元女史陈婉俊为《唐诗三百首补注》题识，从凡例看，一共有十条款：

1. 是书名曰：补注，但诠实事，以资检阅。若诗中义蕴之深，意境之妙，读者宜自领取。无庸强就我范曲为之说，反汩初学性灵也。识者鉴诸。

2. 取证之书，当以最先者为主。自王逸注《离骚》于玄圃，引《淮南子》。李善注《洛神赋》之远游；履引繁钦《定情诗》，使后人籍口。至近世，笺唐诗者，遂有引宋人诗为证。且杂以俗语，殊乖体例。兹编援引，未敢效尤。

3. 是编引注之义有二。凡诗中用事，即引本事以证之者为正注。至寻源溯流，博采它书，以相证者为互注。正注非陈隋以上之书，不列于篇；而互注则自唐宋及明，间为采入。然必有按某书，某某云字样以别之，终不敢以口吻为策府也。

4. 诗中字，有误用事者。如“少伯之龙城飞将”是也。有借用事者，如“右丞之卫青天”幸是也。诸如此类、不可枚举。今误者辨之，借者证之。非如宋元诸人，窜易古书，为之立解。

5. 诗中字，有疑误，必索古本订正。其无可参订者，则云：当作某字；字有两可者，则云：一作某字；或云：某本作某字。至于点画讹舛，鲁鱼混淆，则寄目以视。假腕以书，亦不能保其必无也。尚冀世之君子是正焉。

6. 诗人爵里姓氏，原书阙注。今博览史传诸书，更为广注。俱列于诸公诗之，初见者题上。俾读是公诗，即得梗概。其余行事，有关于诗，则随篇分附，此不备载。

---

① （清）陈婉俊．唐诗三百首补注．光绪十一年刻印本，成和堂藏版．

② （清）陈婉俊．唐诗三百首补注．光绪己酉年六月年刊印，成和堂藏版．

7. 凡诗中所咏邑里、山川、古迹。必稽之前籍，参以《唐志》，又实以明《地志》及《大清一统志》。盖陵谷既迁，名号数易，非本诗《唐志》。则不知所自来，非证以今名。则不复可寻考，兼而列之。庶几览古之一助。阅者幸，不以妄引后世书传概之。

8. 凡宋、元、明诸家诗话，有关词义，间采一、二。它如品骘高下，较量浅深等语，概置弗录。正以是编专注而未及评解。雕龙之论，姑俟异日。

9. 诗中有一事，屡见者，设俱为繁引、未免词复言重。今凡有事，已见前者。后不复赘，间有重见者。引用之字面虽同，而引证之字，义要自有辨。

10. 是书原刻旁批，往复周详。有讥其浅陋者，然意在启迪初学，并非概语宏通，其诱掖苦心，不可没也。今悉仍之。

上元女史，陈婉俊识。①

章燮《唐诗三百首注疏·序》云：

> 我少时读书，粗知书理。吾族枫山公疏易一书，颇闻详粹。后裔秘不示人，历数世而仍劫秦灰。惜哉！君之注，盍公诸世乎？余感世言，将付梓而刊之。四方君子，其有教我者，则亦余之，甚幸也矣！

道光甲午年，桂月云仙氏自识。”②

范廷懋注疏题跋中说：

> 《唐诗三百首注疏》向无注释、子弟读者往往不得其解，开卷未见获益。余注之，原为家塾子弟起见，非敢以示人也。适有世谊元会兄过舍曰：
>
> 圣人论诗，由兴观群怨，而归于事殳。事君所以使人各得。夫性情之正，而已有唐三百年，自李、杜、王、孟，以迨韩、柳、元、白，降至晚季诸家。虽所尚各殊，要不外乎斯旨。特殊审别体裁，俾趋正就，是在编诗者之责焉。近今所行唐使，欲以选贡待之。而复斋以负米。山左未及与试，其为深纯而行修谨他日，所造必有卓卓可见者，尤余之所深望也。是为序。
>
> 丁酉年，夏日，咏亭许球③题于任城之渔山书院④

在《唐诗三百首注疏》许多刊印版本中，却没有刊印许球的序。原来许球是一位民族英雄，他提出了许多禁吸鸦片的措施，为林则徐所采纳。由于清政府禁烟失败，许多书商没有刊印许球的序，书商可能怕惹不必要的麻烦。因此删除了许球的序。

《唐诗三百首》有多个注本。同时有道光甲午年，仁和孙孝根校正，并作序；还有道光甲午年，季秋月，钱塘孙葆纯作序。永言堂，建德云仙氏章燮注作序，道光甲午疏本广征博引，源流分明，兼及诸家诗话，内容相当完备，而且能注意辞义相互贯串，深入浅出，是一个颇有特色的本子。云仙氏这个本子主要是为私塾子弟教学所编。

实际对永言堂章燮注疏本，范廷懋对注解作者的确给了很高的评价。范廷懋在《唐诗

① （清）陈婉俊．唐诗三百首补注．成和堂藏版，光绪已亥年新刊．

② （清）章燮．唐诗三百首注疏．道光甲午年刻印，文会堂藏版．

③ 许球（生卒年不详，清道光前后），字玉叔，安徽歙县人。道光三年（1823 年）进士，擢为河南监察御吏，因弹劾漕运总督贵庆，又上疏建议修建浙江海塘，不久转京畿道，升任兵科给事中。许球提出禁烟措施，后来多为林则徐所采用。他著有《西台奏议》《古今体诗》《养云山馆杂著》等书。

④ （清）章燮．唐诗三百首注疏．文会堂藏版，道光甲午年刻印．

三百首注疏》序中说：

注释固贵详明，尤贵精核。自郑氏笺诗，未免有误，则诂训洵非易言也。唐人诗集各注，卷帙浩繁，购置维艰。蘅塘退士所编《唐诗三百首》，便于习诵，固已脍炙人口，顾于注阙略弗详。建德上舍，章君名象德，绩学士也。啸傲林泉，暇日辄取蘅塘原本检阅。其于注解旁批所有者，悉仍其旧，并采各家之说而增衍之。凡题之来历、作诗之年月，以及典故之出处、词义之贯串、皆博搜群书而详载之。间或参以己见，酌为订定。昔人言注释难，而注诗尤其更难。若章君于斯编，非积十数年之心力，何以臻此。俾读者，览其注解，了然于胸，岂非艺林之一助乎？友人劝其梓行，公诸同好，刻既竣，爰弁数言于端云。

道光十五年，岁在乙未秋九月，上虞范廷懋书于兰溪学署之东轩。①

关于范廷懋的生卒年不详，亦未查到他的相关事迹资料。

本朝仇沧柱先生，注札诗典，核详明近，时推为善本。吾友，章舍云仙，梅城续学士也。间取蘅塘退士作编《唐诗三百首》，一一详注。足以广一时之间，见拓尤古之心胸曲，旁通其有裨于后学者。非尠刊以问世，行见纸贵洛阳。当与杜后，先相辉映矣。

道光十四年，岁次甲午，嘉平月，嵩云
李超咸题于蛟门官署②

孙孝根为章燮注疏本作序。孙氏在序中说：

先生隐居山中，不求荣达，能以贤弟佳儿，共尽孝养，立品敦伦，令人不企及。前日亲炙光仪，益信传美非虚，识荆叹晚。一日之谈，胜读十年。匆匆握别梦补，补寐思之。书来不耻下问，孝自问何学可附骥尾。谨将尊注，研朱细读，删去贱名。有妄参处，加以票签。伏冀垂鉴，先生之嘉惠。初学何其诚，而以多问寡。不自满假何其切，皆先生孝爱中之流露也。读先生之注，不足尽先生之才，未始不可见先生之心。夫以三百之多，不惮阐发之；赞叹之；翻驳而引喻之。直与唐人一气贯通。是述而不作之志，即山中高逸之志也。世之读者，谁复有议之者耶！寄语先生，可亟枣梨。幸毋若身之隐而不出也，是为嘱。③

唐诗三百首注疏

道光甲午年，仁和孙孝根顿首

钱塘孙葆纯也为之作序：

唐以诗取士，我朝诗学，昌明乡、会试，亦尚八韵。朝考非工，此不与馆

① （清）章燮. 唐诗三百首注疏（序）. 文会堂藏版，道光十五年刊印.
② （清）章燮. 唐诗三百首注疏（序）. 文会堂藏版，道光甲午年刻印本.
③ （清）章燮. 唐诗三百首注疏（序）. 文会堂藏版，道光甲午年刻印本.

选。而翰林大考，且重在诗。是以教弟子者，未可以为词章末事也。章云仙先生隐居不仕、善饮酒、工吟咏、其惊人之句、透彻才思、绮丽风骨、确是唐人气息，令人击节叹赏，爱玩不忍释也。今年秋，见得先生。晋接间风度端凝，磊落不凡，乃叙晤须臾，未能尽倾底蕴为憾。越日，章元会先生来，袖出云仙《唐诗注疏》，读之爽人心目，尤喜其简要不烦，便于初学，云仙非有功诗教乎！观其注释，博古通今。倘非学有渊源，乌能若是？所谓落笔千里言，总由读书万卷耳！在云仙原为家塾子弟而设，第未刊本坊间，不足嘉惠后学，爰请授梓，流传于世。庶人获南针，咸得了如指掌，则唐诗盛传不朽，而先生之注释，亦与之不朽也矣！①

道光甲午年，季秋月，钱塘孙葆纯拜序。

《唐诗三百首注疏》永言堂刻本条款有六：

1. 五七古不论修短，皆分解数。解数分则段落明晰，立意显露，使人易晓。

2. 律诗自有起、承、转、合之法，不必分前后解。

3. 绝句，绝者，截也。或截其前半、或截其后半、或截中四句、截其两头，更不必分解数。

4. 李白、杜甫诗，皆遵王琦、仇兆鳌二先生注释。其余诸公或解一二者，亦采入之，或有总解、俱附后。除诸公注疏外，有诗意未曾伸说者，稍加润色之。

5. 诗句浅近者，略伸其意，不疏其词。唯其意深辞黯，思索不及者，则尽情揣摩，逐字搜出，未免言多致厌，然恐词少不能达耳！

6. 诗有赋、比、兴，起、承、转、合之法，略注数于前，余皆仿此。

以上是永言堂刻本条款。② 凡句断或注断处，俱宜顿住读，则读时而解得半矣。

从阙之云：

1. 小传及诗中用谕。俱折中先辈。非参以管见也。尚望海内大雅。匡以不逮云。

2. 注诗家必如纪文，达公之注庚辰。集方为泝流穷源，毫发无间。其它虽群玉事类等书。舛误迭出，况唐诗笺释尤难。少陵义山二集，聚讼纷纷。迄无定论。此选自维谫陋，不敢妄诠。以俟博雅君子。

3. 近时所行古唐诗合解。膠柱刻舟，牵强割裂，其贻误匪浅。有识者当自知之。

4. 诗贵温柔敦厚。然与俾中庸，秽亵纤沺。毫发十里，前辈云："说诗专问诗室"，其弊必至于废学。观时下风尚，作俑者有由已矣。

5. 岁丁酉，客任城，得从詠亭风游，颇多获益。并为鉴定此篇。赐以弁语，乃楮墨油乾，而师资已邈，展卷临风，不胜西州之动。

良常于庆元谨识。③

从《唐诗三百首》内容来看，共选入唐代诗人 77 位，计 313 首诗，共有八卷，分别为"五言古诗"（33 首）、"七言古诗"（两卷，共 28 首）、"乐府"（39 首）、"五言律诗"

① （清）章燮．唐诗三百首注疏（序）．文会堂藏版，道光甲午年刻印本．

② （清）章燮．唐诗三百首注疏（序）．文会堂藏版，道光甲午年刻印本．

③ （清）章燮．唐诗三百首注疏．扫叶山房总发行，民国九年石印本．

(80首)、“七言律诗”(53首)、“五言绝句”(29首)、“七言绝句”(51首)，诸诗配有注释和评点。

民谚曰：“熟读唐诗三百首，不会吟诗也会吟。”这部风行海内，妇孺皆知的《唐诗三百首》是由清朝孙洙编选的一本学习唐诗的入门读物。现代人读唐诗应该注意以下几个问题：

一是本子。读唐诗要特别注意你读的是哪一个本子，这个非常重要。从清代乾隆时期到民国时期，据不完全统计版本多达600多种，另一个统计是200多种。我们先不说这两个数据准不准确，在这两个大数据中最流行的只有两个版本：一个是陈婉俊的《唐诗三百首补注》；另一个版本是章爕的《唐诗三百首注疏》，这两个本子得到学界和社会同仁的公认。

二是要看清书的主标题，它是陈婉俊的补注，还是章爕的注疏。还有的本子是“解释”或注解等。

三是如何考辨陈本和章本的区别。当你打开书的首页，看是否有“序”，陈本的序和章本的序有明显的区别。如陈本的序是多以蘅塘退士序于卷首，接下来是石甫老人姚莹的序，接着就是四藤吟社主人的序，再就是陈婉俊的胞弟陈晋蕃的题跋。章本首序是任城渔山书院的许球，下面是兰溪学暑范廷懋题序，接下来是蛟门官署李超咸题序，后还有仁和孙孝根及钱塘孙葆纯的题序，最后是良常于庆元的题款。

四是陈本条款有十条，章本条款是六条。陈本上面有上元女史陈婉俊题识；章本六条款由永言堂刊刻，未注明章氏云仙题识。

五是要看清楚刊刻堂号和梓行时间。依照哪家本子刻印。如果你注意了这两个经典本子的相关知识，你就不会被其它本子所煽惑。你更会辨识出其它本子的优劣。

六是有些本子无序、无堂号，无年月，这些刻印本多半相当于我们现代的盗版书，刻印字迹潦草，纸张质量差，错字漏句多。特别是民国时期错讹较多。如扫叶山房石印本就漏了范廷懋题序最后的一段话“友人劝其梓行，公诸同好，刻既竣，爰弁数言于端云”。笔者还发现一个问题，章氏注疏本在咸丰、同治年间梓行的本子多数没有刻印许球的题序，这大概是许球和林则徐都力推戒烟运动。书商考虑到怕惹麻烦，故删除了许球的序。一直到光绪年间，章本首页又出现许球的题序。

在八股文考试中，历朝士子对八股文争议颇多，要求取消“以诗赋取士”或推行“以经义取士”，甚至两者针锋相对，两者都要取消，其实都是行不通的。这本身也是没有道理的。后来事实也证明了这一点。虽然八股文的整体结构形式符合议论文的逻辑范式，但八股文具体结构要求前半部分破题、承题、起讲是按照议论文形式来完成的。而论文中间部分的提比、中比、后比和束比又是按照诗的赋、比、兴和前后截搭方法来完成的。

从八股文的整体结构来看，它符合论文起、承、转、合的论证形式，但他的创作方法却是诗歌的赋、比、兴和前后截搭方法，也兼而有之起、承、转、合的论证法。尤其是八股文的考试题目，如同七言绝句的截搭方法和思维范式，这种出题形式和八股文文体结构注定了科举考试不能取消“以诗赋取士”。这也注定了诗赋一直陪伴着八股文的始终。这就是科举考试为什么一直没有取消以诗赋取士的主要原因？但也并没有完全推行以经义取士，这就是根深蒂固的传统诗歌文化所决定的。

由此可见，八股文不是一种单一的创作方法，他既要具备写作议论文的抽象推理思维，又要有创作诗、词、歌、赋的形象思维。如果你不具备这两种综合素质和综合能力，你就不可能写出第一流的八股文来。事实也证明，凡是八股文高手，绝大多数的状元进士都是学界泰斗或文坛的一面旗帜。

第三节　明清科举馆课文献拾遗

《唐诗三百首》是作为童蒙科举考试的普及性读物。那么，《唐诗句解》，此乃国朝试律灵通解目，为科考必读课本，共四卷，清代乾隆年间刻本。《唐诗句解》为士子必考科目。

我们不妨来看它的句解凡例：

1. 本朝馆课，暨大小场应试之作。盖为后学应试之式也。乡、会两场，俱属八韵，故是编所载八韵为多，而六韵不遇败首。

2. 诗中应抬头者甚多，编内并未提写。因自兴诗以来，应与字样，人已素知，故一顺而下，使初学便于诵读也。至场中他宁用心匆忽。

3. 题有必须疏解而始明者。今于每一题下，皆为详其来□，纪其颠水，俾初学之士，展卷了然。

4. 见编于每一联下，示顺讲数句。稽明夫刻划之意，鄙俗猥亵，不过为初学而设。倘其中有不协诗人之义，旨者伏冀。当代大人先生垂是幸。

先贤任子裔福祜南陵氏辑。[①]

在此拟唐诗句解——国朝试律诗灵通解目录如下，以便于我们了解国朝馆课试律诗的情况：

卷一

① （清）任福祐. 唐诗句解——国朝试律浅说灵通解. 清同治四年连元阁刻本.

夏云多奇峰——钱大昕
剡木为舟——秦寅
雷门布鼓——邓云龙
荡胸生层云——阮学睿
卢橘夏熟——钱襄
日浴咸池——蒋溥
涉江采芙蓉——韩菼
洞庭张乐——胡浚
风软游丝重——秦大士
讲易见天心——马腾蛟

卷二

秋水灌河——叶观国
冬岭秀孤松——丁田树
珪璋特达——卢文弨
循名责实——蒋士铨
济用用舟楫——陈惠华
王道荡荡——介福
七夕徐转斗牛车——厉鹗
仁者乐山——史贻谟
曰华承露掌——陆绍琦
折槛旌直臣——周长发
人月剥枣——威朝桂
西岭晴霞——裘允达
月中桂树——德龄
锥处囊——吴鸿
鸿雁来实——马秉中
追琢其璋——李友裳
浮云连海岱——刘玉枝
群玉峰——梁同书
饮马投钱——方岱浩
长笛一声人倚楼——吴颢
多文为富——谢墉
西园翰墨林——沈三会
秋月悬清辉——周绍炳
因风想玉珂——彭启丰
霜叶红于二月花——王晦
木从绳——李中简
籍田西成——沈德树
迎岁早梅新——金德瑛

八股文和诗歌创作方法比较				
主题类型	破题方法	八股文和诗赋的逻辑特点	思维形式	创作方法
八股文（议论文）	破题：破题是个小全篇，故有尊题自破题。破题作为文章的首要纲领。破题方法： 长题破法：贵简括； 搭题破法：贵在巧妙连勾连； 大题破法：贵冠冕； 小题法：贵灵巧； 截题破法：前后贯通。	八股文以演绎推理和归纳推理的抽象思维逻辑为主，并辅以类比逻辑推理。最后必须做出正确结论。	八股文思维形式：遵循起、承、转、合逻辑推理方法。 它同样保证提供议论文的论点、论据和论证三个要素。	破、承、起三法与钓、渡、挽三法合用

续表

主题类型	破题方法	八股文和诗赋的逻辑特点	思维形式	创作方法
诗歌	破题： 绝句，绝者，截也。或截其前半，或截其后半，或截中四句、截其两头不必分解数。	诗歌以形象思维中的类比推理为主，或者通过归纳逻辑推理，诗歌创作不需要作出结论，只要给读者留下足够的想象空间。	诗歌思维形式：诗歌创作需要遵循起、承、转、合的章法，不必提供论点、论据和论证的三个要素。诗歌必须要遵循以下声韵格律： 1. 七言绝句排偶式 （1）仄起式 仄仄平平仄仄平， 平平仄仄平平仄。 平平仄仄平平仄， 仄仄平平仄仄平。 （2）平起式 平平仄仄平平仄， 仄仄平平仄仄平。 仄仄平平仄仄平， 平平仄仄平平仄。 2. 七言律诗排偶式 （1）平起式 ①平平仄仄仄平平， ②仄仄平平仄仄平。 ③仄仄平平平仄仄， ④平平仄仄仄平平。 ⑤平平仄仄平平仄， ⑥仄仄平平仄仄平。 ⑦仄仄平平平仄仄， ⑧平平仄仄仄平平。 （2）仄起式 ①仄仄平平仄仄平， ②平平仄仄仄平平。 ③平平仄仄平平仄， ④仄仄平平仄仄平。 ⑤仄仄平平平仄仄， ⑥平平仄仄仄平平。 ⑦平平仄仄平平仄， ⑧仄仄平平仄仄平。	赋、比、兴三方法与钓、渡、挽三法合用。如起笔突兀法、承笔衔接法、转笔呼应法、合笔结束法。①

无论是议论文写作，还是诗歌创作，都有一个共同特点，就是首先要突出主题，或者说要主题鲜明。这几乎是所有文章的共同特点。从表上总结发现议论文是以抽象思维逻辑推理为主，并要得出正确的结论。而诗歌创作是以形象思维逻辑推理为主，文章最后不必

① 刘坡公. 学诗百法［M］. 上海：上海古籍出版社，1982.

要得出结论，只要给读者留下想象的空间。八股文或议论文强调起、承、转、合的议论文三要素，而诗歌创作则强调起、承、转、合的声韵格律，当然诗歌也强调起、承、转、合的章法。八股文创作技法强调钓、渡、挽三法，而诗歌更强调赋、比、兴三法。

我们以苏轼"春宵"题为例，诗云："春宵一刻重千金"，则以"金"破"夜"，采用的是"反"破法，作者以"金"钓"春宵"暗示春宵难得；起承过渡用"月"和"声"渲染夜色；最后以"夜"挽"春"，以"金"消"夜"。中间两股表现出一静一动，互为照映。首股言春宵千金难得，末股却又言夜幕"沉沉"和"声细细"作为灯火阑珊夜的衬托，一前一后，一正一反，形成鲜明的对照。尾束用"沉沉"挽"金"映首，又用"落晥"挽"春宵"唱响主题。苏东坡不愧为诗辞、骈赋文的创作高手，这首诗自问世以来，人们诵不绝口。

从诗歌音韵格式来看，无论是平起式，还是仄起式，从音韵上形成破题式即平起仄收，或仄起平收。从乐理上分析中间两股构成叠咏重唱结构式，不偏不倚，承上启下，它完全符合音乐原理上的反复吟唱的音韵旋律，增强诗歌音乐节奏和旋律感。最后用同一旋律再次唱响主题，使主题更加鲜明突出，回味无穷。

从形式逻辑上分析，诗歌的形式逻辑和八股文形式逻辑上有明显的差别，前者是以形象逻辑创作为主，后者是以抽象思维逻辑写作为主：即诗歌是以吟唱为主，而八股文是以抽象思维逻辑推理为主。两者章法上都具有起、承、转、合的思维规律。但是两者也有明显的不同，八股文遵循逻辑上的起、承、转、合，而诗歌创作更多的是遵循声律上的起、承、转、合，形成格律的七言诗和五言诗。

在创作方法上，诗歌不仅运用赋、比、兴的形式，在章法上运用了起、承、转、合的章法，它同样采用了八股文钓、渡、挽的创作方法。这无论是从诗歌音韵格律上，还是诗歌创作实践都证明了这一点。那种把诗歌与八股文完全混为一谈，或完全割裂开来显然是不对的，至少他要么不精通八股文，要么就不精通诗歌写作技巧和创作方法。我们再看一个例子，兴德以"春草凝露"为题："纤草春初茂，芳丛露正凝。"①

上句是破春草，下句破凝露是顺破题。末句挽题："龙池通帝泽，湛湛颂声兴。"作者用"龙池"暗示主题，陈翊诗曰："细草遍龙池。"诗经曰："湛湛露斯"暗示"凝露主题"。

清代纪晓岚著有三试律诗专著能说明以上问题：一是他的《唐人试律说》，选评唐代试律诗，成书于乾隆二十四年；二是他的《庚辰集》选评康熙庚辰至乾隆六十年间的试律诗，成书于乾隆二十五年；三是他的《我法集》以自己创作试律诗作为范本，在自评中传授创作试律的方法。正如其弟子梁章钜所言："河间纪文达师之《唐人试律诗》批隙导窾，实足为金针度人讲试律者，须先读此本以定格局，其花样则所选《庚辰集》一部足以尽之。晚年又有《我法集》之刻，其苦心指引处，尤为深切著名。"②

纪晓岚认为："结寓祈请，唐人试律类然，亦一时风气如是，今则不必。"③

---

① （清）任福祐．唐诗句解——国朝试律浅说灵通解．清同治四年连元阁刻本．

② （清）梁章钜．科举文献校注二种·试律丛话［M］．武汉：武汉大学出版社，2009：551-552．

③ （清）纪昀．唐人试律说．乾隆二十五年刊本．下文纪昀评语皆出自该书，不具注。

在他看来，唐代试律诗结尾是以干请之意，是时代风气之所使然。他对唐诗的各种特点和缺陷作了正确的评估。

试律诗只是童生科考的一种启蒙读物。真正难的是四书科考。故明清两朝，科考读物真所谓是汗牛充栋。前面我们介绍了《三字经》《千字文》《琼林幼学》《增广贤文》《千家诗》《唐诗三百首》和《声律启蒙撮要》等童蒙读物。现在我们有必要了解一下有关《四书》方面的科考文献。

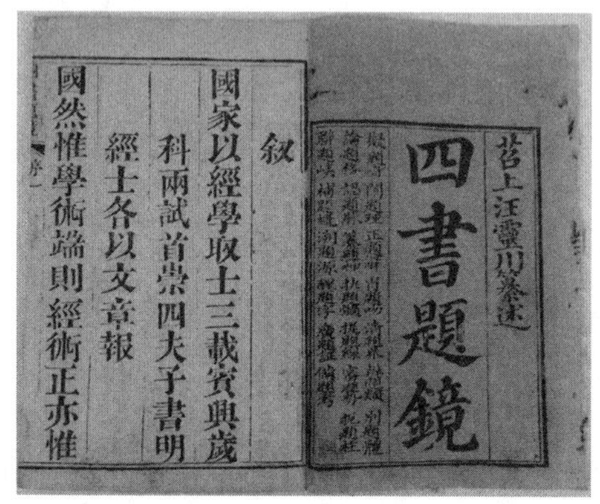
苕上汪靈川纂述
四書題鏡
敘
國家以經學取士三載賓興歲
科兩試首崇四夫子書明
經士各以文章報
國然惟學術端則經術正亦惟

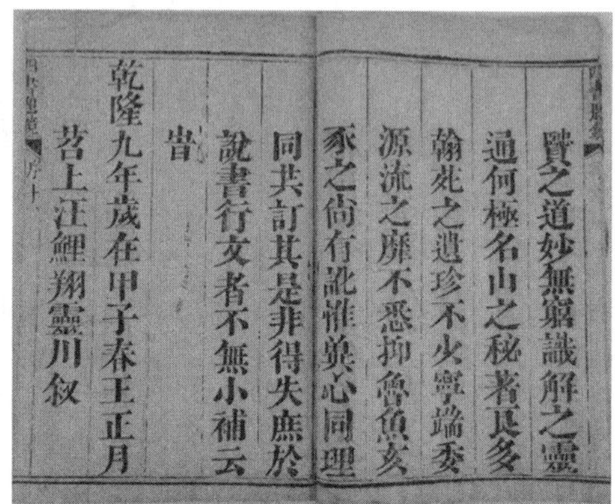
賢之道妙無窮識解之靈
通何極名山之秘著良多
翰苑之遺珍不少寧端委
源流之靡不悉抑魯魚亥
豕之尚有訛惟異心同理
同共訂其是非得失庶於
說書行文者不無小補云
旹
乾隆九年歲在甲子春王正月
苕上汪鯉翔靈川敘

科举考试：四书题镜

汪鲤翔《四书题镜》序：

> 国家以经学取士，三载宾兴，岁科两试，首崇四夫子书。明经士，各以文章报国。然惟学术端，则经术正；亦惟书理明、则学术端，而明书理；在尊注，以研圣贤宗旨，详说以别指趣异同。盖四夫子书，汇涵诸经精蕴。经诸先儒之阐发，或问语类大全之辩论，而荟萃折中于朱子传，注从之阐发，传注以阐发大文者。凡讲章、讲解，无处数十百家。大约宋儒之书，专讲义理。其时不为帖括明儒之书，兼求口气，自讲学一、二，语录外率，皆为帖括取用。然于经传义蕴，未免有详略偏全；同异之差，我朝文运日隆。圣天子重道崇儒而正学昌明。御制经书讲解而经学醇备。兼得理学名家，主持风会，诸君子阐发。不留念蕴即讲章、讲解，所未到而散见于先辈名篇。时贤钜制，法家宗匠，选评之识义者。或发明朱子之解，则直指迷津；或引伸朱子之意，则一空陈解。均是为制义准绳，举业正宗第庆。故等出其精于理。工于文之识力校正。再四厥功，尤不浅云噫！浩浩者，天而窥以管；洋洋者，海而测以蠡；圣贤之道妙，无穷识解之灵。通何极名山之秘，著良多翰苑之遗珍。不少宁端，委源流之靡；不悉抑鲁鱼、亥豕之尚有讹。惟异心同，理同共订。其是非得失，庶于说书行文者，不无小补云。
>
> 乾隆九年，岁在甲子春王正月，苕上汪鲤翔灵川序①

四书题镜有六卷本、七卷本和九卷本，甚至多达十二卷本，以竹纸、木刻本居多。汪鲤翔自序谓“作文为讲书表章，讲书为作文根本，源流一贯。体认各题理行文，即以行文，各旨法说书，则书之曲折精微。与题之神脉口吻，无字不出，而道理口气两无遗

① （清）汪鲤翔. 四书题镜. 竹纸，木刻，同治甲戌年刻印，永顺堂藏版.

憾”。[①]

《四书题镜》总论有二十则：①拟题旨；②阐题理；③正题解；④肖题吻；⑤消题界；⑥辩题类；⑦别题体；⑧论题格；⑨认题脉；⑩纂题神；⑪抉题髓；⑫提题线；⑬审题势；⑭扼题柱；⑮联题峡；⑯补题缝；⑰溯题源；⑱醒题字；⑲广题证；⑳备题考。[②]

四书题镜例言

1. 学庸系圣贤相传道统，本礼记之篇。其书首尾一意，脉络贯通。朱子于论孟曰："集注于学庸，则曰‘章句然’。章句虽分，而各章联络之意。总注复申明之。此集于学庸，连章看法，处处不敢遗略。"

2. 先辈行文，全从体认。书理而出一题。有一题之理，即一题之法。先后不容越界，上下不可粘连；偏全反正，虚实轻重、缓急俱有，一定是集于一体。今复细加校，又增删其什之一。并逐句圈断，庶一见了然。因颜以题镜，非敢比先辈之题。试题炬彀，率心鹄指南。签蹄等集，第较前之塍抄于外者，此为定本。

3. 书刻最重参校。若一句有讹谬，则意义通。一字有讹谬，则鲁鱼滋混。此非一人一手可猝辨也。此集幸会，讲诸子受业，门人分第、分卷、逐章、逐句参校，难免讹谬，令纪姓氏如左。[③]

易宗夔[④]所著《新世说》卷二说："张素存学问渊雅，风度嶷然。凡二十年为太平宰相，朝夕启沃，得大臣体。在讲幄，每经义纳忠，莫由得其献替之迹。所作古文，词舂容典雅乎盛世之音。"[⑤]

张素存《增订四书补注附考备旨》仇沧柱先生参补《增订四书补注附考备旨》刘文正堂藏版，邓退庵先生手著，卷一；张素存先生手著，鄞江邹崖增补，清代乾隆年刻本。此书又称之为《新增四书备旨灵捷解》。[⑥]《新增四书备旨灵捷解》主要用于士子科考的课艺读本，书分为四栏。最上栏是破题；第二栏是章旨；第三栏是原文；第四栏是名词解释。

笔者收有《大学》卷一。序曰：

> 解四书者，汗牛充栋，美不胜收。第其说如林，词多旨博。或详则过繁，略则太简。初学未能骤领其深微，将去取，亦无由也。求其灵机捷，悟莫如是也。[⑦]
>
> 本朝张素存先生《四书灵捷解》，旧分三层。顶标破题，可为准式中训释字眼，易于观览下连，大文为讲章。尤便于习读，初学之士，一目了然，解自灵捷。传之海内，家弦户诵，莫不奉为著。蔡几于无可增减矣！予以为章节旨未

---

① （清）汪鲤翔. 四书题镜. 竹纸，木刻，同治甲戌年刻印，永顺堂藏版.

② （清）汪鲤翔. 四书题镜. 竹纸，木刻，同治甲戌年刻印，永顺堂藏版.

③ （清）汪鲤翔. 四书题镜. 竹纸，木刻，同治甲戌年刻印，永顺堂藏版.

④ 易宗夔（1874—1925），原名易鼐，戊戌变法后改名易宗夔，字蔚儒，又字味腴。湘潭人。早年与谭嗣同等创立南学会。戊戌变法期间，任《湘学报》史学编辑。

⑤ 张名玉书，江南丹徒人，顺治十八年（1661年）登进士，选庶吉士，授编修，累官至文华殿大学士。文集中拖诺山、狼居胥山二碑，叙述武功最为详赡，足以昭示来兹。纪平定江南，灭闯、献二贼，及三路进师下云南，平水西贼等事，皆得诸耳闻目见，足以彰开国之鸿猷。其余碑志，亦多清初将相事迹，可备考核，燕许大手笔，盖无愧色焉。

⑥ （清）张素存. 增补四书备旨灵捷解. 木刻竹纸本，乾隆甲午年刻印，文正堂藏版.

⑦ （清）张素存. 增补四书备旨灵捷解. 木刻竹纸本，乾隆甲午年刻印，文正堂藏版.

明，书虽能解究，茫然不知指归之所在。是以不揣固陋，于破题之下。妄增章节，旨俾初学。逐章逐节，细阅头绪，既不乱中。仍讲章下，乃训释字眼，理解亦清。觉机更灵，而悟更捷也。从此而求详、求略折中众说。无不可解，皆于是书，始基之耳。然则，是书之出于初学，不无少补云。

乾隆甲午年，孟春月，鄞江邹苍崖书于升恒[①]堂。

新增四书备旨灵捷解

《二论备旨童子进学解》太史孙子未先生著，三让堂藏版，明刻本。明、清两代为让初学的儿童能读懂《四书》《五经》，编刊了大量的辅导书籍。此书即将《论语》逐字、逐句加以解释，并在每章书前加以大意提示，以使童子能快速入门。

《四书补注备旨》由粤东邓林退庵先生手著，裔孙煜耀生编次，宝安祁文友珊洲先生重校，江宁后学杜定基起元增订。版式心下方刻有荟玉堂，明刻本。共分上下两本，上册一、二卷，下册三四卷宗。只收藏了下册三、四卷。

《增补二论典故启幼引端》增订二论，详解卷之一、卷二、卷三、卷四。桐柏刘忠荩侯手辑，受业弟子懋勉旃、刘铎振同校，经纶堂梓行，清代雍正十二年（1734 年）刻。讲书二论序：

我朝文运昌隆，名贤蔚起，解四子书者愈出愈奇，互参翻阅，无毫发之遗，成才自易矣。所苦者八、九岁童子，与解论语而知识未开，将以书传，则博大精深，既不能醒悟，欲以口授，则悬空讲说，又无凭依。且长言，则苦多短言、则苦少深言、则苦无浅言、则若粗共，何以启蒙童哉！易曰："蒙以养正，圣功也。"

嗟呼！养正之难，如行路。然不引之如大道，未有不入崎岖者。如治丝然，不引之以头绪，未有不扰于棼结者。则所需于解说者，急也。旧有粗说、俗说等书言，太涉鄙俚，道理又欠完全。童而习之，毒久膏肓，不可救药。

近见渐通，间有可取，而一节一句之内，时顺时断分析。既多不清，而繁简

① 邹升恒，字泰和，江南无锡人。康熙戊戌进士，官至侍讲学士。邹升恒著有《借柳轩诗》《邹升恒诗文全集》。邹升恒参编《河南通志》八十卷。

岂尽。合宜解说，岂皆精确甚矣。明白晓畅，而平稳当之难也。余半生衣食，专在训蒙无功。素餐时，以为忧尝，与同人辈，共相叹息！何竟无有，开童子之□聩，而诱以正路者乎？一日，盖侯持大学《论语》解数卷，示余曰：“为童子辑也，请斧削之余，喜出望外；亟检共体式，上截解字义，下截贴语气；一层释字、一层释句，字句之间互相发明。开端有起结，末有收起。收之内，圈隔不混。一目了然，体贴恰好。简而文浅，而显平正、而确远、而不遗，以是训蒙。不啻引人，以盆缫而提起丝头。虽素未理业者，可以循绪，而经纶是犹引人于通衢而指以直路。虽素未经历者，可以循途而前驱也。岂惟童子之幸与？抑教童子者之深幸也？”

问其名曰：“引端。”余曰：“善哉！”人皆有四端，而气拘物蔽者失之，岂不贵有引之者乎？得是书朝夕讲贯，扩而充之；审端而竟委矣。而其意则曰：‘非敢言讲书也，特为引其端耳！余观盖侯年四十，即弃举子业，专研四子之书。

虽贫病交攻，曾不少懈直。欲集宋明以及国朝诸儒之说，统会融贯而折其衷。岂詹詹引端哉？引端之讲书，亦为其讲书引端云耳！但不及乎孟中，未免有不全之憾。然道理统备于大学，而散见于《论语》《大学》。《论语》既通，则《孟子》《中庸》之理，相因而见。此亦所谓引之以端也。

余虽辱命，丹黄而其中之理法，已密神气、已充整襟。庄读之余，惟有气折小坐而已。又何敢以亥豕鱼鲁易之乎？因弁其端，惟跂足而望。是书之行世，以端蒙养，以广圣功，俾来学处，为端方有守之儒出佐。端拱无为之化，则引端之功。不在扩充，下而盖侯之必传者。亦于是书引端也。将天下后世皆知。盖侯以余为尹公，他则附骥之荣施大矣。①

雍正十有二年，岁次甲寅仲冬之吉旦。同里年，家宗弟，修柱擎一氏拜手书②

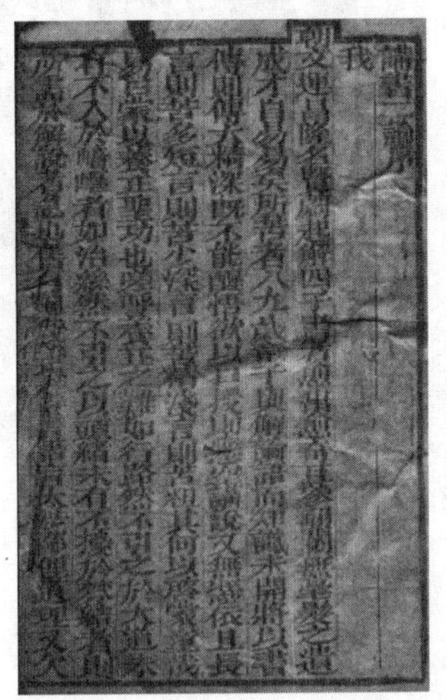

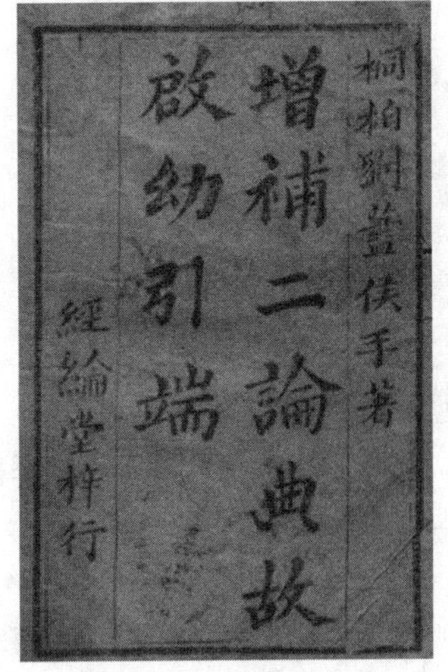

桐柏劉藍侯手著
增補二論典故
啟幼引端
經綸堂梓行

二论典故：启幼引端

① （清）刘忠尽. 增补二论典故启幼引端. 经纶堂梓行，雍正十二年刻印本.

② （清）刘忠尽. 增补二论典故启幼引端. 经纶堂梓行，雍正十二年刻印本.

《四书补注备旨题窍汇参》下孟卷之四。明古冈邓林南手著和文友珊洲甫，宝安尹源进，澜桂甫增定，太史张成遇，阿一甫参订，后学杨澜西露补，后学邹汝达恭补。明末清初刻本。

《四书题窾》清初刻本极类似于《四书题镜》。

《论语·卫灵公》卷八，清代刻印本。

《论语·先进》卷六明珍堂，明刻本。

以上几个本子《四书题镜》《四书题窾》《四书补注备旨》和《四书引端》作者在编辑内容上都相同或相似，它们主要是为科举考生考试服务，帮助考生掌握破题方法找到一种捷径。

还有翰林院编修李郁华鉴定《云路仙丹》巾箱刻本，乐道山房藏板。[1] 这种巾箱袖珍本可以随身携带。前面有李郁华作的小序：

偃蹇空山，迄迟暮而坐叹！落几者，火侯未熟故耳。审其病而药之以新频。夫其庸，腐以雅正，雄其险怪犀利。夫其笨滞以英华，去其朴寐，斯诚换骨金丹也。虽然岂则有哉！必平日侮尘洗尽。炉焰纯青，黔铁成金。炼汞成义，乃能有此黔如火体。如藏之众贯，求圣入时，人眼多买胭脂画妆，丹是编得之矣。手是编者，简炼揣摩。妍求熟复，而又扩其学问。养其性情，由是发为文章。炳炳烺烺，取青紫如拾芥，掇科第若摘髭。所谓九转丹成侯也。应小试者，尚其铸金奉之是为序。

同治十二年，癸酉冬十月，赐进士出身，翰林院编修上梅李郁华撰。[2]

文章一道，由性情而出者也。故凡平者、奇者、浓者、波者，各从其性情之所以近，相肖而出，而不可伪为。自末学肤浅，不能以学问性；充其性情而于是平者；或失之庸、腐、奇者；或失之险、怪、浓者；或失之笨、滞、淡者；或失之枯、寐者；文不中技鹄，技非贯审遂有。

同治十二年，癸酉冬十月，赐进士出身翰林院编修上梅李郁华撰。[3]

科举士子李郁华颜楷真迹

① 李郁华，清道光十七年（1837年）生。字韦仲，一字果仙，晚号瓠叟，湖南新化县桑梓乡，虾溪村西家湾人。咸丰九年（1859年）恩科举人，拣选知县，候选主事。同治七年（1868年）中进士，朝考后选翰林院庶吉士，实习期满授编修。历任实录馆、罗史馆等处纂修。光绪元年（1875年）出任恩科顺天乡试同考官。光绪五年（1879年），任云南乡试正考官。历充毅庙奉移、奉安典礼随员及钦命稽察南新仓事务李郁华擅长书法，并喜写诗。光绪二十八年（1902年）去世。著有《听松楼诗集》《瓠叟诗抄》《苦素山房诗集》等，大多散佚。

② （清）李郁华．云路仙丹．同治十二年刊印，乐道山房藏版．

③ （清）李郁华．云路仙丹．同治十二年刊印，乐道山房藏版．

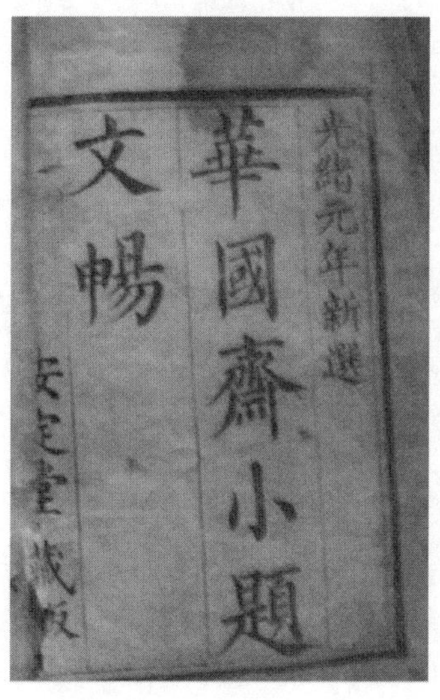

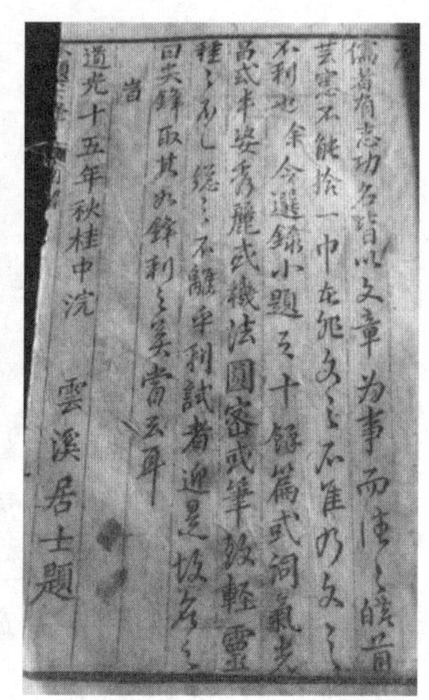

科举试题集

目 录

上论

传不习乎！子曰——曾春膏

求之与抑至夫子之求也——（谭贵诚）

子曰：为政以德。三章——（谭孝谐）

曾是——（曾春膏）

察其所安人焉？虔哉 ——（邹国宽）

子曰："攻乎异端?"斯害也已——（曾广宽）

举直错诸枉，以松殷人——（刘杜）

出曰："鲁无君子者，至赐也何如"——（邹国宽）

宰予画寝，子曰："朽木"——（曾春膏）

子贡曰："我"——（邹国宽）

何以谓之文也——（游昌豫）

其使民也——（梁应奎）

节藻，求也！艺至季氏使闵子骞为费宰，可以语上也。中人以下，乐水仁者——（焦北酡）

何为其然也——（邹国宽）

约之以礼，亦可以弗畔矣乎——（谭能载）

如不可求——（谭济川）

子钓——（蒋华岱）

而今而后——（刘文奎）

宋曰：子云——（张三焕）

下论
公西华曰："至闻斯行之"——（陈宝楚）
浴乎沂——杨温
君臣——刘汝梅
何哉——梁作楫
必也——贺翼辉
毅木——梁邦灵
讷——谭有能
有矣。夫未有小人——周之桢
子曰："晋文公。又相之至管仲，相桓公"——邹国宽
子曰："君子上达。"三章——李彰奢
知德者鲜矣，子曰："无为而治者"——曾春膏
知及之第一句、第二句和第三句——邹国宽
舍曰——龙华
思恭至疑——谭孝诸
吾闻其语矣。至吾闻其语矣——李子俊
有是言也，不曰：坚乎磨——李新萼
而不磷不曰：白乎温——梁振举
远之事君多识于乌——刘先焕
伯夷叔齐，虞仲——黄鹏万
无求备于一人到，伯适——杨温
无求于一人至——季随
伯达仲突——李洽
子贡贤于仲尼——杨温
夫子之不可及也——邹国宽
皆自明也——杨先甲
又日新，至作新民——邹国宽
菉有猗，猗有斐君子——张元弼
僩兮——黄鹗
所求乎！弟以事兄——陶働
非天子——刘岳轩[①]

选本必有操选政之人，明代之最著名者，有艾南英选本《明文定》《明文诗》；钱禧、杨廷枢选本《同文录》；马世奇选本《淡宁居文集》等都是当时仕子科考选定本。举子科考坊间刻本兴于隆、万之时。房书刻本始于李衷一；十八房书刻本始于《得士录》，旁边有批点，始于王房仲墨卷选本。当时举子科考大概有四种方式：

---

① （清）李郁华．云路仙丹．同治十二年刊印，乐道山房藏版．

一是程墨，为乡试、会试主考、房考拟作之本，以及检择中式士子之作；

二是房稿，为十八房本进士之作；

三是行卷，为举人本房之作；

四是社稿，为诸生本会课之作。

私塾先生、科考举子和主考官旨意就在于精采谨选版本。为了科考应试者，在应对科考程式，俾其有所取法之故。至于社稿之作，则张溥、周钟合当时名流之文，有《复社国表》刻本流传于世。

以上这种小题课艺写作辅导，是直接对《四书题镜》《四书题窽》《四书味根录》和《增补四书备旨》提供八股文课艺写作范式。早在道光二十九年（1849 年），一个自称云溪居士编写一本《小题尖锋》，这种本子是直接为科考八股文写作服务的。在湖南长沙这种类似的本子更多。湖南长沙当时编写了许多类似的课艺写作本子，如李郁华编《云路仙丹》，校古斋选本《试艺衔华》由益元堂梓行，光绪四年（1878 年）刻印；湖南资江陈烜吉亭编写的《华国斋小题文畅》光绪元年刻印，启元松藏版。还有八股文《花样锦集》，还有哪些作者、无堂名、无年月梓行的刻印本，我们称之为“三无盗版书”。不过这些都是一些资料性的读本，纸张、刻印、文字刻工质量都比较差。因此，这种课艺资料留传下来的极少。一般不被人们重视收藏。今天，我们得到这些残卷破本实为难得，它们都是科举考试实物实证资料，具有较高的参考价值。

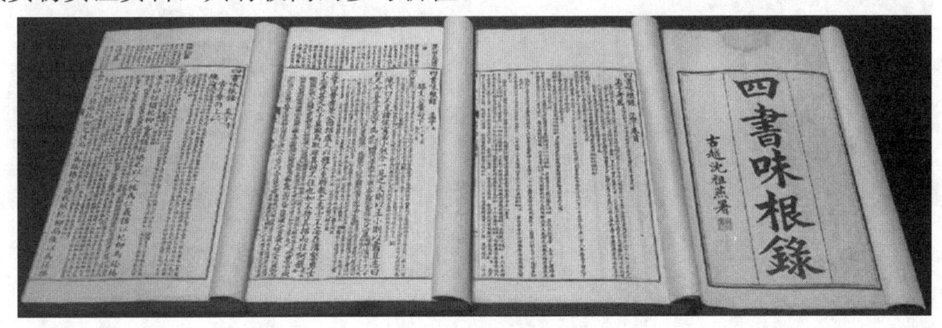

科举试题录

第四节 古典文本结构与八股文结构的解释

八股文的文本结构，是来自唐宋古文结构，如前面所说的韩愈《师说》，柳宗元的《封建论》到宋朝欧阳修的应用文体，或王安石的《三经新义》论文体，都属于后来八股文文体的一种历史延续。由于八股文结构的演变发展，有必要对古典文本结构作解释，阐述八股文演变的历史过程。

以清代徐正《指引迷津》手稿本为例。由他精湛的小楷撰写而成，为世间孤本，十分珍贵。封面内写有“芸窗课艺”四个字。此书为徐东汉之父课艺本。老师是提督学政杨老夫子考取走马坪文生第一名。徐正：杨老夫子第三课本。座号为东堂第一座位。封面写有“徐老岩”三个字。

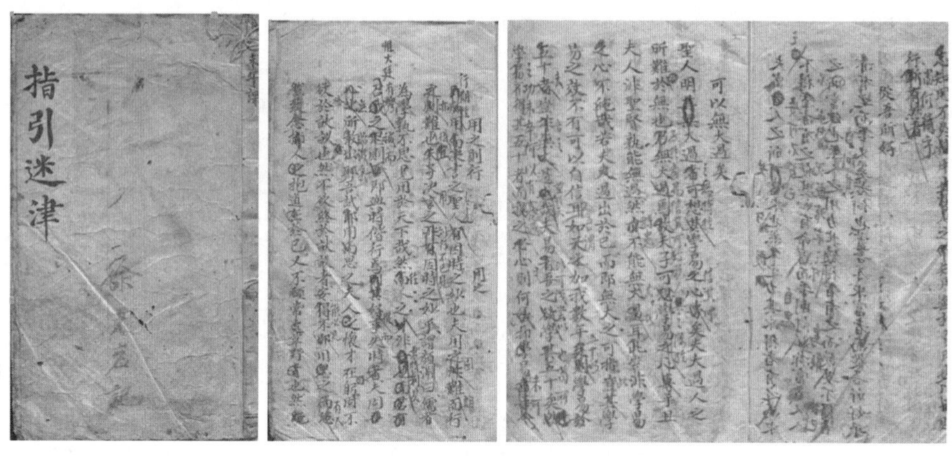

徐正：科举考试芸窗课艺集

《指引迷津》是徐老夫子（徐正）的教案，从这本教案来看，徐先生是非常认真的。教案显示徐先生书法造诣很深，经学功底也很深厚。这是一本非常难得的经学教案。我们从中领略到四书五经阅读的神圣，八股文创作的艰辛。这既是徐老先生的教案，又是他考八股文的课艺写作资料。

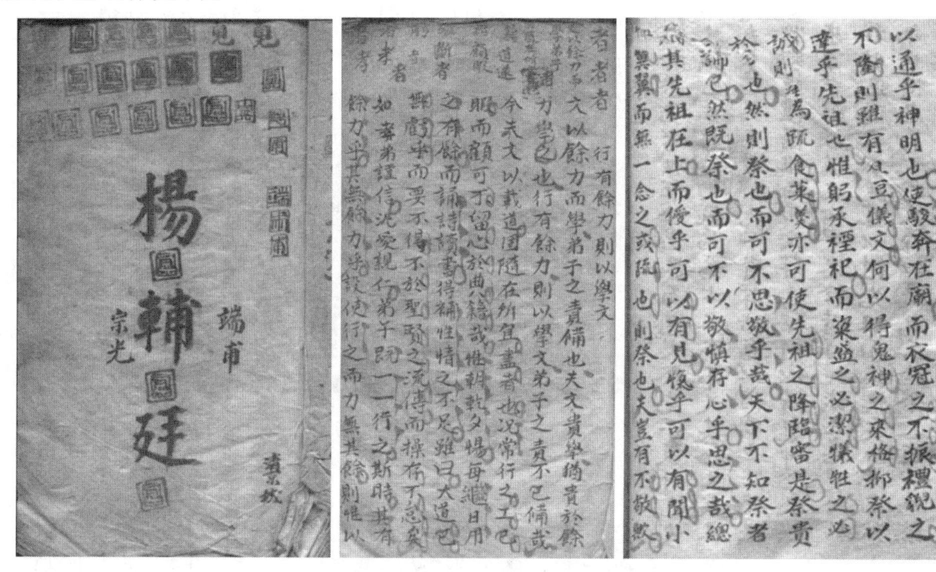

杨廷辅科举考试课艺文集

从封面上看，我们知道这位是杨辅廷老先生，虽然他没有徐老先生的书法功底，但杨老先生一丝不苟的正楷，足以显示出他的书法功底和认真阅读经、史、子、集的精神，他的经学造诣也能与徐老先生相媲美。

周成琨科举学习课艺文集

这位周成琨先生，看来还是刚刚进学堂不久的小先生。他书法造诣还不够深，课艺经义也不是很渊博，但我们从他的课艺中，能看出那种长江后推前浪，青出于蓝而胜于蓝精神气概。

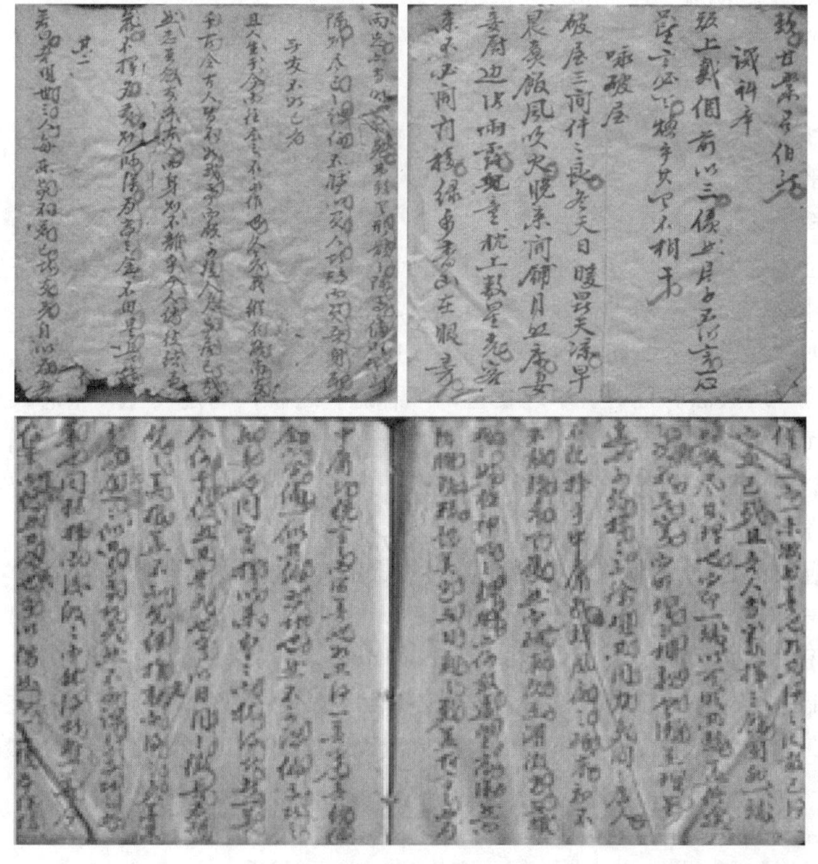

科举士子课艺实录文集

这是一位不知名的穷苦读书人。从他的课艺中吟诵《破屋歌》和他课艺用的纸张，就是非常低廉的草纸，但他学习非常刻苦用功，书法流畅如行云流水。他是一个非常有才华的学者和诗人。

我们从所有的课艺资料来看，都是在围绕如何破题、承题、起讲、八股四比、六比和八比展开教学。

我家祖祖张华峰《诗文札记》中的课艺笔记说得非常清楚，破题、承题、起讲、领题、提比、中比、后比、束比等八股文的基本结构如下：

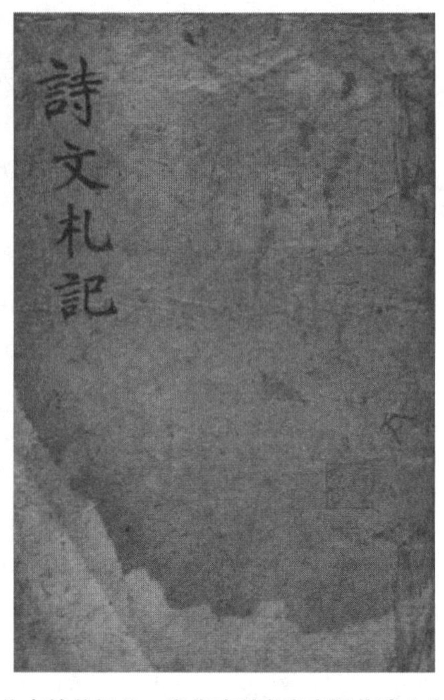

作者的曾祖父：张华峰科举寒窗课艺诗文集

1.“则孝”截上题

其一，以孝勉弟子，欲尽其礼于和离心。夫使不尽礼于人。恐不能孝于亲也。勉之以孝，而子道不以先尽哉！

其二，以立爱勉弟子。恐其或忽于人也。夫使不勉之以孝。则子道以亏也。以孝勉之，不已立爱于人乎！①

2. 主忠”小全偏题

其一，忠以存心，所主以不欺矣。夫人之所当主者，不仅一忠也。以此为主，而心犹有欺乎哉！

其二，存诸中者不欺，而心为有准矣。夫使忠之不主，则心未免多欺也。主之以此而心岂犹无准乎？②

3.“则孝”截上题高一层起法

其一，且虞舜何以有大孝之称，武王周何以有达孝之实？古之圣人，尚且以孝自尽也。况年当冲幼，而可不孝于亲哉！顾圣人之孝，所以明天而察地。而小子之孝，不过夏清而冬温。如谓孝道难尽，而不讲于门庭，何以望孝思之不匮也耶？

其二，低一层起法。且吾观羊之食也，不忘跪乳之恩；鸟之飞也，不忘反哺之义。物类且知报本而况于为人乎？苟负阴而抱阳，托身既灵于万物，而昏定晨省，明发不怀夫二人。虽亦俨然人类乎！吾恐其禽兽之不如也。③

4.“而信”截上题高一层起法

其一，且成汤之位民也。克仁必继以彰信，昭考之出治也。明义必先以惇信，古之圣人，尚且以信自守也。况身为小子，而可不信以自持哉！顾圣之信，信在令出之惟行。小将幼子，毋诳尝示之谓何也。

其二，低一层起法。且鸡之细也，非晨不鸣；燕之微也，非社不至，属充微禽。尚且莫不知信也。岂身为人类，而可不言而有信哉！苟时当冲幼，遂任其出言之多欺，则身及

① （清）张华峰．诗文札记．咸丰、同治年课艺手抄本，清河堂藏版．

② （清）张华峰．诗文札记．咸丰、同治年课艺手抄本，清河堂藏版．

③ （清）张华峰．诗文札记．咸丰、同治年课艺手抄本，清河堂藏版．

刚强。必至于诈虞之日甚。虽亦欲小子有造乎！吾恐其人不物如也！[1]

5."徒义"单句题高一层起法

其一，且圣人有精义之神，君子有喻义之实。人之于义，诚不容离而二之矣。顾不容离而二之者。古人原有集义怀古，则以身制事，顾可不及由正路耶！

其二，低一层起法。且鸡之细也，见食而相呼。鸟之微也，能飞而反哺。物之于义，尚且莫不知徒矣。顾物之（徒）显者。未必有由义之功，而人之徒者，不可无精义之学，古君子义以为质，夫岂有顾而之他耶？

其三，反一层起法。且君子慎无义之防，大人严非义戒。人之为人，亦安可舍正路而不由哉？苟立身既为见义之人，而存心徒为闻义之辈。见义善，不迁于之下，吾不利物，将奚以和也。[2]

6."虽欲勿用"虚字冠首，截上下题。可用者而勿用，人之欲则然也。盖不可勿用也者。莫骍角若也。乃欲勿用，不犹是人之私见哉。且夏后有用元之典；殷人有用白文之；即我周亦有用骍之礼，凡物之可用者。断不固其所出，而莫之用矣。顾可用即用者，所以着大公之心。而可用勿用者，适以成偏私之见。岂真谓能操不用之权乎？吾恐其徒有是欲而已矣。犁牛之子，既骍而且角矣。不已为必用之品哉。骍则协乎时马，读召诰一篇，文王骍牛一；武王骍牛一；色之中乎时者，谁不视为当用之品？角则中乎选马，考王制一册。宗庙之牛角握，宾客之牛角尺。物之宜于选者，畴不养为必用之牲。夫岂有勿用哉者？若之何竟以犁牛之顾，故而欲勿用也。[3]

7."苟为不熟"喝下题。物有以熟为美者，因设一不熟之虑焉。盖物之不容熟、不熟利者，莫五穀若也。苟为不然，犹得特种之美者乎。尝读诗曰："实坚实好、实颖实栗、实之云者，非谓其无不熟栗哉。顾无有不熟者，稼穑乃有唯宝之歌，而偶设一不熟者。大田难卜，农夫之庆。深耕易耨之余，岂皆秀而不实乎？然然不妨于不然之中。而设一或然之虑也。五穀为种之美，非美其已熟者哉。熟则我黍与与矣，熟则我稷翼翼矣。稼事西成，熟不庆仓千而箱万。熟则获之挃挃矣，熟则积之栗栗矣。功酬东作，熟不歌比栉而崇墉，亦焉有不熟者哉？虽然不敢谓其皆熟也。"（启作中比从"苟"字起）[4]

8."即之也温"单句题。进远望而亲君子，俨然者忽变矣。夫所即之，君子即所望之，君子也。乃忽变而为温也，岂犹是俨然之可谓畏哉？且吾党有君子人，几疑其不可亲近也。而又恶知其为和厚哉？乃有疑，其不可亲近者。忽焉而亲近于当前，不知其为和厚者？忽焉而和厚之可爱，函文相临之际，觉一时之平易。已回非曩时之威严也，俨然之君子，夫岂可望而不可即哉？未之即也。衣冠必正、瞻视必尊、道貌巍巍，几疑其从容之度，未之即也。有威可畏；有仪可象；风光赫赫；又疑其无和顺之情。其不见为温也，亦以其未之即耳！今试设一即之论。（再作二小比乃，可以正出"温"字）[5]

---

① （清）张华峰．诗文札记．咸丰、同治年课艺手抄本，清河堂藏版．

② （清）张华峰．诗文札记．咸丰、同治年课艺手抄本，清河堂藏版．

③ （清）张华峰．诗文札记．咸丰、同治年课艺手抄本，清河堂藏版．

④ （清）张华峰．诗文札记．咸丰、同治年课艺手抄本，清河堂藏版．

⑤ （清）张华峰．诗文札记．咸丰、同治年课艺手抄本，清河堂藏版．

9.“为臣不易”单句题。分君之任以为任，不得不谓其难矣。夫臣者，辅君以为邦者也。人言及此，其为岂易易哉？尝读书曰：“克难厥后”，即继之曰：“臣克难厥后”，臣难之去者，非谓其不易哉！顾书之言不易者，经猷原以劝股肱，而人言之言人不易者。①

八股文的特点，一是破题；二是比即对偶；三是讲；四是起、承、转、合的逻辑思维方式。八股范式写作是破题、承题、起讲，第一股、第二股、第三股、第四股、第五股、第六股、第七股、第八股，最后收束。那么，从八股结构范式来看，其内容不但要代圣人立言、立德、立功，语句必须要符合音韵平仄规律，最重要的是还要写一手好的书法。实际上，科举考试是对考生的一种综合考评。科举考试不是人们想象中的那么简单的。

第五节　古典结构主义分层解读——学者必以规矩

古典结构主义在中国传统文化中有着悠久的文明历史。这也是本文为什么把结构主义称之为“古典结构主义”的主要原因。用“古典”一词作它的限定词，使之与现代结构主义区分开来认识，在此也能说明结构主义与古典结构主义具有承前启后的作用。

因为传统中国文化和思想意识形态具有突出的“结构化”功能特征。特别是二元论的互补原则和程式文化原则的表现行为和范式，它特别适应于运用结构主义分析中国传统经学、理学和八股文之类的学术文章和八股文创作。因此，结构主义是现代分析的一种标准化的工具之一。

本研究和中国传统经学、文学、诗歌、词曲、历史、哲学、艺术表现出一种结构主义创作方法，其文本制作也突出地表现出一种古典结构形式。因此，它极其值得中国新一代国学的现代研究者的高度关注。特别是结构主义人类学、结构主义语言学、结构主义符号学都是现代西方学术方法论中最适合于中国传统学术现代化研究需要的工具，它有利于传统中国学术思想话语和文本系统的重新表达。它对传统话语的重组，无须提及话语和文本的原初意义为代价。

那么，在引入中国传统学术文化研究时，不可避免地把各种不同观点和立场一并纳入中国传统思想材料之中，从而在中西方文化比较研究中，导致中国传统材料的原初语义“变形”。另一方面传统中国文化话语是在前科学时代构思和构建的，其观念表达式功能与现代学术世界通行方式非常不同，很难将现成可用的材料作为研究对象，以供现代研究和国际交流之用。现代世界中西方学术交流的话语之间，特别是在中国传统历史话语和现代西方话语之间进行一种有效的沟通。首先，我们要解决二者之间的“语义通分”问题。结构主义、结构主义语言学、结构主义符号学和结构主义人类学方法论恰恰对中国传统学术研究目的来说是非常合适的。列维·施特劳斯的结构主义语言学和结构主义人类学与结构分析方法要比其他结构主义理论方法更具有直接的启示作用。② 下面我们试图对传统《四书课艺结构分层法》进行古典结构主义分析：

---

① （清）张华峰. 诗文札记. 咸丰、同治年课艺手抄本，清河堂藏版.

② ［法］列维·施特劳斯. 结构人类学［M］. 北京：中国人民大学出版社，2006：6—7.

1. 学者亦必以规矩——第一层全反说。学者必以规矩是耳。正面学，不以规矩是反面。舍规矩以为学，非所以言学者也。盖必以规矩而后可学大匠也。然则学者顾可矢所以哉。且世之越规矩者（反起）；大抵不学无术耳（本史）。夫不学之弊（反承），至于偭越规矩，即欲偶求一行，而宜之之方，将何以哉？（反扣主题）君子曰："是将未观之学匠者。"（溶题）①

2. 学者亦必以规矩——第二层先正后反。为学者，揭所以亦以其必以也。夫学而不以规矩，尚谓之学者乎！则其以之也，亦必然耳！且自规矩（正起），诚设不可欺；以方圆则几怂事于助者，可以知成法之所在矣。乃或（反承）且暮，从事不免裂规而坏矩。虽日游于列肆之场，而欲其学之有成也，其可得耶！（合收）②

3. 学者亦必以规矩——第三层先反后且正。规矩劝是也，而学者可知已。盖可以者，规矩也。以其所以不可为，学者必之乎！且夫事不师古（切孛者反起），亦何怪其狼牙？所指不克，范围于规矩哉！夫规矩，所示范人，而即人人所奉（正起），以为范者也。盖尝执艺事，以相观而知其道之所在，原非可视为或无或不然之类矣。③

4. 学者亦必以规矩——第四层对面。孛（学）者是本面师，亦徒孛中来，是对面学与师，期舍规矩，莫必也。夫学而不以规矩，其必学，非所学；而后可不然，其必以也。何疑从志？学者之法即规。夫其师所学（孛者对面），何如平念？视师之所孛（学），能舍规矩（以规矩对面）而别有所以哉！夫师不能别有，所以以为孛，而孛其（收合亦必以神）所以孛者，从可知矣。④

5. 学者亦必以规矩——第五层旁面言。学制章服者，亦必以规矩是旁面。欲示孛者之所以学孛匠，以见例焉。甚矣。知矩之必以也。学匠亦然，不可以例观敷闲，尝考深衣之制袪（引题）。圆以应规，曲袷如矩。以应方是孛制章服者，亦必以规矩也。又何论？夫学匠者哉！然而学匠其较著也。盖一人冬官之府，以观其所贵人乎！（虚扣主题）⑤

6. 学者亦必以规矩——第六层翻（反）说。本要以规矩偏说，必以规矩是谓翻（反）。（反）于规矩言学，可悟其必以也。夫规矩学匠之法也。以其所以学者，可不悟乎？尝天地者，自然之规矩也。学者（借擒）观天察地，岂必以（翻起）规矩量度，其广大哉。顾天（跌转）地不可以量度，而官室（皆匠所为也）沟洫之在。天地间者，非法天地之规矩，而莫由以成。此可以悟学匠之方矣。（以合题气）⑥

7. 学者亦必以规矩——第七层横说。言孛以规矩者，无疆界之殊是横说。欲学大匠者，非规矩无以也。盖不学斯已耳。既为学者，宁能皆其所以欤？且自规矩之制定，备物致用胥天下（横说），而咸利焉。乃或迁（借用周礼横说）乎其地，而不能为良是。岂规矩之咎哉？抑亦学之者，矢之耳，诚使守之弗失，而犹谓取、而用之。不无此（横说）疆

---

① （清）四书课艺结构分层法．光绪年刻印本，竹纸本，清河堂藏版．
② （清）四书课艺结构分层法．光绪年刻印本，竹纸本，清河堂藏版．
③ （清）四书课艺结构分层法．光绪年刻印本，竹纸本，清河堂藏版．
④ （清）四书课艺结构分层法．光绪年刻印本，竹纸本，清河堂藏版．
⑤ （清）四书课艺结构分层法．光绪年刻印本，竹纸本，清河堂藏版．
⑥ （清）四书课艺结构分层法．光绪年刻印本，竹纸本，清河堂藏版．

彼界之殊，吾不信也。[①]

8. 学者亦必以规矩——第八层竖说。言规矩为万世孝者所必以是竖说。规矩为学匠之准，不以不能也。盖规矩学者之模也，曾是学匠而不可以耶。尝思准古今（竖说）而无弊者，其圣心之规矩乎！乃圣人妙规矩于一心，而犹欲剖之。为万世学者之模，集于是运。无形于有象之中，而终古讫（竖说）以之为法，而不仿。盖尝即学大匠者验之以矣。[②]

9. 学者亦必以规矩——第九高一层。就神明于规矩中者，言之是高一层。为学者必所以规矩，其彰彰也。夫学非规矩，将安所以乎？必其所以诚，莫如规矩耳。从来学者之道，在乎孰而已矣。藉使心与物化，不且神明于规矩之中哉。（高一层）然而神、然而（转入）明之进乎技矣。而正未易言也。盖即□臼之地，以观其受业（枝题首收）之俦乎。[③]

10. 学者亦必以规矩——第十低一层言，函盖者，虽示以规矩，亦难孝是低一层。即学者，匠以为例，亦不能外所以也。夫学匠，亦学者也。有规矩焉。其能外所以乎？今夫卤莽减裂之徒，初不知，何以审曲而面势斯？（低一层反起）即诏以规矩之莫外，亦将置若无有矣。尚曰："可与共学乎哉！"而不然者（跌转），吾知其奉法，遵循碓乎（收合亦必以神）其不可易也。[④]

11. 学者亦必以规矩——第十一前一层。就夫孝之先说是前一层。学有所以规矩可必也；盖学必有所以也；规矩具在其必以也。亶其然乎！且夫百工之长，各擅□□。方其未尝从学之日（前一层反起），亦何怪遇员，而不能□□□□方，而不能成矩哉！然而（折入）列肆而居，且有□□□□□□□向也。则以其未能习而安焉。（反题）□□□□□学者而思之矣。[⑤]

12. 学者亦必以规矩——第十二后一层。就既学之后言是侈一层。规矩必以学，亦如所诲也。盖学者，学其所诲也。必以规矩。不亦然乎！今使人受业，于师不移。睹而即见，为不必尽。然之类，则过此以往。（周易后一层起）尚安问□□之弗失哉！然此必非规矩之成法，（跌醒）而后□□□知其终身奉之，（后一层收合）而罔敢或越也已。[⑥]

（此版本为残卷，后面书页脱落，无法收录全部，敬请谅解）

本研究主要是采用古典结构主义语言学和结构主义人类学方法考察文本中的"人""你""我""他"之间的"仁爱""忠义"与"教诲"以及作为"学者"的"规矩"。从文化表层结构来看，我们只是在分析一个举子如何对八股文破题的问题。实际上，无论是举子在破题考试过程中，还是我们作为学者来研究它的文本结构本身，就不是原初的破题的简单方法和技巧，而是我们要去关注一个人、一个家庭和一个社会的人性问题、人伦道德问题，人与人之间的生产关系、人与社会的关系，人与人之间的爱、人与人之间的忠诚度和信誉度。实际上它触及到了社会的人伦道德和人类良知的问题，尤其作为一个学者要讲规矩，不能突破道德的底线，丧失一个学者的最起码的良知。

---

① （清）四书课艺结构分层法．光绪年刻印本，竹纸本，清河堂藏版．

② （清）四书课艺结构分层法．光绪年刻印本，竹纸本，清河堂藏版．

③ （清）四书课艺结构分层法．光绪年刻印本，竹纸本，清河堂藏版．

④ （清）四书课艺结构分层法．光绪年刻印本，竹纸本，清河堂藏版．

⑤ （清）四书课艺结构分层法．光绪年刻印本，竹纸本，清河堂藏版．

⑥ （清）四书课艺结构分层法．光绪年刻印本，竹纸本，清河堂藏版．

以上文本结构深刻表明了结构深层的问题是历史文化和人类良知以及人类社会制度的桎梏和枷锁，禁锢着人类思想进步的发展。中国在深批孔孟之道之时，欧美出现了大批结构语言家如索绪尔、结构主义人类学家列维·施特劳斯和美国著名的结构主义语言家乔姆斯基等，这些伟大的学者和思想家都吸取了中国语言结构的智慧。因此，他们成为世界上划时代的伟大的思想家，而我们却丢失了自己最宝贵的思想财富。

第八章　《清河堂诗钞》文献珍藏版

第一节　《清河堂诗钞》文献（一）

根据张氏谱牒记载，早在商周就有张氏祠堂及张家祖坟古墓的考证。张氏之根在今河北清河县。张氏族谱大多数都写有“清河堂”的字样。如清河张、始兴张（广东曲江）、犍为张（四川宜宾）、吴郡张（江苏吴县）、冯翊张（陕西大荔）、东河张（江西贵溪）、中山张（河北省北部）等等。

现在这本《清河诗钞》[①] 记录了明末清代张氏清河堂科举士子一路乡试、会试，有科考高中的喜悦和八股文创作的艰辛历程，同时也真实记录了张氏科举士子与其他科举士子吟诗作赋和他们喜怒哀乐、悲欢离合的家国情怀。下面我们从诗集残卷中整理出部分诗稿，以飨读者：

（一）和来佳句二三章，字字推敲翰墨香。倚马千言堪谓富，长城七字可为强。

（二）渊源家学绿书香，绛帐辉增孔圣堂。斑管题来皆合法，锦心发出总成章。骚坛独步威先震，笔阵高排势甚刚。旗怜辉煌芦奋指，残兵老弱怎能当。

（三）蜀锦胸裁笔作针，继成领袖艺高深。山观五岳因超俗，学足三余为惜阴。弄雪嘲讽运遐想，操菲染轮任狂吟。娇莺讵久栖幽谷，奋翼翩翩过上林。

（四）及锋而试在斯年，训罢还须猛着鞭。既觏白眉先迈众，免劳青鸟再啣笺。恐分化雨功难遍，妨扰穷经志未专。但愿今春衣染汁，芹宫夺节占人先。

（五）轻敲檀板诵瑶章，引得仙风两袖香。琴过子期重鼓曲，马逢伯乐再策强。好花沐雨姿偏媚，不知何处是虞唐。绣丽千层花如水，蓬莱深处解罗裳。

（六）春风徐送笔花香，递到茅檐又草堂。愧我难同杨汝士，羡翁不让贺知章。鹏龙才子胸襟阔，射虎将军臂力刚。翠竹森森拖凤尾，昌蒲屈拜理该当。

（七）天衣无缝不容针，大抵因他进化深。对酒不如邀明月，养花还要待春阴。野鹤由来多野性，上林不爱爱松林。

（八）老年豪气迈英年，引得人人共执鞭。纵使鬓边添鹤发，犹能管下写诗笺。伏波矍铄真奇绝，李杜文章独擅专。自愧雕虫真小技，如何猷占万人先。

（九）长添灯草勤添油，结就奇花色色幽。灿烂如生才子笔，轻盈却上美人头。几分倩影侵珠箔，一点丹心映画楼。静对银缸频暗祝，可曾有喜报侬否？

（十）诵遍毛诗三百章，名诗丽句韵流香。琴丝乐府楚声好，玉得良工雕琢

---

① （清）张华峰．清河堂诗钞．同治、光绪年手抄本，清河堂藏版．

强。健笔凌云风势急，新词倒峡水源忙。江郎管下奇花放，反覆沉吟迈汉唐。

（十一）笔花远胜百花香，馥郁传入二酉堂。意敏无殊唐李白，诗成一赠米元章。诚如流水知音客，却是灵山未见刚。倘使旗亭重畅叙，欧苏韩柳正相当。

（十二）清平绝调奏三章，欲伴名花一派香。盘马有方才见巧，缚鸡无力自牵强。鹜随仙鹤翩云急，鱼傍神龙跃水忙。若把东施称美色，此言一定是荒唐。

（十三）才华典赡迈龟年，都为青春善着鞭。唱到霓裳詠月殿，堆成锦绣满云笺。七擒七纵心倾服，三战三夺志未专。此后自当焚笔砚，敢云策马跃人先。

（十四）敏捷文章似火牛，高标姓字榜前头。一声炮响心花放，喜报鸣锣乡下游。

（十五）提督堂下设牵牛，只有诗文列案头。为国广求豪杰士，同升朝上任遨游。

（十六）诗书自愧太荒唐，欲入无门只面墙。纯盗虚声悬绛帐，可怜闰岁厄黄阳。才穷如失江淹笔，文鄙难归李贺囊。迷误武陵溪上客，白头指点倩渔郎。

（十七）文词蔑浅不成章，远寄东山泗水傍。大可用材须斩朽，良工琢玉善磨光。尘经雨洗方归净，花为月来始喷香，恳乞金针频暗度，好凭彩线绣鸳鸯。

梅亭先生和介接七律四首：

（一）忽听仙风扑鼻香，依窗遥望兴偏长。惜知山火乔松柏，定是朝廷美栋梁。家学渊渊多蕴藉，奇文簇簇费评量。牡丹花下清平调，曌仪沉吟不可忘。

（二）感君情谊水天长，惠我新诗到草堂。读去宫商应减色，吟来齿颊亦生香。浑司工子挥花笔，何待奚奴挂锦囊。一种鲜妍尘不染，绝胜翡翠点霞裳。

（三）才高礼合祖虞唐，底事翻山到我墙。若遇盲人休问道，倘逢拙射漫穿杨。怡情敢道花和酒，糊口全凭橐与囊。同是天台山上客，阮郎何必访刘郎。

（四）焕乎其有此处难，威然金门翰院傍。波壁蛟龙今点目，当头奎壁久流光。月明秋夕真堪赏，花到春时燕语香。凤振丹山原迈伶，运同逐浪小鸳鸯。

咏蝶七绝六首：

（一）咏双蝶

栩栩翩翩意俳徊，一双比翼乐忘归。知情结下同心结，不忍花前独自飞。

（二）咏红蝶

偶自庄周梦里归，满身披起紫罗帏。几回戏舞帘笼外，疑是桃花片片飞。

（三）咏黄蝶

金钱花出满园飞，来往翩跹草色肥。雅与蜂媒同一体，黄花深处倦游归。

（四）咏白蝶

冰玉肌肤雪相非，风轻定欲妬桃绯。生成体态原清白，羞向红尘到处飞。

（五）咏黑蝶

谁将墨濬澄溜衣，点破黎云一片肥。莫笑自然身体黑，碧桃花下带香归。

（六）咏花蝶

几时变幻葛仙衣，着绿穿红绕树飞。欲将滕滕图画谱，莫教流莺百花飞。

魁祀日偶题七绝一首：

灿灿奎光射斗牛，来之暗点贵人头。仙槎指日同携手，直到蓬瀛顶上游。

门人隆继善和七绝一首：

赫赫雄才逼斗牛，乔木孔老碧山头。好教共步青云路，得意长安任尔游。

隆辅臣和七绝一首：

文星高照迹牵牛，但愿米衣一点头。准后宫花同插帽，好教泮水乐遨游。

杨宗道和七绝一首：

甯戚当半亦饭中，桓公援出万人头。心乐霓裳钟鼓曲，同向蟾宫深处游。

田德元和七绝一首：

共羡庖丁善解牛，便知得手应心头。因他素抱通神技，发出新研任尔游。

李耀轩亲翁步其韵，咏牛六首七绝：

（一）百里先前也含牛，前居相位出人头。愿从泮水生香起，中到皇都跨马游。

（二）盛世桃林已放牛，衡才拔士汉江头。文章魁首珠玑炫，不枉京官楚回游。

（三）学使交情风马牛，使教拔出万人头。山川毓秀其才子，九万鹏程任遨游。

（四）文曲星官伴斗牛，光芒掩映楚江头。云重千轫如操券，极第争先诣阙游。

（五）杀鸡操刃异屠牛，信是题来总出头。际会风云成郅治，功缘曾向圣门游。

（六）位列三台问鸣牛，□□荫子乐心头。功成退作山中相，再与林泉鹿逐游。

七绝五首：

（一）早祀魁神趁早行，文泽精锐任纵横。空言准饯三杯酒，占得金花两朵红。

（二）住溆学政欲临沅，喜兆频占不必言。遨游仙境霓裳曲，这回夺锦沐皇恩。

（三）去到沅城涵养深，休为得失酿芳心。蛟龙乘势飞云汉，侧耳乡间听好音。

（四）昨宵对月思徘徊，默诉婵娥暗主裁。丹桂应留君折取，好陈瓜果谢庄台。

（五）婵娥亦似暗传神，报道多情老迈身。折桂虽然多士子，高枝留与意中人。

其二，以一、二、三、四、五、六、七、八字冠首：

（一）敬礼三光意念长，翻延羽士设坛场。木鱼惊醒千家梦，宝鸭烧添一瓣香。众姓恳祈安且吉，合圆通弄寿而康。天庭日月轮流运，更有明星耀彼苍。

（二）一翻鼓乐音澄清，二气调元总不更。三宝无私临宇宙，四方有福乐升平。五云缈缥祥光护，六合融和瑞彩呈。七政齐时功德颂，八荒世界化连京。

又五言近体诗一首，以合、团、信、善，敬、礼、三、光字冠首，附五言一首：

合散星飞度，团团日月明。信香通彼昊，善念表凡情。敬去依仙刹，礼来达王京。三宵诸佛圣，光彩射蓬瀛。

对联四副：

（一）兔走乌飞，光明临下土。星罗宿布，彩色丽中天。

（二）品笛吹笙，大相思齐七政。焚香秉烛，合团敬礼三光。

（三）任他路远山遥，容光必照。纵使寒来暑往，躔度无讹。

（四）两耀迭明，普照东西南北。众星居所，无分春夏秋冬。

元旦试笔父作七绝一首：

幼主承基至八年，普天同乐泽无边。相邀共庆华封祝，一统山河继祖先。

七律诗一首：

元旦挥毫喜气扬，桂兰墙下正腾芳。龙图但愿绵周鼎，算鹤欣逢已杖乡。四海同心行礼禳，九州合志整纲常。漫言第庆椒花颂，启后承先百世昌。

步父原韵七绝一首：

操觚染轮贺新年，五色祥云捧日边。报道阳春何处是？梅花独占一枝先。

附七律一首：

颂罢椒花笔再扬，桑梓唱过满庭芳。阳和烟景通三界，爆竹桃符遍四乡。万里风云初际会，一天融暖迈寻常。更欣堂上椿萱茂，植桂培兰赋炽昌。

秀才张殿佑，赠陶饯运钧诗行，一绝句叙云：

敬谒莲台，顿开茅塞。西窗剪烛，东阁彼心。得闻一贯之有足，遂三生之愿。偶呈俚句，数章善呈。函文一阙，钦亦道范。一以叙其别怀，至于工拙非所计也。勿嫌木朽，乞假斧斫。

附七绝十首：

（一）慈云何幸荫潭阳，遍地乾坤仰佛光。自悔半生相见晚，当初曷不醒黄梁。

（二）师友莫非夙世缘，相逢萍水喜眉巅。分明记得灵山约，同詠霓裳学众仙。

（三）群生普度费婆娑，堪叹痴迷奈唤何？转向公门沾花雨，满庭桃李笑春和。

（四）一叶慈航任去留，许多欣羡许多忧。瓣香然向苍穹叩，大众都回彼岸头。

（五）登坛说话几层论，鱼跃鸢飞舌有神。从此桃源前有路，他年戴月访高人。

（六）满郡樽逢北海开，追随共醉紫霞杯。悕懞忝列无由答，敬写俚言献法台。

（七）慈光到处喜逢迎，天色回鸾满放晴。携手河梁相送别，迢迢舞水系离情。

（八）雨雪霏霏逼岁残，遥知归计客心攒。临改作别难为别，情意连绵话几端。

（九）留师不住欲魂消，一别须知后会遥。紧记中秋前一日，年年庆祝捧香烧。

（十）驿歌一曲唱阳关，恨别旗亭泪欲潸。但愿归帆奔阵马，轻舟直过万重山。①

在此笔者要特别说明，这是我小时候，我伯父在销毁这些所谓封、资、修毒草时，我从水里面捞上来的一个手抄本，一直保存到至今。这是《清河堂诗钞》本原稿残卷部分。由于这个手抄本经历了20世纪那个特殊的年代，原稿被虫蛀，许多诗文部分脱落、丢失，几经辗转周折，几次整理校对，才成这个样子交给读者。我感到非常遗憾，因为我们没有保护好它们。我既对不起清河堂的先祖，也对不起这些先祖曾经为科举付出的艰辛。诗中肯定存在缺失和错误，敬请读者原谅。不过这里面许多诗的确写得非常好，我们绝对不会认为他们是那些写烂八股文的“范进”。如果读者认真品味这些诗的话，会与我有同感：原来这些科举士子不仅仅只会写八股文，他们还会吟诗作赋，同样胸怀大志，修身齐家，有着“治国平天下”的伟大理想。

第二节　《清河堂诗钞》文献（二）

《清河堂诗钞》第二部分保存相对完好一些，原稿缺失部分较少，脱落不多，绝大多数诗歌保存了它的原稿原样。这样读者能够了解作者更多的社会历史背景和诗中的艺术思想。

张可权续云七律一首：

睽违函文已三年，迟侍停骖又几天。分首方欣为聚首，后缘却喜胜前缘。数株桃李蒙称赏，是处壶觞何许贤？行色匆匆留不住，惟祈风顺送兹船。

蒲参化和七律一首：

替母行舟不计年，倾心扶办利人天。如云胜友多英俊，候驾文人胜旧缘。卷席暂从恩上报，送师叠见句中贤。如何不看缠绵意，一会飘然赶法船。

步和原韵，此诗寄与陶运钧者，叙云：“花明柳媚，燕语莺歌。际此良辰，每一萦怀，曷胜惆怅。启此春至，朔八日，蒲先生参化以客岁；张殿佑，赠师临行七绝十首。暨伊与张可权所作七律二首。示余续和，接读之下。一以见师范之难忘；一以见衷心之甚切。自恨三生无幸，未接芝眉，不胜缱绻。是以敬步三子原韵，恭录仙坛。勿吝郢斫。”

（一）盼他鸿雁到衡阳，接得音书沐大光。闻誉施身仁义化，绝胜文绣与

① （清）张华峰．清河堂诗钞．同治、光绪年手抄本，清河堂藏版．

膏粱。

（二）自恨三生少夙缘，登高犹未及山巅。何时得遇邯郸叟？好向壶中学睡仙。

（三）三更桂魄影婆娑，未审嫦娥意若何？好伴罗公游月殿，同歌仙曲韵清和。

（四）白驹在谷恨难留，空对阳关报隐忧。且把驿歌歌一曲，余音犹绕楚江头。

（五）未睹芝颜细讨论，几番羡慕枉劳神。云笺半幅聊相寄，远寄蓬莱第一人。

（六）五色莲花冒雨开，赏花好进玉琼杯。愧侬不是探花手，未捧仙花到上台。

（七）法驾临行野鹤迎，一天阴雨放新晴。仙旗底事悬江岸，却为难忘救世情。

（八）画楼乍听笛声残，又见停云簇簇攒。遥指屋梁明月落，依窗点点思无端。

（九）郿客闻风倏尔消，可怜仙范隔天遥。莫道爂下焦桐叶，致令厨人任意烧。

（十）遥看紫气满函关，知是昆仑法雨潸。暂把青中旋驻足，五千道德重如山。

七律二首：

（一）婆心一片许多年，参连先天与后天。五色云中施雨露，三生石上结因缘。无瑕呙谊魁多士，有道颜标迈众贤。手捧瓣香频暗祝，风姨扶上木兰船。

（二）虚度韶华廿六年，昏愚不爱管窥天。虽然惺觉游壶口，无奈难逢觌面缘。空对西方怀彼美，徒依北海慕高贤。何时直到桃源路？好向渔郎问渡船。

薛涛迴文诗七绝四首：

（一）花朵几枝柔傍仰，绿柳千丝细摇风。霞明半岭西斜日，月上孤村一树松。（右春景）

（二）凉回翠簟冰人冷，凿泌清泉夏月寒。香篆晨风清缕缕，纸窗明月白团团。（右夏景）

（三）芦雪覆汀秋水白，柳风凋树晚山苍。孤苇客梦惊空鸟，独雁征书寄远乡。（右秋景）

（四）天冻雨寒朝挂月，雪飞风冷夜开城。鲜红炭火围炉暖，浅碧茶瓯注茗清。（右冬景）

孟沂和七绝四首：

（一）芳树吐花红过雨，入帘飞絮白惊风。黄添晓色青舒柳，粉落晴香雪覆松。（右春景）

（二）瓜浮甕水凉消暑，藕叠盘冰翠嚼寒。斜石近阶穿笋蜜，小池舒叶出荷

团。（右夏景）

（三）残石绚红霜叶白，薄烟寒树晚林苍。鸾书寄恨羞封泪，蝶梦惊愁怕念乡。（右秋景）

（四）风卷雪蓬寒罢钓，月辉霜析冷敲城。浓云酒泛霞杯满，波影梅横纸帐清。（右冬景）

予步和原韵七绝四首：

（一）香花绕树临融日，唤鸟棲林逗晓风。妆巧波红梅点绿，色添浓翠雨零松。（右春景）

（二）云奇起处人消暑，竹茂多时径入寒。芬水贴身荷簇簇，好风轻拂扇团团。（右夏景）

（三）碪杵捣残归燕紫，蓼花飞尽过晓鸿。苍琴调永夜长叹，笛弄新愁暗思乡。（右秋景）

（四）寒天雪散花飞絮，冷气风来夜到城。栏绕竹楼深阁暖，苑开梅萼嫩香清。（右冬景）

龙舟竞渡，七律一首：

报道龙舟不暂停，芳魂共吊白沙汀。渡时鄂渚千层碧，竞罢君山四面青。鼓动画桡惊水伯，帆开（原诗为“破向”）巨浪走湘灵。可怜五月（原诗为“当日”）沉江日，一醉中流楚国倾（原诗为“总不醒”）。（笔者对原诗稍有改动）

即景感怀，七律一首：

山云凝合雨溟濛，送入模糊眼界中。滂湃溪声惊午梦，迷漫雾縠锁疏丛。开窗遥指千层树，解愠低迎两袖风。独倚阑干忘坐久，频频檐溜滴帘笼。

午睡后，即景七律一首：

画堂雏燕语喧哗，惊醒矇瞳睡眼斜。欲雨先教云泼墨，因风才觉水生花。蚁兵砌下频鏖战，蜂子帘上恰闹衙。正是困人天气重，轻摇纨扇倚窗纱。

闻蝉韵，七律一首：

绿槐深处韵流连，报道枝头有噪蝉。雅调弹成千古恨，余音喝破半林烟。知他北塞人增怨，绕我西窗梦不圆。回首齐王宫殿远，年年秋至总堪怜。

演清醮偶，题九月韵七律一首：

宝香一瓣艺华筵，降下灵宵圣佛仙。玉笛引开秋月夜，金钟敲破梵宫烟。祥风鼓荡瘟风息，戾气消磨淑气宣。自此合团清且泰，相邀共醉菊花天。

杨振声、贺杨兰芳新婚，题七律诗一首：

缭绕笙歌满画堂，筵开九五近东床。四知座右眠鹦鹉，三鳣门前引凤凰。赋就合欢清且雅，花开连理秀而香。俚言八句为君贺，快睹睢麟报吉祥。

蒲春华贺题七律二首：

（一）值此新婚赋标梅，光明宝镜灿妆台。犹如仙子瑶池降，不只嫦娥月殿来。并蒂花辉连理树，同心带引合欢杯。鸳鸯配就原非偶，好似皇都得意回。

（二）传闻秦晋古姻缘，世族豪华未有先。久识佳人年二八，遥知朱履客三千。还期雕鹗高秋赋，尚与鲲鹏远塞旋。不护登龙歌燕婉，谨将俚句达君前。

余步振声、春华原韵赋律诗三首：

（一）彩云缥缈绕华堂，降下双星踞象床。玉镜台前鱼得水，瑶琴曲里凤求凰。画眉彩笔无穷好，点颏梅花分外香。最喜流苏春色暖，石麟入梦永呈祥。

（二）风扫幽篁雪压梅，（时当阴历十一月）盼他刘阮到天台。喜将金屋阿乔藏，引得巫山好梦来。粉扇半遮红粉面，霞裳遥映紫霞杯。蓝桥消息无容访，玉杵从知捣药回。

（三）雀屏高设选良缘，善射如君独中先。诗咏好逑兼好合，礼行三百又三千。填河乌鹊凌风举，交颈鸳鸯带月旋。崔嫂沙哥情意重，相邀共醉绣纬间。

又戏拟七言歌一首，呈览内起曲牌名：

水仙子抱不世才，手执碧玉箫奇哉！声声慢引凤凰来，西江月映合欢杯。虞美人依玉镜台，系札罗裙红绣鞋。步步娇游意徘徊，十指纤纤一剪梅。

长相思念托香腮，点绛唇无半点笑。好姐姐本住天台，两同心意不嫌猜。蝶恋花枝花正开，耍孩儿已入骛胎。预贺圣朝栋梁材，谒金门里奋龙媒。

触景生情，自感怀七绝六首：

（一）独坐空斋感慨深，犹如孤鸟宿寒林。抬头瞥见弯弓月，勾引思家一片心。

（二）羁旅他乡不自由，连天风雨酿新愁。心如病鹤心如结，纵有莺花懒上楼。

（三）为争蝎角与蝇头，抛别家园去远游。堂上爹娘音信杳，未知近日可安否？

（四）千条愁绪锁双眉，愁锁双眉不自由。梦里却忘身在外，醒来依旧唤娇儿。

（五）连朝阴雨未曾开，嫩到郊原眺一回。最爱风姨情意好，轻轻推出日轮来。

（六）三足金乌下九垓，光华闪烁射蓬莱。遥看古渡垂杨外，瀚濯诸姬尚未回。

晚眺七律一首：

鸦飞鹊噪夕阳天，四面风光在眼前。古寺钟声惊鹤梦，垂杨渡口泊渔船。半江清水澄明月，几阵轻风荡晚烟。回到书斋无聊事，高歌低唱鼓冰弦。

夜吟赋七律一首：

静拥牙签夜已深，风声萧飒到平林。贪看座右灯花放，忘却阶前月色侵。村犬吠人依径内，流萤喷火逗墙阴。更阑寒气凉如水，独抱孤衾独自吟。

未开桃赋，七绝一首：

欲将消息问东风，底事夭桃不露红。料到天台人未到，暂时敛迹隐芳丛。

乍开桃赋，七绝一首：

喜得仙源路染尘，微舒笑脸小墙东。知她多少风流态，都在含情不语中。

半开桃赋，七绝一首：

半含霜雨半迎风，泄露春光半点红。欲待将身全托出，恐惊蜂蝶到园中。

全开桃赋，七绝一首：

十分娇艳一般同，赖得风姨鼓荡中。才识武陵溪上客，樛歌定唱满江红。

戏占瞌睡，赋一首：

一双明眼大睁开，看罢诗文又几回。怪得瞳人多好事，暗中勾引睡魔来。

陈搏睡里亦成仙，不是陈搏必不然。我是陈搏新弟子，静争学睡学参禅。

社日感怀，赋诗一首：

治聋酒味纵醇和，无奈都难下咽何？省识阿娘厨灶下，思儿泪更比儿多。

寄契友杨绪承，赋七绝五首：

（一）桃红柳绿艳阳天，对景怀人百虑牵。回首骊歌歌一曲，余音犹绕道途烟。

（二）惆怅离亭恨水边，此情脉脉不堪传。门来谱出相思调，引落梁间月正圆。

（三）红岩山下帐高悬，木铎金声杂管弦。料得春风嘘咈处，满庭桃李百花妍。

（四）自惭学识管窥天，赖得吹嘘谈许贤。未使割刀先使割，其伤多矣不诚全。

（五）街前买得薛涛笺，写就巴音字半篇。寄语便鸿须着意，随风送到杏坛边。

又寄张阴南先生，赋七绝五首：

（一）一从舞水别荆州，弹指光阴两度朽。（光绪辛巳年，沅城院试，曾有一会晤，别后至癸未已经两载）每到夜阑明月静，梦魂飞上故人楼。

（二）报道蛟龙破浪游，果然夺锦白蘋洲。愧侬不是登瀛客，也傍仙人到上头。（步伊伴余亦入学）

（三）自古文章一脉流，同声相应气相求。斧斫也向班门弄，笑煞先生白眼否？

（四）几度相思访戴舟，斜风细雨互淹留。白沙堤外青青柳，牵引情怀愁更愁。

（五）武陵溪畔系扁舟，知是仙家第一流。偶得渔郎频指点，桃花深处再来游。

感时触景，韵怀赋七律一首：

孤馆萧条伴此身，又兼风雨忽频频。正当寒食清明节，愁煞离乡背井人。千里还家只缘梦，几番触物倍伤神。杜鹃本是难归鸟，偏要呼归送晚春。

上巳日偶，题七律一首：

收云卷雾敛轻烟，正是融和上巳天。游子醉歌沽酒市，佳人争撒买花钱。绿杨堤外莺簧弄，红杏园中蝶管穿。喜得罗鞋先绣就，踏青佳节记年年。

绪承兄步其原韵，七绝五首：

（一）分襟瞬历暮春天，惓念伊人万感牵。每欲乘舟相问访，行旌阻隔一溪烟。

（二）离情篆结树云边，也以鱼笺托雁传。风雨连床成往事，西楼望月几时圆。

（三）文坛绛帐羡君悬，海上先声入管弦。化雨一帘芸草秀，春风满座杏花妍。

（四）豹变龙飞本自天，道行不在我称贤。如言木铎因人振，惟有先生竟不然。

（五）承君健笔写花笺，尽是阳春白雪篇。令我难赓成潦草，雕虫见笑大方边。

棠轩张荫南先生步和其韵，七绝五首：

（一）忆昔方逢在鹤州，骊歌倏唱洞庭秋。鱼笺千里书难寄，几度相思月满楼。

（二）忽报知心到此游，深期相赏绿杨州。谁知地迩人犹远，望断斜阳古渡头。

（三）羡君德范迈群流，壤地闻声梦卜求。桃林丛中棲彩凤，大才小就亦安否？

（四）欲亲几席驾扁舟，却为微几久滞留。偶得瑶章惊拍案，翻然洗去一身愁。

（五）得朋相庆喜同舟，乘势扬帆顺水流。瀛海寻程知有约，蓬莱岛上快遨游。

后访绪承、棠轩因造。冯远山先生帐下，棠轩呈余与伊唱和之诗。蒙先生过爱，以原韵赐和五首：

（一）诸君诗思拟苏州，秀若芳春爽若秋。台阁规模如更得，他年五凤造层楼。

（二）曾记当年泮水游，雄情汇聚踏芳洲。谁知后浪层层湧，催我壮心到白头。

（三）怪底光阴似水流，后生急向禹门求。东风幸绿瀛洲草，奢愿还存万里否？

（四）喜见诗人一系舟，匆匆行色苦难留。芝颜竊觌真非俗，静晤移时洗别愁。

（五）同人今已快同舟，立志还须向上流。先辈后生宜共勉，相期咸到月宫游。

谨步冯先生原韵，七绝十首：

（一）晤亲道范在沅州，屈指寒暄历几秋。喜得师生缘未断，今朝又会读书楼。

（二）堂皇气概冠南州，亮节真同小月秋。曾记霓裳听一阙，痴心望断读书楼。（蒙先生惠以新诗读之不甚忻幸）

（三）结伴春风帐下游，欣逢海客话瀛洲。尘波泄出长生诀，引得天花坠满楼。（先生为余讲解诗文中奥义口若悬河）

（四）几度思量泰岱游，巖巖形势压沧洲。高峰耸峙层云外，空惹行人一仰头。（先生德学崇高，真若泰山可仰而不可及）

（五）潺潺流水向东流，不是飞仙不易求。欲想蓬莱求胜迹，却知日后有缘否？

（六）只听铎训振庸流，劝把诗书仔细求。学绣鸳鸯轻弄线，金针肯暗度侬否？

（七）指迷津口驾慈舟，云水烟波共去留。自此珊瑚归钢铁，定然消得一生愁。（先生及门载道之器何乐为之）

（八）日暮同行约返舟，弓开箭发实难留。并州玉剪虽然快，难剪离亭一段愁。

（九）芝眉一别棹行舟，想见羹墙泪欲流。自恨三生缘分薄，不能函文久从游。

（十）一瓣青莲太乙舟，乘风破浪泛中流。先生豪气三千丈，定到凌烟阁上游。

棠轩张荫南先生赠，并叙：

前月辱承惠顾，简亵殊深，汗颜无地。弟于送别后，每当月夕风晨，不罄葭蒹之感。常望江东渭北，曷胜云之感。因草腐词，谨托雁寄。敬呈文，儿聊表愷祁之礼。

题七言诗七首：

（一）前度春风阵阵催，烦他吹得故人来。莲枝吐嫩增新色，花径呼童扫旧苔。市远盘餐聊献薮，家余樽酒略传杯。知心简亵都忘去，意气相投竟快哉！

（二）刚逢一夕慰幽思，又向书斋请谒师。（君至合次日即谒冯老夫子）满室芝兰添雅趣，盈门桃李现娇姿。（馆中有仲平貌如冠玉）频陈茗矣频陈酒（仲平先已奉茶后酌酒）半似聋兮半似痴。（君见仲平如此礼貌心甚不安，意态略似聋痴）结兴归来逸兴勃，（餐后回剑山书馆）相思仲子若难支。

（三）归来对坐话前缘，相爱相亲意渺绵。诗兴未阑歌兴起，酒香刚罢茗香连。灯花结彩差添喜，月影横窗未首眠。数唱鸡声天又晓，渔翁打浆大江边。

（四）邀朋折柬伴君筵，（是日备帐邀诸友陪席）属意人来喜欲颠。（君意仲平仲平果至，见之喜不自禁）。歌得水仙操一曲，浑如千古遇成连。（主晚移席斋中，庠席清歌不辍）痴心犹异客流连，无那东君遣阶前。报道乘游将别棹，途中难阻去时鞭。

（五）殷勤频送故人旗，携手同行十里天（送君行至十里）。欲唱阳关偏着雨（送别时天突然下雨），与君共过渡头船。别君缓缓又归斋，独坐鸡窗兴不涯。满腹痴情牵白土，连朝滴泪洒红岩。

（六）临别殷殷订会期，蟠龙山上快追随。（前约君送县试有蟠龙山之语）谁知前约终成爽，空嘱良朋把信吹。（嘱杨君、绪承等相邀君果不往）轻舟重过杏坛处，江水茫茫别绪牵。几欲停桡相问访，偏因俗务急周全。（余乘舟两过君馆前，因完赋事急不得造馆）

（七）子规声里雨如烟，唤得春光去不旋。久别故人情若此，暮云时望翠微颠。闻君将返驾行驺，（绪承言君端阳前回梓）着意无妨数日留。立待蒲觞同赴会，好凭醉眼看龙舟。

步其原韵叙云："前者登龙叨□□，至心甚不安嗣后，复蒙雅谊。惠以新诗展读之。春不足过也。不揣蝝见，谨循原韵。勉强效颦，敬伏骚坛，以博一噱。"赋七律三首：

（一）杜鹃枝上苦相催，故访良朋乘兴来。同坐书窗彼素悃，共听夜雨濯苍苔。自惭不是南州士，多感偏倾北海杯。爨玉炊金陈战馔，阿侬一息岠忘哉!

（二）敬谒西宾慰我思，英才济济又师师。徒然仲子独如玉，即是诸君亦有姿。自古醉人多醉语，从知情种定情痴。牛刀深悔前言戏，莫认真来不自支。（冯老夫子馆中，仲平貌。固冠至然诸君，非不扬者。但弟之所以力赞仲平者，亦因有三分醉意耳。唯君谅之）

（三）结得三生石上缘，夜阑对烛话缠绵。蒙君设榻留徐孺，愧我无才异惠连。都为话长常久坐，故当漏尽未遑眠。多情最是中天月，也伴诗人照馆边。（别冯老夫子后，约归兄馆，把臂彼心，直至夜阑漏尽，鸡唱月明，尚未安寝）

七绝八首：

（一）留宾投辖肆华筵，满座高朋醉欲颠。酒后狂歌君莫笑，痴情痴性语流连。（次日君折柬邀朋，宏开筵席，满座悉醉至暮，移席馆中，放歌互答直至三更方罢）

（二）一派歌声断复连，只言久唱小楼前。何期恨作离亭曲，忍向征途试着鞭。

（三）悠悠返旆赋言旋，正是桃红柳绿天。元礼林宗情义重，同携侬手上仙船。（君与绪承送弟至五十里过渡）

（四）风雨连朝绕旧斋，相思无限兴无涯。遥看渭北江东地，云树葱茏百丈崖。（别后风雨连不胜系念）

（五）伯牙何幸遇钟期，喜得知音兴颇随。自愧不知音律好，无腔短笛乱横吹。

（六）昔君荡桨到江边，高立风樯锦缆牵。怪底飞鸿音信杳，未伸款曲费周全。

（七）半江流水半江烟，烟水茫茫不转旋。更有江头杨柳线，拖烟带水逐风颠。

（八）记曾返舆偶停驺，复感深情一夕留。多少衷肠难着笔，武陵溪口忆仙舟。

绪承杨永基赠，并叙：“自遵道范，一日三秋。两地云遥怅，伊人而寄意。一函莫致伤，故友以留情。稽叔夜阑言在耳，靡尽焦思韩荆州。芝宇萦怀，无穷渴想。敢效蚓吟，草就雕虫之句，乘此鸿，便用呈于班马之前。”赋诗七首：

（一）三杯酒尽唱阳关，苦句云来泪自潸。意不尽时劳远送，马蹄忙处夕阳山。

（二）子规啼彻四更时，惹得春心动不支。嫩剔银灯观史策，锦堂月落怨相思。

（三）离君瞬历鷓鸪天，一段云横恨亦牵。滴滴金声犹在耳，思来不怕夜行船。

（四）瑞鹤仙人绛帐隆，逍遥乐教尽英雄。江头挂及桃和李，共醉春风化雨中。

（五）二三学士尽风流，共闹樊楼诵不休。预卜桂枝香可采，去朝天子建皇猷。

（六）一封书札几篇诗，寄到清江引旧知。会巧石榴花照眼，先生切莫误佳期。

（七人）到知音不可谖，乘舟访问两三番。含情欲说心中事，鹦鹉前头不敢言。

七律三首：

（一）曾记连番造杏坛，诸生对我臭水兰。樽倾北海情无尽，烛剪西窗兴未阑。管仲深交推鲍叔，夏侯至友是潘安。愁来欲奏相思调，抱得秦筝不忍弹。

（二）乘时布化满庭芳，节节高波教有方。清水令兼新水令，荔枝香伴桂枝香。十金帐下金声振，八宝妆前宝器藏。异日降都春信至，踏青拾翠马蹄忙。

（三）师生劳送板桥西，一曲阳关唱隔溪。水蔓离声愁更结，山牵别恨路迎迷。莺歌燕语烦人耳，马道羊肠碍马蹄。几辈农夫频问讯，归斋直到暮云低。

步其原韵叙云：“顷接瑶函，见故人之深。意沈吟銔，字开不佞之愚衷，妙句惊人。杨汝士压倒元白醇醍醉我，吴程普，拜服周郎君。本吐凤奇才，虽难步其韵。我即续貂贻，诮亦复甘心。”赋七绝九首：

（一）紫乙仓庚闹竹关，辛酸无限泪潸潸。鱼传两穴将书寄，寄到辰溪二酉山。

（二）龟甲屏间月上时，曲翻诃子苦难支。纵然剩有庚辛药，莫疗壬胸一段思。

（三）正是三庚初伏天，相思乙乙似丝牵。谦谦君子知何处？丁卯桥边系钓船。

（四）仅识风丁未足隆，岂如安丙气豪雄。午桥桃李虽然好，愧乏春风甲帐中。

（五）时过上巳景犹芳，曾访申公水一方。（三月初旬曾造贵馆一访）酒饮卯斋多且旨。羹供午馔厚而香。

（六）丁零美玉庚堂积，亥既明珠丙舍藏。指日熙朝开鼎甲，藿辛妙句写来忙。

（七）乙量汪洋迈俗流，诗同辛桂味难休。几回静晤寅窗下，不让当年王子猷。

（八）高卷丁篇学赋诗，鲁鱼亥豕亦难知。先生若问逢知己，十二时辰无定期。

（九）伊人马敢遽终谖，翘首西窗好几番。细读毛诗三百首，一言以蔽是真言。

七律二首：

（一）文旌几次驻荒坛，引得仙凤绕蕙兰。曾记说诗将榻共，也随明月到更阑。羡君气谊同杨震，愧我襟怀逊谢安。琴遇知音方再鼓，阳春莫向俗人弹。

（二）走马如飞出塞西，离愁深锁绿杨溪。一声羌笛怨忧起，三叠阳关别恨迷。沙上空留苍雁爪，雪中偏印紫骝蹄。送君去后心神乱，不管窗前月色低。[①]

《锦心录》清代手抄本[②]封面有悟霞山庄主人，以潇洒流利的行草书写而成。有许多为近代名儒挽联。记录了曾国藩、左宗棠、胡林翼、叶德辉、康有为、王闿运等名儒与湖湘名流往来的关系。其中一副对联就是曾国藩挽刘中书母："藜阁归，和风三更，伴织苦寒月；薇垣新，待露千里，思亲泣暮云。"[③]

（一）挽胡林翼太夫人"武昌距天下上游，看郎君新整乾坤，纵横扫荡三千里；陶母是女中豪杰，痛仙驭永辞江汉，感激悲歌百万家"。[④]

（二）挽某湘军战士"春草系诗魂，有人痛哭谢康乐。秋风埋战骨，无计招寻马伏波"。[⑤]

（三）挽某湘军战士"众口铄坚金，谁知烈士丹心苦。大江漾明月，长照忠臣白骨寒"。[⑥]

（四）挽胡林翼"少壮剧英雄，到暮年折节谦虚，但思尽忠补过。东南名将帅，赖光生苦心调获，连为骨肉弟兄"。[⑦]

（五）曾国藩挽塔军门"杀贼矢孤忠、马革已无尸可裹。抱孙遗一老，鲤庭空自泪长流"。[⑧]

（六）曾文正题金陵会馆戏台"荆襄九歌客，中联作扮榆社。江山六伐劫，后重闻雅颂声"。[⑨]

---

① （清）张华峰. 清河堂诗钞. 同治、光绪年手抄本，清河堂藏版.
② （清）悟霞山庄主人. 锦心录. 清代手抄本，清河堂藏版.
③ （清）悟霞山庄主人. 锦心录. 清代手抄本，清河堂藏版.
④ （清）悟霞山庄主人. 锦心录. 清代手抄本，清河堂藏版.
⑤ （清）悟霞山庄主人. 锦心录. 清代手抄本，清河堂藏版.
⑥ （清）悟霞山庄主人. 锦心录. 清代手抄本，清河堂藏版.
⑦ （清）悟霞山庄主人. 锦心录. 清代手抄本，清河堂藏版.
⑧ （清）悟霞山庄主人. 锦心录. 清代手抄本，清河堂藏版.
⑨ （清）悟霞山庄主人. 锦心录. 清代手抄本，清河堂藏版.

（七）湘潭付生王闿运，挽塔军门“天寒骠骑，营箕尾来归，尚忆镜歌渡湘水。今代骐驎，阁关怅无命，空教揖客哭将军”。①

（八）康有为挽谭嗣同“逢比孤忠，岳于惨狱。昔人尚尔，于汝何尤朝局总难言。当偕孝儒先生，奋舌问成王安在？汉唐党祸，魏晋清流。自古纵昭，而今更烈海疆正多事。应共子胥相国，抉皆看越寇飞来”。②

（九）叶德辉题观音观阁联“天上曲初传，看他杨柳楼台，无数化身齐起舞；人间歌未歇，悟到连花世界，几多春梦为鸣回”。③

（十）挽某一联“春色洞庭酒，秋色洞庭波，翻成月下离愁绮绪，飘流归碧落。逝梅花时节，生荷花时节，死偶谪人间游戏芳魂，依旧返瑶台”。④

（十一）李篁仙挽曾国荃“曾许我为天下有用之才，琴曲负知音，今日飘流江水上；将谒公于阶前盈尺之地，药言称图报，大星惊坠名头城”。⑤

（十二）挽曾国荃夫人“相勋伯为海内柱石之臣，万里河南呜咽水声琴里曲；教郎君皆席上琼林之选，三春堂北凄凉心事手中衣”。⑥

（十三）挽某湘军战将“其人乃经百战而来，铁马金戈，虽是少年诚老将；于我以未一见为恨，双鸡斗酒，也从异地吊英雄”。⑦

（十四）挽曾文正“功名独有千秋，安危海内资元老；朝野都为一哭，风雨江南落大星”。⑧

（十五）挽左宗棠“风静诸边，海外识中朝人物；星寒五文，湘阴开丞相祠堂”。⑨

（十六）左宗棠题冷泉亭“泉自几时冷起，在山本清泉自源头冷起；峰从何处飞来，入世皆幻峰从天外飞来”。⑩

（十七）题莫愁湖“王者五百年，湖山自著英雄气；春光二三月，烟花合是美人魂”。⑪

（十八）小凤仙挽蔡松坡“万里南天鹏翼，直上扶摇，怎堪忧患余生，萍水姻缘成一梦；十年北地燕支，空悲沦落，赢得英雄知己，桃花颜色一千秋”。⑫

（十九）彭刚直题水师昭忠祠镇江亭“忠臣魂、烈士魄，英雄气，名贤手揖菩萨心肠，合古今天地之精华，同此一山结果；蠡水烟、湓浦水、浔江涛，马当

① （清）悟霞山庄主人．锦心录．清代手抄本，清河堂藏版．
② （清）悟霞山庄主人．锦心录．清代手抄本，清河堂藏版．
③ （清）悟霞山庄主人．锦心录．清代手抄本，清河堂藏版．
④ （清）悟霞山庄主人．锦心录．清代手抄本，清河堂藏版．
⑤ （清）悟霞山庄主人．锦心录．清代手抄本，清河堂藏版．
⑥ （清）悟霞山庄主人．锦心录．清代手抄本，清河堂藏版．
⑦ （清）悟霞山庄主人．锦心录．清代手抄本，清河堂藏版．
⑧ （清）悟霞山庄主人．锦心录．清代手抄本，清河堂藏版．
⑨ （清）悟霞山庄主人．锦心录．清代手抄本，清河堂藏版．
⑩ （清）悟霞山庄主人．锦心录．清代手抄本，清河堂藏版．
⑪ （清）悟霞山庄主人．锦心录．清代手抄本，清河堂藏版．
⑫ （清）悟霞山庄主人．锦心录．清代手抄本，清河堂藏版．

斜阳匡芦瀑布，把南北东西之胜景，全洒两眼收来”。①

（二十）胡文忠题杨林西溪寺戏台联“杨妃国色，西子秋波装成媚态柔情，问今世有几人醉眼；林畔樵歌，溪边渔唱弹弦高山流水，怕古来无二个知音”。②

（二十一）某妓女春燕“无计可留，对酒绿灯红一别，竟汤春去了；似曾相识，盼梁空泥落几时，重见燕归来”。③

以上是《清河堂诗钞》全卷分上下两部分，诗文思想内容由读者读后自己评说，既然是诗钞，我想引用清河堂张培中《秋日还家》一诗来结束本文：

自客夷门变素衣，此身久与故乡违。
我行好似江南燕，不到清秋总不归。④

张培金《望山诗钞》自作小序云：

诗本性情，风人之旨远矣。三唐遂集大成。两宋各有家数类，皆自写其性情。余命官磨蝎，五十未来，蓼辛荼苦，靡有蔗境。每所感触，辄发之声。顾春鸟啼烟，秋虫吊月，都无得意鸣。今老夫且病，略次付梓，以志劳劳。⑤

吾与先辈同慷慨也！

第三节　清河堂赋

一、清河堂的起源

宇宙洪荒，黄河汤汤。地轮旋日兮！清河泱泱。濮洛青波兮！奔汇五洋。桑梓故里，辰宿列张。皇天后土，乃生轩辕句芒。少昊五子兮！名挥姓张，黄帝所赐，封地濮阳。夜观天象，弧映天狼。剡木削竹兮！制箭弓长。射禽猎兽，结罗张网，露宿风餐。辅佐轩辕兮！平息工共叛乱。官封弓正，赐姓弓长之张，主祀天狼。清河望郡兮！国于青阳。挥乃张姓之始祖，葬于帝丘兮！今日之濮阳。黄帝之女，名字精卫，衔石填沧海兮！可谓：“人间正道是沧桑。”后有留侯长孙张典，汉惠帝时任御史。文帝任清河太守，世居清河，里仁乡节孝坊，故称清河堂。

仓颉兮！结绳立字，洞见文明之曙光。文明肇创，万古流芳。大禹治水兮！妇孺皆知。帝举天杰，命水正之官。开渠疏道兮！万千江淮河汉。自古江南，美誉苏杭。混沌初开，釜甑沸扬。黎民劳困舟车，樵夫艰苦伐檀。日出桑麻，日落织纺，天下治兮垂衣裳。阅尽殷商春秋，镜览战国秦汉。合纵连横兮三寸舌，诸侯列国，秦楚争霸，摇唇鼓舌，张

① （清）悟霞山庄主人．锦心录．清代手抄本，清河堂藏版．
② （清）悟霞山庄主人．锦心录．清代手抄本，清河堂藏版．
③ （清）悟霞山庄主人．锦心录．清代手抄本，清河堂藏版．
④ 清河堂张氏族谱《清河郡一世珂堂》．光绪年刻印本，竹纸本，清河堂藏版．
⑤ 清河堂张氏族谱《清河郡一世珂堂》．光绪年刻印本，竹纸本，清河堂藏版．

仪出使兮！说服楚霸王。始皇咸阳坑儒，礼崩乐坏。大汉一统兮不封侯，是留侯张良，卸甲归隐深山。悬壶济世兮！不为良相，则有医圣——张仲景。首创地动仪张衡，辅佐帝王。

龙从云起，海啸山庄。电闪雷鸣，骤雨风狂。神弓图腾兮！大道之张，厚物载德。至善亲民兮！讲信修睦，格物致知，礼仪万邦。端赖和谐兮！清河之兴郡望，乃有五千年文明灿烂。张氏血脉兮！轩辕之脊梁。少昊之青阳拱起神州，寰宇飞扬。吾族共祭兮！轩辕始祖，万代春秋博览。群英聚会，文星若灿。勒石垂宇，赋颂挥公，伏维三拜。赋以永祷兮！歌以永志，祭祀献香。宇内各族兮！皆为华夏血脉之所系。神州百族兮！万世之共仰，斯馨无恙。吾常念横渠四语："为天地立心，为生民立命，为往圣继绝学，为万世开太平。"先祖之遗训兮！耿耿于怀。轩辕伟哉兮！遐迩共禩。吾披万卷，笔挽狂澜。清河布衣兮！沉吟圣哲。"寄意寒星荃不察，我以我血祭轩辕。"吾与鲁迅同慷慨！清河楚子，狂歌激昂。丹心铁骨，日月同光。我轩辕之祖，是说是传，是神是人，人神共祭，信史可从。兹成功厥，稽首再拜。清河良裔子孙，千秋万代。

吾轩辕望族，留侯良裔张晓春，戊戌年，阳春三月，于清河堂陋室

二、清河堂庭风家训

清河堂，据宋代郑樵《通典》记载，清河张姓"一宗万室，烟火相连，比屋而居"。张禹，河内郡轵县（今济源市东人）。祖先清河望郡，历任和帝、殇帝、安帝三朝宰相。他在给太子刘骜当老师讲授经、史、子、集，以《鲁论》为根，参考《齐论》，合二为一，史称《张侯论》。汉灵帝时，刻石经为蓝本，故流传后世。今天通用的《论语》本就是出自他之手。根据《新唐书·宰相世系表》记载："清河东武城张氏，本出汉留侯良裔孙张歆（东汉桓帝建和三年拜相），歆弟协，字季期；卫尉生太山，太守岱。自河内徙清河。"张岱的曾孙，张幸在曹魏时，任青州刺史，封为陆候。幸之曾孙彝，传四世有文禧，文瓘，文琮三兄弟。在张氏族谱上有这样的记载：清河望郡，张姓世代有良好的家风庭训：爱国、敬祖、孝亲、睦族、友邻、庭训、立业。

1. 爱国。凡吾族必须服从党和政府的领导。遵守国家法律，遵守社会公德。为家长者，必示范做人，启迪后代。

2. 敬祖。敬祖，由民族信仰沿袭成礼，非礼无以明道，非礼无以成俗。是敦本至孝的表现形式。吾氏祀祖，应世代同遵。当以虔诚，贵在坚持。

3. 孝亲。尊祖、孝亲、爱子同等。不孝亲不足以生爱子之心，不爱子不足以成生之本。凡吾氏，孝敬父母，亲长，必侍奉其温饱，体察其病情。非礼勿言，非礼勿行，勿做让父母忧心之事。

4. 睦族。加强宗族的凝聚力。来往以礼，信誉相守。危难相扶，敦本求实。无欺诈，无渎诲，相互团结，和气致祥。

5. 友邻。友邻与睦族并重。必高瞻远瞩，胸怀宽厚。释小嫌，存大义，与邻友好相处。团结互助，此乃立家之本。

6. 庭训。家庭教育，以身教为主。吾氏做父母者，要言行端正。交接守礼，生活勤

俭，教育子女从严。“遗子黄金满盈，不如教子一经。”尽力提高子女的文化水平，是族之发达兴旺之根本。

7. 立业。志不立，无以成大业。业不立，无以养其身。立业要有决心，集思广益，克勤克俭，大业必成。

吾轩辕望族，留侯良裔张晓春，戊戌年，阳春三月于清河堂陋室

三、国内、国外张姓堂号

附：张华峰八股文课艺遗稿和手迹[1]

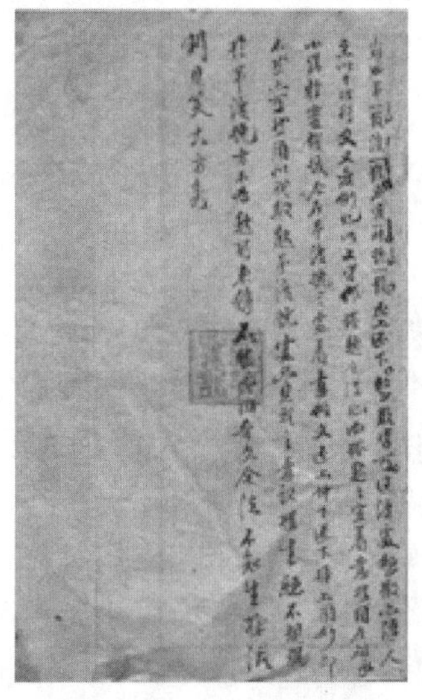

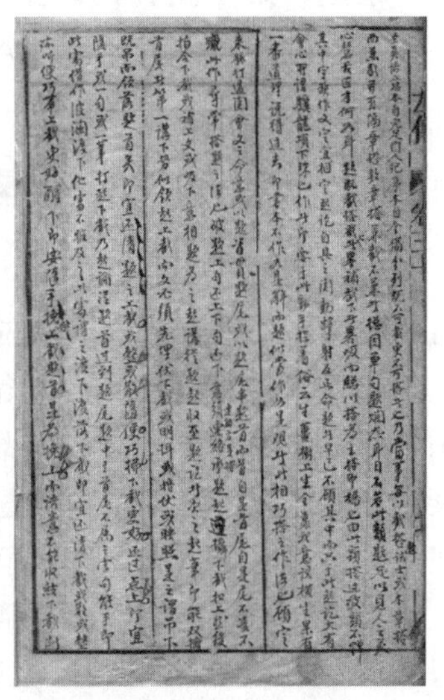

作者的曾祖父：张华锋科举寒窗课艺诗文手稿迹

先祖张华峰，字廉清，号祥光，嘉庆二十年（1815 年）出生。秀才。世居长沙望城区，书香世家。曾就读于岳麓文书院。据本族老辈人说，张华峰曾与湘乡曾国藩、永州何绍基同堂探讨学术和书法交流。以上两幅图片是我家祖祖张华峰考试八股文，读《春秋左传》时，留下八股文课艺手迹，内容完整、书法尚行草，虬秀俊美、豪放洒脱，有一种晚清湖湘文人的气概。手迹后鉴有张华峰印章，字迹清晰可见。此手迹十分珍贵，这是我目前唯一见到我家祖祖张华峰留下的两个珍贵手迹。祖祖张华峰遗留给后人有几万册书。据父亲说，他小时候晒书要晒几个月。后来由于家庭破落，大多数书稿和古籍遗失。大部分经、史、子、集在文革中焚毁和丢失。

本书附有国内、国外各地张姓堂号，总堂号为“清河堂”。分堂号有：百忍堂；敦睦堂、敦九堂、敦本堂、敦厚堂、敦伦堂、敦本堂、明伦堂、明义堂、存着堂、存善堂、三立堂、三知堂、三治堂、三箧堂、文星祠、文星堂、文德堂、九居堂、九裔堂、九如堂、思存堂、思孝堂、思则堂、世恩堂、世德堂、尊经堂、尊礼堂、守经堂、敬谊堂、敬宗堂、敬睦堂、敬爱堂、敬翠堂、爱敬堂、忠文堂、忠孝堂、德成堂、德征堂、崇本堂、崇

① （清）张华峰. 八股文课艺遗稿手迹. 道光、咸丰年手抄本，清河堂藏版.

德堂、尚义堂、尚德堂、怀义堂、怀德堂、两铭堂、二铭堂、永思堂、永庆堂、积庆祠、积庆堂、大本堂、大忍堂、继忍堂、绍忍堂、张在公祠、五眼井、张祠燕诒堂、燕翼堂、燕贻堂、源流堂、源远堂、嘉顺堂、嘉会堂、睦族堂、亲睦堂、雍睦堂、树德堂、种德堂、峻德堂、和德堂、顺德堂、念德堂、孝思堂、孝友堂、馀庆堂、庆馀祠、一本堂、本立堂、报本堂、建本堂、务本堂、培本堂、宗岳堂、于斯堂、中和堂、四益堂、芝泉堂、光裕堂、曲江堂、亦政堂、聿修堂、志合堂、芹馀堂、序源堂、祀先堂、青湖堂、东聚堂、味芹堂、垂裕堂、金陵堂、草圣堂、持纪堂、追远堂、衍庆堂、叙伦堂、凌云堂、萃敬堂、焕文堂、万石堂、棣萼堂、集成堂、复古堂、诒谋堂、道生堂、裕裔堂、诚心堂、义芬堂、福人堂、寿康堂、聚星堂、鸣珂堂、毓秀堂、乐育堂、笃亲堂、凝远堂、济美堂、彝伦堂、宝鉴堂、铁耕堂、金鉴堂、冠英堂、横渠堂。(共计有 133 个)

第四节　至圣孔子赋

苍茫宇宙，浩荡天风。三纲五常，道冠古今。中华国粹，弦歌振兴；往圣绝学，集之大成。承传不绝，万邦复兴。歌咏星貌，沐浴儒风。俯察诸物，民智启蒙。河洛泛波，已出圣人。庙堂奏乐，郊祀志云：夏德颓丧，鼎迁于殷；殷德气衰，鼎迁于周；周德命丧，鼎迁于秦；秦德衰败，国君死于社稷，则当危急存亡之春秋！

春秋乱世，战火纷飞。七国争雄，百家争鸣。剥乱天下，道堕德沦。鲁国陬邑，曲阜以北，泗水之滨。泰岱仙霭，陬邑红枫。洙泗绿水，芳芷鲁园。聚圣群英，尼山地灵。其父名叔梁纥，其母名颜徵在。凛凛乎九尺之躯，堂堂乎玉树临风。孔丘仲尼，后娶亓官氏。曲阜有幸，孔丘出生。灵通周礼，俎豆祭神。孺子可教，出类拔萃；子曰："吾少也贱"，亦能俎豆习礼。教育黎庶，教化辅弼，以昭万代。孔子曰：

吾十五立志于学，苦行鄙事。老聃教诲，仲尼铭心。师拜苌弘，学艺五音。《韶乐》《武乐》，尽善尽美，孰为轻辕？《韶乐》以律，雅颂尧舜；《武乐》以礼，拯救万国礼仪，故轻轩难分也。考镜五帝三皇，博览六艺史通。冀礼服黎庶，立国于春秋诗书之盛。"郁郁乎文哉!"乃圣贤之气象。克己复礼，举钟鸣礼仪之邦；万千苦乐，铸鼎鸣道于《中庸》。谙以和为贵，掬万邦一统常纲；视富贵如浮云，执千福而捋两袖清风。大道行仁，思接天地之成。修身齐家，治国平天下，乃圣贤大道致用。

谈笑有鸿儒，大学治国之道，其圣若何？在于明德；儒家景从，其爱若何？在于施仁；明德至善，其理若何？在于亲民；格物致知，其人若何？在于致良知；欲正其心，其心若何？在于率性。修身齐家，领袖群纶。兄弟挽臂，灿若群星，往来效法心恒。诸子何莫读四书？用进舍藏，仰止圣明。

三十而立，业精于勤。初入邑庠，首创私塾，授业传道。门下践行《论语》《大学》《中庸》。教蒙童精于六艺，解惑《周易》《尚书》《诗经》；三千弟子播仁爱，七十二贤荡儒风。家族之强盛，以修身齐家为已任；宜兄宜弟，以教国人；民族之强盛，立教观俗，贵处中庸，以化育黎庶之民风。治国有道，世界大同，是以恭谦为尊。温文尔雅，过犹非礼勿动；守信、仁、义、礼、智、勇，学温、良、恭、俭、让。敏惠宽容，思善辨行。正序人伦之市俗，倡导天下之圣明。圣儒为人之所需也，正身率下而明德、爱憎不偏见礼忠。帝王胄铠，专制朝工，轼诛百姓黎民，何以至善尊圣乎？

四十而不惑。周游列国，仰慕周王礼乐。赤心可鉴，《论语》《中庸》。广布施教，安邦于仁政；玄思远哲，化育黎民。夫子哂之，《诗·黍离》曰："知我者，谓我心忧，不知我者，谓我何求？"《论语·雍也》云："子在川上曰：逝者如斯夫！不舍昼夜。"子又曰："君子可逝也，不可陷也。"微子篇曰："道之不行，已知之矣。"铁肩担道义，是以仁贯之；怀鸿鹄之志，仁义独钟；"鸿猷宣教明济世，游说铮言圣儒行；桃李芬芳传后世，人间正道化天伦"。求仕不成，君子固穷兮非当时福祉。著书立说，坦坦荡荡，垂万世师表之风范。孔子曰："阳货谓，怀其宝而迷其邦，可谓仁乎？"

圣人无类有教，聚弟子三千，贤者七十有二；克己复礼，钟鼓齐鸣；揽天地之鸿儒，厚物载德，以观宇宙澄明。《四书》《五经》《四史》《三通》，崇仁尚义为上上品也。六艺新经，续宋明理学，彪秉千秋日月。

五十而知天命。天下无道，礼崩乐坏。十三载周游列国，传播仁政。删诗订礼，披阅春秋、圣贤卓识，信成《四史》《三通》。日以三省，知明无过。见贤思齐，择善而从。丹心照日，直面王侯。正言极谏，不改初衷。凤鸟不至，河图不出，纍纍乎若丧家之犬。子曰："道不行，乘桴浮于海。"《泰伯篇》曰："危邦不入，乱邦不居。"此乃时也、运也、命也。吾之道穷矣。《宪问》曰："道之将行也与？命也；道之将废也，运也。"《尧》曰："不知命，无以为君子也。"《述而》曰："其为人也，发愤忘食，乐以忘忧，不知老之将至云尔。"孔子自云："五十才知天命也"。庄子曰："知穷之有命，知通之有时，临大难而不惧者，圣人之勇也。"东坡词曰："小舟从此逝，江海寄余生。"

六十而耳顺。日月之煎熬，在于生命不息。韦编三绝，铁笔撰《春秋》。披星载月，暮年删订《诗经》三百首。夫子爱民，似鱼水之情。诲人不倦皆《论语》，学而不厌，万古师范传承，是谓之立言也；天下为公是《中庸》，正心诚意，所谓立道人伦，故谓之立德。治国之大道是《大学》，修身齐家，治国平天下，此谓之立功也，故言大道之体也。旷大志度，励以公平之诚，以《周易》为道，宗宇宙之法则；以《中庸》为体，法仁爱之人伦。仁义礼智举信诚，创儒学而蜚声。化育先贤，万代师尊！先师兴教兮，有教无类；法周王之礼兮，树君子之儒风。宗圣人之学兮，立天地之心；效万世之师兮，为生民立命。弘大道之魂兮，裕后世之福祉。扬道不远人兮，立道于周礼。弹奏《韶乐》兮，鸿声儒哲播四方，周而复始。肇始开元，奠定中华文明之伟业；见贤思齐，兴诸子治学之古风；修齐而三省吾身，规范国朝常纲秩序，树立万民道德人伦；师范择善而从，和谐民族异与同；视富贵如浮云，安贫乐道矣。行教化习礼仪；圣哲理论恢宏，《论语》《大学》《中庸》。述其要略，千秋百代引为典籍。处世治学，颇多裨益，古今中外，唯儒敬重。

七十终成大业。古稀之年，从心所欲不逾矩。道之所存，师之为用。教学相长，三人同行，必有我师。谦虚谨慎，可谓杏坛有教无类之创举。兴于诗，九洲弹响《诗经》韵，故曰诗言志也。兴观群怨，五湖高唱《论语》歌，不及非礼勿闻，君子坦荡喜性善。披览《书经》，持仁爱之心，治大国明厚德之理，平天下之道以倡仁政。立于礼，考订《礼仪》，守礼仪践君子之行，安于心操齐家之本。成于乐，子在齐闻《韶乐》，三月不知肉味；子又曰："不图为乐之至于斯也。"故圣人志在千里。儒家圣者，"游兴于六艺之中，留连于仁义之际"。开启民智，化育黎俗，温故而知新。《汤之盘铭》曰："苟日新、日日新，又日新。"云蒸霞蔚，"谁持彩练当空舞"。先知鸿哲，孔子洙泗百里问浮萍。

独秦皇嬴政，从法弃仁儒。扫除六合，焚书坑儒。秦风楚语，楚语儒风。帝王将相，毁谤有尊。二百四十余载，诸侯列国，秦楚相争。文臣武将，上马横槊，下马赋诗。编年史册，唯儒独尊！罢黜百家，汉武帝独尊儒术，浩荡儒风日盛。礼义廉耻，仁爱孝忠，如香霭缭绕，湍湍乎润泽斯民。先师功德，雨露常青。儒家圣教，饮誉四海。西汉平帝赐之褒成宣尼；北魏孝文帝追封为文圣尼父；隋文帝称其为先师，唐太宗尊其先圣。李隆基加封为文宣王，武则天封其隆道公。宋真宗加封玄圣宣王，元武宗再晋大成至圣。谥号无以复加，尊奉造极登峰。沧海桑田，乃世事之多变也。孔门学问万世不衰，皆以"仁者爱人"，则"先欲达人"。为黾勉天下之襟怀，故"己所不欲，勿施于人也"。则厚望瀛海，以亮高节。唯仁爱以济苍生，守信修睦，此足以称万国邦交之极也。构建万民和谐之宏观。遗训虽远，践在知行。岁寒松柏，阅尽千秋不凋谢，此乃四季长青。儒家孔孟，博怀远猷，而周赡大略欤？越两千五百余载，道统延续，圣颜常在；《四书》宏卷，《六经》文脉，斯人伦有序，推演新义。吾国吾民，道明明德治国之方略，兴礼礼立命之安身。足见儒术要旨，故有卓识远见之先明。省势律道，庶民向往大同。万世师表，千秋史功。有诗赞曰：物换星移春秋续，至圣儒风一脉承。戊戌初春，晓春伏案于清河堂陋室，夜阑思经传，登高赋楚风。兴观沧海，品尝灵泉。踏秦砖汉瓦，看明月蓝天。寻迹儒家故里，垂问孔孟圣贤。听虞舜之《韶乐》，顿悟人间正道，纵览千古儒风。《春秋》史传尚存，四书五经堪读也。启蒙民智，高扬人文。为吾后者，可以观矣。仰止万世师尊，焚香伏维，肃敬三叩，永祷天灵。乾元伊始，万象更新。拙笔著《至圣孔子赋》，以传后世而记之。

吾轩辕望族，留侯良裔张晓春，戊戌年，阳春三月于清河堂陋室

第五节　儒家赋

天地玄黄，元气始萌。寂寥何物？激荡运神。清之气化、日月星辰。寒来暑往，四季乾坤。浊之积阴、宇宙天伦。周易大道，激浊扬清。重玄本迹，万物化生。伏羲画卦，号曰《连山》。史称《夏易》，《连山》曰艮。不绝连绵，山岫出云。商易《归藏》，始发地坤。坤为地母，万物乃容。首坤次乾，天卑地尊。史称黄帝，亦曰《归藏》。文王画卦，《周易》始乾。史称《周易》，地卑天尊。故《夏易》曰天道，《商易》曰地道，《周易》曰人伦。天人合一，三纲常伦，有序天人。

丘以古文《尚书》为心法。《尚书》曰："人心惟危，道心惟微。惟精惟一，允执厥中。"誓、命、训、诰，《五典三坟》，故谓之精一厥中。

丘以《周易》为道。大哉乾元，万物资始，升降浮沉。氤氲相荡，气润苍穹。道之所止，日月星辰。明体达道，以易为宗。人循宇宙之法则，则尽仲尼之道心。当以心求天之

虚，乃以气求体之物；天地间有理有气，理也者，形而上谓之道；生物之本也，气也者，形而下谓之器也，实乃生物之具也。

丘以《春秋》为治。尽治国之用，此乃治世之韬略。倡明四教，文、行、忠、信，以道贯之；心性所存，为天地立心、为生民立命。煌煌乎！若日月之行；锵锵乎！如钟鼓齐鸣。气贯寰宇，震撼苍穹。越过百余载，孟子生于邹而立于义，与孔子之仁相辅。

丘以《论语》为仁。夫子风采，溢于格言，是以“克己复礼为仁”。《答仲弓》曰：“己所不欲，务施于人。”西汉末年，帝师张禹精治《论语》，始以“仁”学为纲领。故谓之“约礼博文”。

丘以《大学》为明德，故以德为门。始教《大学》之道。何谓《大学》之道？大道曰仁。大道者，乃天下之大道也。故学也者，天下之公学也。夫学贵有恒，得之于心，故求之于心而非也。大学之道，谓之格物致知。故格物者，格其心之物也，格其意之物也，格其致知之物也。正其物之心，要心正意诚。诚其物意者，故要意诚心正。致物知之者，故致知在于格物。岂有内外彼此之分哉？

丘以《中庸》立天下之本，故天命谓之性。率性谓之道，诚者也。修道谓之教，诚之者也。故曰：自诚明者，谓之教也。诚身明善以天立道，以立人之道。人所秉受于天之天，可达乎天下之大道也！则阴阳合一存乎于道；天性合一存乎于诚！动静合一存乎于神；仁智合一存乎于圣，故义命合一存乎于理。以《中庸》为体，法孔子之人伦，则人伦有序也。

《孟子》曰：“为民上而不与民同乐者，亦非也。乐民之乐者，民亦乐其乐；忧民之忧者，民亦忧其忧。乐以天下，忧以天下，然而不王者。”①

故后世范文正公有志于“先天下之忧而忧，后天下之乐而乐，则退亦忧，进亦忧，何时乐矣！”范文公能立身行事，砥砺节志，堪称一代新宋儒。

又越三百载兮！有董仲舒之辈，演经绎义，首推汉武帝罢黜百家。独崇儒术，能使汉学复兴。纬地经天，始有毛亨、郑玄之辈传经注疏。② 后有此比，诲诸复蒙。

博士承秦，汉初黄老。清谈高论，嘘枯吹生。危言深论，不隐豪强。盖文章经国之大业，不朽之盛事。享世奏乐，诞育明圣。魏晋之始，本迹玄重。君臣父子，礼、乐、义、仁，万世不更。汉魏风骨，唐宋莫传。变革六朝，绮丽奢靡之文风。

隋朝文、炀帝，首创科举。诗词歌赋，明经策论。平民百姓，公平竞争。择优录取，状元张榜，获取功名。故有“朝为田舍郎，暮登天子堂”之美誉也。仕子攻读，“十年寒窗无人问，一举成名天下知”。科举功过，谁人曾与评说？

中唐韩柳，振臂一呼：《五原》《问天》，性道有常。天地之始，万物之母。为天地立心，立乎于至正之矩也。博爱谓仁也；行而宜之谓义也；由是而之焉谓道也；足乎己，无待于外谓德也。《原道》自任，古圣传仁。斯吾所谓道也，非向所谓老与佛之道也。③

《师说》立道，道之所存，师之为用。学绝师表，古文革新。

---

① 张以文. 四书全译［M］. 长沙：湖南大学出版社，1989：284—285.

② 此两句是指东汉末年郑玄之弟子曹丕和崔琰。

③ （唐）韩愈. 韩昌黎全集·原道（卷十一）.［M］. 中国台北：新兴出版社，1970：196.

宋初三子，理学之宗。《四书》《五经》，以义理替训诂，承唐韩柳复古，宋传胡瑗、孙复、石介之辈也。世人曰自秦汉以来，师道之立，未有过瑗者也，并将其冠以“百代帝师之功臣”“苏湖领袖”“东南模范”“三吴木铎之祖”。

理学初始，范畴渐明。北宋承唐，太学西昆。[①] 欧王变法，科举革新。宋代五子，[②]

一代儒风。太极阴阳、理气性心。是以《大学》为始教，凡天下之物，莫知其理，固益穷之，至乎极盛。汉儒只有传经学，性道微言久绝矣。若论阐发心性义理之精微，端数元公之破暗也。注疏传经，重解四书五经。独创宋儒《三经新义》，开宋儒理学品位之新风。

故有濂学问世，阴阳太极，宇宙生成。探求《河图》《洛书》，《伏羲八卦》之奥深，天地运化、阴阳消长，融会贯通。其心虚明。遇事前知，邵雍顿悟，智虑绝人。

张载关学，横渠四句：“为天地立心，为生民立命，为往圣继绝学，为万世开太平。”[③] 爬梳董理，太虚即气，扬弃会通。造道诠释，卓著有成。气性二本，一滚贯通。性天合一，力索苦心。勇于造道，修辞立诚。明诚二进，义蕴奥深。上承孔孟之志，下极来兹之始。造道之勇，如皎日丽。天幽不烛，圣人复起，未有能易焉者也。故有《西铭》与《正蒙》，褒贬不一，立志养气于天人合一。体用内化于人道之中。立有千古命题：“存天理，灭人欲”。濂关理学，阐明立天地之性。察人伦之心，关学之理，绵延至今。

宋有程颢、程颐理学，洛学故称二程。教育要旨，乃在培养圣人。君子之学，必至圣人而后已。不至圣人而自已者，皆弃之也。读书要法，不得“滞心于章句之末”，阐述义理，穷理致用。大学之道，在明明德。若不极天理之明，不足以道中庸。爱民及物，恪守仁伦。何谓仁焉？学者必先知仁。仁者蔼然与物同体，智、信、勇皆仁也。《宋史》曰：学本于诚，四书通达六经者也，亦达于仁。格物穷理，致知则当自明，“内感”致知于心，非在外也。心与天地合其德，与日月合其明。朱熹、张栻，集理学之大成。

闽学朱子，四贤有名。曾有“程门立雪”之佳话。[④] 施政以德、节用爱仁。罗氏心忧黎元，开办书院，“廉以立身，勤以励志。教民尚诗、书、礼、传。抑浮华侈靡兴利弊”。趋正道，避心邪。用心体察“孔孟之心”，明“孔孟之道”。朱子理学，兴办学庠——岳麓书院，广施教化，督查吏治，敦厚民风。朱子四句：“格物致知，诚意正心。修身齐家，治国平天下。”太极阴阳，变幻莫测。物穷其理，故形而上谓之道；山川草木，人物兽禽。致知在格物，故形而下谓之器。朱子读书，循序渐进；熟读精思、虚心涵泳；切己体察、抓紧用功。居敬持志，开宋儒理学之新风。

---

① 西昆取义宋祥符、天禧中，杨大年、刘子仪、钱师圣同官于朝，以诗相唱和，其诗悉效温、李，号西昆体。“西昆”二字，义取玉山册府之名，见大年西昆酬唱集序中，实前此所未有也。而《冷斋夜话》《沧浪诗话》、李屏山《西岩集》序、《元遗山论诗》绝句，率指义山为昆体。玉溪不挂朝籍，飞卿沦于一尉，安得厕迹册府耶？其亦不之考矣！

② 宋代五子：周敦颐、邵雍、张载、程颢、程颐号称北宋“五子”，他们既是著名的哲学家，又是著名的易学家。

③ 张载（1020—1077），北宋哲学家，理学创始人之一（理学支脉“关学”创始人之一）。

④ 延平四贤是指两宋时期崛起于福建，南剑州（今南平）道统相继，学术思想一脉相承的杨时、罗从彦、李侗、朱熹四位理学大儒，又称之“闽学四贤”。

延平理学宗二程，道可治心，犹食充饥、衣之御寒。阴阳交感，乃万物之本源也。理一分殊，体用相辅。默坐澄心，澄怀观道。体认天理，洒然释融。可谓之人与天理共存，理贯万物始终。自性而观，反身求内。子曰《中庸》之道："肫肫其仁，渊渊其渊，浩浩其天。"[①] 故《孟子》曰："我知言，我善养吾浩然之气也。"[②]

辨察生命之仁体即心体、纵观天命五行之流体即气体，抚触中本之大体即宇宙之实体，此乃吾身以求之。

延平李侗，亦犹邹鲁之有孟夫子。东鲁之道，立极于吾夫子。故孟子为此大声疾呼："乃辟百家而一归我夫子之圣。"闽南之道，始倡于龟山，而李侗为之阐微继渺，乃衍伊洛，大传于紫阳之贤。格犹其穷也，物犹其理也。犹日穷其理而终矣。理与气混沌无间，故气依二本。

南宋理学，宗濂、洛、关、闽之学，勉心景迹，祭祀孔庙，蔚为大观。圣人之道，体用文忠；故范仲淹曰："先天下之忧而忧，后天下乐而乐。"废除诗赋，科考策论新经。本于教化，治乱国风。学所应用、变法革新。道济天下，新经古文。四教可遵，育化天人。万法推演，至善本原，稽天穷地之恩。苦心极力，为生民立命，物与胞民。博知仁爱，行宜践义。求是而焉谓之道，事实之足乎履待于德；天下仁伦，行乎于仁义之中。

明承宋儒，洪武论道之邦经，重建礼乐。刘基、宋濂、解缙贯理学之经义，乃有君臣唱和。永乐大帝，君临天下，收揽朝工，汇辑经传——《五经大全》《四书大全》《性理大全》。合众途于一轨，集万理于一宗。

明初理学，首冠河东。从祀孔庙，史有"先儒薛子"之称，始开明代理学之基。明朝理学有二：一曰南方阳明之学，二曰河东薛瑄之理。薛子《读书录》云："理在气中，以气为本；理在气中，不分先后，理气浑然无间，若截理气为二则非矣。"[③] 笃实践理，合一知行。复性之原，物赋天性。天地万物皆气聚而成。薛子曰："气和辞婉，故若动人。"世称"薛河东"。

考镜流源，国朝有象山心学。象山曰："心外无物，心外无事。心外无理，心外无义。""故万物皆备于我。"又曰："人皆有心，心皆俱理。心即理也。"

阳明心学，所操益熟。默坐心澄，所得益化。陆学师承，故阳明心学有三：

一曰心学，吾心即是宇宙，宇宙便是吾心，亦即理学也；

二曰致良知，何谓良知耶？人之所不学而能，其良能也；所不虑而知者也，其良知也。所谓良知者也，乃是非之心也；

三曰合一知行。何谓"知行"耶？知之真切笃实处，便是行践也；行之明觉精察处，便是知心。"知是行之主观也；行是知之工夫也；知是行之始也；行是知之成也。若会得时，只说一个'知'字，己自有行在，只说一个'行'，己自有知在。"[④]

---

① 张以文. 四书全译［M］. 长沙：湖南大学出版社，1989：55.

② 张以文. 四书全译［M］. 长沙：湖南大学出版社，1989：310.

③ 薛瑄（1389.8.20—1464.7.19），字德温，号敬轩。河津（今山西省运城市万荣县里望乡平原村人人）。明代著名思想家、理学家、文学家，河东学派的创始人，世称"薛河东"。在北方开创了"河东之学"，门徒遍及山西、河南、关陇一带，蔚为大宗。

④ （明）王阳明. 传习录［M］. 郑州：中州古籍出版社，2017：4.

陆学本原，始创于本心。诚以孔孟之言为准，可以相捄也。故三儒者辅以相通，明儒理学之源概括有三：

一曰夫郑、孔之辈，训诂名物，博雅详核，不免博杂难分。

二曰程、朱义理之学也。持其大中，本诸于心性。不废名物，其于人。如日用之布帛、菽、粟焉，特其注解群经，识大略小。好断自信，不能脗合乎经之旨本，赫然有之。孔子道殆，得其五六焉。

三曰且夫陆、王言心性。简易直捷，不免虚浮，各得孔子之道二三已。

宋儒学者，诚能以程、朱义理为宗；先导以郑、孔，训诂义通，辅导以陆、王求其心。庶以捄程、朱之小失，则道学可见。兼采汉学与程朱、陆王心学，合三者为一。则以程朱理学为宗。

晚清林则徐门生曰："以训诂之学入圣，十得四五焉；其失也凿。以程、朱、王氏之学入圣，十得其八九焉；其失也窒。以陆、王之学入圣，十得其七八焉；其失也荡。"夫学从圣，将以从道也。去其失，取其得，则与道一矣。考镜宋明理学，有异有同，且易寻其脉络节筋。

至论明清新儒学，则脉络难寻。考据汉学，则知脉络分明。顺治康熙，虽有名儒汉学，谨守陈规，却无革新之貌。且看国朝宋学，历史渊源，御纂群经，兼采汉学古文运动。

宋儒之学，参考异同，务求至当。六经者，圣人之言。因言求义，则自训诂始。训明则古经明，古经明则义理明。

乾嘉汉学，汉宋兼采。治经者综核百家，贯穿于汉、理宋儒新义之中。判析其疑，辨别毫厘。读其书者，应当大义微言，求其本原。明清以来，攻朱子之学，务摭其名，物制注疏；尊朱子者，又并此节而回护，是均以汉学与宋儒新学门户之见，何识朱子著书之意乎！故有桐城学派，肆力汉学，后辈专宗宋儒新学，亦有攻击治汉诸家。读义疏之书，始能阐发性命之理。苟非汉儒传经，宋儒新学，何能高谈性命耶？清有顾（炎武）、黄（宗羲）诸君，虽尚实学，尚未专标汉帜。段（玉裁）氏之晚年，几曾追悔，专注训诂考据："寻其枝叶，略其根本，老大无成。"故钱（大昕）氏曰："穷经者，必通训诂，训诂明而后知义理。"戴震云："故训明则古经义明，古经义明，则圣贤义理之明。而我心之所同然者，乃因而明。圣贤之人义理非它，存乎典章制度者也。"

明清考据，宋儒不及汉儒。义理之学，汉儒不及宋儒。岂言一端，各有要旨。观其去取，具有鉴裁，不必定执古义相争。汉、宋之学，居敬理穷，实有"汉宋之争"。世称康乾之治，复兴经学。戴震曰："圣人之道在《六经》，汉儒得其制数，失其义理；宋儒得其义理，失其制数。"纪晓岚曰："夫汉儒以训诂专门，宋儒以义理相遵循。"注疏古义，断非宋儒所能。《论语》《孟子》，句酌字斟，亦断非汉儒所及。盖汉儒重师传，渊源有承。宋儒心悟，研索奥深。汉儒执旧文，过于考据。宋儒多凭臆断，勇于改经。计其得失，亦复相当。姚鼐合义理之考据、辞章短句，夫汉人之言，非无有善于宋，而当从之者也。然大小之不分，精粗之弗辨，有善于宋而当从者也。

乾嘉汉学之盛行，嘉庆、道光，上继庄存与，[①] 下启龚自珍及魏源之君。龚魏以经学议政，先开晚清之儒风。风流及康梁变法，戊戌变法维新。宣传经学，湖湘有皮锡瑞之辈，且言经学，此乃救亡之运动。变法之需，使经学盛极一时。晚清汉学、宋学虽存，实则衰之以极。刘师培君曰：阳明心学，“致良知者也”，与卢梭“天赋人权”相辅，故曰“良知亦秉赋于天”。良知者，自由权也，欲振中国新儒之风，惟致良知者说乎！近世蔡元培君，首推阳明心学，实乃抑朱扬王，开启民智，以经学致用，拯救国民。又曰：“我欲仁斯仁至，孟子所谓人皆可以为尧、舜。得益于阳明之说而其理益明。”理学尚存，合一知行，岂尚辞章之功？夫用功节目之详，得孔、孟心传，而于理欲义利、公私之界。辨之至明，循之则为君子，悖之则为小人。为国家者，由之则治，失之则乱。所谓入圣之台阶，求道之涂泽。此乃化民成俗之功，亦有修己治人之要。立国之道，尚习礼义，则不尚权谋；仁义图存，则在人心而非技能。凡人读书，空言无益，固要身体力行。天人性命、大本之源。用夏变夷，外王内圣。中学为体，西学为用。倡明圣学以济乱世，普从儒教以渡苍生。修睦昌仁，乐远方之宾朋。以和为贵，结寰宇之芳邻。孔子学院，饮誉天下；儒家文化，四海闻名。春秋有序，星移物换；至圣香火，一脉传承。九洲奏响《诗经》韵，五湖高唱《论语》歌。中华民族，永远屹立于世界民族之林。儒家思想，乃中流砥柱，屹立于苍穹。噫嘻！孔子至圣乎！呜呼！儒学圣道哉！可歌可泣，孰是孰非，自由天定！万世师表，夫子永存。戊戌晓春，拙笔为文，故作《儒家赋》，以传后世而记之。

吾轩辕望族，留侯良裔张晓春，戊戌年，阳春三月于清河堂陋室

① 庄存与（1719—1788），字方耕，号养恬，江南武进（今常州人），清朝官吏。清代著名经学家。

后 记

2010 年，我来贺州学院工作，范心恒是我认识的第一位英语老师，她为人热情大方，同事有什么事情，她都会伸出援助之手。她学的是英语专业，但她对传统文化非常感兴趣。她的博士论文《基业长青之易道管理》，研究的是如何运用《易经》智慧进行管理现代企业，如何使现代企业长青不衰。正因为如此，我们在学术上有许多共同的话题。我们一起在马来西亚读博士，除了完成博士毕业论文外，还共同完成了《明清科举文献学研究》这本专著。我对全书进行了构架设计和资料收集，范老师主要负责相关文献整理、校对和修改。她在这方面做得非常认真，也有相当的国学根底。同时，她对本专著也提出了许多建设性的修改意见。在此，我要对我的合作者范心恒老师表示衷心的感谢！

当我接触八股文时，已经是 20 纪 90 代末的事情了。我在书店里无意中看到启功、金克木和张中行三位老先生合著的《说八股》，这个小册子是中华书局出版的。关于八股文，我只是道听途说，甚至我也会闲帮几句，却并不知八股文为何物？我读过《说八股》以后，给我的初步印象是，八股文似乎不是“秦始皇”，也不是悬在我们头上的达摩立克斯剑，更不是倾国倾城的祸根。启功先生似乎把这个道理讲得非常的透彻和经典。他说，即便八股文是一把菜刀，皇帝的本意是让我们拿来切菜的，而结果我们拿着这把刀去杀了人，还说是刀的罪，甚至还要把打刀的人拿来问罪，真可谓是“杀人者，武松也”。这种歪理可能只有中国知识分子讲得出来。清代徐灵胎《洄溪道情》真还是这样说的：

“读书人，最不齐。烂时文，烂如泥。国家本为求才计，谁知道变成了欺人技。两句破题，三句承题，摆尾摇头，便道是圣门高弟。可知道：《三通》《四史》,[①] 是何等文章；宋皇汉祖是那朝皇帝？案头放高头讲章，店里卖新科利器。读来肩背高低，口角嘘唏。甘蔗渣儿，嚼了又嚼，有何滋味？辜负光阴，白白昏迷一世。就教他骗得高官，也是百姓、朝廷的晦气。”[②]

徐大椿描绘当时士子读书“摆尾摇头，肩背高低，口角嘘唏”，如果真是这种读书姿势的话，大椿出身于官宦名门、书香世家，我想他爷爷和他父亲都不允许他会有这样读书的姿势。大椿还说当时科举士子不懂《三通》《四史》，这话也说不通。我们不说别人，就说他爷爷徐釚工诗词书画、道贯四书五经，参与编修明史。就是大椿自己从小也受到良好的科举教育，精通医理、工诗词、通晓音韵训诂，则三通四史、经史子集无不造诣精深，怎么会是“辜负光阴，白白昏迷一世”呢？难道你不懂的，就说别人也不懂吗？也不能说你懂，别人就不懂。最典型的例子是顾炎武，也是出身于官宦名门、书香世家，自幼受到

① 杜佑《通典》、郑樵《通志》、马端临《文献通考》统称为三通；司马迁《史记》、班固《汉书》、范晔《后汉书》、陈寿《三国志》统称为前四史。

② （清）徐灵胎. 洄溪道情 [M]. 北京：中国戏剧出版社，1959.

良好的科举教育，怎么就把科举说成是秦始皇“焚书坑儒”。坑儒是真正的灭儒，跟科举倡扬儒学精神完全是两回事。至于你考没考上进士状元，我觉得这跟儒学本身是没有直接联系的。那么，儒学讲的是一种社会“仁道”精神，它与科举制度或科举考试也没有直接的联系。而恰恰相反的是，我们许多学者不问青红皂白地说儒学导致了中国人思想的保守和僵化。这种说法绝对是一种错误的，至少是一种不负责任的说法。

民国时期，陈登原在《国史旧闻》中给八股文总结出七大罪状：一是沉溺滥套，未尝学问；二是渣滓细嚼，毫无滋味；三是依口胡说，重复沓叠；四是即使工巧，并非艺术；五是对于文学，反为阻碍；六是明知无用，聊以求官；七是即有法眼，准则无从。[①]

其实，我们都理解错了。八股文考试不是考你的学问，也不是考你的什么创新精神，它相当于现在的国家公务员考试，你说它满嘴胡话，这完全不符合事实，不要说这个考官不会承认这个事实，连我也不会承认，如果你胡说，肯定过不了。你说它工巧、不艺术，这也说错了。八股文是一种非常工巧的文体，正因为它工巧和艺术，许多人都考不上。你没有深厚的八股文知识和古汉语文学知识，肯定写不出好的八股文。如果你说八股文没有用，难道说不考试、不读书就有用吗？这完全是讲歪理，说给那些不懂常识的人听的。如果没有严格的考试标准，没有严格的考试规章制度，你用什么标准和方法来衡量他是否是人才。八股文有严格的考试标准，也要遵循严格的规章制度，你必须要熟练地掌握八股文写作范式，这样你才能考得上。那么，最具有攻击性的是清代吕留良将八股文的危害上升到贻误国家江山社稷的高度。从明代后期开始，批判八股文已经是家喻户晓的风气了。因此，不少人将大明江山灭亡的原因归结为八股文取士制度。正如崇祯末年有人这样说：“谨具大明江山一座、崇祯夫妇两口，奉申贽敬。晚生八股文顿首。”这种罪大恶极的言论听起来要比陈登原的七大罪恶还要大十倍。

我们当中许多人可能是看热闹的，甚至觉得徐灵胎、吕留良和陈登原说得有道理。作为一个历史评论者，其更要客观地评价历史事实。其实，大椿说这话非常离谱，我们把八股文的能力估计太高，八股文只是一种文体而已，考试完了谁都不会在乎它，就像我们现在考试一样，谁也不会把这道作文题目或者是写这个作文的文体当回事，更不会说这个社会为什么出这样一道怪题。不要说是中国，就是西方发达国家，公务员考试、大学升学和其他行业考试都是天经地义的。没有谁说不通过考试的。而在中国，一直到现在，还会有这样一些人说高分低能，研究生不如本科生，博士不如研究生，甚至拿到大会小会上来讲，甚至在不同场所嘲笑、讽刺和调侃。当然，我们也要正确地对待这个问题，在现实的教学中，可能存在少数高分低能的人，也存在少数研究生不如个别本科生、个别博士不如研究生，甚至还不如本科生的现象。这种现象应该说是客观存在的。但这绝对不是普遍现象。因此，我们不能把个别现象当成一个普遍现象，来以偏概全地否认全部的客观事实。如果真是像有些人说的那样，国家就不要培养研究生和博士了，一律培养本科生就行了。事实是这样吗？凭我教学多年的经验：一个高中生与一个本科生，无论是在能力还是知识结构上都存在明显的差异。一个研究生和一个本科生，在能力和知识结构上也会存在明显

① 陈登原. 国史旧闻［M］. 北京：中华书局，2010：32.

的差异。一个博士和一个研究生同样在能力和知识结构上会存在明显的差异。这些不言自明的浅显道理，怎么就会在有些人那里变成了“秦始皇”，变成了杀人的刀和亡国灭种的祸根。我们只有一种解释：那就是号召全社会都鄙视人才、不尊重人才、不用优秀人才，前提是高分低能。这种现象在我们知识分子之间相互讽刺、互相嘲笑、挖苦、互不买账、互相歧视、互相攻击、互相辱骂。最典型的是清代吴敬梓的《儒林外史》范进中举，就连他的屠夫岳父都瞧不起他，都觉得他是一个无用的傻白。还有鲁迅笔下的孔乙己，都是将读书人说成不懂三通四史，不值一分钱的废物。

中国旧社会知识分子活得没有尊严，没有谁会把他们当回事，就像我收集的这些八股文和八股文文献命运一样，已经是虫叮鼠咬。我好不容易从旧书摊子和垃圾堆里找出来，拿着这些资料在手上，几十年如一日，甚至漂洋过海。它陪伴着我度过读博士的艰难岁月。能让这些饱受世态炎凉的光辉思想重见天日，本书出版之际，还得连累姜燕女士亲自排版校对。在此，我对姜燕女士表示万分感激之至！

现实已经告诉我们：科举制度和八股文已经是臭名昭著。许多人都不想来蹚这湾浑水，觉得问题太多，问题太复杂，三言两语说不清；说清了，未必是对的；是对的，也未必有人会把你推进学术的殿堂。科举八股文几乎成为一座无人靠近的冰山，它真是可远观而不可亵玩焉！

我写此后记，希望中国知识分子永远记住：中国科举考试制度，是中国古代第五大发明，如果它真是中国第五大发明，我们不应该成为践踏人类文明的先行者。教育永远是人类社会发展的动力，知识永远是人类精神的脊梁。吾撰此后记，以示后人。

吾轩辕谣族留侯良裔张晓春，戊戌年，金秋桂月于清河堂陋室